最新整理珍藏版

周易全书

解读群经之首　领悟历史智慧

《周易全书》最新整理珍藏版一书，是在周易原典的基础上通过全新整理和校勘，加了注释、译文、集解等相关内容，并收入了历代古人研究《周易》的主要成果及其有代表性的经典名篇。

本书编委会主编

学术顾问 汤一介 文怀沙

中国书店

图书在版编目 (CIP) 数据

周易全书 / 《周易全书》编委会编. –– 北京：中
国书店，2011.12

ISBN 978–7–5149–0221–1

Ⅰ. ①周… Ⅱ. ①周… Ⅲ. ①周易 Ⅳ. ①B221.1

中国版本图书馆CIP数据核字(2011)第230858号

中华藏书

周易全书

【最新整理珍藏版】

周易全书（最新整理珍藏版）

责 任 编 辑：钟　书
封 面 设 计：赵丽娜
出 版 发 行：中国书店
地　　　址：北京市宣武区琉璃厂东街115号
邮　　　编：100050
总 经 销：全国新华书店
印　　　刷：北京楠萍印刷有限公司
开　　　本：787 × 1092 毫米　1/16
印　　　张：189.375
字　　　数：3499千字
版　　　次：2012 年 1 月第 1 版　第 1 次印刷
书　　　号：ISBN 978-7-5149-0221-1
定　　　价：1560.00元（全6卷）

ISBN 978-7-5149-0221-1

9 787514 902211 >

周易原典：五经之首 国学之本

　　《周易》主要由《易经》和《易传》两大部分组成。《易经》的主要内容是六十四卦的卦形符号与卦爻辞。《易传》，实际上是阐释《易经》经文的专著，包括《彖传》上下篇、《象传》上下篇、《文言》、《系辞传》上下篇、《说卦传》、《序卦传》、《杂卦传》凡七种十篇。

　　《彖传》随上下经分为上下篇，共六十四节，分释六十四卦卦名、卦辞及卦大旨。《象传》随上下经分为上下篇，主要阐释六十四卦的卦象及各爻的爻象。《系辞传》分为上下两篇，主要解说经文要领，贯彻爻辞的基本义理。《说卦传》是阐述八卦取象大例的专论，也是探讨《易经》中象产生于推展的重要依据。《序卦传》是《易经》六十四卦排列次序的推衍纲要，揭示了各卦之间的相承相受。《杂卦传》犹言"杂糅众卦，错综其义。"主要内容是将六十四卦重新编为三十二对"错综卦"，旨在阐发事物的发展在正反相对因素中体现出来的变化规律。

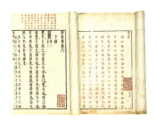

明刊本《东坡易传》

清光绪二十二年(1896)
德盛堂刊本《监本易经》

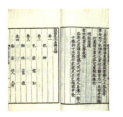

明嘉靖四十二年(1563)
刊本《诚斋先生易传》

清光绪江南书局刊本王弼注《易经》

明汲古阁刻本《京氏易传》

清嘉庆间刻本《易经》

成书之谜：文王演八卦 孔子修易传

　　对于《周易》的成书，《汉书·艺文志》曰："《易》道深矣，人更三圣，世历三古"。此说最为汉儒接受，《周易乾凿度》有云："垂皇策者羲，益卦德者文，成名者孔也"。"三圣"、"三古"之说简而言之，即：上古时代，通天之黄河现神兽"龙马"，背上布满神奇的图案，圣人伏羲将其临摹下来，并仰观天文、俯查地理，而做"八卦"；中古时代，姬昌被纣囚禁于羑里，遂体察天道人伦阴阳消息之理，重八卦为六十四卦，并作卦爻辞，即"文王拘而演《周易》"；下古时代，孔子喜"易"，感叹礼崩乐坏，故撰写《易传》十篇。而在宋朝之前，对于重卦者多有疑义，一者王弼认为伏羲画八卦之后自重为六十四卦，二者郑玄认为神农氏重卦，三者孙盛认为夏禹重卦。

明蓝格抄本《周易集说象传》

清乾隆二十一年(1756)雅雨堂刻雅雨堂藏书本《李氏易传》

清康熙通志堂精刻本《董氏易传》

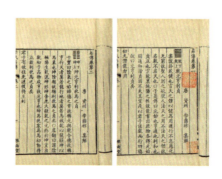

清乾隆二十一年(1756)卢见曾刻雅雨堂丛书本《易传》

清刻通志堂经解本《童溪王先生易传》

版本特色：原典精注今译 新增集解说易

　　《周易》一直被视作古老而又灿烂的中华传统文化瑰宝。直至今日，世界各地多个国家都有周易研究协会，国内目前各类周易研究团体更是名目尽立、种类繁多。

　　此次出版的《周易全书》最新整理珍藏版一书，是在周易原典的基础上通过全新整理和校勘，加了注释、译文，特别是增加其它版本少见的集解等相关内容，同时由于《周易》比较难理解，编者把历代古人研究《周易》的主要成果及其有代表性的经典名篇也一并收入，希望对喜欢易学的朋友有帮助。

清康熙刻本《易川易传》

清刻本《周易本义补》

清同治五年(1866)金陵书局刊本《易经》

清嘉庆刊本《易经》

清内府刊本《周易本义》

清康熙五十三年(1714)内府影宋吴革刻本《周易本义》

朱熹说易：两大名篇合一 彼此互为表里

"朱熹说易"包含《易学启蒙》与《周易本义》两个部分。《易学启蒙》是南宋朱熹、蔡元定合撰，该书与《周易本义》互为表里，围绕《周易本义》卷首九图作论，虽名为"启蒙"，但却非真的仅是给初学者开蒙之用，更多地是为了阐发九图的哲学意义，系统发挥朱熹的象数之学。

《周易本义》初稿名《易传》，定稿历经二十余年。原本依吕祖谦《古周易》本，经与传分开不混，共十二卷，上下经各一卷，十翼十卷。后人将原书割裂，重组成四卷，卷一上经，卷二下经，卷三《系辞传》，卷四《说卦传》、《序卦传》、《杂卦传》。《彖传》与《象传》分附于各条经文之下。故有十二卷与四卷本之别。

清通志堂写刻本
《周易本义集成》

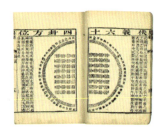

清同治金陵书局刊本《周易本义》

清乾隆间四为堂刻本
《周易本义拾遗》

清乾隆十年(1745)国子
监刻本《朱子周易本义》

元胡一桂撰，胡思绍校
《周易启蒙翼传》

清咸丰年间出版的
《周易傅义音训》

船山说易：集成四大名篇 荟萃易学精华

　　"船山说易"，包含《周易内传》、《周易内传发例》、《周易外传》以及《周易大象解》等内容。明末清初著名思想家王夫之在62岁以后，选择衡阳石船山麓筑草堂而居，不顾年迈体衰，贫病交加，勉力撰写了《周易内传》、《周易内传发例》等书，给后人留下了一大批宝贵的思想遗产。实际上，王夫之是借论述《周易》来抒发其政治抱负、政治主张以及研讨哲学理论的，而这些著作也较系统地阐述了其哲学思想，包含有许多具有唯物主义思想和辩证法的命题。

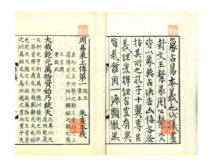

清康熙内府影宋刊本《周易本义》

民国皖南图书馆
藏书《周易内传》

王夫之

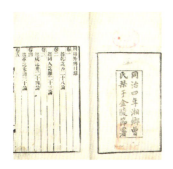

清同治四年湘乡曾氏刊
于金陵节署《周易外传》

金陵著名书坊李光明
庄刻本《周易本义》

清同治四年刊
《周易内传》

焦循说易：三大名篇汇集 解析图文并茂

　　"焦循说易"，囊括了清代易学大师焦循毕生易学心得。其中《易通释》阐述的是焦循创立的易学体系和诠释《经》、《传》中有关词语和名词，从纵横两个方面解释全《易》。《易章句》按照《易通释》中所制定的原则对《易经》逐字逐句进行解释，把《经》和《传》作为一个统一的整体来研究。《易图略》则是把《易通释》和《易章句》以文字和图表的形式予以详细说明，并对传统易学中的"卦变"、"半象易"、"纳甲"、"卦气"、"爻辰"等进行研究，提出自己的独特看法。

线装八册旧抄本满文《易经》

日安政年间刻本《易经》

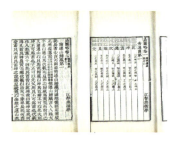

清刻焦氏丛书《易图略》

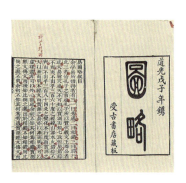

清道光刻本《易图略》

清同治间粤东书局
刻本《汉上易传》

清嘉庆十八年(1813)
焦循刊本《易图略》

易学之祖　群经之首　国学之源　智慧之库

——《周易全书》最新整理珍藏版出版前言

　　《周易》一直被视作"群经之首"已是不争的事实，众多研究者一致认为无论是儒学的"仁爱"思想，还是道家的"无为"理论，一切都以《周易》为源头、为根基。《周易》一直被视作古老而又灿烂的中华传统文化瑰宝。直至今日，世界各地多个国家都有周易研究协会，国内目前各类衍生的周易研究团体更是名目尽立、种类繁多。

　　为了更好地解读这一"易学之祖、群经之首、国学之源、智慧之库"，领悟中华传统文化精髓和古人先圣们的历史智慧，此次出版的《周易全书》共分为以下四个部分：

　　第一部分为"周易原典"，主要由《易经》和《易传》两大部分组成。《易经》的主要内容是六十四卦的卦形符号与卦爻辞。其中，"六十四卦"是由"八卦"两两相重而得，而"八卦"则是由阴阳二爻三叠而成。六十四卦每卦共有六条线条，称为"爻"，六爻的位置称为"爻位"。所谓卦爻辞，是系于卦形符号下的文辞，卦辞每卦一则，总括全卦大意；爻辞每爻一则，分指各爻旨趣。《易传》，实际上是阐释《易经》经文的专著，包括《彖传》上下篇、《象传》上下篇、《文言》、《系辞传》上下篇、《说卦传》、《序卦传》、《杂卦传》凡七种十篇。因其阐发经文大义，如本经之羽翼，故汉人又称《易传》为《易经》之"十翼"，后世则统称《易传》。其中《彖传》随上下经分为上下篇，共六十四节，分释六十四卦卦名、卦辞及卦大旨。《象传》随上下经分为上下篇，主要阐释六十四卦的卦象及各爻的爻象。释卦象者称为"大象传"，释爻象者称为"小象传"。《文言》共两节，分别解说"乾"、"坤"两卦的意旨，故称之为"乾文言"和"坤文言"，其主要内容是在"彖传"和"象传"的基础上作出进一步的阐发与总结。《系辞传》分为上下两篇，主要解说经文要领，贯彻爻辞的基本义理。文中对《易经》经文作了全面的辨析与阐发，一者抒发《易》理之精微，二者世范读《易》之要例。《说卦传》是阐述八卦取象大例的专论，也是探讨《易经》中象产生于推展的重要依据。

中国书店

《序卦传》是《易经》六十四卦排列次序的推衍纲要，揭示了各卦之间的相承相受。上经三十卦，主要说天道；下经三十四卦，主要说人伦。《杂卦传》犹言"杂糅众卦，错综其义。"主要内容是将六十四卦重新编为三十二对"错综卦"，旨在阐发事物的发展在正反相对因素中体现出来的变化规律。

第二部分为"朱熹说易"，它包含《周易启蒙》与《周易本义》两个部分。《易学启蒙》是南宋朱熹、蔡元定合撰，由蔡氏起稿，朱熹最终完之。该书与《周易本义》互为表里，围绕《周易本义》卷首九图作论，虽名为"启蒙"，但却非真的仅是给初学者开蒙之用，更多地是为了阐发九图的哲学意义，系统发挥朱熹的象数之学。朱熹对该书自视很高，以为"学《易》而有意于象数之说者，于此不可不知，外此则不必知也"。《周易本义》初稿名《易传》，定稿历经二十余年。原本依吕祖谦《古周易》本，经与传分开不混，共十二卷，上下经各一卷，十翼十卷。后人将原书割裂，重组成四卷，卷一上经，卷二下经，卷三《系辞传》，卷四《说卦传》、《序卦传》、《杂卦传》。《彖传》与《象传》分附于各条经文之下。故有十二卷与四卷本之别。朱熹的哲学思想继承程颐，故世称"程朱"。而他的《易》学思想则有异于程颐。程氏《易》学遵循王弼开拓的道路，以义理解《易》。朱熹则认为《易》是卜筮之书，作《周易本义》就是要还《周易》的本来面目。表面上他是在调合程颐义理派《易》学与邵雍象数派《易》学的矛盾，实质上他是从后者的角度出发批判前者。

第三部分为"焦循说易"，囊括了清代易学大师焦循毕生易学心得。其中《易通释》阐述的是焦循创立的易学体系和诠释《经》、《传》中有关词语和名词，从纵横两个方面解释全《易》。《易章句》是按照《易通释》中所制定的原则对《易经》逐字逐句进行解释，把《经》和《传》作为一个统一的整体来研究。《易图略》则是把《易通释》和《易章句》以文字和图表的形式予以详细说明，并对传统易学中的"卦变"，"半象易"、"纳甲"、"卦气"、"爻辰"等进行研究，提出自己的独特看法。

第四部分是"船山说易"，包含《周易内传》、《周易内传发例》、《周易外传》以及《周易大象解》等内容。王夫之在 62 岁以后，选择衡阳石船山麓筑草堂而居，不顾年迈体衰，贫病交加，勉力撰写了《周易内传》、《周易内传发例》等书，给后人留下了一大批宝贵的思想遗产。实际上，王夫之是借论述《周易》来抒发其政治抱负、政治主张以及研讨哲学理论的，而这些著作也较系统地发挥了其哲学思想，包含有许多具有唯物主义思想和辩证法的命题。

此次出版的《周易全书》最新整理珍藏版一书，是在周易原典的基础上通过全新整理和校勘，加了注释、译文、集解等相关内容，同时由于《周易》比较难理解，我们把历代古人研究《周易》的主要成果及其有代表性的经典名篇也一并收入，希望对喜欢易学的朋友有帮助。《周易全书》最新整理珍藏版，体例新颖独特，内容充实全面，希望带给读者全新的感受。《周易》成书于数千年前，相传《周易》一书起源于甲骨占筮的实践，或许到了殷商末年，周文王写下了六十四卦系的卦辞。后来在春秋时期，孔子的弟子继承了孔子对《周易》的发现，著了《易传》。《周易》中的一些理论以及推测方法与现代科学相比而言，正确性相去甚远，毕竟它是古人在未掌握现代科学方法之前所依托的一种手段，时代必然造就其历史局限性。从《周易》诞生的那天起，它的每句经文就有多种争论和多种解释，直到今天，也无权威可言。《周易全书》的编者也未作妄想穷其精义，只希望与读者交流学习，书中难免有错误及不当之处，烦请读者见谅并不吝赐教，以期再版时及时更正。此次以古籍新姿的特色与读者见面的《周易全书》最新整理珍藏版一书，编者希望以其当下研究《周易》较为系统、全面并具"全书"性质的突出特点，带给广大读者耳目一新的感觉和深远悠长的启迪。

《周易全书》（最新整理珍藏版）编委会

总 目 录

第一部　周易原典

第一篇　《易经》六十四卦

今本周易主要由《易经》和《易传》两大部分组成。《易经》的主要内容是六十四卦的卦形符号与卦爻辞。其中，"六十四卦"是由"八卦"两两相重而得，而"八卦"则是由阴阳二爻三叠而成。六十四卦每卦共有六条线条，称为"爻"，六爻的位置称为"爻位"。所谓卦爻辞，是系于卦形符号下的文辞，卦辞每卦一则，总括全卦大意；爻辞每爻一则，分指各爻旨趣。

第二篇　《易传》"十翼"凡七种十篇

《易传》，实际上是阐释《易经》经文的专著，包括《彖传》上下篇、《象传》上下篇、《文言》、《系辞传》上下篇、《说卦传》、《序卦传》、《杂卦传》凡七种十篇。因其阐发经文大义，如本经之羽翼，故汉人又称《易传》为《易经》之"十翼"，后世则统称《易传》。

第一章　彖传

《彖传》随上下经分为上下篇，共六十四节，分释六十四卦卦名、卦辞及卦大旨。

第二章　象传

《象传》随上下经分为上下篇，主要阐释六十四卦的卦象及各爻的爻象。释卦象者称为"大象传"，释爻象者称为"小象传"。

第三章　文言

《文言》共两节，分别解说"乾"、"坤"两卦的意旨，故称之为"乾文言"和"坤文言"，其主要内容是在"彖传"和"象传"的基础上作出进一步的阐发与总结。

第四章　系辞传

《系辞传》分为上下两篇，主要解说经文要领，贯彻爻辞的基本义理。文中对《易经》经文作了全面的辨析与阐发，一者抒发《易》理之精微，二者示范读《易》之要例。

第五章　说卦传

《说卦传》是阐述八卦取象大例的专论，也是探讨《易经》中象产生于推展的重要依据。

第六章　序卦传

《序卦传》是《易经》六十四卦排列次序的推衍纲要，揭示了各卦之间的相承相受。上经三十卦，主要说天道；下经三十四卦，主要说人伦。

第七章　杂卦传

《杂卦传》犹言"杂糅众卦，错综其义。"主要内容是将六十四卦重新编为三十二对"错综卦"，旨在阐发事物的发展在正反相对因素中体现出来的变化规律。

第二部　朱熹说易

第一篇　易学启蒙

《易学启蒙》围绕《周易本义》卷首九图作论，虽名为"启蒙"，却非真的仅是给初学者开蒙之用，而是为了阐发九图的哲学意义，系统发挥朱熹的象数之学。

第二篇　周易本义

朱熹认为《易》是卜筮之书，作《周易本义》就是要还《周易》以本来面目。

第三部　焦循说易

第一篇　易通释

焦循通过《易通释》阐述他创立的易学体系和诠释《经》、《传》中有关词语和名词，从纵横两个方面解释全《易》。

第二篇　易章句

　　焦循的《易章句》是按照《易通释》中所制定的原则对《易经》逐字逐句进行解释，把《经》和《传》作为一个统一的整体来研究。

第三篇　易图略

　　焦循的《易图略》则是把《易通释》和《易章句》以文字和图表的形式予以详细说明，并对传统易学中的"卦变"，"半象易"、"纳甲"、"卦气"、"爻辰"等进行研究，提出了自己的独特看法。

第四部　船山说易

第一篇　周易内传

　　王船山从程颐的义理解释学出发，容纳了朱熹易为占卜之书的观点，但他不是把占作为卜问吉凶的活动，而只是作为警醒自己，发现修德上的缺漏，从而更加完善自己的媒介。王夫之的卜问完全是假想的，是处于假想境地的自己对筮得的结果作出的叩问和应对，不是对吉凶休咎的现实预测，它完全是修德之事。

第二篇　周易内传发例

王夫之在62岁以后，选择衡阳石船山麓筑草堂以居，不顾年迈体衰，贫病交加，勉力撰写了《周易内传》、《周易内传发例》等书，是其一生哲学思想的总结。

第三篇　周易外传

《周易外传》是王船山《易》学义理学的第一部代表作，也是其最早确立宇宙观的重要哲学著作。全书各卷不列经传正文，皆就经传的重要问题或命题从本体论上申说和阐发自己的哲学思想。

中华藏书

周易全书·最新整理珍藏版

中国书店

第四篇　周易大象解

　　《周易大象解》是王船山《易》学研究的重要成果之一，对我国孔孟儒家思想多有继承发展。

目　录

第一卷

第一部　周易原典

第一篇　《易经》六十四卦

今本周易主要由《易经》和《易传》两大部分组成。《易经》的主要内容是六十四卦的卦形符号与卦爻辞。其中，"六十四卦"是由"八卦"两两相重而得，而"八卦"则是由阴阳二爻三叠而成。六十四卦每卦共有六条线条，称为"爻"，六爻的位置称为"爻位"。所谓卦爻辞，是系于卦形符号下的文辞，卦辞每卦一则，总括全卦大意；爻辞每爻一则，分指各爻旨趣。

第一章　上经三十卦

中
華
藏
書

周易全书·最新整理珍藏版

中
国
书
店

第二篇　《易传》"十翼"凡七种十篇

　　《易传》，实际上是阐释《易经》经文的专著，包括《彖传》上下篇、《象传》上下篇、《文言》、《系辞传》上下篇、《说卦传》、《序卦传》、《杂卦传》凡七种十篇。因其阐发经文大义，如本经之羽翼，故汉人又称《易传》为《易经》之"十翼"，后世则统称《易传》。

第一章　象传

　　《象传》随上下经分为上下篇，共六十四节，分释六十四卦卦名、卦辞及卦大旨。

象传上篇

第二章　象传

《象传》随上下经分为上下篇，主要阐释六十四卦的卦象及各爻的爻象。释卦象者称为"大象传"，释爻象者称为"小象传"。

象传上篇

象传下篇

第三章　文言

《文言》共两节，分别解说"乾"、"坤"两卦的意旨，故称之为"乾文言"和"坤文言"，其主要内容是在"彖传"和"象传"的基础上作出进一步的阐发与总结。

第四章　系辞传

《系辞传》分为上下两篇，主要解说经文要领，贯彻爻辞的基本义理。文中对《易经》经文作了全面的辨析与阐发，一者抒发《易》理之精微，二者示范读《易》之要例。

系辞传上篇

系辞传下篇

第三卷

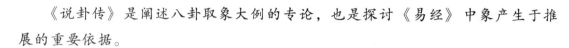

第五章　说卦传

《说卦传》是阐述八卦取象大例的专论，也是探讨《易经》中象产生于推展的重要依据。

第六章　序卦传

《序卦传》是《易经》六十四卦排列次序的推衍纲要，揭示了各卦之间的相承相受。上经三十卦，主要说天道；下经三十四卦，主要说人伦。

第七章　杂卦传

《杂卦传》犹言"杂糅众卦，错综其义。"主要内容是将六十四卦重新编为三十二对"错综卦"，旨在阐发事物的发展在正反相对因素中体现出来的变化规律。

第二部　朱熹说易

第一篇　易学启蒙

《易学启蒙》围绕《周易本义》卷首九图作论，虽名为"启蒙"，却非真的仅是给初学者开蒙之用，而是为了阐发九图的哲学意义，系统发挥朱熹的象数之学。

第二篇　周易本义

朱熹认为《易》是卜筮之书，作《周易本义》就是要还《周易》以本来面目。

第一章　周易本义卷首

第二章　周易本义卷一

第三章　周易本义卷二

第四章　周易本义卷三

第五章　周易本义卷四

第三部　焦循说易

第一篇　易通释

　　焦循通过《易通释》阐述他创立的易学体系和诠释《经》、《传》中有关词语和名词，从纵横两个方面解释全《易》。

第一章　易通释卷一

第四卷

第三章　易通释卷三

第四章　易通释卷四

第七章　易通释卷七

第八章　易通释卷八

第九章　易通释卷九

第十章　易通释卷十

第十三章　易通释卷十三

中華藏書

周易全书·

最新整理珍藏版

中国书局

第十九章　易通释卷十九

第二十章　易通释卷二十

第二篇　易章句

　　焦循的《易章句》是按照《易通释》中所制定的原则对《易经》逐字逐句进行解释，把《经》和《传》作为一个统一的整体来研究。

第五卷

中华藏书

周易全书·最新整理珍藏版

中国书店

第三篇　易图略

焦循的《易图略》则是把《易通释》和《易章句》以文字和图表的形式予以详细说明，并对传统易学中的"卦变"，"半象易"、"纳甲"、"卦气"、"爻辰"等进行研究，提出了自己的独特看法。

第四部　船山说易

第一篇　周易内传

王船山从程颐的义理解释学出发，容纳了朱熹易为占卜之书的观点，但他不是把占作为卜问吉凶的活动，而只是作为警醒自己，发现修德上的缺漏，从而更加完善自己的媒介。王夫之的卜问完全是假想的，是处于假想境地的自己对筮得的结果作出的叩问和应对，不是对吉凶休咎的现实预测，它完全是修德之事。

第一章　周易内传卷一上

第二章　周易内传卷一下

第三章　周易内传卷二上

第四章　周易内传卷二下

第二篇 周易内传发例

王夫之在62岁以后，选择衡阳石船山麓筑草堂以居，不顾年迈体衰，贫病交加，勉力撰写了《周易内传》、《周易内传发例》等书，是其一生哲学思想的总结。

第三篇　周易外传

《周易外传》是王船山《易》学义理学的第一部代表作，也是其最早确立宇宙观的重要哲学著作。全书各卷不列经传正文，皆就经传的重要问题或命题从本体论上申说和阐发自己的哲学思想。

第一章　周易外传卷一

第二章　周易外传卷二

第三章　周易外传卷三

第四章　周易外传卷四

第五章　周易外传卷五

第六章　周易外传卷六

第七章　周易外传卷七

第四篇　周易大象解

《周易大象解》是王船山《易》学研究的重要成果之一，对我国孔孟儒家思想多有继承发展。

第一部　周易原典

第一篇

《易经》六十四卦

中华藏书

周易全书·最新整理珍藏版

中国书房

今本周易主要由《易经》和《易传》两大部分组成。《易经》的主要内容是六十四卦的卦形符号与卦爻辞。其中，"六十四卦"是由"八卦"两两相重而得，而"八卦"则是由阴阳二爻三叠而成。六十四卦每卦共有六条线条，称为"爻"，六爻的位置称为"爻位"。所谓卦爻辞，是系于卦形符号下的文辞，卦辞每卦一则，总括全卦大意；爻辞每爻一则，分指各爻旨趣。

第一章 上经三十卦

乾卦第一 ☰

【原典】

乾下乾上① 乾，元亨利贞。②

初九 潜龙，勿用。③

九二 见龙在田，利见大人。④

九三 君子终日乾乾，夕惕若，厉无咎。⑤

九四 或跃在渊，无咎。⑥

九五 飞龙在天，利见大人。

上九 亢龙⑦，有悔。⑧

用九 见群龙无首，吉。⑨

【导读】

此卦六爻爻辞，揭示具有开创气质的阳刚元素的发展变化规律，龙由潜而见，由跃而飞，喻示事物的发展是按照由酝酿到发展、由低级到高级的变化过程进行的，并将会向"吉"的方向发展。九三爻辞，谓朝乾夕惕，虽厉无咎，喻示经过奋发努力，可化险为夷，转危为安的道理。但亢龙有悔，一旦轻举妄动就终将有所悔恨，喻"物极必反"、祸福相倚的深刻哲理。

【精注】

①乾卦：上卦下卦均为乾，象征天，纯阳至健之美德。"乾"即天，指日影移动的法则。②元亨：顺利大吉。"元"表示天地万物之本始；"亨"指古代祭祀的供品，包括六畜、稻菽和酒；"利"即收获、有利；"贞"，卜问、预测，"贞"在此有"纯正"的含意。乾卦中的"元、亨、利、贞"是古代大型祭典中太宰的赞辞（祝词），以示天地接同。③潜龙：龙是古代人崇信的代表神祇的动物，它能翱游太空，潜藏海

底，又可行动如飞，云游西方。龙也是一种阳刚之气的化身。④见：通"现"，指发现。田：指垄亩大田之间。大人：有大才大德之人。⑤君子：指德高之人。乾乾：努力不懈，即健行不息。惕：警惕，小心谨慎。厉：危险。咎：灾祸。⑥或：有似的意思，或者有人或有时，这里是有时的意思。⑦亢：极，高。⑧悔：困厄。⑨用九：无首，即无终结，势在必变中也。

【今译】

乾卦 乾象征天。乾的卦象是六条阳爻，表明宇宙的广阔和层出不穷。乾卦以龙为代表，以"君子"代表人类。筮得此卦大吉大利，祥和坚实。

初九 在最开始的时候，像一条潜龙处在相对静止之中伏在深渊，遁世无闻，不轻举妄动，意指暂时不宜施展才能，不会有明显的发展。

九二 随着时间的推移，像一条潜龙出现在田野，崭露头角，有利于大才大德之人出世。

九三 君子刚得过重，以致劳作不息，却终日戒惕忧惧，这样，遇到了危险，虽可以免遭灾祸，但也未免太艰苦卓绝。

九四 此时潜龙已跃出了低渊，有时腾跃而起，有时潜退渊谷，都不会有危险。

九五 潜龙飞上天空利于受到大德大才之人的拥戴。

上九 潜龙飞得过高，必然遭到困厄。

用九 意指新旧事物的转化。天空出现一群巨龙，首尾不见，变化没有穷尽，是很吉利的。

【集解】

乾。元亨利贞。

案：《说卦》：乾，健也。言天之体以健为用，运行不息，应化无穷，故圣人则之。欲使人法天之用，不法天之体，故名"乾"，不名天也。

《子夏传》曰：元，始也。亨，通也。利，和也。贞，正也。言乾禀纯阳之性，故能"首出庶物"，各得元始、开通、和谐、贞固，不失其宜。是以君子法乾而行四德，故曰"元亨利贞"矣。

疏 案：凡加"案"者，李氏说也。《说卦》曰：乾，健也。虞翻彼注云"精刚自胜，动行不休，故健也"。又《易纬乾坤凿度》曰"乾训健，壮健不息"，是其义也。体，形也。穹窿者，天之形。刚健者，天之用。王蕃《浑天说》曰"周天三百六十五度五百八十九分"。惟其运行不息，是以变化无穷，成四时而育万物，皆天之至健者为之也。则天之圣，至诚无息。不与天同其形，而与天同其用。故"法天之用"，法其健也。"不法天之体"，穹窿之形不可法也。法其用，故"名乾"。不法其体，故"不名天"。李氏云云，盖本孔颖达《正义》文也。

《子夏传》："元，始也"，《尔雅释诂》文。《春秋公羊传·隐公元年》曰："元年者何？君之始年也。"《易纬乾凿度》曰："太初者，气之始也。"《易》出复初，"万物资始"，故云"元，始也。"阳息至三成泰，《序卦传》曰："泰，通也。"以乾通坤，阴阳相交，故云"亨，通也"。许慎《说文》曰"利从刀，和然后利，从和省"，是"利"与"和"同文。坤来入乾，以成百物，"美利利天下"，故云"利，和也"。"贞，正也"，《师·象传》文。爻当位曰"正"。二四上皆失位，变而之正，成既济定，则"云行雨施，天下平也"。故云"贞，正也"。"天禀纯阳之性"者，《礼·乐记》曰"天禀阳"是也。惟其性禀纯阳，故能"首出庶物"，而备四者之德。文王欲人法乾而行四德，故特系于《易》首曰："乾，元亨利贞。"

初九。潜龙勿用。

崔憬曰：九者，老阳之数。动之所占，故称阳焉。潜，隐也。龙下隐地，潜德不彰，是以君子韬光待时，未成其行，故曰"勿用"。

《子夏传》曰：龙，所以象阳也。

马融曰：物莫大于龙，故借龙以喻天之阳气也。初九建子之月，阳气始动于黄泉。既未萌芽，犹是潜伏，故曰"潜龙"也。

中華藏書

周易全书·最新整理珍藏版

中国书房

沈骥士曰：称龙者，假象也。天地之气有升降，君子之道有行藏。龙之为物，能飞能潜，故借龙比君子之德也。初九既尚潜伏，故言"勿用"。

干宝曰：位始，故称"初"。阳重，故称"九"。阳在初九，十一月之时，自复来也。初九甲子，天正之位，而乾元所始也。阳处三泉之下，圣德在愚俗之中。此文王在羑里之爻也。虽有圣明之德，未被时用，故曰"勿用"。

疏 崔注：《易纬乾凿度》曰"一变而为七，七变而为九。九者，气变之究也"；《说文》曰"阳，九之变也"，故云"九者，老阳之数"。郑玄注云"《周易》以变者为占，故称九称六"，是"动之所占，故称阳焉"。"潜，隐也"，即《文言》"隐而未见"之义也。初阳为复，复主伏蛰，故云"龙下隐地，潜德不彰"也。云"韬光待时，未成其行，故曰勿用"者，即《文言》"行而未成"之义也。

《子夏传》：《九家易·说卦》传曰"乾为龙"。又《说卦传》曰"震为龙"。盖震得乾之一阳，故为龙。《埤雅》曰"龙八十一鳞，具九九之数。九，阳也"，故云"龙所以象阳也"。

马注：《春秋元命苞》："龙之为言萌也。龙为阴中之阳。"故"借龙以喻天之阳气也"。马君治《费易》者也。费氏无六爻上息之例。"初九建子之月"，谓乾坤十二爻周十二月，即十二月消息卦。非郑氏爻辰乾起子、坤起未，闲时而行六辰之法也。《月令》："仲冬之月水泉动。"故云"阳气始动于黄泉"也。盖谓初爻值建子之月，阳气始动，而犹潜伏，故曰"潜龙"也。

沈注：假，借也。借龙象以明爻义也。《说文》："龙，鳞虫之长。能幽能明，能大能小，能短能长。春分而登天，秋分而入渊。"故云"龙之为物，能飞能潜"。而"天地之气有升降，君子之道有行藏"，故"借龙以比君子之德"也。惟其"潜伏"，是以"勿用"也。

干注：郑注《乾凿度》云"《易》气从下生，故位始于下"。《乾凿度》曰"阳变七之九"，故重阳为老称"九"。"阳在初九，十一月之时，自复来"者，以卦气消息言也。卦气之说，始于《易纬稽览图》，以自复至坤十二卦为十二月消息。复一阳初生，子月卦也。历临、泰、大、壮、夬，而成四月之乾。姤一阴初生，午月卦也。历遯、否、观、剥，而成十月之坤。故干氏于乾、坤十二爻皆历言之。此孟喜京房之学也。"初九甲子"者，以纳甲言也。乾纳甲壬，乾之初纳甲子也。京房《易传》"甲壬配内外二象"，陆绩彼注云"乾为天地之首，分甲壬，入乾位"。"甲子"者，支干之首，故云"天正之位，而乾元所始也"。《史记》："葬始皇郦山，天下徒送诣七十余万人，穿三泉。"师古曰："三重之泉，言其深也。""阳处三泉之下"，以况"圣德在愚俗之中"。唯文王足以当之。《史记·殷本纪》："纣醢九侯，脯鄂侯。西伯昌闻之，窃叹。崇侯虎知之，以告纣，囚西伯羑里。西伯之臣闳夭之徒，求美女奇物善马以献纣，纣乃赦西伯。"《周本纪》文略同。言文王有圣明之德，未被时用，当困于羑里，与此爻相合，故取以明"潜龙勿用"之义也。

九二。见龙在田，利见大人。

王弼曰：出潜离隐，故曰"见龙"。处于地上，故曰"在田"。德施周普，居中不偏，虽非君位，君之德也。初则不彰，三则乾乾，四则或跃，上则过亢。"利见大人"，唯二、五焉。

郑玄曰：二于三才为地道。地上即田，故称"田"也。

干宝曰：阳在九二，十二月之时，自临来也。二为地上，田在地之表，而有人功者也。阳气将施，圣人将显。此文王免于羑里之日也，故曰"利见大人"。

疏 王注：初为潜龙，二则出潜矣。初龙德而隐，二则离隐矣。出潜离隐，故曰"见龙"。初潜在渊，二见在田，是"处地之上"，故曰"在田"。《文言》曰"德博而化"，故云"德施周普"。二居下中，故云"居中不偏"。居下，故"非君位"。得中，故有"君人之德也"。初隐三厉。四疑上亢。二五得中，故皆"利见大人"。《乾凿度》曰："大人者，圣明德备也。"孟喜曰："大人者，圣人德备也。"二为在下之圣人。先儒云"若夫子教于洙、泗，利益天下，有人君之德，故称大人"是也。二有君德，当升坤五，时舍于田，变正体离。《说卦》曰"离为目"，又"相见乎离"，故曰"利见大人"也。

郑注：孔疏引先儒云"一二为地道。三四为人道，五上为天道。二在一上，是九二处其地上。所由食之处，唯在地上，所以称'田'"。即郑义也。

干注："九二自临来"者，以消息言也。"二为地上"，与郑义同。"田在地之表，而有人功"者，孔疏云"言田之耕稼利益，及于万物盈满，有益于人，犹若圣人益于万物，故称田"是也。临为二阳之卦，二阳自临来，三阳则成泰矣，故云"阳气将施，圣人将显"。而以文王免于羑里之日当之，故曰"利见大人"也。

九三。君子终日乾乾，夕惕若。厉，无咎。

郑玄曰：三于三才为人道。有乾德而在人道，"君子"之象。

虞翻曰：谓阳息至三，二变成离。离为"日"，坤为"夕"。

荀爽曰："日"以喻君，谓三居下体之终，而为之君。承乾行乾，故曰"乾乾"。"夕惕"以喻臣，谓三臣于五。则疾修柔顺，危去阳行，故曰无咎。

干宝曰：爻以气表，繇以龙兴，嫌其不关人事，故著"君子"焉。阳在九三，正月之时，自泰来也。阳气始出地上而接动物，人为灵，故以人事成天地之功者，在于此爻焉。故君子以之忧深思远，朝夕匪懈。仰忧嘉会之不序，俯惧义和之不逮，反复天道，谋始反终，故曰"终日乾乾"。此盖文王反国，大厘其政之日也。凡无咎者，忧中之喜，善补过者也。文恨早耀，文明之德，以蒙大难，增修柔顺，以怀多福，故曰"无咎"矣。

疏 郑注：六爻位象三才。三为内卦之终，人道之始，而有参天地之功，故五爻皆以龙兴，而九三独称"君子"。《春秋元命苞》曰"阳成于三"，是三为乾主，故云"有乾德而在人道，君子之象"。《经》言"君子"，多谓九三，以此也。

虞注：昔伏羲作十言之教，谓"乾、坤、震、巽、坎、离、艮、兑、消息"是也。《剥·象传》曰："君子尚消息盈虚。"《易纬》曰："圣人因阴阳起消息，立乾坤以统天地。"是"消息"者，固圣人所以立卦推爻，《系》、《彖》、《象》之旨也。汉人说《易》，多主消息。孟喜、荀爽、郑玄而外，虞氏尤详。息，长也。阳长至三为泰。二失位，变正成离。"离为日"，《说卦》文。泰上卦坤冥为夕。

案：下体终三，故曰"终日"。息三成泰，否道将反，以乾接乾，故曰"乾乾"。虞注震六五云"厉，危也"。详见彼注。二变。三互坎为"惕"。泰、否之际，阳道危，故"夕惕若，厉"。正位，故无咎也。

荀注：一爻之义而君臣异喻者，以侯国之君言也。在一国则为君，在天下则为臣。盖卦有内外，故一爻而君臣并见焉。《博雅》曰："日，君象也。"日主阳，君，阳也，故"日以喻君"。三居下体之上，为内卦之君。上承天子之乾，以行诸侯之乾，故曰"乾乾"。夕主阴，臣，阴也，故"夕以喻臣"。《系辞下》曰"三与五同功"，三承乎五则为臣。臣不可以过刚，故必疾修柔顺之道，以危去阳刚之行，则"无咎"也。

干注："爻以气表"者，谓九六也。"繇以龙兴"者，谓五爻皆取象于龙也。三有人道，著乎"君子"，关人事也。"三自泰来"者，阳息至三成泰也。正月之时，阳气始出地上，而接乎动物。人为万物之灵，而居一卦之主。《泰·象传》曰"裁成天地之道，辅相天地之宜"，在乎此爻。故云"阳在九三，正月之时，自泰来也"。君子知其任重责大，是以"忧深思远，朝夕匪懈"。"仰忧嘉会之不序"，谓亨也。"俯惧义和之不逮"，谓利也。"反复天道，谋始反终"，"始"谓元，"终"谓贞也。君子修此四德，故曰"终日乾乾"。而唯文王返国厘政之日，足以当之。三不得中，上应乎亢，宜有咎矣。然得正而能朝乾夕惕，是以"无咎"。《系辞上》曰"无咎者，善补过者也"，故云"凡无咎者，忧中之喜，善补过者也"。文为西伯，文明之德耀乎天下，为飞廉所谮，故纣忌之，遂蒙羑里之难。及返其国，增修柔顺之德，以怀多福，是以"无咎"。《大学》曰"为人君止于仁，为人臣止于敬"，实得此爻之义，而与荀说亦合也。

九四。或跃在渊，无咎。

崔憬曰：言君子进德修业，欲及于时。犹龙自试跃天，疑而处渊。上下进退，非邪离群，故无咎。

干宝曰：阳气在四，二月之时，自大壮来也。四，虚中也。跃者，暂起之言，既不安于地，而未能飞于天也。四以初为应，渊，谓初九甲子，龙之所由升也。"或之者，疑之也"。此武王举兵孟津，观衅而退之爻也。守柔顺，则逆天人之应。通权道，则违经常之教。故圣人不得已而为之，故其辞疑矣。

疏 崔注：此皆以《文言》释爻辞也。九三乾惕，"进德修业"也。九四或跃，则"欲及时"自试矣。四变正成巽，《说卦》曰"巽为进退，为不果"，故"或"之。亦犹龙欲自试，上跃于五，又疑而退处于初。然上下非为邪，进退非离群，故得无咎也。

干注：阳息至四，时当二月，体《大壮》，故"自大壮来"。三四于三才居六爻之中。三去地近，有人道焉。四则上不在天，下不在地，中不在人，故"虚中"也。大壮四在震。《说卦》曰"震为足"，又曰"震，动也"。"跃者，暂起之言"，言足有动象也。下不在地，上不在天，故云"既不安于地，而未能飞于天也"。四与初应。"渊谓初九甲子"者，子水在渊也。子，十一月冬至之卦。于时群动皆蛰，蛰极后启，而渊又为水，故云"龙之所由升也"。"或之者，疑之也"，《文言》文。武王举兵孟津，观衅而退，足当此爻之义。守柔顺，则逆天人之应，故欲退不能；通权道，则违经常之教，故欲进不可。进退两难，不得已而为奉天伐暴之举，故疑而不果。其所望于纣之改过自新者，志固可量也。

九五。飞龙在天，利见大人。

郑玄曰：五于三才为天道。天者，清明无形，而龙在焉，飞之象也。

虞翻曰：谓四已变，则五体离。离为"飞"，五"在天"，故"飞龙在天，利见大人"也。谓若庖牺观象于天，造作八卦，备物致用，以利天下。故曰"飞龙在天"，天下之所利见也。

干宝曰：阳在九五，三月之时，自夬来也。五在天位，故曰"飞龙"。此武王克纣正位之爻也。圣功既就，万物既睹，故曰"利见大人"矣。

疏 郑注：六爻五上为天。上浮者为气，其气清明而无形。《说文》曰："龙，春分而登天。"四于消息为二月，春分之时，已有跃跃自试之势。五则飞而在天矣，故云"飞之象也"。

虞注：四失位，变得正，则五互离也。"离为飞"者，《说卦》曰"离为雉"，郭璞《洞林》云"离为朱雀"，是离有飞鸟之象也，故为"飞"。五在天位，即郑氏所谓"五于三才为天道"也。《文言》虞注云"日出照物，物皆相见"，故"飞龙在天，利见大人也"。又《系辞》注云"文王书《经》，系庖牺于乾五"。庖牺即太皞也。《家语五帝德》"太皞配木"。《左传·昭公十七年》："太皞氏以龙纪，故为龙师而龙名。"庖牺盖以木德王，而以龙纪官者也。《月令》云"季春之月，其帝太皞"，于时为夬，于位为君，于五帝为居首，于八卦为开始，故以庖牺当之。王逸《天问注》云"言伏牺始作八卦，修行道德，万民登以为帝"是也。《象》曰"大人造也"，故云"观象于天，造作八卦"。《系辞下》曰"作结绳而为罟，以田为鱼，盖取诸离"，四变体离，故云"备物致用，以利天下"。《文言》曰"圣人作而万物睹"，故云"飞龙在天，天下之所利见也"。

干注：阳息至五，于卦为夬，于月为辰。辰于象属龙，五于六爻为天位，故有"飞龙在天"之象。唯武王克纣正位，足以当之。圣功既就于上，万物自睹于下。所谓"圣人作而万物睹"者，即"利见大人"之义也。扬雄云："龙之潜亢，不获中矣。过中则惕，不及中则跃。二五其中乎，故有'利见'

之占。"

上九。亢龙有悔。

王肃曰：穷高曰"亢"。知进忘退，故悔也

干宝曰：阳在上九，四月之时也。亢，过也。乾体既备，上位既终。天之鼓物，寒暑相报；圣人治世，威德相济；武功既成，义在止戈。盈而不反，必陷于悔。

案：以人事明之，若桀放于南巢，汤有惭德，斯类是也。

疏 王注：以阳刚之爻，处极上之位，高亢极矣，故曰"穷高"。九四处上之下，犹知进退。上九居上之上，故"知进忘退"。知进退，故无咎。知进而不知退，故"有悔"。《系辞上》曰"震无咎者存乎悔"，明当变之正也。

干注：阳息至上，则为纯乾，四月之卦也。"亢，过也"者，谓阳过而亢也。乾体既备，上位既终。《系辞下》曰："易穷则变，变则通，通则久。"若穷而不知变，则盈不久也。天之生物，寒往则暑来，暑往则寒来，寒暑不相报，则物不成。圣人之治世，宽则济以猛，猛则济以宽，德威不相济，则世不治。《左传·宣公十二年》曰"夫文，止戈为武"。若武功既成而不知止戈之义，盈而不久，未有不殆，夸志多穷之悔者也。

愚案：《书》曰"满招损"。《家语》："孔子观于周庙，有敧器焉。使子路取水试之，满则覆，中则正，虚则敧。"虞氏《系注》云"乾盈动倾故有悔"，即此义也。

案：《商书·仲虺之诰》曰："成汤放桀于南巢，惟有惭德，曰'予恐来世以台为口实'。"以臣伐君，亢而有悔。独举汤者，以放伐之事始于汤也。

用九。见群龙无首，吉。

刘瓛曰：总六爻纯阳之义，故曰"用九"也。

王弼曰：九，天之德也。能用天德，乃"见群龙"之义焉。夫以刚健而居人之首，则物之所不与也；以柔顺而为不正，则佞邪之道也。故乾吉在"无首"，坤利在"永贞"矣。

疏 刘注：《乾凿度》曰："阳动而进，变七之九。阴动而退，变八之六。"故九为阳爻之变，六为阴爻之变。凡卦皆有九六，独乾、坤二卦言"用九"、"用六"者，以乾纯阳、坤纯阴也。盖乾惟用九故能变，坤惟用六故能化。阳变阴化，以成六十四卦，三百八十四爻，皆此用九用六者为之也。故于二卦特明其用。又六阳皆变，故曰"用九"，其例起于后儒。然《春秋传》蔡墨曰"乾之坤曰'见群龙无首吉'"，是六爻变则为坤，亦古义也。

王注：九，阳也。阳为天德，故云"天之德也"。圣人体乎乾元，能用天德，则见群龙之义焉。以刚健而居人首，则物所必忌。以柔顺而为不正，则邪所由生。"乾之吉在无首"者，不以刚健居人首也。"坤之利在永贞"者，不以柔顺为不正也。且乾为首，变坤则"无首"。直正为贞，坤变成乾，健则能永，故"永贞"。乾刚变坤，则济以柔。坤柔变乾，则济以刚。故"乾吉在无首，坤利在永贞"。余详坤卦用六。

坤卦第二 ䷁

【原典】

坤下坤上　坤①，元亨，利牝马之贞。君子有攸往，先迷后得主，利。西南得朋，东北丧朋。安贞吉。②

初六　履霜，坚冰至。

六二　直、方、大，不习，无不利。③

六三　含章，可贞。或从王事，无成有终。④

六四　括囊，无咎无誉。⑤

六五　黄裳，元吉。⑥

上六　龙战于野，其血玄黄。⑦

用六　利永贞。⑧

【导读】

坤卦的卦爻辞性属阴柔，以象征大地母亲那艰苦奋斗，滋育子孙的胸襟与德行。强调坤的柔弱、顺从、居下的特性，主张柔顺地辅助君主。其中"履霜，坚冰至"是对自然气候变化规律的描述，含有事物发展由量变到质变的深刻哲理。

【精注】

①坤卦：上卦下卦均为坤，坤为地，象征宇宙纯阴至顺的灵德。坤也有伸的意思。②元亨，利牝马之贞：元亨，指前途非常亨通、顺利。牝马，母。"乾为马"，而马代表天，为阳性；坤卦言"牝马"则属阴性，故称地。攸：所。因此说坤在"东北丧朋。"③直、方、大：天圆地方，博大无边，这里表示坤之德性。直：正直；方：端方；大：宏大。④章，文采绚丽，指美德。王：指乾，指君王。⑤括囊：束紧口袋，缄口不言。⑥黄裳：黄色服饰。黄色在"五色"之中，象征中道，中色。裳，下服。古时服装上称衣，下称裳，裳居下，象征谦下。所以说"黄裳，元吉"。⑦龙战：指阴阳交合。阴极阳来而阴气未消。所以有阴阳二气交合的"龙战"之象。玄黄：玄为天色，黄为地色。所谓玄黄是天地色混杂不明阴阳互渗难别。⑧永贞：占问长久之吉凶。

【今译】

坤：像大地一样柔顺和包容。坤卦上可承乾天，下可容天物，表现了大地的广博。筮得此卦大吉大利，尤其有利于占问牝马之德性。君子出行，筮得此卦，不宜先行。始则迷失方向，继而可寻得所在追求的目标。宜往西南方向，坤与西南合，西南为乾，不要往东北方向，东北为艮，为山。往西南能够遇到朋友，往东北则遇不到志同道合的人。如果占问是否平安，筮得此卦可获吉祥。

初六　踏着薄霜，可以推断坚硬的冰块就要冻结成了，预示严寒将至，这是见微知著，说明乾阳已转化，开始了坤阴的时间运转。

六二　平直、方正、辽阔是大地的特点，即使前往陌生的地方，也没有什么不利的。

六三　具备着美好品德，无成而有终。辅佐君王成就大业，起初可能无所建树，最后总能恪尽臣职，得到好的结果。

六四　韬光养晦，守口如瓶，可以免遭灾祸，但是只能求无过，却不能获得美誉。

六五　穿着黄色裙裳，保持恭顺的德性，结果大利。

上六　龙战于原野，血流遍地，两败俱伤。

用六　通观此卦可得知天地初开，地离不开天，天离不开地。这是天地运行之道。依此行动，则吉。

【集解】

坤。元亨，利牝马之贞。

干宝曰：阴气之始，妇德之常，故称"元"。与乾合德，故称"亨"。行天者莫若龙，行地者莫若马，故乾以龙縣，坤以马象也。坤，阴类，故称"利牝马之贞"矣。

虞翻曰：谓阴极阳生，乾流坤形，坤含光大，凝乾之元，终于坤亥，出乾初子，"品物咸亨"，故"元亨"也。坤为"牝"，震为"马"。初动得正，故"利牝马之贞"矣。

疏　干注：坤为阴，凡阴气皆由是始，故云"阴气之始"。"始"即"元"也。"妇德之常亦称元"者，坤，"地道也，妻道也"。《谷梁传·庄公三年》曰："独阴不生，独阳不生，独天不生，三合然后生。"

《六书精蕴》曰："元，天地之大德，所以生生者也。"天无地不生，夫无妻不生，故"妇德之常亦称元"也。亨，通也。以乾通坤为"亨"，故云"与乾合德，故称亨"也。"行天莫若龙"者，《说文》所云"龙，春分而升天"，"本乎天者亲上"也。"行地莫若马"者，《春秋说题辞》"地精为马"，"本乎地者亲下"也。龙上行天，故"乾以龙縣"。马下行地，故"坤以马象也"。《说文》："牝，畜母也。"坤为母，阴类也，故"利牝马之贞"。

虞注：《乾·象传》曰"云行雨施，品物流形"，虞彼注云"已成既济，上坎为云，下坎为雨。乾以云雨，流坤之形"。盖乾之坤成坎，故云"阴极阳生"。"在地成形"，故坤为"形"。阳施则阴生，故云"乾流坤形"。"含宏光大"，坤之德也。初六《象传》曰"阴始凝也"，坤消乾自初始，乾初为"元"，故云"凝乾之元"。坤之一阴始于姤，姤消自午，而终亥成坤，至复一阳复生，出于乾初而息子，故云"坤终于亥，出乾初子"。乾、坤交通，故"品物咸亨"，是以"元亨"。

"坤为牝",《九家易说卦》文。震于马为善鸣,故为"马"。初动,坤变为震,阳居阳位,故"得正"。贞,正也。故"利牝马之贞"。盖坤之"元亨",皆乾为之。《易》者乾阳,地道资生,与天合德,故义取凝乾出震。六爻皆息乾,"利贞"独言初者,乾之元也。坤不成既济,则六爻不正矣。

君子有攸往,先迷后得主利。

虞氏曰:"坤,臣道也,妻道也",后而不先,先则迷失道矣,故曰"先迷"。阴以阳为"主",当后而顺之,则利,故曰"后得主,利"。

《九家易》曰:坤为"牝",为"迷"。

疏 虞注:"臣道也,妻道也",《文言》文。臣后乎君,妻后乎夫,如当后而先之,则迷失臣道妻道矣。"阴以阳为主"者,如臣以君为主,妻以夫为主。能后而顺之,则得主而有利矣。

案:坤贞十月亥,先坤者,九月剥也。后坤者,十一月复也。《剥·上九》曰"小人剥庐",虞彼注云上变灭艮,坤阴迷乱,故小人剥庐。复初体震。《序卦》曰"主器者莫若长子,故受之以震",是震为"主"。震主一阳,即虞氏所谓"阴以阳为主"也。《剥》曰"不利有攸往",以迷乱也。复曰"利有攸往",以得主也。坤由剥至复,故"君子有攸往"。先来自剥,则"迷"。后出为震,则"得主利"也。

《九家》注:此《九家易说卦》逸象也。坤为母,故为"牝"。坤晦冥,故为"迷"。

西南得朋,东北丧朋,安贞吉。

崔憬曰:妻道也。西方坤兑,南方巽离,二方皆阴,与坤同类,故曰"西南得朋"。东方艮震,北方乾坎,二方皆阳,与坤非类,故曰"东北丧朋",以喻在室得朋,犹迷于失道,出嫁丧朋,乃顺而得常。安于承天之正,故言"安贞吉"也。

疏 "妻道也"者,谓坤为母而有妻道。巽长女,离中女,兑少女。坤位西南,兑正西。巽东南,离正南。女从乎母,故云"二方皆阴,与坤同类",而曰"西南得朋"也。乾为父，震长男，坎中男，艮少男。艮位东北，震正东。乾西北。坎正北。男从乎父，故云"二方皆阳，与坤非类"，而曰"东北丧朋"也。以喻女子在室，得阴为朋；虽迷失事夫之道，正也。既出嫁，虽丧阴朋而得阳主，乃柔顺而得妇道之常，以安于承天之正，亦正也。故曰"安贞吉"。《论语》曰："君子群而不党。""群"即"得朋"，"不党"即"丧朋"。得朋丧朋，以其能安于正，故吉也。或以爻辰释之。言坤初六贞未，未位西南，故曰"得朋"。六四在丑，丑位东北，故"丧朋"。义亦可通。又虞以纳甲言之，详见后。

初六。履霜。坚冰至。

干宝曰：重阴，故称"六"。刚柔相推故生变，占变故有爻，《系辞》曰"爻者，言乎变者也"，故《易·系辞》皆称"九""六"也。阳数奇，阴数偶，是以乾用一也，坤用二也。阴气在初，五月之时，自姤来也。阴气始动乎三泉之下，言阴气动矣，则必至于"履霜"，履霜则必至于"坚冰"，言有渐也。藏器于身，贵其俟时，故阳在潜龙，戒以勿用。防祸之原，欲其先几，故阴在三泉，而显以履霜也。

疏 《乾凿度》曰"阴变八之六"，郑注"阴动而退，变八之六，象其气消也。"《广韵》："三两为六，老阴数也。"故云"重阴称六"。刚动变柔，柔动变刚，故"刚柔相推则生变"也。动则观变玩占而爻生焉，故"占变则有爻"也。"爻者，言乎变者也"，《系辞上》文。虞彼注云"谓九六变化"，故"《系》、爻辞皆称九六也"。乾用一，成于七而重于九，皆奇数。坤用二，成于八而重于六，皆偶数也。阴之消阳，始于五月姤初，成于九月剥上，至十月剥尽而成坤，故知坤初"自姤来也"。《释水》"滥泉"、"沃泉"、"氿泉"，亦谓"三泉"。又见乾注。三泉初动，震为足，故曰"履"。又履一阴之卦自姤来，姤初即坤初，故称"履"也。九月剥，《月令》："季秋之月霜始降"。十月坤，《月令》："孟冬之月水始冰"。言三泉之下，阴气始动，其渐必至于"履霜"而成剥，履霜必至于"坚冰"而成坤。防微杜渐，故不可不慎于初也。末复引乾初以明之者，盖以时之未至，贵于能待，故云"藏器于身，贵其俟时"。祸之未至，贵于预防，故云"防祸之原，欲其先机"。能待则不至于亢而有悔，故"阳在潜龙，而戒以勿用"。预防则不至于战而道穷，故"阴在三泉，而显以履霜也"。

六二。直方大。

荀爽曰：大者，阳也。二应五，五下动之，则应阳出直，布阳于四方。

疏 泰"大来"谓阳在内，否"大往"谓阳在外，故知"大者，阳也"。《九家易·说卦》："乾为直。"《系辞上》曰"夫乾，其动也直"，故乾为"直"。《文言》曰"坤至静而德方"，故坤为"方"。坤与乾旁通，坤二上应乾五。五动于乾，下应坤二，坤二即应阳而动，以之乾五。应阳，故"出直"。动直，故"阳气布于四方"。阳动至二体临，《序卦》曰"临者，大也"，故曰"大"。

不习无不利。

荀爽曰：物唱乃和，不敢先有所习。阳之所唱，从而和之，"无不利"也。

干宝曰：阴气在二，六月之时，自遯来也。阴出地上，佐阳成物，臣道也，妻道也。臣之事君，妻之事夫，义成者也。臣贵其直，义尚其方，地体其大，故曰"直方大"。士该九德，然后可以从王事；女躬四教，然后可以配君子。道成于我而用之于彼，不妨以仕学为政，不妨以嫁学为妇。故曰"不习无不利"也。

疏 荀注：阴随乎阳者也，阳唱于先，阴和于后，故"物唱乃和，不敢先有所习"也。阳动阴随，所以"无不利"也。

干注：阴消至二，为六月遯，故知坤二自遯来也。初二为地道，二在地上，故云"阴出地上"。万物皆始于天而成于地，故云"佐阳成功"。地道即"臣道妻道"。臣事君，妻事夫，皆义主于成人者也。臣事君以直，则不入于邪，妻事夫以方，则不蹈于淫，亦犹地以"广生"成天之"大生"，而德合无疆也，故曰"直方大"。"九德"，《皋陶谟》"宽而栗、柔而立、愿而恭、乱而敬、扰而毅、直而温、简而廉、刚而塞、强而义"是也。"九德"者，臣道之本，故"士该九德，然以从王事"。"四教"即《天官》九嫔掌妇学以教九御，"妇德、妇容、妇功"是也。"四教"者，妻道之常，故"女躬四教，然后配君子"。惟道成于我，故"不习"，所以用之于彼，"无不利"。"不妨以仕学为政"者，"仕而优则学"也，故不必学为政然后仕。"不妨以嫁学为妇"者，"未有学养子而后嫁者也"，故不必学为妇然后嫁。故"不习无不利"。

愚案：《系辞下》曰"坤，天下之至顺也"，又曰"德行恒简以知阻"。六二得中得正，应阳而动，有"直方大"之德，故"顺"，顺故"简"，简故"不习"。"知阻"故"无不利"，所谓因其势而利导之者也。

六三。含章可贞。

虞翻曰：贞，正也。以阴包阳，故"含章"。三失位，发得正，故"可贞"也。

疏　"贞，正也"，《师·象传》文。坤本含乾，又三为阳位，六为阴爻，以六居三，故云"以阴包阳"。孔疏云"章，美也"，美即阳也。"以阴包阳"，故曰"含章"。阴在三为失位，《象》曰"以时发也"，动阳得正，故曰"可贞"。

愚案：《考工记》曰"赤与白谓之章"，盖坤位西南，万物成于致役之时，故"赤与白曰章"。"章"即坤也。《系辞上》曰"夫坤，其静也翕"，又兑口自坤三往也，故曰"含章"。

或从王事，无成有终。

虞翻曰：谓三已发成泰，乾为王，坤为事，震为从，故"或从王事"。地道无成而有终，故"无成有终"。

干宝曰：阴气在三，七月之时，自否来也。阳降在四，三公位也。阴升在三，三公事也。上夫其权，位在诸侯。坤体既具，阴党成群，君弱臣强，戒在二国。唯文德之臣，然后可以遭之，运而不失其柔顺之正。坤为文，坤象既成，故曰"含章可贞"。此盖平襄之王，垂拱以赖晋郑之辅也。苟利社稷，专之则可，故曰"或从王事"。迁都诛亲，疑于专命，故亦"或"之。失后顺之节，故曰"无成"。终于济国安民，故曰"有终"。

疏 虞注：初二已动，三发则成泰。《说卦》曰"乾为君"，又曰"乾以君之"，故"乾为王"。坤"致役"，故为"事"。荀子曰"臣道知事"，坤臣道，故"坤为事"。《说卦》曰"震为馵足"，《释兽》："左白馵云。"《说文》："馵，马后左足白也。"虞注《说卦》云"震为左、为足"，《唐韵》云"左步为彳"，"从"从彳，故"震为从"。泰内乾为"王"，外坤为"事"，互震为"从"。三虽体乾，不敢当王，故别取震象而曰"从王事"。乾九四"故或之"，虞注云"非其位，故疑之"，此亦非位，故曰"或从王事"也。《文言》曰"地道无成而代有终"，故引以明"无成有终"之义。

干注：阴消至三，为七月否，故知坤三自否来也。阳当居二，否阴升三，出于地上。阳当居五，否四为阳，是"阳降在四"矣。《乾凿度》："三为三公。"三本阳位，阳降在四，本由于三，故以"阳降在四"为"三公位也"。六三居三之位，是"阴升在三"而行"三公之事也"。阴升于三象"诸侯"，人为"三公"，否乾犹在上用事，故云"上失其权，位在诸侯"也。阴升至三，坤体既具，是"君弱臣强"之势。臣与君并是谓二国，故"戒在二国"也。唯有文德之臣，能遭其时而不失柔顺之正。"坤为文"，《说卦》文。消至三，坤象成，故曰"含章可贞"。云"此盖平襄之王，垂拱以赖晋郑之辅也"者，《左传·隐公元年》曰"我周之东迁，晋郑焉依"。《周语》曰"襄王十三年，凡我周之东迁，晋郑是依"，《晋语》曰"郑先君武公与晋文侯，戮力一心，股肱周室，夹辅平王"，杜预《左传注》云"幽王为犬戎所杀，平王东迁，晋文侯郑武公左右王室，故曰晋郑焉依"。盖平王东迁，传及襄王，垂拱南面，皆赖二国之辅，故引之以明柔顺守正之意也。《公羊传·庄公十九年》曰："聘礼，大夫受命不受辞。出境，有可以安社稷、利国家者，则专之可也。"故云"苟利社稷，专之则可"。言三居强位，能以柔顺而事弱君，故曰"或从王事"也。

《左传·昭公二十六年》曰"至于幽王，天不吊周，王昏不若，用愆厥位。携王奸命，诸侯替之，而建王嗣，用迁郏鄏"，携王，注"谓伯服"。《竹书纪年》："伯服杀死虢公翰，立王子余臣子摧。"是为摧王，后为晋文侯所杀。此"迁国诛亲，疑于专命"之事也。"故亦或之"者，言六本柔顺，能守臣节，而与乾四同辞者，乾四阳居阴，坤三阴居阳，皆不得正，故皆曰"或"。"或之者，疑之也"。但后顺之节不可失，故戒以"无成"。而济国安民贵能终，故勉以"有终"。

愚案：三与上应，上卦未成，故"无成"。三居下卦之终，故"有终"。且三变正为谦，谦九三曰"劳谦君子有终吉"，即此义也。

六四。括囊，无咎无誉。

虞翻曰：括，结也。谓泰反成否，坤为囊，艮为手，巽为绳，故"括囊"。在外，多咎也。得位承五，"系于包桑"，故无咎。阴在二多誉，而远在四，故"无誉"。

干宝曰：阴气在四，八月之时，自观来也。天地将闭，贤人必隐。怀智苟容，以观时衅。此盖宁戚、蘧瑗与时卷舒之爻也。不艰其身则"无咎"，功业不建故"无誉"也。

疏 虞注：《说文》："絜，括也。"《大学》："是以君子有絜矩之道"也。郑注"括，犹结也"，故"括"训"结"也。乾息至三成泰，至四则泰反成否。《文言》曰"天地闭，贤人隐"，故知泰成否也。"坤培育为囊"，《九家·说卦》文。坤中虚，故为"囊"。"艮为手"，"巽为绳"，《说卦》文。否内坤为"囊"。内互四为艮手，外互四为巽绳，故有括象。坤在内而括在外。外，四也。四近五多惧，故多咎。然四阴得位，上承五阳，《否·九五》曰"休否，大人吉。其亡其亡，系于包桑"，故无咎。《系辞下》曰"二与四同功"。"二多誉"者，二阴得中，且应五也。"四多惧"者，四不得中，且近五，故"无誉"。

干注：阴消至四，为八月观，故知坤四自观来也。方其未消为否，有"天地闭，贤人隐"之象，故惟有"怀智苟容，以观时衅"，如囊斯括可矣。云"此盖宁戚、蘧瑗与时卷舒之爻也"者，《淮南子》："宁戚欲干齐桓公，困穷无以自达。于是为商旅，将任车以商于齐，暮宿于郭门外。桓公迎郊客，夜开门，辟任车，爝火甚众。戚饭牛车下，击牛角而疾商歌。桓公闻之曰'异哉，非常人也'。命后车载之，因授以政。"《左传·襄公十四年》："卫献公戒孙文子宁惠子食，皆服而朝，日旰不召，而射鸿于囿。二子从之，不释皮冠而与之言。二子怒，孙文子如戚。孙蒯入使，公饮之酒，使大师歌《巧言》之卒章。大师辞，师曹请为之。蒯惧，告文子。文子曰：'君忌我矣，弗先必死。'并帑于戚，而入见蘧伯玉曰：'君子暴虐，子所知也。大惧社稷之倾履，将若之何？'对曰：'君制其国，谁敢奸之？奸之，庸知愈乎？'遂行，从近关出。"又《左传·襄公二十六年》："初，献公使与甯喜言。甯喜曰：'必子鲜在，不然必败。'故公使子鲜。子鲜以公命与甯喜言，曰：'苟反，政由甯氏，祭则寡人。'甯喜告蘧伯玉。伯玉曰：'瑗不得闻君之出，敢闻其入？'遂行，从近关出。"盖时当否闭，二子委蛇随俗，合"括囊"之义，故援以证之。不以身试艰难，故无咎。亦不能大建功业，故"无誉"。

六五。黄裳元吉。

干宝曰：阴气在五，九月之时，自剥来也。剥者，反常道也。"黄，中之色。裳，下之饰。元，善之长也。中美能黄，上美为元，下美则裳。"阴登于五，柔居尊位，若成、昭之主，周、霍之臣也。百官总己，专断万机，虽情体信顺，而貌近僭疑，周公其犹病诸。"言必忠信，行必笃敬"，然后可以取信于神明，无尤于四海也。故曰"黄裳元吉"也。

疏 阴消至五，为九月剥，故知坤五自剥来也。以六阴居九五之位，故云"剥者，反常道也"。"黄，中之色。裳，下之饰。元，善之长也。中美能黄，上美为元，下美则裳"，皆《左传·昭公十二年》文。盖南蒯枚筮，遇坤之比，子服惠伯释其义如此也。《文言》曰"天玄而地黄"，《九家·说卦》曰"坤为黄"。《说文》："坤从士从申。"坤位未申之维，《月令》

曰"季夏之月中央土"。《郊特牲》曰"黄者，中也"，故云"黄，中之色"。《九家·说卦》曰"坤为裳"，《系辞下》曰"黄帝尧舜垂衣裳而天下治，盖取诸乾坤"，虞彼注云"乾在上为衣，坤下为裳"，故云"裳，下之饰"。《象》曰"至哉坤元"，《九家》注云"坤者纯阴，配乾生物，亦善之始"，故云"元，善之长也"。"黄中通理"，故云"中美能黄"。"元首明哉"，故云"上美为元"。"垂衣裳而天下治"，故云"下美则裳"。六阴登五，是以"柔居尊位"也。云"若成、昭之主，周、霍之臣也"者，《明堂位》："武王崩，成王幼，周公践天子之位，以治天下。六年，朝诸侯于明堂，制礼作乐，颁度量而天下服。七年，致政于成王。"《汉书·昭帝纪》："年八岁，武帝崩，即皇帝位。大将军光秉政，上官桀诈使人为燕王旦上书言光罪。时上年十四，觉其诈。后有谮光者，上辄怒曰：'大将军，国家忠臣，先帝所属，敢有谮毁者，坐之。'光由是得尽忠。"二公辅佐幼主，百官总己以听，专断万机，中虽信顺，而外貌略近僭疑。以周公之圣，犹有流言；况霍光乎。"言必忠信，行必笃敬"，本《论语》文。惟忠信笃敬，然后幽可取信于神明，明可无尤于四海也。《左传》曰："中不忠，不得其色；下不共，不得其饰。"今黄在中，则中自忠；裳饰下，则下自共。所以事无不善而得其吉也，故曰"黄裳元吉"。

上六。龙战于野。

荀爽曰：消息之位，坤在于亥，下有伏乾，为其兼于阳，故称"龙"也。

疏　阴之消阳，至上而极，乾尽则成坤。坤位在十月亥，亥居西北，乾方也。《乾凿度》曰"阳始于亥"，又曰"乾制之于西北，方位在十月"是也。坤于消息在亥，乾于方位在亥，故云"坤在于亥，下有伏乾"。《文言》曰"为其兼于阳"者，以坤兼乾也。震得乾之一阳为龙，"故称龙焉"。乾居西北广莫之方，故称"野"。《说卦》曰"战乎乾"，崔氏注"谓阴阳相薄"是也。坤阴至上，与乾阳战于西北亥方，故曰"龙战于野"。

其血玄黄。

《九家易》曰：实本坤体，"未雕其类，故称血焉"，血以喻阴也。"玄黄，天地之杂"，言乾、坤合居也。

侯果曰：坤，十月卦也。乾位西北，又当十月。阴穷于亥，穷阴薄阳，所以战也，故《说卦》云"战乎乾"是也。六"称龙"者，阴盛似龙，故"称龙"也。

干宝曰：阴在上六，十月之时也。爻终于酉而卦成于乾，乾体纯刚，不堪阴盛，故曰"龙战"。戌亥，乾之都也，"故称龙焉"。阴德过度，以逼乾战。郭外曰郊，郊外曰野。坤位未申之维，而气溢酉戌之间，故曰"于野"。未离阴类，故曰"血"。阴阳色杂，故曰"玄黄"。言阴阳离则异气，合则同功，君臣夫妻，其义一也。故文王之忠于殷，仰参二之强，以事独夫之纣，盖欲弥缝其阙，而匡救其恶，以祈殷命，以济生民也。纣遂长恶不悛，天命殛之，是以至于武王，遂有牧野之事，是其义也。

疏 《九家》注：《文言》曰"犹未离其类"者，未离乎坤也。"故称血焉"者，坤阴类，血亦阴类，故"血以喻阴也"。坤亥临于乾亥，"天玄地黄"，故云"玄黄，天地之杂"。《乾凿度》曰"乾、坤气合戌亥"，故云"乾、坤合居也"。

愚案：上与三应，上为阴位，三为阳位，"阴疑于阳必战"。战则变三，失位变正，互坎为血卦，互震为玄黄，故曰"其血玄黄"。

侯注：坤于消息，十月亥卦也。乾居西北，又当十月亥方也。坤阴穷于亥位，乾阳即始于亥方，以穷阴薄乎阳方，阴阳相疑故战。《说卦》曰"战乎乾"是也。"阴盛似龙"者，阴有伏阳，故"六亦称龙也"。

干注：剥尽成坤，故"上六为十月之时"。"爻终于酉"者，坤上六纳癸酉也。"而卦成于乾"者，阴消乾至上。始成坤也。乾本纯刚之体，不堪阴盛来消，阴阳相薄，故曰"龙战"。乾，西北之卦。《乾凿度》："乾位在十月而渐九月，居乎戌亥之间。"故云"戌亥，乾之都也"。《广韵》："天子所居口都。"乾为君，故所居称都。上六在亥，为乾之都，"故称龙焉。"乾象既盈，坤道至盛，阳功既讫，当返入坤中，出震牝乾，坤德乃备，是阴德过度，以逼乾而为龙战也。"郭外曰郊，郊外曰野"，本《鲁颂》毛传文，但"郭"称"邑"耳。坤居西南，《乾凿度》："坤位六月而渐七月。"故"位于未申之维"。云"溢于酉戌之间"者，溢于酉戌则亥也。言"酉戌"者，爻终于酉，以为端也。自未申至酉戌远，故曰"野"。龙中属乾，然上本坤卦，未离阴类，故曰"其血"。战者，阴阳疑也，疑故杂。"玄黄者，天地之杂也"，乾、坤气合戌亥，故曰"玄黄"。阴阳之气，离则相异，合之则相济而有功。如君臣夫妇，与天地之义无殊。复引文王事纣，武王伐殷之事以明之者，文王抑三分有二之势，以事独夫，凡所以弥缝其阙，匡救其失者，靡所不至。使纣柔顺得中，则以祈殷命，以济生民，未必不有"黄裳元吉"之占矣。乃长恶不悛，阴穷于上，而疑阳必战，卒至天命不佑。武遂兴师，牧野一战，血流漂杵，非即"龙战于野，其血玄黄"之象乎？故云"是其义也"。

用六。利永贞。

干宝曰：阴体其顺，臣守其柔，所以秉义之和，履贞之干，唯有推变，终归于正。是周公始于"负扆南面"，以光王道，卒于"复子明辟"，以终臣节，故曰"利永贞"也。

疏　"阴体其顺"者，六也。"臣守其柔"者，用六也。"秉义之和"者，利也。"履贞之干"者，贞也。"唯"当作"虽"，"推"当作"权"。"虽有权变，终归于正"者，变通尽利，则终归于正，"利永贞"也。"负扆南面"，本《明堂位》文。"复子明辟"，本《洛诰》文。以阴升逼阳，象负扆权变。以阴阳合则同功，象复子明辟。"终归于正"，言公守柔顺之道，始光王道，卒终臣节。始终不失其正，故曰"利永贞"也。

案：六十四卦皆出于乾、坤，始于乾，成于坤，乾、坤相须为用者也。乾用九者，用其变阴以济阳，坤用六者，用其变

中華藏書

周易全书
·最新整理珍藏版

中国书店

阳以济阴。用九者，用其始于乾之元，然元自贞来，故用九之吉在"无首"。用六者，用其成于坤之贞，然贞下起元，故用六之利在"永贞"。余详乾卦"用九"。

屯卦第三 ䷂

【原典】

震下坎上　屯①，元亨利贞。勿用有攸往，利建侯。②

初九　盘桓，利居贞。③利建侯。

六二　屯如邅如，乘马班如，匪寇婚媾；女子贞不字，十年乃字。④

六三　即鹿无虞，惟入于林中；君子几，不如舍，往吝。⑤

六四　乘马班如，求婚媾，往吉，无不利。

九五　屯其膏，小贞吉，大贞凶。⑥

上六　乘马班如，泣血涟如。

【导读】

"屯"，下震上坎，象征雷雨并作。事物初始时困难重重，但在艰险困苦中，有着美好的前途，所以说"屯，元、亨、利、贞"。全卦正是扣住这一旨意，启迪人们要注意化险为夷。当险难出现的时候，要有依靠力量，如"盘桓"之类。居家的就可以安居，有国的就可以封侯。新生事物艰难成长，对某些似是而非的事物，要取分析态度，作出恰当的判断，千万不能把为"婚媾"而来的人群当做盗寇。在关键时刻要善于作出正确的选择，做到"君子几，不如舍"，谨记勿因小而失大。

【精注】

①屯卦：震下坎上，幼苗破土的初生状态。屯，事物初生的艰难。②勿用：不宜。用，宜。建侯：授爵封侯。③盘桓：比喻前进踌躇难行。居：住所。④屯如，邅如：乘马欲进，又班师而回。表示行进艰难。匪：通"非"。不字：不嫁人。字，古时礼仪，女子订婚后即用簪子插住发髻；这里引申为许嫁。⑤即鹿无虞：追鹿而无虞人作向导。虞人，古时管理山林的官员。几：求。舍：放弃。吝：恨、耻。⑥屯：积聚。膏：油

脂。小、大：指少量和大量。

【今译】

屯　是对草木始生的状态所作的描述。屯卦卦象是下单卦为震，上单卦为坎，为水。象征初生。筮得此卦大吉大利，和谐坚实。不宜冒昧行动，只要锲而不舍，有利于授爵封侯。屯象是不静止的状态，但能相对保存自己。

初九　徘徊踌躇，难于前行。但只要刚正不阿，深得民心，也有利于授爵封侯。应持以退为进的策略，要像磐石一样稳定、沉着，以谋将来之发展。

六二　开始时想赶路，但继之原地打转，徘徊不前。因为他们杂路不前，还以为他们是贼寇呢。这时他就想找个带路人，能找到吗？如同女子也只有到了可以谈婚论嫁的年龄，才可以嫁给他。

六三　如果不和向导一起打猎，就会在山林中迷路。如果出兵征战，没有同盟联合相助，则会孤掌难鸣。在这种情况下，与其继续追逐，不如舍弃而去他求。

六四　乘马的人可以找到向导了，人家愿意帮助他，就像答应求婚的事一样，终获吉祥。

九五　雨是由云层中降下的水，适量雨水能滋润禾苗，多了，就成灾害了。

上六　物极必反。乘马的人过于大张旗鼓，兴师动众，这就会好景不长，而引来忌妒及血的教训。

【集解】

屯。元亨利贞。

虞翻曰：坎二之初，刚柔交震，故"元亨"。之初得正，故"利贞"矣。

疏　以四阴二阳之例，则当自临、观来。兹自坎来者，乾由离入坎，合坤生震，所谓"其血玄黄"，故坎二之初成屯，而与鼎旁通也。二之初，刚柔始交而为震，是"始而亨者也"，故"元亨"。阳之初得正，阴之二亦得正，故"利贞"。

勿用有攸往，利建侯。

虞翻曰：之外称"往"。初震得正，起之欲应，动而失位，故"勿用有攸往"。震为侯，初刚难拔，故利以建侯。《老子》曰"善建者不拔"也。

疏　《说文》："往，之也。"之外称"往"，《易》例也，如泰坤在外为"卜往"，否乾在外为"大往"是也。震初阳得正，初与四应，《杂卦》曰"震，起也"，起往之外，欲上应四，四不得正，是以"动而失位"。且初在震为行，四在坎为险，行则遇险，故"勿用有攸往"。《晋语》："司空季子曰'小事不济，壅也，故曰勿用有攸往，一夫之行也'"，是其义也。《序卦》曰"主器者，莫若长子，故受之以震"，故"震为侯"，《逸礼·王度记》曰"诸侯封不过百里，象雷震百里"是也。初刚在下，即乾初潜龙，"确乎其不可拔"，故云"初刚难拔"。"善建者不拔"，《老子·德经》文，引之以明震初不拔，故"利建侯"也。

初九。盘桓。利居贞，利建侯。

虞翻曰：震起艮止，动乎险中，故"盘桓"。得正得民，故"利居贞"。谓君子居其室，慎密而不出也。

疏　内震为起，互艮为止，外坎为险。震阳动乎险中，初刚难拔，触艮而止，故有盘桓难进之象。《尔雅·释水》"钩盘"，孙炎彼注云"水曲如钩流，盘桓不直前也"。《书·禹贡》："织皮、西倾，因桓是来"，郑彼注云"桓是陇阪名。其道盘旋，曲而上，故曰桓。"此经"盘桓"，其义同也。二往居初，故"得正"。互坤为民，故"得民"。艮为宫，坤为"阖户"，初在艮坤下，"不出户庭"，故"利居贞"。《左传·闵公元年》曰："初，毕万筮仕于晋，遇屯之比。辛廖占之，曰：'吉。屯固比入，吉孰大焉，其必蕃昌。震为土，车从马，足居之。兄长之，母覆之，众归之。六体不易，合而能固，安而能杀，公侯之卦也'。"故"利建侯"。"君子慎密而不出"，《系辞上》文，释节初"不出户庭"也。虞彼注云"二动，坤为密。体屯盘桓利居贞，故不出"。二失位变正，节初即屯初，故彼此互相发也。

六二。屯如邅如。

荀爽曰：阳动而止，故"屯如"也。阴乘于阳，故"邅如”也。

疏 阳动于下，二应艮以止之，故有屯如难进之象。二阴乘于初阳，以柔乘刚，故有邅如不行之象。

乘马班如。

虞翻曰：屯、邅，盘桓，谓初也。震为马作足，二乘初，故“乘马”。班，踬也，马不进，故“班如”矣。

疏 初刚难拔，故“屯、邅，盘桓，皆谓初也”。“震为马作足”，《说卦》文。二乘初，故有乘马之象。外遇坎险则踬，故“班”训“踬”也。《子夏传》曰“班如，相牵不进貌”，故以马不进为“班如”矣。

案：郑《箴膏肓》曰“天子以至大夫，皆有留车反马之礼”。又《士昏礼》曰：“主人爵弁，纁裳缁衣，乘车从车二乘。妇车亦如之。”此妇车出于夫家，则士妻始嫁，乘夫家之车也。今以“乘马”为“乘初”者，亦是乘初之车，但二与初非昏姻之正，故云“屯如邅如，乘马班如”也。

匪寇婚媾。女子贞不字，十年乃字。

虞翻曰：匪，非也。寇谓五。坎为寇盗，应在坎，故“匪寇”。阴阳德正，故“婚媾”。字，妊娠也。三失位，变复体离，离为“女子”为大腹，故称“字”，今失位为坤，离象不见，故“女子贞不字”。坤数十，三动反正，离女大腹，故十年反常乃字，谓成既济定也。

疏 “匪”、“非”古今字。二与五应，故“寇谓五”。《说卦》：“坎为盗。”故云“坎为寇盗”。“应在坎，故匪寇”者，下不得初，则将上求五，故止之。言所求者，非此寇也。“阴阳德正故婚媾”者，谓三变正，二承之，是阴阳德正而为婚媾也。《说文》：“字，乳也。”故云“字，妊娠也”。“三失位，变复体离”者，复，反也，三本失位，变正体反为离也。《说卦》曰“离再索而得女，谓之中女”，故“离为女子”，又离为大腹，故“称字”，为“妊娠也”。今三失位为坤，是“离象不见”，故为“女子贞不字”也。“坤数十”者，《系辞上》“地十”，癸数也，故曰“十年”。三动反正，则为“离女大腹", 故"十年反常乃字"。谓三正"成既济定"者, 三反正, 则阴阳气通, 成既济, 六位定也。

愚案: 虞氏《易》例, 不以阴阳爻为男女, 四"求婚媾", 亦以三变体离言也。但以"字"为"妊娠", 是已嫁, 非"贞不字"也。《曲礼》曰"女子许嫁笄而字", "字"为"许嫁"之义, 二不许初, 故"不字。"

六三。即鹿无虞。惟入于林中。

虞翻曰: 即, 就也。虞谓虞人, 掌禽兽者。艮为山, 山足称"鹿", 鹿, 林也。三变体坎, 坎为丛木、山下, 故称"林中"。坤为兕儿虎, 震为麋鹿, 又为惊走, 艮为狐狼。三变, 禽走入于林中, 故曰"即鹿无虞, 惟入林中"矣。

疏 "即, 就也", 《说文》文。"虞谓虞人, 掌禽兽者", 《周礼·地官》: "山虞掌山林之政令。若大田猎, 则莱山田之野, 及獟田, 植虞旗于中, 致禽而珥焉"是也。鹿, 王肃本作"麓", 《诗·大雅》: "瞻彼旱麓。"《周语》引作"旱鹿", 是"鹿"、"麓"古字通也。《诗》毛传云"麓, 山足也"。三互艮, 《说卦》: "艮为山。"三在艮下, 故"山足称鹿"也。"鹿, 林也"者, 《春秋·僖公十四年》: "沙鹿崩", 《谷梁传》: "林属于山为鹿", "鹿"与"麓"通也。三变, 下体成坎, 《九家·说卦》: "坎为丛棘。"故"坎为丛木"也。木在山下, 故"称林中"。《说卦》: "坤为子母牛", 《释兽》: "兕似牛", 《说文》: "兕状如野牛", 坤为虎, 说见乾卦"风从虎", 故"坤为虎兕"。《说文》: "麋, 鹿属", 《字统》: "鹿性惊", 《震》卦辞曰"震惊百里", 故"震为麋鹿"。京房《易传》曰"震遂泥, 厥咎国多麋", 亦以震惊故致麋也。震惊且为足, 故"又为惊走"。《九家·说卦》曰"艮为狐", 《埤雅》"狼狐搏物", 搏为手击, 艮为手, 故"为狐狼"。皆三未变时象也。坎为丛棘, 故为"林中"。三变为坎, 则坤兕虎, 震麋鹿、艮狐狼, 皆入坎林, 故曰"即鹿无虞, 惟入于林中"。

君子几, 不如舍, 往吝。

虞翻曰: "君子"谓阳已正位。几, 近。舍, 置。吝, 疵也。三应于上，之应历险。不可以往，动如失位，故不如舍之，往必吝穷矣。

疏 三变正，伏阳出，故称"君子"也。"几，近"，《释诂》文。杜注《左传》"使杜泄舍路"云"舍，置也"，即虞义也。《系辞上》曰"悔吝者，言乎其小疵也"，故云"吝，疵也"。三应在上，之，往也，往应于上，则历乎坎险矣，故不可往也。三动已正，成既济，往则动而失位，故不如舍之，不必往取吝穷也。

六四。乘马班如。

虞翻曰：乘三也。谓三已变，坎为"马"，故曰"乘马"。马在险中，故"班如"也。或说乘初。初为"建侯"，安得乘之也。

疏 三已变成坎，《说卦》："坎，其于马也为美脊。"故"为马"。四在坎上，故曰"乘马"。上坎下坎，是为"险中"，故"班如"也。"或说乘初"者，初为"建侯"，初不拔，则不应四，故"安得乘之"。然四与初应，初震于马为善鸣，则乘初义亦通。初刚难拔，故"班如"。

求婚媾，往吉，无不利。

崔憬曰：屯难之时，勿用攸往。初虽作应，班如不进。既比于五，五来求婚，男求女，"往吉，无不利"。

疏 当屯难之代，勿有所往。初震作足，虽作而兴起，上与四应，然初刚难拔，且四在坎险，故有班如不进之象。但四与五比，五阳来求婚于四阴，是"男求女"也，故"往吉无不利"。

九五。屯其膏。

虞翻曰：坎雨称"膏"，《诗》云"阴雨膏之"，是其义也。

疏 坎为雨，故"称膏"。"阴雨膏之"，《诗·曹风》文。膏，去声，与润同义，《说卦》："雨以润之。"故"称膏"。愚案：坎雨，膏象也。互艮为止，故"屯其膏"。

小贞吉，大贞凶。

崔憬曰：得屯难之宜，有膏泽之惠。谓与四为婚媾，施虽未光，小贞之道也，故"吉"。至于远求嘉偶，以行大正，赴二之应，冒难攸往，固宜且凶，故曰"大贞凶"也。贞，正也。

疏 谓"得屯难之宜"者，惟"有膏泽之惠"也。五与四为婚媾，是有膏泽于近矣，所施虽未光，亦小贞之道，故曰吉。二与五应，以屯膏之象，远求嘉偶，以行大正之礼。膏泽既不广被，而远赴二应，是冒屯难攸往，虽宜且凶矣，故曰"大贞凶"。"贞，正也"，《师·象传》文。

愚案：辛廖之占，以屯为固。固者，贞也。即"贞固足以干事"也。屯六爻二五得中得正，故二五言"贞"，亦惟二五言"屯"。二，阴也，阴称"小"。二乘初刚，守贞不字，女子之贞也，故"小贞吉"。五，阳也，阳称"大"。五为君位，陷于阴中，又互艮止，位虽得正，居上屯膏亦凶也，故"大贞凶"。孟康释此爻云"大贞，君也。遭屯难饥荒，当开仓廪，振百姓，而反吝则凶"，得其解矣。

上六。乘马班如。

虞翻曰：乘五也。坎为"马"，震为行，艮为止，马行而止，故"班如"也。

疏 "乘五"者，乘刚也。《说卦》"坎美脊"，故"为马"。震作足，故"为行"。五互艮，故"为止"。马行而止，故有班如之象。

泣血涟如。

《九家易》曰：上六乘阳，故"班如"也。下二四爻，虽亦乘阳，皆更得承五，忧解难除。今上无所复承，忧难不解，故"泣血涟如"也。体坎为血，伏离为目，互艮为手，掩目流血，泣之象也。

疏 上乘五阳，是亦乘刚，故有班如之象。二比初，故乘初，四应初，亦乘初，二与五应，四上承五，皆得阳为援，故"忧解难除"，虽班如而无泣血涟如之象也。今上乘五阳，下无正应，又上无所承，独阴无与，又坎为加忧是"忧难不解"，所以"泣血涟如"也。上体坎，坎为血卦。伏离为目，五互艮为手。以手掩目而流血，是泣血之象也。桓宽《盐铁论》曰"小人先合而后忤，初虽乘马，后必泣血"，是其义也。《诗·卫风》"泣涕涟涟"，即"涟如"之义。《说文》引作"㦲如"，训泣下，盖古今字。

蒙卦第四 ䷃

【原典】

坎下艮上 蒙①，亨，匪我求童蒙，童蒙求我。②初筮告，再三渎，渎则不告。利贞。③

初六 发蒙，利用刑人，用说桎梏，以往吝。④

九二 包蒙吉。纳妇吉。子克家。⑤

六三 勿用取女，见金夫，不有躬，无攸利。⑥

六四 困蒙，吝。⑦

六五 童蒙，吉。

上九 击蒙，不利为寇，利御寇。⑧

【导读】

蒙卦表明古人对教育、启蒙的重视。启蒙教育可以培养人的美好品德，使其走上正道，这是神圣的功劳。蒙昧之人并非不可教育，只要教育方法得当，蒙就可以转化为不蒙。刑人卸掉枷锁，亦可为我所用。

【精注】

①蒙：卦名。坎下艮上，蒙昧蛮荒之象。②童蒙：无知之人。指需要教育的人。③再三：这里承前省略了一个"筮"字，所以"再三"即"再三筮"，意为接二连三地占筮。渎：亵渎。④发蒙：开启蒙昧人之智慧。刑人：体罚或刑罚人，带有强制性。说：通"脱"。桎梏：古代刑具。铐在足上称桎，铐在手上称梏。以：而。⑤包蒙：强调教育的广泛。纳妇：迎娶媳妇。子克家：家不指一个小家。这里有修身治国的意思。⑥取：通"娶"。金夫：指貌美郎君。不有躬：不能守礼仪，

自失其身。⑦困蒙：陷于困难的境地。⑧击蒙：用严厉的办法管教，但不能过头。

【今译】

蒙卦 蒙：愚昧。蒙卦卦象是下单卦为坎，为水；上单卦为艮，艮为山。蒙昧无知的人，是否能改进，不取决于我们，而取决于蒙昧无知的人的诚意。第一次前来占筮，告诉他吉凶；接二连三地占筮，便是对占筮的亵渎了，这样，便不再告诉其吉凶，因为求学与施教都要持严肃的态度。

初六 要进行启蒙教育，就要法规严明，甚至强制对被教育人的惩戒。如果放任自流，就是管理不善，将困难重重。

九二 受教育者很多，教育者要以"有教无类"的原则对学生一视同仁，这是天经地义的，就像娶妻纳妾一样。

六三 不宜娶这样的女子为妻，因为她心中只有美貌郎君，不能守礼仪，这个女人不接受教育，所以不可教也。

六四 陷于困难的境地，深深被愚昧所困扰，远离了接受教育的条件，所以处境十分艰难。

六五 无邪念的蒙昧无知的人可以启发教育，一定会获吉祥。

上九 要惊醒愚昧无知的人促其转化，但不宜采用过激的行动使矛盾激化，如果你的方法对头，被教育者的坏习气便可以改掉。这样才是吉利的。

【集解】

蒙。亨。

虞翻曰：艮三之二。"亨"谓二，震刚柔接，故"亨"。蒙亨，以通行时中也。

干宝曰：蒙者，离宫阴也。世在四，八月之时，降阳布德，荞麦并生，而息来在寅，故蒙于世为八月，于消息为正月卦也。正月之时，阳气上达，故屯为"物之始生"，蒙为"物之稚也"。施之于人，则"童蒙"也。苟得其运，虽蒙必亨，故曰"蒙亨"。此盖以寄成王之遭周公也。

疏 虞注：四阴二阳之卦，从临、观来，云"艮三之二"

者，据消息也。坤入中宫，以刚接柔而为蒙。革、巽生姤成，故蒙、革旁通，犹屯、鼎也。内艮三阳之二得中，上应五阴，所以"亨行时中"，而"谓二"也。二取互震接伏巽，震刚巽柔，乾坤交，故亨也。蒙之所以亨，以艮三当行，则通行于二，以合时中也。

干注：蒙为离宫四世卦，四阳变阴，故云"蒙者，离宫阴也"。世月之例，四世卦阴主八月，阴在酉也。《礼·月令》："仲秋之月，乃劝种麦。"蔡邕《章句》："阳气始胎于酉。"故八月荞麦应时而生。《广雅》："太初之气，生于酉仲。"宋均云"必知生八月仲者，据此时荞麦生，以为验也"。又《汉书》董仲舒《雨雹对》曰"荞麦始生，繇阳升也"，故云"降阳布德，荞麦并生"也。消息蒙为正月，大夫值日卦，故云"息来在寅"。合八宫消息言之，故云蒙于世为八月，于消息为正月卦也。"正月之时，阳气上达"者，三阳息而成泰，《史记·历律书》所谓"引达于寅"是也。屯在十二月丑，故为"物之始生"，蒙在正月寅，故为"物之稚"。施之于人，则幼稚为"童蒙"也。"童蒙"谓五，则得其运矣，故"虽蒙必亨也"。"此盖以寄成王之遭周公也"者，成王以幼冲之年，居六五之位，周公以阳刚之德，居九二之中，以圣臣而辅贤主，卒致天下安宁，刑措不用，故曰"蒙亨"。蒙二之能启蒙，亦犹屯初之能扶屯也。

匪我求童蒙，童蒙求我。

虞翻曰："童蒙"谓五，艮为"童蒙"，"我"谓二也。震为动起，嫌求之五，故曰"匪我求童蒙"。五阴求阳，故"童蒙求我，志应也"。艮为求。二体师象，坎为经，谓礼有来学，无往教。

疏 五言"童蒙"，故"童蒙谓五"。艮为少男，故"为童蒙"。"我谓二"者，二应五也。二互震，为动为起。震长男，坎中男，嫌二求五之少男，故曰"匪我求童蒙"。五阴下求于二阳，坎为"志"，二应五，故《象》曰"童蒙求我，志应也"。艮兑同气相求，故"为求"。初至五有师象。《乾凿度》曰"坎离为经，震兑为纬"，六经取义于经纬，故《周书·谥法》曰"经纬天地曰文"，故"坎为经"。以经训蒙为经师，是"童蒙求我"也。《曲礼》曰"礼闻来学，不闻往教"，故曰"匪我求童蒙，童蒙求我"。

初筮告。再三渎，渎则不告。

崔憬曰：初筮，谓六五求决于九二，二则告之。"再三渎"谓三应于上，四隔于三，与二为渎，故二不告也。渎，古黩字也。

疏　"初筮谓六五"者，五童蒙求我，且得中也。"求决于九二"者，二正应五也。二应五，故告之。三应上，四隔三且应初，皆与二为渎，故曰"再三渎"。二皆不应，故"不告"也。《说卦》："坎为沟渎。"故称"渎"。"渎，古黩也"者，"渎"、"黩"古字通也。贾逵《国语注》云"黩蝶也"，是"渎"亦训"蝶"也。

利贞。

虞翻曰：二五失位，利变之正，故"利贞"。"蒙以养正，圣功也。"

疏　二阳五阴皆失正位，利变而之正，故曰"利贞"，戒五不可过柔，二不可过刚也。如变之正则为观，"中正以观天下"是也。孔疏云"贞，正也"。言蒙之为义，利以养正，故《象》云"蒙以养正，圣功也"。

初六。发蒙，利用刑人，用说桎梏，以往吝。

虞翻曰：发蒙之正。初为蒙始，而失其位，发蒙之正以成兑。兑为"刑人"，坤为"用"，故曰"利用刑人"矣。坎为穿木，震足艮手，互与坎连，故称"桎梏"。初发成兑，兑为"说"。坎象毁坏，故曰"用说桎梏"。之应历险，故"以往吝"。吝，小疵也。

疏　虞《系辞》注云"发，动也"。初居蒙始，阴为失位，动阳得正成兑。"兑，正秋也"，《周礼·天官·小宰》："五曰秋官，其属六十，掌邦刑。"故兑为"刑"。又兑折震足，为见刑断足者，故为"刑人"。"致役乎坤"，故"坤为用"。"利用刑人"，义取此也。坎穴震木，故"坎为穿木"，即《九家·说卦》"坎为桎梏"之义也。震为足，艮为手。《说文》："桎，足械也"，"梏，手械也"，上四爻皆待发蒙，下系于二，故"互与坎连，称桎梏"也。初动在兑，《说卦》："兑，说也"，故为"说"。此读若"脱"，盖"说"、"脱"皆从兑，故"说"与"脱"通。变兑则坎象毁坏，故曰"用说桎梏"。盖二用初，脱上四爻之桎梏也。四当求初，初不当往四，若历坎险以往，必吝。《系辞上》曰"悔吝者，言乎其小疵也"，故云"吝，小疵也"。

九二。包蒙吉，纳妇吉，子克家。

虞翻曰：坤为"包"，应五据初，初与三四同体，包养四阴，故"包蒙吉"。震刚为夫，伏巽为妇，二以刚接柔，故"纳妇吉"。二称"家"，震，长子，主器者，纳妇成初，故有"子克家"也。

疏 "包"从勹从巳，《说文》："包，象人怀妊，巳在其中，象子未成形也。"二变成坤，《说卦》曰"坤为母为腹"。巳为母腹包藏，故"坤为包"。二上应五，下据初，初与三四同为阴体。二本刚中，过刚则无包涵之量，变阴济阳，故能"包养四阴"，是宽柔以教，而获"包蒙之吉"也。震刚长男为夫，伏巽长女为妇，盖蒙旁通革，革坤成乾，二巽姤下，由蒙二接之，故九二有伏巽为震妇也。二以震刚接巽柔，故"纳妇吉"也。"二称家"者，《乾凿度》曰"二为大夫"，郑注《礼记》云"大夫称家"，又在内，《杂卦》曰"家人，内也"，故知"二称家"。震为长子，主器者也。"纳妇成初"者，谓初已发，成阳之正，二伏巽出，成阴得正，使初成震为子，故曰"子克家"。"《象》曰刚柔接也"者，明二纳巽初，乃成震也。

六三。勿用娶女。见金夫，不有躬，无攸利。

虞翻曰：谓三，诚上也，"金夫"谓二。初发成兑，故三称"女"，兑为"见"，阳称"金"，震为"夫"，三逆乘二阳，所行不顺，为二所淫，上来之三陟阴，故曰"勿用娶女，见金夫"矣。坤身称"躬"，三为二所乘，兑泽动下，不得之应，故"不有躬"。失位多凶，故"无攸利"也。

疏 "谓三"者，"女"谓三也。"诚上也"者，三与上应，三不正，故诚之也。"金夫谓二"者，二震为夫也。初不正，发动已成兑，兑为少女，故"三称女"也。《杂卦》曰"兑见而巽伏"，故"兑为见"也。兑之阳爻本自乾来，《说卦》曰"乾为金"，故云"阳为金"。又兑西方正秋，亦"为金"。震男为"夫"，而又兼乾阳，故称"金夫"。三兑逆说，乘于二阳，是"所行不顺"。坎水为淫，兑逆说之，故"为二所淫"。上九谓二为寇者，以此也。《释诂》："陟，升也。"三上皆不正，上来之三，将欲升阴，乃阴不应上而比二，故曰"勿用娶女，见金夫"矣。坤在地成形，故为"身"称"躬"。"三为二所乘"，震乘兑也。兑为泽，泽性就下，震又动之，故云"兑泽动下"。就下则不得之应于上也，之上在坤，不之则失坤体，故曰"不有躬"。《系辞下》曰"三多凶"，六居三为"失位多凶"，故"无攸利"也。

六四。困蒙，吝。

王弼曰：阳称实也。独远于阳，处两阴之中，暗莫之发，故曰"困蒙"也。困于蒙昧，不能比贤以发其志，亦鄙矣，故曰"吝"。

疏 阳实阴虚，故"阳称实也"。阳实谓二，有刚中之德。四独远之，处于三五两阴之间，又初无正应，故"暗莫之发"，所以为"困蒙"也。困于蒙昧之中，不能比于二贤，以发动其志，鄙吝之甚也。《论语》曰"困而不学，民斯为下矣"，是其义也。又艮伏兑，兑上坎下，其体为困，故曰"困蒙"。柔之为道，不利远者，四独远阳，故困也。

六五。童蒙吉。

虞翻曰：艮为"童蒙"，处贵承上，有应于二，动而成巽，故吉也。

疏 艮，少男，故"为童蒙"。居五为"处贵"，比阳为"承上"。二五皆失位，二动包五，五下应之。动而成巽，得中得正，《巽·象传》曰"刚巽乎中正而志行"，故吉。

上九。**击蒙，不利为寇，利御寇。**

虞翻曰：体艮为手，故"击"。谓五已变，上动成坎，称
"寇"，而逆乘阳，故"不利为寇"矣。御，止也。此"寇"
谓二，坎为"寇"。巽为高，艮为山，登山备下，顺有师象，
故"利御寇"也。

疏 "艮为手"，《说卦》文。"为手故击"，三行不顺，
与二坎同体，故击之。五已变阳，上动为阴，则成坎矣。坎为
盗，故称"寇"。五变上动乘之，是"逆乘阳"也，故"不利
为寇"矣。《释诂》曰"御，禁也"，"禁"有"止"义，故
云"御，止也"。"此寇谓二"者，二坎为寇盗也。三应上，
为二所淫，故二为"寇"。"巽为高"、"艮为山"，皆《说卦》
文。"登山"谓上，"备下"谓二。互坤为"顺"，初至五体
师，故云"顺有师象"。师顺在下，故"利御寇"。

需卦第五 ䷄

【原典】

乾下坎上　需①，有孚，光亨，贞吉。利涉大川。②

初九　需于郊，利用恒，无咎。③

九二　需于沙，小有言，终吉。④

九三　需于泥，致寇至。⑤

六四　需于血，出自穴。⑥

九五　需于酒食，贞吉。⑦

上六　入于穴，有不速之客三人来，敬之，终吉。⑧

【导读】

《周易》对"需"是持一种赞美的态度，认为"需"包含
着诚信，抱有信念，耐心等待，就会光明亨通。"需"反映的
是某一件事或一项事业，在起步阶段必须耐心等待时机。等待
必须遵循规律，才可能遇险化险而达光明亨通的境地。

【精注】

①需卦：乾下坎上，象征等待。"需"的本义是天上下雨。

②孚：诚信。光亨：大为通顺。③需：等待，停留。郊：城邑之外。恒：此指恒心。④沙：沙滩。小：少。言：议论。⑤泥：泥泞的地方。致：招来。⑥血：血泊，此指危险。出：离开。穴：陷阱。这里比喻险恶。⑦酒食：指酒宴。⑧不速之客：没有邀请而来的客人。

【今译】

需卦　需：象征等待。需卦卦象是下单卦为乾，为发展中的政权。上单卦为坎是坎水、坎险。象征等待，即使前面有险阻，但能有正当的等待方法，心怀诚信，自然光明亨通。有利于涉越大江大河。

初九　在城邑之外等待，有恒心，长久耐心等候时机，不会有什么灾祸。

九二　在沙滩上等待。有回旋的余地，但也引起争议，此时如能耐心等待，最后还是吉祥的。

九三　在泥泞之中等待，此时已有险境，并已短兵相接，千万不要冒险而行。

六四　在血泊中等待，陷入深穴，要尽全力才能脱离险境。

九五　此卦在酒食宴中等待，占之必获吉祥。

上六　陷入险境，不速之客"三人"（三阳）来访，但只要对他们恭敬，以礼相待，最终必获吉祥。

【集解】

需。有孚，光亨，贞吉。

虞翻曰：大壮四之五。"孚"谓五。离日为"光"。四之五得位正中，故"光亨"。"贞吉"谓"壮于大举之辐"也。

疏　二阴四阳之卦自《大壮》来，故云"大壮四之五"也。阳在二五称"孚"，坎为孚，故云"孚谓五"也。五之四，互离日为"光"。大壮四失位，之五得位，正而且中。坎通为"亨"，四互离光，故"光亨"。五得正，故"贞吉"也。谓"壮于大举之辐也"者，"辐"当为"腹"，大壮九四"贞吉悔亡，壮于大举之腹"，虞彼注云"失位，悔也。之正得中，故贞吉而悔亡矣。坤为大举为腹。四之五折坤，故壮于大举之腹"，即此需五"贞吉"之义也。

利涉大川。

何妥曰："大川"者，大难也。须之待时，本欲涉难，既能以信而待，故可以"利涉大川"矣。

疏　《说卦》曰"坎为沟渎"，《考工记》曰"匠人为沟洫，专达于川"，《左传·宣公十二年》曰"川壅为泽"，杜彼注注云"坎为川"，是坎为"大川"也。谓"大川"为"大难"者，以坎险在前也。乾知险而不遽进，故云"须之待时"，所以然者，未尝须臾忘涉难也，故云"本欲涉难"。需而有孚，故云"能以信而待"。惟正故吉，故可"利涉大川"也。所谓仗忠信以涉波涛者，此也。

初九。需于郊。利用恒，无咎。

干宝曰：郊，乾坎之际也。既已受命进道，北郊未可以进，故曰"需于郊"。处不避污，出不辞难，臣之常节也。得位有应，故曰"利用恒"。虽小稽留，终于必达，故曰"无咎"。

疏　乾西北，坎正北，乾与坎接，故"乾坎之际"为"郊"。乾阳主进，大壮震大涂为"道"，初变巽为"命"，故云"受命进道"。既已受命进道，即可由西北以进于北，然坎险在前，未可遽进。《杂卦》曰"需，不进也"，故必"需于郊"以待之。处所当处，非避污也。出所当出，非辞难也。待时而进，人臣之常节。常者，恒也。初阳得位，四为正应，久以待之，无不利也，故曰"利用恒"。虽迟回不进，小有稽留，然终于必达，故无咎也。

愚案：初与四应，初需四，"郊"谓四也。三与四接，亦乾坤之际为"郊"也。《释地》"邑外谓之郊"，乾为内，乾之外即"郊"，故知"郊"谓四也。需于四者，以坎在前也。需为坤之游魂，坤致役为"用"，自大壮来，初变为"恒"，故曰"利用恒"。四应初，得位承五，需之得其地也，故曰"无咎"。

中華藏書

周易全书·最新整理珍藏版

九二。需于沙。小有言，终吉。

虞翻曰："沙"谓五，水中之阳称"沙"也。二变之阴称"小"，大壮震为言，兑为口，四之五，震象半见，故"小有言"。二变应之，故"终吉"。

疏 二需五，故"沙谓五"也。五为"水中之阳"，阳刚故称"沙"也。二变为阴，泰曰"小往大来"，否曰"大往小来"，故知"阴称小"也。大壮震善鸣为"言"，四体兑，故"兑为口"。四虽之五，震象半见，又互兑口，兑，少女，亦为"小"，故"小有言"。五阳在外，二变阴以应之，得中得正，故"终吉"也。

九三。需于泥，致寇至。

荀爽曰：亲与坎接，故称"泥"。须止不进，不取于四，不致寇害。

疏 乾上接坎下，故云"亲与坎接"。坎为水，泥在水旁，故称"泥"。乾知险阻，故"须止不进"。三应在上，故"不取于四"。坎为盗，故为"寇"。三近四，虽有"寇至"，然需而不进，故不为害也。

六四。需于血，出自穴。

案：六四体坎。坎为云，又为血卦。"血"以喻阴，阴体卑弱，宜顺从阳，故曰"需于血"。

《九家易》曰：云从地出，上升于天，自地出者，莫不由穴，故曰"需于血，出自穴"也。

疏 案：四，坎体下也。上坎为云，坎为血卦，故有血象。六阴爻，四阴位，故"血以喻阴"。阴以卑弱之体，故宜顺从于五阳。"需于血"者，柔顺而能待者也。

《九家》注：坎为"坎窞"，其象为"穴"。乾二之坤五为坎，故云"云从地出，上升于天"，《公羊传·僖公三十一年》曰"触石而出，肤寸而合"，故云"自地出者，莫不由穴"也。

愚案：四欲进居于五，贵柔顺以待，不可急也。"需于血"者，待以柔顺也。坎下口开者为"穴"，四未之五为震，震为

"出"，故曰"出自穴"。既出自穴，已有进五之势，然进不遽进，故曰"需于血，出自穴"。

九五。需于酒食，贞吉。

荀爽曰：五互离坎，水在火上，酒食之象。"需者，饮食之道"，故坎在需家为"酒食"也。云须时欲降，乾须时当升，五有刚德，处中居正，故能帅群阴，举坎以降，阳能正居其所则吉，故曰"需于酒食"也。

疏 五互离火坎水，坎水在离火之上，且鼎象半见，故有酒食之象。"需者，饮食之道"，《序卦》文。惟需有饮食之道，而坎又为水，故知"坎在需家为酒食也"。上坎为云，待时将降于下，下乾为天，待时当升于上。五有阳刚之德，处中居正，为坎之主，故能帅上四二阴，主坎以降于二，二阳即随乾以升居于五，正而得所，故"需于酒食，贞吉"。此以内外卦为升降，与应爻为升降者，又一例也。

案：五与二应，五需于二，二变正以应五，则体象噬嗑，故有酒食之象。需，须也。酒食，享食之礼。礼速客之辞曰"主人须矣"。五为卦主，需二变为"食"，上需于下，下应于上，二升居五得正，故吉也。

上六。入于穴。

荀爽曰：需道已终，云当下入穴也。云上升极，则降而为雨，故《诗》云"朝跻于西，崇朝其雨"，则还入地，故曰"入于穴"。云雨入地，则下三阳动而自至者也。

疏 爻终于上，故云"需道已终"。升极必降，故云"云当入穴"。"朝跻于西，崇朝其雨"，《诗·鄘风》文。"跻"言升，"雨"言降也。升极则降而为雨，如《诗》言是也。既雨则还入地，如"入于穴"是也。云雨下入于地，则下三阳动而自至，故言"不速之客三人来"也。

有不速之客三人来，敬之终吉。

荀爽曰："三人"谓下三阳也。须时当升，非有召者，故曰"不速之客"焉。乾升在上，君位以定；坎降在下，当循臣职，故"敬之终吉"也。

中華藏書

第一部 周易原典

中国书店

疏 马融云："速，召也。"乾称"人"，故"三人谓下三阳也"。上与三应，初二同体，乾性本升，不待召而自来，故曰"不速之客"。乾三俱升，二居天位，故云"君位以定"。坎降居下，二变为坤。坤，"臣道也"，故云"当循臣职"。乾为"敬"，故"敬之终吉"也。

愚案：五爻皆需，终则无所需矣，故不言需。坎口在上亦为"穴"，上变巽为"入"，故曰"入于穴"。上与三应，阴降则阳升，初二同禀乾阳为"人"，内卦同升于外，故"有不速之客三人来"。变巽为恭，故"敬之终吉"也。

讼卦第六

【原典】

坎下乾上　讼①，有孚，窒惕，中吉，终凶。利见大人，不利涉大川。②

初六　不永所事，小有言，终吉。③

九二　不克讼，归而逋；其邑人三百户，无眚。④

六三　食旧德，贞厉，终吉。或从王事，无成。⑤

九四　不克讼，复即命，渝。安贞吉。⑥

九五　讼元吉。

上九　或锡之鞶带，终朝三褫之。⑦

【导读】

讼卦的思想，在今天仍给人以启示。强调"有孚"。"孚"首先是指"诚信"、"信实"，也就是事实确凿，实事求是，这是打官司的重要依据。但即便如此，打官司也仍要强调一个"惕"字，即有戒惧之心，谨慎从事。讼卦强调"不永所事"与"复即命"。前者是说不要陷入拖延不决的困境；后者在今天来看就是接受调解。倘若一意孤行，纠缠不休，或不知进退，不接受较为公平的调解而改变行动，这最终也不会有好结果的。

【精注】

①讼卦：下坎上乾，象征争讼、争论。②有孚：指诚信。

室惕：阻塞。③永：久长。不永所事：不长久困于争讼之事。④不克讼：争讼失败。归而逋：逃亡，逃避。邑：封地，古代三百户为一邑是小国。眚：过失，灾祸。⑤食旧德：吃昔日俸禄。贞厉：正确但危险。⑥复即命：回归正理。渝：改变习性，改变初衷。⑦锡：通"赐"。鞶：大带。古代根据官阶颁赐的腰带，上或有金玉之饰。终朝：终日，整天。扡：剥夺。

【今译】

讼卦　讼：象征争讼、争论。讼卦卦象是下单卦为坎，险陷；上单卦为乾，代表刚健。只要心怀诚信，加以警觉，申辩中持中和之道不偏不倚，可获吉祥；如果始终强争不息，不见好就收，则有凶险。如果有德高望重的人出现则会有利，要渡过大河大川则不会顺利。

初六　不利于长久困于争辩不休中，应减少口舌，平息是非，最终可获吉祥。

九二　争讼失败，走为上策；逃到只有三百户的小邑，便可息事宁人躲过灾难。

六三　安享昔日俸禄，守住纯正的美德，虽然此地仍要处处小心防备，但最终能获得吉祥。或许还有辅佐君王的可能，但居功不足。

九四　争讼失利，回归正理，改变争讼的初衷，安贞守正，则可以平安无事。

九五　审断争讼，得到了公正的判决。中正无讼则吉。

上九　也可能由于决讼清明而荣获颁赐或加封，但如果君王反复无常，一天中又三次下令收回，这是要警觉的。

【集解】

讼。有孚。

干宝曰：离之游魂也。离为戈兵，此天气将刑杀，圣人将用师之卦也。"讼，不亲也。"兆民未识天命不同之意。

荀爽曰：阳来居二而孚于初，故曰"讼有孚"也。

疏　干注：讼四不变，是离宫游魂卦也。"离为戈兵"，《说卦》文。四为阴卦主八月，故云"此天气将刑杀"。下

《象》注云"武王观兵"，故云"圣人将用师之卦也"。"讼，不亲也"，《杂卦》文。二变正，坤为民。外乾为天，互巽为命。《说卦》又曰"同人，亲也"。讼下坎反离为同人。同人，离宫归魂卦也。同人亲而讼不亲，讼则不同，故"未识天命不同之意"也。

　　荀注：四阳二阴之卦自遯来，三阳来居于二而孚于初阴，阴阳相感，故曰"讼有孚"。坎为孚，故曰"有孚"也。

窒惕，中吉。

　　虞翻曰：遯三之二也。"孚"谓二。窒，塞止也。惕，惧二也。二失位，故不言贞。遯将成否，则"子弑父，臣弑君"。三来之二得中，弑不得行，故"中吉"也。

疏　"遯三之二"者，讼自遯来也。"孚谓二"者，《坎》卦辞曰"坎有孚"，以二中实也。《说文》："窒，塞也。""塞"有"止"义，故云"塞止也"。艮土下塞坎水，止遯不成否也。坎为加忧，故为"惕"。"惧二也"者，惧坎险也。二失位不正，故"不言贞"。遯消二，及三则成否矣，有弑父弑君之象。今三之二，得中有孚，消不成否，弑不得行，故"中吉"也。

终凶。

　　虞翻曰：二失位，终止不变，则"入于渊"，故"终凶"也。

疏　二阳失位，止而不变，初在坎水，故为"渊"。不变自初始，陷于坎险，故"入于渊"，所以"终凶"也。

利见大人，不利涉大川。

　　侯果曰："大人"谓五也，断决必中，故"利见"也。讼是阴事，以阴涉险，故"不利涉大川"。

疏　五位天子，故知"大人谓五也"。二四争三，故二与四讼。诸爻不正，惟五有刚健之德，居上正中，故"断决必中"。下互离为目，故利见九五大人。讼是阴险之事，坎为险，又为"大川"，以险涉险，故"不利涉大川"也。

初六。不永所事。小有言，终吉。

虞翻曰：永，长也。坤为事，初失位，而为讼始，故"不永所事"也。"小有言"谓初四易位成震"言"，三"食旧德"，震象半见，故"小有言"。初变得正，故"终吉"也。

疏 "永，长也"，《释诂》文。"坤为事"，谓遯变坤也。初失位，故"为讼始"，变之正，故"不永所事"也。初与四应，易位成震，震声为"言"。三合二，震象半见，故曰"小有言"。初变得正，其卦为履。履者，礼也。《曲礼》曰"分争辩讼，非礼不决"，故虽"小有言，终吉"也。又变兑为口、为小，故"小有言"。二动应五，三"食旧德"，兑象毁坏，故"终吉"也。

九二。不克讼。 归而逋

虞翻曰：谓与四讼，坎为隐伏，故"逋"。乾位刚在上，坎濡失正，故"不克"也。

疏 "谓与四讼"者，坎之险在二，乾之健自四始也。"坎为隐伏"，《说卦》文，隐伏故"逋"。乾五刚而得位，坎阳居阴，濡溺失正，故"不克"也。

愚案：《书·泰誓》："多罪逋逃。"《汉书·匈奴传·赞》："逋逃窜伏。"是"逋"与"遯"同义。遯三之二成讼，二归于三，则仍成遯矣，故曰"归而逋"。

其邑人三百户，无眚。

虞翻曰：眚，灾也。坎为"眚"。谓二变应五，乾为"百"，坤为"户"，三爻，故"三百户"。坎化为坤，故"无眚"。

疏 《书·舜典》："眚灾肆赦。"故云"眚，灾也"。《说卦》"坎为多眚"，故云"坎为眚"。二变正，上应五，外乾内坤。"乾为百"者，三爻之策皆三十六，略其奇八，以就盈数，故称"百"也。"坤为户"者，乾门坤户，阴阳大小异名也。"三爻"谓内三爻坤，"三爻故称三百户"。坎多眚，化坤之正，坤成坎毁，故"无眚"也。

案：《乾凿度》："二为大夫。"孔疏"三百户者，郑注

《礼记》云'小国下大夫之制'",又云"小国之下大夫,采地一成,其定税三百家,故三百户也"。

又案:二刚变柔,不与五敌,故曰"不克讼"。二为大夫,不敢据邑以叛,故曰"归而逋"。二变化坎为坤,二为邑主,二无眚,则邑人亦无眚,故曰"其邑人三百户,无眚"。

六三。食旧德。贞厉,终吉。

虞翻曰:乾为"旧德","食"谓初四,二已变之正,三动得位,体噬嗑食,四变食乾,故"食旧德"。三变在坎,正危"贞厉"。得位,故"终吉"也。

疏 《系辞上》曰"可久则贤人之德",谓乾也。讼乾即遯乾,故"为旧德"。"食谓初四"者,初与四易位则食乾也。初四已易位,二变正为阴,三动得位为阳,是体象噬嗑食也。"四变食乾"者,四变则乾体坏,如"日有食之","月有食之",故云"食乾"也。《乾凿度》曰"三为公","食旧德",食父故禄也。乾为父,三失位,动而承乾,有"食旧德"之象。二四之正,三体变坎,虽正而危,是"贞厉"也。变得位,故"终吉"也。

或从王事,无成。

虞翻曰:乾为"王",二变否时,坤为"事",故"或从王事"。道无成而代有终,故曰"无成"。坤三同义也。

疏 乾为君,故"为王"。二变成否体坤,坤发事业,故"为事"。坤臣上承乾君,故言"或从王事"也。"道"上脱"地"字,当从《坤·文言》"地道无成而代有终也",故曰"无成"。云"坤三同义也"者,坤三发成泰,乾为"王",坤为"事",震为"从","地道无成而代有终",故曰"或从王事,无成有终"。坤三以泰从王事,此以否从王事,皆为地道,故义同。彼发而从王事,故"有终"。此未动,故但言"无成"。变而"终吉",则亦"有终"也。四已易,二未正,三亦有震象,故亦言"从"也。

愚案:三上皆不得位,虽为不义之应,然阴阳相从,上不侵三,故三得食遯乾旧德。二无正应,几不保其邑人。三有正应，故能食其旧德。若变而之正，不与上应，虽危亦吉，故曰"贞厉终吉"也。但变正从乾，或有王事，亦当守柔顺之道。与坤三同位，故与坤三同辞。不言有终，讼不可终也。

九四。不克讼。复即命渝。安贞吉。

虞翻曰：失位，故"不克讼"。渝，变也。不克讼，故复位，变而成巽，巽为命令，故"复即命渝"。动而得位，故"安贞吉"，谓二已变，坤安也。

疏 二与四皆失位，故皆"不克讼"也。"渝，变也"，《释言》文。惟不克讼，故复其本位，变阴成巽。《巽·象传》曰"重巽以申命"，故"巽为命令"也。"复即命渝"者，即，就也，与初易位体复，故"复即命渝"也。"动而得位"者，动变为阴，得正位也。故"安贞吉"者，贞，正也，安乎正，则吉也。二已变，四又变，则体坤，坤为土，故为"安"，《坤》卦辞曰"安贞吉"是也。

愚案：二"不克讼"者，二为坎主，变其险，故上不逼五也。四为乾始，变其健，故下不陵初也。复其阴位，则就乎巽之命，渝为阴爻，则安乎坤之贞，是以吉也。

九五。讼元吉。

王肃曰：以中正之德，齐乖争之俗，"元吉"者也。

王弼曰：处得尊位，为讼之主。用其中正，以断枉直，"中"则不过，"正"则不邪，刚则无所溺，公则无所偏，故"讼元吉"。

疏 王注：上下五爻皆不得位，惟九五既中且正，故以九五中正之德，齐上下乖争之俗，是以"元吉"也。

王注：以九处五，是得尊位，而为听讼之主者也。用其中正之德，以断枉直之情，"中"则无过差，"正"则无邪曲。复言"刚"与"公"者，九为阳刚，与六二言中正者殊也，故云"刚则不溺"也。《史记·吕后纪》："未敢讼言诛之。"注云"讼，公也"，盖于文公言为"讼"，知听讼贵公也，故云"公则不偏"。有是四德，故"讼元吉"也。

上九。或锡之鞶带。

虞翻曰："锡"谓王之锡命。鞶带，大带，男子鞶革。初四已易位，三二之正，巽为腰带，故"鞶带"。

疏　乾为君，故为"王"，巽为"命"，故云"锡"，谓"王之锡命"也。《说文》："鞶，大带也。"故云"鞶带，大带"。《内则》："男鞶革。"故云"男子鞶革"。讼本有巽，初四易位，则乾亦变巽，三二之正，则坎亦变巽。"巽为腰带"者，巽为帛、为交，坎属肾水为"腰"，巽覆坎腰，故为"腰带"。

终朝三拕之。

虞翻曰：位终乾上。二变时，坤为"终"。离为日，乾为甲，日出甲上。故称"朝"。应在三，三变时，艮为手，故"终朝三拕之"。使变应已，则去其鞶带，体坎乘阳，故《象》曰"不足敬也"。

侯果曰：褫，解也。乾为衣、为言，故"以讼受服"。

荀爽曰：二四争三，三本下体，取之有缘。或者，疑之辞也。以三锡二，于义疑矣，争竞之世，分理未明，故或以锡二。终朝者，君道明。三者，阳成功也。君明道盛，则夺二与四，故曰"终朝三拕之"也。鞶带，宗庙之服。三应于上，上为宗庙，故曰"鞶带"也。

翟玄曰：上以六三，锡下三阳，群刚交争，得不以让，故终一朝之间，各一夺之，为"三拕"。

疏　虞注：上居乾终。二变作坤，月出震终坤，故"坤为终"。互离日，故云"离为日"。乾纳甲，故云"乾为甲"。离日出于乾甲之上，于文为"杲"，《说文》"早"作"杲"，杲故称"朝"也。下应三，三变还遘成艮，"艮为手"，《说卦》文。"拕"从手，故取艮手而曰"终朝三拕之"也。三使上变应已，而艮手即去其鞶带，自三至上隔三爻，故"三拕之"。三以坎体上乘阳位，乾敬象坏，故"《象》言不足敬也"。

侯注："拕"，本亦作"褫"，《荀子·非相篇》"极礼而褫"，"褫"亦训"解"，义与此同。"乾为衣、为言"，《九家

·说卦》文，"为言"即"讼"，"为衣"即"受服"也。

荀注：《乾凿度》曰"初为元士，二为大夫，三为三公，四为诸侯，五为天子，上为宗庙"，二与四争三公之服，三本下体，与二相比，是取之有因也。《乾·文言》："或之者，疑之也。"故云"或者，疑之辞也"。以三公之服，锡二大夫，故"于义疑矣"。惟争竞之世，分理未明，故"或以锡二"也。《尚书·大传》曰"岁之朝、月之朝、日之朝，则后王受之"，郑彼注云"自正月尽，四月为岁之朝，上旬为月之朝，平旦至食时为日之朝"，故"终朝"为"君道明"。《春秋元命苞》曰"阳成于三"，故云"三者，阳功成也"。四为诸侯，入为三公，宜服三公之服，故"君道盛，则夺二与四"。阳道方长，故"三拕之"也。鞶带，服之以祭者，故云"宗庙之服"。三应于上，上为宗庙，故知鞶带为祭服而在上也。

翟注：上与三应，故"上以六三，锡三阳爻"。乃二与四五，群刚交争，得者不让，故一日之间，三阳各一夺之，为"三拕"也。

愚案：上与三应，三互巽帛为"鞶带"，互离日为"终朝"，自上至三历三爻，为"三拕"。上以阳刚居极，健胜于险，克讼者也。即或讼而得胜，"锡之鞶带"，然过刚失位，亦"终朝三拕之"矣。夫讼而获胜，辱且随之，况不胜者乎？初以"不永"获吉，是"谋始"者也。三四在中，变而得正，是"中吉"者也。上处乎终，健讼为事，虽荣亦辱，是"终凶"者也。

师卦第七 ䷆

【原典】

坎下坤上 师①，贞，丈人吉，无咎。②

初六 师出以律，否臧，凶。③

九二 在师中吉，无咎；王三锡命。④

六三 师或舆尸，凶。⑤

六四 师左次，无咎。⑥

六五　田有禽，利执言，无咎。长子帅师，弟子舆尸，贞凶。⑦

上六　大君有命，开国承家，小人勿用。⑧

【导读】

师卦经文有两点需要注意：首先是"师出以律"，军纪严明这是古人实践经验的总结，对我们今天仍有指导意义。其次，"开国承家"、"小人勿用"，是统治阶层用人的准则。

【精注】

①师卦：坎下坤上，象征军队战争。②丈人：老成持重者，此指军事统帅。③律：军纪，纪律。否臧：不善，不好。④在：统率。中：中正。王三锡命：君王多次颁赐奖赏其功。锡命：发布奖赏的命令。⑤舆尸：用车载运尸体，比喻兵败如山。⑥左次：驻扎在左方。如驻扎在左低右高的地势上，利于防御和攻击。⑦禽：动物。执言：责难，声讨。弟子：次子。⑧大君有命：君王降下诏命，论功封爵。开国：封诸侯，开创千乘之国。承家：授大夫，承袭百乘之家。家，大夫封地。小人勿用：意在用君子，不要用小人。

【今译】

师卦卦象是上单卦为坤，坤为地，为母；下单卦为坎，为水，为险。师卦：指军队而言。军事上以刚直中正，听从天命，众望所归的统帅率师出征才能得到吉祥，必无灾祸。

初六　军队出征，必须要依靠严明的军纪，如果军纪混乱，定有凶险。

九二　统率军队出征打仗，只要持守严明中道又有英明将军，此将军又能得到君王的赏识，并三度给以褒奖，则可获吉祥。

六三　兵败如山，大败而归。凶险。

六四　排兵布阵得当，能守能攻，并严阵以待，可免灾祸。

六五　打仗和打猎一样，王者之师，用将必须刚断，委任才能出众的统帅指挥作战，复又让小人、无能之辈参与争功，势必大军败北，占卜的结果是凶险的。

上六　班师回朝，天子颁布诏命，论功封爵，大功封侯，赐土地；功次之的封卿，但要重用君子，不要重用德才都差的小人。

【集解】

师。贞。丈人吉。无咎。

何晏曰：师者，军旅之名。故《周礼》云"二千五百人为师"也。王弼曰：丈人，严庄之称，有军正者也。为师之正，丈人乃吉。兴役动众，无功则罪，故吉乃无咎。

陆绩曰：丈人者，圣人也。帅师未必圣人，若汉高祖、光武，应此义也。

崔憬曰：《子夏传》作"大人"，并王者之师也。

案：此《彖》云"师，众。贞，正也。能以众正，可以王矣"，故《老子》曰"域中有四大，而王居其一焉"。由是观之，则知夫为王者，必大人也，岂以丈人而为王哉。故《乾·文言》曰"夫大人与天地合德，与日月合明，先天而天不违，后天而奉天时。天且不违，而况于人乎"，况于行师乎。以斯而论，《子夏传》作"大人"是也。今王氏曲解大人为丈人，臆云"严庄之称"，学不师古，匪说攸闻。既误违于经旨，辄改正作"大人"明矣。

疏　何注：《周礼·地官·小司徒》："五旅为师，五师为军。"故云"师者，军旅之名"。《夏官·大司马》："二千五百人为师。"郑氏云："多以军名，次以师名，少以旅名。师者，举中之言。"服虔《左氏解谊》说此卦云："坎为水，坤为众。互体震，震为雷。雷，鼓类，又为长子。长子帅众鸣鼓，巡水而行，师之象也。"

王注："丈人，严庄之称"者，谓"丈人"为严威庄重之人也。"有军正"者，贞者，正也，郑氏云"丈之言长，能御众，有正人之德"者也。故必为师之正，丈人乃吉也。凡兴役动众，必以严庄，乃有功劳，否则无功而有罪矣。惟贞故吉，吉则无咎也。

陆注：以"丈人"为"圣人"者，言丈人有圣人之德者也。唯武王兴师伐纣，末年受命，足以当之。后世帅师之长，未必皆圣。唯汉高祖因陈涉之乱而兴众，光武因王莽之篡而用兵，皆师出有名，动而得正，与经义相应，故引以实之也。

崔注：此据《子夏传》以"丈人"作"大人"，而谓为"王者之师"。盖必以"王者"当受命之"大人"，与《象传》"可以王矣"之言，乃相符也。

案：李氏据《象传》及《道德经》、《乾·文言》以证《子夏传》作"大人"为是，并斥王注作"丈人"为非，然《经》文显白，据《传》辄更有乖传信传疑之旨。

愚谓：卦辞之"丈人"，即爻辞之"长子"。《大戴礼·本命》曰"丈者，长也"，互震为长子，故称"丈人"，长丈同称，又何疑焉。且《谓语》"遇丈人"，注云"丈人，老人也"，《诗·大雅》曰"维师尚父"，《小雅》曰"方叔元老"。盖古之命帅，多择老成，故曰"丈人吉"也。

初六。师出以律，否臧凶。

案：初六以阴居阳，履失其位。位既匪正，虽令不从。以斯行师，失律者也。凡者率师，出必以律，若不以律，虽臧亦凶，故曰"师出以律，失律凶也"。

《九家易》曰：坎为法律也。

疏 案：阴居阳位非正，虽有号令，众必不从，是"行师而失律者也"。初居师首，承二互震为"出"，言"师出以律"，则慎终于始，何凶之有。今阴柔失位，不能以律则为"否"，否则虽臧亦凶。《象》言"失律"，谓失位也。《释诂》："臧，善也。"《左传·宣公十二年》说此爻云"执事顺成为臧，逆为否"。初失位，故"否臧凶"也。

《九家》注：《九家·说卦》曰"坎为律"，故云"坎为法律也"。古者律度量衡之法，皆起于黄钟之九寸。黄钟，坎位也。《释言》曰"坎，律铨也"，然则以坎为律者，乐律也，非法律也。《周礼·太师》"执同律，以听军声而诏吉凶"，又"若师有功，则左执律，右秉钺，以先恺乐"，是古者出师，皆执律以从。《左传》称师旷知南风之不竞，《吴越春秋》载大夫皋如之言曰"审声则可以战"，皆其道法。逮后《史记·律书》，独拳拳于兵械，而《索隐》即援《易》文"师出以律"释之，得其旨矣。《律书》曰："六律为万事根本，其于兵械，尤所重焉。故云望敌知吉凶，闻声效胜负，百王不易之道也。武王伐纣，吹律听声，推孟春以至于季冬，杀气相并，而音尚宫，同声相从，物之自然也。"又《兵书》云："太师吹律，合商则战胜，军士强。角则军扰，多变失志。宫则军和，士卒同心。征则将急数怒，军士劳。习则兵弱少威。"此皆"师出以律"之明证也。

《象》曰：在师中吉，承天宠也。

《九家易》曰：虽当为王，尚"在师中"，为天所宠，事克功成，故"吉，无咎"。二非其位，盖谓武王受命而未即位也。受命为王，定天下以师，故曰"在师中吉"。

疏 阳主升，二升于五，虽当为王，然居坎中，是"尚在师中"也。二有刚中之德，是以"为天所宠"也。事克功成，故"吉无咎"也。阳当升五，处二非位，故以"武王受命而未即位"当之。及受命为王，壹戎衣而天下大定，是"在师中言"之象也。

愚案：卦以群阴统于二阳，刚有将才故吉，中有将德故无咎，将在师中之象也。师通同人，同人乾为"王"，巽为"命"，离为"三"，故有"王三锡命"之象。

九二。在师中，吉无咎。王三锡命。

《九家易》曰：虽当为王，尚"在师中"，为天所宠，事克功成，故"吉，无咎"。二非其位，盖谓武王受命而未即位也。受命为王，定天下以师，故曰"在师中吉"。

疏 阳主升，二升于五，虽当为王，然居坎中，是"尚在师中"也。二有刚中之德，是以"为天所宠"也。事克功成，故"吉无咎"也。阳当升五，处二非位，故以"武王受命而未即位"当之。及受命为王，壹戎衣而天下大定，是"在师中言"之象也。

愚案：卦以群阴统于二阳，刚有将才故吉，中有将德故无咎，将在师中之象也。师通同人，同人乾为"王"，巽为"命"，离为"三"，故有"王三锡命"之象。

六三。师或舆尸，凶。

虞翻曰：坤为"尸"，坎为车多眚，同人离为戈兵、为折首，失位乘刚无应，尸在车上，故"舆尸，凶"矣。

疏 坤形为身，灭乙为丧身，丧故为"尸"。"坎为车多眚"，本《说卦》文。旁通同人，"离为戈兵"，《说卦》文，又曰"离为折上槁"，《离·上九》曰"有嘉折首"，故为"折首"。三阴为"失位"，履阳为"乘刚"，上阴为"无应"。坤尸在坎车之上，故为"舆尸凶"也。

六四。师左次，无咎。

荀爽曰："左"谓二也，阳称"左"。次，舍也。"二与四同功"，四承五，五无阳，故呼二舍于五，四得承之，故无咎。

疏 "左谓二也"者，二为阳也。"阳称左"者，震初阳为春为木，《管子》曰"春生于左，秋杀于右"，董子曰"木居左，金居右"，故"阳称左"也。《左传·庄公三年》："凡师一宿为舍，再宿为信，过信为次。""次"虽多日，亦是"舍"义，故云"次，舍也"。"二与四同功"，《系辞下》文，四近承五，五虚无阳，四呼二阳上舍于五，故曰"师左次"。二既升五，四顺承之，以阴承阳，故无咎。

案：行军以右为前，以左为后，初在后，四与同志，故有"左次"之象。

六五。田有禽。利执言，无咎。

虞翻曰："田"谓二，阳称"禽"。震为"言"，五失位，变之正，艮为"执"，故"利执言，无咎"。

荀爽曰：田，猎也。谓二帅师禽五，五利度二之命，执行其言，故无咎也。

案：六五居尊失位，在师之时，盖由殷纣而被武王禽于鹿台之类是也。以臣伐君，假言田猎。六五离爻体坤，离为戈兵，田猎行师之象也。

疏 虞注：二自乾来，乾九二"见龙在田"，故"田谓二”。“阳称禽”者，“本乎天者亲上”也。互震声为“言”，五阴失位，变而为阳，互艮手为“执”，故曰“利执言”。变得正，故无咎。“执言”者，即《诗》云“执讯”也。

荀注：坤为“田”。“田猎”者，为田除害，猎之言获也。二与五应，二当升五，故二欲获五，五当降二，故“利度二之命，执行其言”。所执之“言”，即王与大君之“命”，在上谓之“命”，在下谓之“言”，尊卑之义也。二执五言，故无咎。

案：五位尊，六失正，殷纣在上之象，二阳得中，武王在师之象，故“犹殷纣而被武王禽于鹿台之类”也。以臣伐君，其辞不顺，故“假言田猎”。六五离之中爻，全体则坤也。以离之兵戈，田于坤中，故云“田猎行师之象也”。

长子帅师。

虞翻曰：“长子”谓二，震为长子。“在师中”，故“帅师”也。

疏 “长子谓二”者，以二互震也。震长子主器，故“震为长子”。二曰“在师中”，是“帅师”者，长子也。

弟子舆尸，贞凶。

虞翻曰：“弟子”谓三，三体坎。坎，震之弟而乾之子。失位乘阳，逆，故“贞凶”。

疏 “弟子谓三”者，以三体本坎也。《说卦》曰“震一索而得男，谓之长男。坎再索而得男，谓之中男”，皆得乾之一阳，故“坎为震之弟而乾之子”也。三失阴位，又乘阳爻为逆，故“贞凶”。“舆尸”言“贞”，明三之同人折首也。

愚案：坤为地，故称“田”。田，田猎也。坎为弓，故称“禽”。禽，禽获也。《左传·僖公三十三年》：“外仆髡屯禽之以献。”“禽”与“擒”通，战胜执获之意。“田有禽”者，即《诗·小雅》“获丑”也。变艮手为“执”，互震声为“言”。“利执言”者，即《诗·小雅》“执讯”也。六虽失位，五则得中，下应于二，受命徂征，有执讯获丑之功，所以无咎。然五与二为正应，故震为“长子帅师”则吉。五多功，三多凶，故坎为“弟子舆尸”则凶也。盖二刚而得中，有御众之才，三柔而失位，无抚军之德，言择将不可不慎，而事权不可不一也。

上六。大君有命。

虞翻曰：同人乾为"大君"，巽为"有命"。

干宝曰：大君，圣人也。有命，天命也。五常为王位，至师之家而变其例者，上为郊也，故易位。以见武王亲征，与师人同处于野也，离上九曰"王用出征，有嘉折首"。上六为宗庙，武王以文王行，故正开国之辞于宗庙之爻。明己之受命，文王之德也。故《书·泰誓》曰："予克纣，非予武，惟朕文考无罪。纣克予，非朕文考有罪，惟予小子无良。"开国，封诸侯也。一承家，立都邑也。小人勿用，非所能也。

疏　虞注：旁通同人。"乾以君之"，故"为大君"。巽以"申命行事"，故"为有命"。

干注：《乾凿度》曰"大君者，君人之盛者也"，孟喜曰"大君者，兴盛行异者也"，故云"大君，圣人也"。上于三才为天位，故云"有命，有天命也"。五为天子，故云"五常为王位"，今上称"大君"，故云"至师之家而变其例"也。《尔雅》"邑外谓之郊"，上在外卦之外，故云"上为郊也"。"大君"在五，易称上六，以上在郊外，故云"易位以见武王亲征，与师人同处于野外也"。复引离上九爻辞者，以称"王"可以明"大君"，"出征"可以明王在郊野之象也。"上六为宗庙"，《乾凿度》义也。《史记·周本纪》"武王观兵，至于孟津，为文王木主，载以车中，言奉文王以伐，不敢自专"，故云"武王以文王行"。《书·泰誓》上篇曰"予小子夙夜祗惧，受命文考"，故云"正开国之辞于宗庙之爻"。又以明己之受命，皆文王之德，故复引《泰誓》下篇文以证之也。《春官·大宗伯》"五命赐则，六命赐官，七命赐国"，皆封诸侯之事，故云"开国，封诸侯也"。《地官·载师》"以家邑之田任稍地，以小都之田任县地，以大都之田任畺地"，注谓"家邑之田，谓大夫采邑。小都，卿之采邑。大都，公及王亲子弟之采邑"，故云"承家，立都邑也"。"小人勿用"者，谓"开国承家"，非小人所能也。

开国承家。

虞翻曰：承，受也。坤为"国"，二称"家"。谓变乾为坤，欲令二上居五为比，故"开国承家"。

荀爽曰："大君"谓二。师旅已息，既上居五，当封赏有功，立国命家也。开国，封诸侯。·承家，立大夫也。

宋衷曰：阳当之五，处坤之中，故曰"开国"。阴下之二，在二承五，故曰"承家"。"开国"谓析土地以封诸侯，如武王封周公七百里地也。"承家"，立大夫为差次。立大夫因采地名。正其功勋，行其赏禄。

疏　虞注：《礼运》"是谓承天之祜"，疏云"受天之祜"，"承"训"受"，义同此也。坤土，故"为国"。二为大夫，故"称家"。同人通师，故"谓变乾为坤"。二失位升五，得中得正，故云"欲令二上居五为比"。"《比·象》曰"建万国，亲诸侯"，故曰"开国承家"。

荀注：二升五为君，故"大君谓二"。上处师终，故"师旅已息"。二既上居于五，当封赏行师有功之人，大者开国，其次承家。"开国"则封诸侯，"家承"则立大夫。

宋注：五坤为"国"。二阳上之五，处坤之中，故曰"开国"。二位大夫称"家"。五阴下之二，二上承五，故曰"承家"。《书·武成》"列爵惟五，分土惟三"，故"开国谓析土地以封诸侯"。《礼·明堂位》"成王封周公于曲阜，地方七百里"，故云"如武王封周公七百里地也"。《皋陶谟》"夙夜浚明有家"，注谓"以为大夫"，《王制》"诸侯之上大夫、卿、下大夫五人"，故云"承家，立大夫为差次"。《礼运》"大夫有采，以处其子孙"，故云"立大夫因采地名"。《夏官·司土》"以功诏禄"，故云"正其功勋，行其赏禄"。

小人勿用。

虞翻曰：阴称"小人"。坤虚无君，体"迷复"凶，坤成乾灭以弑君，故"小人勿用"。

疏　六阴，故"称小人"。坤无阳，故"坤虚无君"。自二至上体复，复上六曰"迷复凶，有灾眚。用行师，终有大败，以其国有君凶"，虞彼注云"三复位时体师象，坤为死丧，坎流血，故终有大败。

姤乾为君，灭藏于坤，故国君凶矣"，《象》曰"反君道也"，故"小人勿用"。

愚案：五为侯国之君，二为其臣，上为天王，故曰"大君"。如《诗·鲁颂》言"明明鲁侯"，是六五也，"矫矫虎臣"，是九二也，"王曰叔父，建尔元子"，是上六也。又《乾凿度》曰"上为宗庙"，师伏同人，乾君伏于坤阴，以阴居阴，是"大君"有先王之象，故云"宗庙"。伏巽为"命"，故曰"大君有命"。"开国"谓五，阴得中，"执讯获丑"也。"承家"谓二，阴得中，"长子帅师"也。"小人"谓三，以阴柔失位，"弟子舆尸"也。三与上应，上体"迷复"，易为所引，坤为"用"，变艮为止，故曰"小人勿用"。且"开国承家"，是"用命赏于祖"，"小人勿用"，是"不用命戮于社"，而总示其义于宗庙爻云。

比卦第八 ䷇

【原典】

坤下坎上　比①，吉。原筮，元永贞，无咎。不宁方来，后夫凶。②

初六　有孚比之，无咎。有孚盈缶，终来有它吉。③
六二　比之自内，贞吉。④
六三　比之匪人。⑤
六四　外比之，贞吉。⑥
九五　显比。王用三驱，失前禽，邑人不诫，吉。⑦
上六　比之无首，凶。

【导读】

比卦讲的是人与人之间的相交之道，强调团结互助的重要性。比的范围比较广泛，或自内比于外，或自外比于内，或自下比于上，或自上比于下。比的原则在于诚信、忠贞。与没有诚信、缺乏忠贞的人相比，是"比之匪人"，结果必遭凶祸。

【精注】

①比卦：坤下坎上，象征亲密无间，团结无助。②原筮：旧筮，指再三占筮。元：即"元亨"，意为大吉大利。永贞：占问长期之吉凶。不宁方来：一些不安分的小国来归附。方国：商周时代对少数部落的称呼。后夫：后来者。③有孚比之：有诚信之心者前来亲辅。盈缶：美酒装满酒坛。缶：大肚小口，用来盛酒的瓦罐。④内：内在要求。⑤匪人：非其人。⑥外比：向外亲辅。⑦显比：明显地亲辅。三驱：不合围，开一面之网。诫：告诫。

【今译】

比卦　象征亲密无间，团结无助。比卦卦象是下单卦为坤，为地；上单卦为坎，为水。比卦卦象是众星捧月之象。此卦吉祥。当年古人筮遇此卦，必有吉利，占问长久之事，没有灾祸。不安宁的小国看到势头不对也都来朝，迟缓而来者必成独夫民贼，必有凶险。

初六　诚信归顺的人前来辅佐，无灾祸。诚信之意就如装满美酒的酒坛，最终会有人前来依附，肯定是吉祥的。

六二　臣在内部亲密团结，努力辅佐君主，必将吉祥。

六三　与行为不端正的人关系密切。其害惨重。

六四　向外依附，也不能什么人都投靠，要选择贤明之君，才可获吉祥。

九五　招贤纳士应当光明无私，竭诚欢迎所有前来投靠的人。正如君王狩猎，三方驱围，网开一面，舍逆而取顺。使邑人都不惧怕之，这样才会吉祥。

上六　和众人亲密团结但自己没有居于首领的地位。凶险。

【集解】

比。吉。

虞翻曰：师二上之五，得位，众阴顺从，比而辅之，故"吉"。与大有旁通。

《子夏传》曰：地得水而柔，水得土而流，比之象也。夫凶者，生乎乖争，今既亲比，故云"比吉"也。

疏 虞注："师"二失位，上居九五为"得位"。坤阴为"众"为"顺"，《象传》曰"下顺从也"，故云"众阴顺从"也。又曰"比，辅也"，故云"比而辅之"。以五阴比一阳为比。以五阴顺一阳，故吉也。比伏大有，故"与大有旁通"。

《子夏传》：地本柔也，得水而始柔，不得水则失之燥矣。水本流也，得地而始流，不得地则无所附矣。地本亲下，"水曰润下"，故云"比之象也"。乖争则凶，亲比则吉，故曰"比吉"也。

原筮元永贞，无咎。不宁方来，后夫凶。

干宝曰：比者，坤之归魂也，亦世于七月，而息来在巳，去阴居阳，承乾之命，义与师同也。原，卜也，《周礼》三卜，一曰"原兆"。坤德变化，反归其所，四方既同，万国既亲，故曰"比吉"。考之著龟，以谋王业，"大相东土，卜惟洛食"，遂乃"定鼎郏鄏，卜世三十，卜年七百"，德善长子兆民，戬禄永于被业，故曰"原筮元永贞"。逆取顺守，居安如危，故曰"无咎"。天下归德，不唯一方，故曰"不宁方来"。后服之夫，违天失人，必灾其身，故曰"后夫凶"也。

疏 坤变至五，游魂于四，归魂于三成比，故云"坤之归魂也"。坤宫泰世在三，比归魂亦世在三，三世卦阴主七月，三阴在申也，故云"亦世于七月"。"而息来在巳"者，比于消息为四月卦。申为阴，巳为阳，故云"去阴居阳，承乾之命"。乾用事四月，师亦四月，故云"义与师同也"。《周礼·太卜》："掌三兆之法，一曰玉兆、二曰瓦兆、三曰原兆。""原"训为"卜"，举"原兆"以该"玉兆"、"瓦兆"也。由坤至比，八变而反归其所，坤为方，故云"四方既同"，又为国，故云"万国既亲"。同而且亲，故曰"比吉"也。《书·洪范》曰"谋及卜筮，龟从筮从"，故云"考之著龟，以谋王业"。《洛诰》曰"大相东土。我乃卜涧水东，瀍水西，惟洛食。我又卜瀍水东，亦惟洛食"，故云"大相东土，卜惟洛食"。"定鼎郏鄏，卜世三十，卜年七百"，《左传·宣公三年》文。引三书者，释"原筮"也，"德善长于兆民"者，释"元"也，"戩禄永于被业"，释"永贞"也，故曰"原筮元永贞"。"逆取顺守"者，周以征诛取天下，而以忠厚守之也。"居安如危"者，安不忘危，所以长守贵也，故曰"无咎"。《武成》曰"大赉于四海，而万姓悦服"，是"天下归德，不唯一方"也。故曰"不宁方来"。《史记·卫世家》："武王既已克殷，以殷余民封纣子武庚禄父，乃令其弟管叔蔡叔传相武庚，以和其民。管叔蔡叔乃与武庚作乱。周公以成王命，兴师伐殷，杀武庚管叔，放蔡叔。"是"后服之夫，违天失人，必灾其身"也，故曰"后夫凶"。

愚案：《尔雅·释言》："原，再也。"互艮为手，师震为草，以手持草，有"筮"象焉。蒙之"初筮"谓初，比之再"筮"谓二。谓二者，师二之五成比也。五阳乾元，故曰"元"。全体坤，坤"利永贞"，故曰"永"。五得正，故曰"贞"。萃九五亦曰"元永贞"，以萃与比同体，而四未变也，虞彼注云"四变之正，则五体皆正，故元永贞，与《比·象》同义也"。贞，故"无咎"。五，比之主也，坎劳卦，故"不宁"。坤为"方"，故"方来"，犹《诗》所谓"干不庭方"也。以一阳动于上，而坤阴在下应之，故曰"不宁方来"，来则比矣。五阳为"夫"，上在五后为"后夫"。坤方咸来，而上处艮背，又无正应，是不比者也，故不吉而凶。

初六。有孚比之，无咎。

虞翻曰："孚"谓五。初失位，变来得正，故无咎也。

荀爽曰：初在应外，以喻殊俗。圣王之信，光被四表，绝域殊俗，皆来亲比，故无咎也。

疏 虞注："孚谓五"者，坎为"孚"也。"初失位"者，阴居阳也。比与大有旁通，消息之卦，五下初息大有，故云"变来得正"。得正，故无咎也。

荀注：二与五为正应，故曰"比之自内"。初在二下，故云"初在应外"。初远于五，故"以喻殊俗"也。"光被四表"，《书·尧典》文，《礼聘义》曰"孚尹旁达，信也"，故云"圣王之信，光被四表"也。《中庸》曰"凡有血气者，莫不尊亲"，故云"绝域殊俗，皆来亲比"也。在比之初，信以相与，故无咎也。

有孚盈缶，终来有它，吉。

虞翻曰：坤器为"缶"，坎水流坤，初动成屯。"屯者盈也"，故"盈缶"。终变得正，故"终来有它吉"，在内称"来"也。

疏　《系辞上》曰"形乃谓之器"，又曰"形而下者谓之器"，皆谓坤在地成形也，故知坤为器。《考工记》"范土以为器"，坤为土，缶，土器也，且坤腹有容，其象为缶，故云"坤器为缶"。坎水在上，流于坤土，初动成阳，其体为屯，《序卦》曰"屯者，盈也"，故曰"盈缶"。变阳得正，故"终来有它吉"。自外来内，故云"在内称来也"。比卦五阴，皆以比五为吉凶，独初则五来比之，变正为"前禽"，故"有它吉"。

六二。比之自内，贞吉。

干宝曰：二在坤中。坤，国之象也。得位应五而体宽大，君乐民人自得之象也，故曰"比之自内，贞吉"矣。

疏　二在坤中，"内"也。坤为地，故云"国"之象也。阴得位，正应五。坤二纳乙巳，巳主西方，《翼奉传》曰"西方之情喜也，喜行宽大"，故云"而体宽大"。坤为民，位在中，中和化应，故"民人自得"。《杂卦》曰"比乐"，是比有乐象，故"君乐民人自得之象也"。自二应五，故"比之自内"。得正，故"贞吉"也。

六三。比之匪人。

虞翻曰：匪，非也，失位无应，三又多凶，体剥伤象，弑父弑君，故曰"匪人"。

疏　"匪"、"非"古今字。三阴失位，上无正应，《系辞下》曰"三多凶"，故云"三又多凶"。初至五体剥，剥者，伤也，故云"体剥伤象"也。此与否六三同义，故二卦皆曰

"匪"人。虞彼注云"谓三比坤灭乾，以臣弑其君，以子弑其父，故云匪人"，与比同义也。

六四。外比之，贞吉。

虞翻曰：在外体，故称"外"。得位比贤，故"贞吉"也。

疏 四在外体，故"称外"。四应初而承乎五，舍初比五，故曰"外比"。阴得正位，外比五贤，故曰"贞吉"也。

九五。显比。

虞翻曰：五贵多功，得位正中，初三巳变体重明，故"显比"。谓"显诸仁"也。

疏《系辞上》曰"卑高以陈，贵贱位矣"，虞彼注云"乾高贵五"，《系辞下》曰"五多功"，故云"五贵多功"。以阳居五，故云"得位正中"。初与三皆失位，当变而之正，成既济定，有两离象，故云"初三巳变体重明"。《说文》"㬎"字下云"案微秒也。从日中视丝。古文以为显字"。卦自下升，微而之显，"显"从日，离为日，日中视丝，案见微秒，故九五称"显比"。"显诸仁"，《系辞上》文，盖震为"仁"，五降初为元善，三阴亦正其体为离，故谓"显诸仁"也。

愚案：比通大有，五伏离明，故曰"显比"。大有九五称"威如"，谓伏乾也。比九五称"显比"，谓伏离也。

王用三驱，失前禽。

虞翻曰：坎五称"王"，"三驱"谓驱下三阴，不及于初，故"失前禽"。谓初已变成震，震为鹿、为惊走，"鹿斯之奔"，则"失前禽"也。

疏 乾五交坤成坎，故"坎五称王"。五自师二来，故"三驱谓驱下三阴"。五降初为复，故驱"不及初"。"前禽"谓初，故"失前禽"。初变成震，鹿性惊。震惊，故"为鹿"。震为作足，故"为惊走"。"鹿斯之奔"，《诗·小弁》文。鹿奔，故"失前禽也"。

案：伏离为网罟，故以田猎为喻。三驱者，中冬大阅之法。《周礼·大司马》："中冬教大阅，虞人莱所田之野为三表，又五十步为一表。田之日，司马建旗于后表之中，乃陈车徒，鼓行鸣镯，车徒皆行，及表乃止"为一驱，"鼓进鸣镯，车骤徒趋，及表乃止"为二驱，"乃鼓，车驰徒走，及表乃止"为三驱，意主教战，不在获禽。故师五日"田有禽"，比五日"失前禽"，喻舍逆而取顺也。盖师主义，故利在"执"。比主仁，故吉在"失"。

邑人不戒，吉。

虞翻曰：坤为"邑"，师震为"人"。师时坤虚无君，使师二上居五中，故"不戒吉"也。

疏 坤上，故"为邑"。比自师来，师震阳生称"人"，故《象传》虞注谓"邑人"为"二"。二本师震，在坤中，故称"邑人"。师时六五，坤虚无君，今使师二上居五中，是众阴所乐比者也。震为言，震象不见，故不待告戒而自比之。不戒而孚者，是不言而信也，故吉。

上六。比之无首，凶。

荀爽曰：阳欲"无首"，阴以"大终"，阴而"无首"，不以"大终"，故"凶"也。

虞翻曰：首，始也。阴道无成而代有终，无首凶。

疏 荀注："阳欲无首"者，乾"用九见群龙无首吉"是也。"阴以大终"者，坤"用六永贞以大终"是也。今阴而无始，是"无首"也。"不以大终"，是不能大终阳事也。《象传》曰"后夫凶"，谓上六也，故凶。

虞注："首，始也"者，乾阳为"首"，上以阴居艮背之上，是"无首"也。转言"始"者，上亦欲比五，失之于始，故"后夫"，以无始，故无终也。"阴道无成而代有终"者，阴从阳乃有终也，无首则无终，故凶。

小畜卦第九 ☴

【原典】

乾下巽上　小畜[1]，亨。密云不雨，自我西郊。[2]

初九　复自道，何其咎？吉。③

九二　牵复，吉。④

九三　车说辐，夫妻反目。⑤

六四　有孚，血去，惕出，无咎。⑥

九五　有孚挛如，富以其邻。⑦

上九　既雨既处⑧，尚得载⑨，妇贞厉。月几望⑩，君子征凶。⑪

【导读】

小畜卦爻辞讲的是小有积聚，多反映古代游牧民族的生活图景。要选择好的天气放牧，还要防范强者的抢劫。"密云不雨，自我西郊"，说的是天气变化的自然规律。

【精注】

①小畜卦：乾下巽上，象征阴柔力量的聚集，有"止"的意思。小，少。畜，通"蓄"。②自我西郊：浓云从我邑西郊而起。③复自道：回归自身的道行。④牵复：牵连而复回。⑤说：通脱。辐：古代车子上固定车轮于轮轴上的掣栓。反目：失和。⑥孚，诚信。血去：排除惊恐。血，同"恤"，忧虑。⑦挛：拘系，捆绑。如：样子。富以其邻：与邻人同富。以，与。⑧既雨既处：天已降雨，雨已停息。⑨尚得载：还可以运载。⑩几望：即既望，古代历法，每月十六日为"既望"。⑪征：出征。

【今译】

小畜卦　象征小有积聚。小畜卦卦象是下单卦为乾，为天，为健；上单卦为巽，巽为风。风行于天上。筮得此卦亨通。浓云密布虽不降雨，云气从我邑西郊升起，终归会下大雨。意旨文章才艺与道德君子尚未到大有作为的时刻。

初九　不要太过阳刚，要回归自身的道行，才不会有什么灾祸。过于猛烈了，就要及时回头，这才吉祥。

九二　与志同道合的人携手而进，处于中庸而得正，也能获得吉祥。

九三　阳刚前行，阴柔挡道，就像车轮脱了轴，夫妻反目为仇。

六四　如能谦容大度，并得到有力的相助，就可以避免伤害和恐惧，远离恤血之灾，有惊无险。

九五　只要以诚信之德与人相处，并真诚配合，便可刚柔相济，共同致富。

上九　天上已然降下大雨，风已经停息。积集的德行与富贵都可用车轮来载运了，这时就要想到福、灾所依之事，未雨绸缪，以盈满告诫自己，家道也是如此，悍妻持家，必有祸秧。

【集解】

小畜。亨。

侯果曰：四为畜主，体又称"小"。唯九三被畜，下刚皆通，是以"小畜亨"也。

疏　阴主敛，故"四为畜主"。阴为小，互兑少亦为小。故"体又称小"。五阳皆为所畜，而亲被其畜者，九三也。三为四阴所畜，三乘二，四应初，故"下刚皆通"也。亨者，通也，是以"小畜亨"也。

密云不雨，自我西郊。

崔憬曰：云如不雨，积我西邑之郊，施泽未通，以明小畜之义。

案：云雨者，阴之气也。今小畜五阳，而一阴既微少，才作"密云"，故未能为雨。四互居兑，"西郊"之象也。

疏　崔注：小畜与豫旁通，四体坎，坎为云为雨。今阴虽得位，坎象不见而互离为日，在乾天之上，又巽为不果，故有"密云不雨"之象。互兑，故称"西邑"。西邑，西岐也。言密云积我西邑之郊，雨泽郁而未通，小畜之义也。至上变坎言"雨"，畜极而通也。

案：焦氏《易林》曰"阴积不已，云作淫雨"，故云"云雨者，阴之气也"。今小畜五阳一阴，阳多阴少，故"才密云，未能为雨"也。四互兑，《说卦》曰"兑，正秋也"，是西方之卦也，故云"西郊之象"。

初九。复自道，何其咎，吉。

虞翻曰：谓从豫四之初成复卦，故"复自道"。"出入无疾，朋来无咎"，"何其咎，吉"。乾称"道"也。

疏 与豫旁通，豫四之初则成复矣，故曰"复自道"。《复·象传》曰"出入无疾，朋来无咎"，故曰"何其咎，吉"。"乾道变化"，故"乾称道"。豫四本复初，故言"复自道"。且复初九曰"不远复，无祇悔，元吉"，故《象》曰"复自道，其义吉也"。

九二。牵复，吉。

崔憬曰：四柔得位，群刚所应。二以中和，牵复自守，不失于行也。

疏 四柔得位，为畜之主，群刚皆应。二不应五而应四者，"二与四同功"。且有中和之德，故虽牵复于初以应四，然能自守其刚，不失于行，故吉也。二仍言"复"者，旁通于豫，豫四之初成复，阳息至二"朋来"，失位，五引之，则变正反复，故曰"牵复"。五体巽绳，二在豫艮手，故曰"牵"。复六二爻辞曰"休复吉"，故二"牵复"亦曰"吉"也。

愚案：四五皆言"孚"，故初二皆言"复"。初正应四，是安于畜者也，故曰"自复"。二应五而旁应四，是勉而畜者也，故曰"牵复"。

九三。车说辐。

虞翻曰：豫坤为"车"为"輹"，至三成乾，坤象不见，故"车说辐"。马君及俗儒皆以乾为车，非也。

疏 通豫伏坤，《说卦》曰"坤为大舆"，故"为车"。又"为腹"，腹，古文"輹"，故"为輹"。《说文》："輹，车轴缚也。"复息至三成乾，乾成坤毁，坤象不见，且互兑为毁折，故"车说輹"也。"马君"谓融。又《汉书·王莽传》有"乾文车，坤六马"之文，《易》无"乾为车"之说，故云"非也"。

夫妻反目。

虞翻曰：豫震为"夫"为"反"，巽为"妻"，离为

"目"，今夫妻共在四，离火动上，目象不正，巽多白眼，"夫妻反目"。妻当在内，夫当在外，今妻乘夫而出在外，《象》曰"不能正室"。三体离需，饮食之道。饮食有讼，故争而反目也。

疏 通豫体震，震为长男，故"为夫"。震于稼为反生，故"为反"。震长男，巽长女，故"巽为震妻"。互离，故"为目"。豫震为夫，小畜巽为妻，故"共在四"。离火动而上，动，故"目象不正"。《说卦》曰"巽为多白眼"。夫妻共爻而离巽相互，故有"夫妻反目"之象。妻在内夫在外，正也。今巽妻乘震夫而出在外，"不能正室"之象也。三体互离，上变正应为需。"需者，饮食之道也"，《序卦》文。又曰"饮食必有讼"，故"夫妻反目"而争也。

六四。有孚。血去惕出，无咎。

虞翻曰："孚"谓五。豫坎为"血"为"惕"。惕，忧也。震为"出"，变成小畜，坎象不见，故"血去惕出"。得位承五，故"无咎"也。

疏 五中实称"孚"，四承五，故"孚谓五"也。通豫体坎，《说卦》："坎为血卦。"故"为血"，又"为加忧"，故"为惕"，以"惕"有"忧"义也。"万物出乎震"，故"震为出"。豫变小畜，巽成坎毁，故"坎象不见"，而为"血去惕出"也。四阴得位，上承九五，其志相合，故"无咎"。

九五。有孚挛如，富以其邻。

虞翻曰：孚五，谓二也。挛，引也。巽为绳，豫艮为手，二失位，五欲其变，故曰"挛如"。以，及也。五贵称"富"，"邻"谓三，兑西震东称"邻"，二变承三，故"富以其邻"，《象》曰"不独富"。二变为既济，与东西邻同义。

疏 阳在二五称"孚"，故"孚五者，谓二也"。"挛"训"引"者，言牵连相引也。"巽为绳"者，《说卦》"巽为绳直"也。"豫艮为手"者，二在艮末也。"二失位，互欲其变"者，变承三为坎，"志行乃亨"，故"欲其变"也。二"牵"五"挛"，皆取畜义，巽绳艮手，故曰"挛如"。"以"训"及"

者，由此及彼也。五位贵，且阳实，故"称富"。五在豫为震，三体兑。"邻谓三"者，以"兑西震东"，故"称邻"也。五欲二变，二变承三，故"富以其邻"，"不独富"之象也。"二变既济，与东西邻同义"者，既济九五"东邻杀牛，不如西邻之禴祭，实受其福"，既济由泰来，虞彼注"泰震为东，兑为西"，取象于邻，其义同也。

愚案：三变成中孚，故"有孚挛如"，与中孚九五同辞。又五与四孚，四五易位成大有，《系辞上》曰"富有之谓大业"，谓坤阴也，然则五孚于四，其象"挛如"，五之"富"，"富以其邻"也。此天子所以不言有无，而理财诸职独责天官，固以不畜为畜，而藏富于不竭之渊者也。

上九。既雨既处。尚得载，妇贞厉。

虞翻曰：既，已也。应在三。坎水零为"雨"。巽为"处"，谓二已变，三体坎雨，故"既雨既处"。坎云复天，坎为车，积载在坎上，故"上得积载"。巽为"妇"，坎成巽坏，故"妇贞厉"。

疏　《玉篇》："既，已也。"既虞义也。上应在三，坎为雨以润之，故"坎水零为雨"。巽，伏也，故"为处"。二失正，已变阴，互三四体坎，故为"既雨既处"也。"坎云复天"者，谓上亦变坎，复需时也。"坎为车"者，坎于舆为多眚也。"积载在坎上"者，重坎，故为积也。"故上得积载"者，"上"通"尚"，上得积载于坎也。巽长女"为妇"，上变为坎，坎成巽坏，故妇虽贞亦厉，以阴盛将消阳也。

愚案：上变，坎为雨，畜极丽通，是前之"不雨"者，今"既雨"矣。又为陷，是前之"尚往"者，今"既处"矣。又为车，是前之"说輹"者，今"得载"矣。体巽，故称"妇"，应三"夫妻反目"，变阴得正，虽贞亦厉也。

月几望，君子征凶。

虞翻曰：几，近也。坎月离日，上已正，需时成坎，与离相望。兑西震东，日月象对，故"月几望"。上变阳消，之坎为疑，故"君子征，有所疑"矣。与归妹、中孚"月几望"

义同也。

疏 "几，近也"，《释诂》文。《说卦》："坎为月"，"离为日"。"上已正，需时成坎"者，阴得正位，如需时也。"与离日相望，兑西震东"者，豫震为坎月在震二，小畜兑为离日在兑三也。《礼·礼器》："大明生于东，月生于西。"郑注"大明，日也"，故"日月象对"。"月几望"者，谓上与三对，非二五正，故近望也。上变则阳消之坎，坎为疑，阴盛阳消，故"君子征凶，有所疑矣"。"与归妹、中孚月几望义同也者"，归妹体震兑，五坎在震，三离在兑，中孚由讼坎离四之初体震兑，坎在兑二，离在震三，故归妹六五、中孚六四皆言"月几望"，其义同也。

愚案：上变坎为月，互体兑为初七日，下体乾为十五日，月至兑丁为上弦，将至乾甲为"几望"。几望者，未望也，盈甲则望矣。既望则生魄，而为巽辛阳消之象，月满则盈，既盈则消，自然之理，故戒君子以征凶也。

履卦第十 ䷉

【原典】

兑下乾上　履虎尾，不咥人，亨。①

初九　素履往，无咎。②

九二　履道坦坦，幽人贞吉。③

六三　眇能视，跛能履，履虎尾，咥人，凶。武人为于大君。④

九四　履虎尾，愬愬，终吉。⑤

九五　夬履，贞厉。

上九　视履考祥，其旋元吉。⑥

【导读】

履卦讲的是人在社会中的实践与处世的问题。指出履道险恶，当以慎、谦为贵。虽然同是"履虎尾"，但由于态度不同，结果也会不同：若以戒慎心情对待，结果"终吉"；若自以为"眇能视，跛能履"，趾高气扬，结果必然凶险。可见，谦柔能自保，刚强则丧生，在为人处世时，谦虚谨慎，办事易吉。

【精注】

①履卦：兑下乾上，象征谨慎行走。履又为足，践也。咥，咬。②素：质朴无华。履：此为谨慎行走的意思。③幽人：安适恬淡之人。④眇：目盲，即眼不能视。武人：勇武之人。为：作为，引申为效命。大君：君王，天子。⑤愬愬：谨慎申诉的样子。⑥视：回顾。考：考察。祥：此指吉凶祸福的征兆。旋，返。

【今译】

履卦　象征谨慎行走。履本意是"踩"。履卦卦象是下单卦为兑，为泽，为柔；上单卦为乾，为刚健。态度谦和，中正无私，即使行走时不慎踩了老虎尾巴，老虎也不会咬他。亨通顺利。

初九　衣着朴素，行走谨慎，做什么事都会顺利，没有灾祸。这里指能唯守中道以自安，故吉。

九二　正志以居，与天下凶危相忘，抑志而养德，安适恬淡，当吉。占问此爻可获吉祥。

六三　目盲偏要观察，足跛偏要行走，志怀叵测，无忌惮而鼓乱，必有凶险。正如勇武之人为君王效命，却拥兵自重，好大喜功，必然伤及王朝。

九四　即使走在老虎的后面，只要我们戒慎戒躁，谦谦而警觉，总可以避开灾祸，施展抱负。

九五　即使位居尊位，也不可贸然行事，切忌独断专行。否则有危险。

上九　回顾自己的行为处世，消灾解难，善以长人，实是大吉。

【集解】

履虎尾。不咥人，亨。利贞。

虞翻曰：谓变讼初为兑也，与谦旁通。以坤履乾，以柔履刚。谦坤为"虎"，艮为"尾"，乾为"人"，乾兑乘谦震足蹈艮，故"履虎尾"。兑悦而应，虎口与上绝，故"不咥人"。

刚当位，故通。俗儒皆以兑为虎，乾履兑非也。兑刚卤，非柔。

疏 谦三为复，上息成履。非由讼来，以需上变巽成小畜，故讼初变兑则成履也。履由谦息，故"与谦旁通"。履，践行也。谓坤践行乾，又以震足行兑成乾，是为"以坤履乾，以柔履刚"。《系辞下》云"履以和行"，坤为"和"，震为"行"，是"履乾"之义也。"谦坤为虎"，释见"风从虎"。"艮为尾"者，黔喙之履多长尾，且艮阴爻象四足，而一阳在后象尾也。人禀乾阳而生，故"乾为人"。以履乾兑乘谦震足蹈艮尾，故曰"履虎尾"。兑说而与上应，虎口在三与上绝，故不咥乾人也。"刚当位"谓五，通，故"亨"也。"以兑为虎，乾履兑为非"者，此一说以为乾履兑，乾非柔，又虎在人后，非履尾，故非也。"兑刚卤非柔"也者，此又一说，以为兑履乾，以乾刚为虎，故破之云"兑非柔"，下又"兑不履乾"也。然兑实为虎也，郭璞《洞林》曰"白虎东走"，注云"兑为白虎"。白虎，西方宿。兑正西，故象虎。坤三之乾，以柔履刚，故名"履"。兑为"虎"，初为"尾"，四阴位，应初阴位，故曰"履虎尾"。马、郑皆云"咥，齿也"。乾为"人"，兑为和说而应乾刚，三为虎口，与乾异体，三不当位，故"咥人凶"。兑说而应，故"不咥人亨"。且履者，礼也，礼至则不争，故"不咥人"。"嘉会足以合礼"，故"亨"也。九五"贞厉"，是履危也，以刚中，故"不疚"。《象传》"刚中正"以下，释"利贞"也。王弼本脱"利贞"，荀氏有之，李从荀本也。

初九。素履。往无咎。

虞翻曰：应在巽为白，故"素履"。四失位变，往得正，故"往无咎"。初巳得正，使四独变，在外称"往"，《象》曰"独行愿也"。

疏 "应在巽"者，四互巽也。"为白"，《说卦》文。《增韵》："白，素也。"故称"素"。初为四所履，故称"素履"。九四失位，"愬愬诉诉终吉"，变而得正，初往应四，故

"无咎"。初巳得正，故不可变，必使四独变，然后巳往应之也。四在外，故"称往"。引《象》"独行"，以明使四独变之意。

九二。履道坦坦。幽人贞吉。

虞翻曰：二失位，变成震为"道"、为大途，故"履道坦坦"。讼时二在坎狱中，故称"幽人"。之正得位，震出兑说，幽人喜笑，故"贞吉"也。

疏 二阳失位，变成震则为"道"，以震为大途，故"为道"也。大途故"坦"，宽平象震，故"履道坦坦"。"幽人者，幽系之人也"，尸子曰"文王幽于羑里"，荀子曰"公侯失礼则幽"。初未变时为讼，讼二为坎，坎陷为狱，二在狱中，故"称幽人"。变之正则得位，震为"出"，又为"喜笑"，体兑为"说"，象幽人出狱而喜笑，故"贞吉"也。

愚案：虞说可备一解。其实此爻之义，与《儒行》"幽居而不淫"无异旨也。

六三。眇而视，跛而履。

虞翻曰：离目不正，兑为小，故"眇而视"。视，上应也。讼坎为曳，变震时为足，足曳故"跛而履"。俗儒多以兑刑为"跛"，兑折震足为刑人，见刑断足者，非为跛也。

疏 互离为目，故"不正"。兑少女，故"为小"。《说文》："眇，一目小也。"故"眇而视"。三与上应，上言"视履"，故云"视，上应也"。在讼时为坎，二变时为震。"坎为曳"，"震为足"，《说卦》文。《仪礼·士相见礼》："举前曳踵。"郑注："备躛蹜也"，故"足曳则跛而履"也。三阴将履，上阳失正，故有此象。不取欲儒之说者，以断足非跛也。

愚案：古"能"字作"耐"，此脱寸误作"而"，详见"乾始而以美利"注。

又案：巽为股，兑为毁折，巽股而兑折之，故跛。

履虎尾，咥人凶。

虞翻曰：艮为尾，在兑下，故"履虎尾"。位在虎口中，故"咥人凶"。既跛又眇，视步不能，为虎所啮，故"咥人凶"，《象》曰"位不当也"。

疏 谦艮为尾，伏在兑下，故有"履虎尾"之象。兑三为"口"，故云"位在虎口中"。在口，故"咥人凶"也。既跛且眇，视步不能，而自以为能视能履，力不足以御虎而直履其尾，宜为虎所啮，而有咥人之凶也。以"位不当"，故有是象。

愚案：卦辞"不咥人亨"以全体"说而应乎乾"也。三不中不正，且居兑口，故"咥人凶"。亦犹小畜"密云不雨"，上九变坎则"既雨"矣。《象》言乎象，《爻》言乎变，《爻》、《象》不嫌异辞也。

武人为于大君。

虞翻曰：乾象在上，为"武人"，三失位，变而得正，成乾，故曰"武人为于大君，志刚也"。

疏 《楚语》曰"天事武"，韦注云"乾称刚健，故武"。乾为"人"为"武"，乾象在上，故"为武人"。三阴失位，变阳得正，成乾为刚，故有"武人为于大君"之象。

愚案：三互离为甲胄，变乾为"武人"。外卦乾，《说卦》曰"乾以君之"，故为"大君"。师上六曰"大君有命"，是上为大君之位也，三应在上，故曰"武人为于大君"。三失位，是有"咥人之凶"。变得正，故有"武人为于大君"之象。

九四。履虎尾，愬愬终吉。

虞翻曰：体与下绝，四多惧，故"愬愬"。变体坎，得位，承五应初，故"终吉"，象曰"志行也"。

疏 乾与兑异体，故云"体与下绝"。"四多惧"，《系辞下》文。《子夏传》曰"愬愬，恐惧之貌也"。马本、《说文》皆作"虩虩"，与震同文。四变互震，震为恐惧，故曰"愬愬"。"变体坎"者，伏坎也。变阴得正，上承九五，下应初九，其志既行，故"终吉"也。

九五。夬履，贞厉。

虞翻曰：谓三。上已变，体夬象，故"夬履"。四变五在坎中也，为上所乘，故"贞厉"，象曰"位正当也"。

疏 上兑下乾为夬，上乾下兑为履。三上易位，故"谓三上已变"也。其体象夬，故曰"夬履"。"夬履"者，两象易也。三易位，四又变，是"五在坎中"也。坎为疾为灾，又为上所乘，故虽贞亦厉。以乾履兑，五在乾体，有中正之德，而又常存危厉，此所以"履帝位而不疚"欤？

上九。视履考详，其旋元吉。

虞翻曰：应在三，三先视上，故上亦视三。故曰"视履考详"矣。考，稽，详，善也。乾为"积善"，故"考详"。三上易位，故"其旋元吉"，象曰"大有庆也"。

疏 上应在三，三曰"眇能视"，是"三先视上"矣。上曰"视履"，故"上亦视三"。三互离目为"视"，而上亦云"视"，"天视自我民视"也。上居天位，视人所履以降祥，故曰"视履考祥"矣。"考，稽"，《小尔雅》文。《大戴·四代》曰"天道以视，地道以履，人道以稽，所谓入与天地相参也"。详，他本作"祥"，大壮"不详也"，《释文》、王肃本作"祥"，《书·君奭》："其终出于不祥。"《石经》残碑作"详"，《吕刑》"告尔祥刑"，《后汉书·刘恺传》、郑注《周礼》"祥刑"皆作"详"，《春秋·昭公十一年》："盟于襐祥。"服虔引"祥"亦作"详"，《史记自序》："阴阳之术大详。"《汉书》作"详"，是"详"、"祥"古字通也。"祥，善也"，《说文》文。《坤·文言》曰"积善之家"，谓复初至乾，故"乾为积善"。乾有善而人参之，放曰"考详"。旋，反也。三位不当，故视履皆非，上亦失位，两爻相易，各反于正，则皆吉矣，故曰"其旋元吉"。二四已正，三上易位，成既济定，故《传》曰"大有庆也"。

愚案：三互离目视上，上阳为君子，三阴为小人，君子履于上，小人视于下，《诗·大东》曰"君子所履，小人所视"是也。三视上履，可以"考详"，若三旋于上，则阴阳得正而夬可成乾，故"元吉"也。

泰卦第十一 ䷊

乾下坤上　泰①：小往大来，吉，亨。②

初九　拔茅，茹以其汇，征吉。③

九二　包荒，用冯河，不遐遗，朋亡，得尚于中行。④

九三　无平不陂，无往不复，艰贞无咎。勿恤其孚，于食有福。⑤

六四　翩翩，不富以其邻，不戒以孚。⑥

六五　帝乙归妹，以祉元吉。⑦

上六　城复于隍⑧，勿用师⑨。自邑告命⑩，贞吝。

【导读】

本卦从不同方面强调："小往大来，吉。"指出阴阳之间相交感能够获吉，是对立统一的关系；"无平不陂，无往不复"句认为一切事物是相对的，均会向相反方向变化发展；"尚于中行"，崇尚中正不偏、提倡诚实守信。

【精注】

①泰卦：通也。乾下坤上。象征自然与社会的祥和美好。②小往大来：小的往外，大的来内。③汇：同类会信。茹：草根。茹以其汇：草根相连，以致牵连其同类。④包荒：荒是污秽，包是包容。冯河：即遇到虎，徒手搏斗；遇到河，毅然泅渡。不遐遗：不因偏远而遗弃。遐，远。朋亡：不要结党营私。朋，同道，同党。亡，通"无"，音义同。得尚于中行：能辅佐德行持中的君王。尚，辅佐。中行，德行持中不偏。此指六五爻。⑤陂：山边、水旁倾斜之处。艰贞：占问患难之事。勿恤其孚：不必忧虑返还。恤，忧。孚，返回。于食有福：有口福之吉。⑥翩翩：鸟疾飞样，比喻人举止轻浮。戒：戒备。孚：诚信。⑦帝乙归妹：帝乙嫁女。帝乙，纣王之父。归妹：嫁女。以祉：以之祉，意为因此而得福。以，因。之，代"帝乙归妹"。祉，福。⑧隍：干涸的护城河。⑨勿用师：不可出兵征战。师，军队。⑩告命：祷告天命。

【今译】

泰卦　象征通泰。泰卦卦象是下单卦为乾，为天，为健；上单卦为坤，为地。乾下坤上是地在泰的卦象。筮得此卦必获吉祥。

初九　拔除茅草，从其根部萌发的情况，就可知道是否春回大地，该开始播耕了。连根拔除茅草，也象征干事要与志同道合的人一起。

九二 如果有包容大川的胸怀，能容忍他人的缺点与不足，具备临危不惧、果断处事的作风，不管公事私事皆光明磊落，谨持中正之道，必获吉祥。

九三 没有只平直而不倾险之地，也没有只出行而不再返还的人；平到极点必陂，往之必复，这是自然之理。所要要坚守中正之道，并相信该来的一定会来。该有饭吃，该有酒喝，自然会来，这就是福。复有福吉。

六四 用鸟的轻盈飞翔，来比喻人之轻狂冒进，不能保住财富，人没诚信就成为阳实阴虚的状态，因而丧失了实力。

六五 帝已位居尊位，却能将自己的妹妹下嫁给自己的属臣，以柔居中，合于帝已大吉，也体现了满朝的福祉。

上六 城墙倾倒在城壕之中，不可以动用很多人去修复，因为此时已盛极所以开始衰。也不宜在城邑中乞求援兵，难免有羞辱。在城邑中祷告天命，占问必有艰难之兆。

【集解】

泰。小往大来。吉，亨。

虞翻曰：阳息坤，反否也。坤阴讪外为"小往"，乾阳信内称"大来"。天地交，万物通，故"吉，亨"。

疏 泰三阳息临，云"息坤"者，乾坤消息，往来于否、泰。自姤至否，坤成乾灭，则阳息而反泰，自复至泰，乾成坤灭，则阳消而反否，故否、泰反其类，乃见消息之用，此云"反否"，在他卦则云"旁通"是也。坤阴称"小"，阴本居下，自内而出为"往"。《系辞下》曰"往者，讪也"，故"坤阴讪外为小往"。乾阳称"大"，阳本居上，自外而反为"来"。《系》又曰"来者，信也"，故"乾阳信内为大来"。二五失位，二升五，五降二，天地交，万物通，成既济定，故"吉亨"。"泰者，通也"，故四德独言"亨"。

初九。拔茅，茹以其汇，征吉。

王弼曰：茅之为物，拔其根而相牵引也。茹，相牵引之貌也。三阳同志，俱志在外，初为类首，已举则从，若茅茹也。上顺而应，不为违距，进皆得志，故以其类"征吉"也。

疏 茅根相连，拔则牵引。茹，牵引之貌也。内三阳同志，与坤为正应，故云"俱志在外"。郑云"汇，类也"。初为阳类之首，已举则二阳相从，如茅之茹也。上坤为顺，下应于乾，不相违距，阳升为进，进皆得志，故曰"以其汇征吉"。

九二。包亢。

翟玄曰：亢，虚也。二五相应，五虚无阳，二上包之。

疏 "亢"、"荒"古今字，郑云"荒，读为康，虚也"，翟从郑，故训"虚"。《诗·桑柔》"具赘卒荒"，毛传"荒，虚也"。乾盈坤虚，故"五虚无阳"。二五相应，二当升五，故"上包之"。

用冯河，不遐遗。

荀爽曰：河出于乾，行于地中，阳性欲升，阴性欲承，冯河而上，不用舟舫。自地升天，道虽辽远，三体俱上，不能止之，故曰"不遐遗"。

疏 《释水》："河出昆仑虚。"《汉书·沟洫志》：武帝时，"齐人延年上书言'河出昆仑，经中国，注渤海，是其地势西北高而东南下也'"，《说卦》："乾，西北之卦也。"河源出于西北，故云"河出于乾"，《孟子》曰"水由地中行，江淮河汉是也"，今在坤下，故云"行于地中"。《乾凿度》曰"阳气升上，阴气欲承"，故云"乾性欲升，阴性欲承"。《诗·小旻》："不敢冯河。"毛传"冯，陵也"，故云"冯河而上，不用舟舫"。冯河上五，将为既济也。二升五，是"自地升上"也。历乾，是"天道辽远"也。二独上，非"三体俱上"也。五应二，是虽远"不能止之"也，故曰"不遐遗"。

朋亡，得尚于中行。

荀爽曰："中"谓五，坤为"朋"，朋亡而下，则二上居五，而行中和矣。

疏 五居上中，故"中谓五"。坤曰"西南得朋"，故"坤为朋"。坤丧乙为"亡"，五离朋类而下，故云"朋亡而下"。"尚"与"上"通。五下二，则二上居五，各得其正，而行中和矣。 "中和"谓六二，九五，合言之，则二五为"中"，相应为"和"。分言之，则五为"中"，二为"和"。故《周礼·大宗伯》"以天产作阴德，以中礼防之。以地产作阳德，以和乐防之"。天地者，二五也，天交乎地，"以天产作阴德"也，五为中，故"以中礼防之"。地交乎天，"以地产作阳德"也，二为和，故"以和乐防之"。又曰"以礼乐合天地之化，百物之产"，《中庸》所谓"致中和，天地位焉，万物育焉"是也。

九三。无平不陂，无往不复。

虞翻曰：陂，倾，谓否上也。"平"谓三，天地分，故"平"。"天成地平"，谓"危者使平，易者使倾"。"往"谓消外，"复"谓息内。从三至上，体"复"，"终日乾乾，反复道"，故"无平不陂，无往不复"。

疏 郑注《乐记》云"陂，倾也"。三应上，上者，泰之极而否之始也，故"谓否上也"。"平谓三"者，泰三也，内天外地，自三爻分，故三称"平"也。上互震为大途，故称"平"。下互兑为泽，故称"陂"。"天成地平"，本《书·大禹谟》文。"危者使平，易者使倾"，《系辞下》文。平易，泰三也。危倾，否上也。泰盈三，则消外而为否倾，是为"易者使倾"。否穷上，则复初而为泰平，是为"危者使平"也。"往谓消外"者，坤为消也。"复谓息内"者，乾为息也。从三至上，复体半见。"终日乾乾，反复道"，乾九三《象传》文。谓否反成泰，至三而盈，当反复道乃不陂，故曰"无平不陂，无往不复"也。

艰贞无咎，勿恤其孚，于食有福。

虞翻曰：艰，险；贞，正；恤，忧；孚，信也。二之五得正，在坎中，故"艰贞"。坎为忧，故"勿恤"。阳在五孚险，坎为孚，故有"孚"。体噬嗑食也，二上之五据四，则三乘二，故"于食有福"也。

疏 艰，艰也，险，亦难也，故云"艰，险"。"贞，正"

见《师·象传》。"恤，忧"，"孚，信"，《释诂》文。二之五得正，三在坎中，故"艰贞"。《说卦》曰"坎为加忧"，故"勿恤"。三得位承上，故"无咎"。阳在五，五孚于坎险者，以三坎又为孚也，故"有孚"。二五易位，体象噬嗑，《杂卦》曰"噬嗑食也"。二之五，则五据四阴，即三乘二阴，乘阴和则有福，故"于食有福"也。

愚案：二之五成既济，三体坎，坎险故"艰"。得正承上，故"无咎"。坎虽为忧，得正则"勿恤"。坎为孚，三坎为五坎相孚，故曰"其孚"。坎又互离为水火，《左传·昭公二十年》曰"水火醯醢盐梅，以烹鱼肉，燀之以薪"，故为"食"。福，善也。乾积善，故为"福"。五坎，既济九五也，九五乾阳为实，故曰"实受其福"。三坎孚之，故曰"于食有福"。言处极盛之时，而以艰贞之道，持盈保泰，则可长享其福也。

六四。翩翩，不富以其邻。

虞翻曰：二五变时，四体离飞，故"翩翩"。坤虚无阳，故"不富"。兑西震东，故称"其邻"。三阴乘阳，不得之应，《象》曰"皆失实也"。

疏　二五变时成既济，四体离，离为雉，又南方朱雀象。鸟飞，故曰"翩翩"。坤凝乾元，故广生为"富"。坤虚无阳，则"不富"矣。互兑秋为西，震春为东，故曰"其邻"。三阴皆下乘阳，之应则成否矣，故"不得之应"也。不之应则无阳，无阳，"失实"矣。

愚案：《诗·小雅》曰"缉缉翩翩"，毛传云"往来貌"。四与三接，否、泰往来之交。四曰"翩翩"，义取往来，即三"无往不复"之意。坤广生为"富"，三互震兑为"邻"，四为坤始，四虽富，不以富耀其邻也。

不戒以孚。

虞翻曰：谓坤"邑人不戒"，故使二升五，信来孚邑，故"不戒以孚"。二上体坎中正，《象》曰"中心愿也"，与比邑人不戒同义也。

疏　"谓坤邑人不戒"者，坤为邑，此卦无邑人象，因比言之也。二升五，乾二信实，来孚于坤邑也。戒，告也。四体震为言，二来震灭成坎，故"不戒以孚"也。二上居五，体坎为"心"，中而且正，故有"中心愿"之象也。比五由师二升，比二为"邑人"，故云"与比邑人不戒同义也"。

案：三承四曰"其孚"，四乘三，故曰"不戒以孚"。

六五。帝乙归妹，以祉元吉。

《九家易》曰：五者帝位，震象称"乙"，是为帝乙。六五以阴处尊位，帝者之姊妹。五在震后，明其为"妹"也。五应于二，当下嫁二，"妇人谓嫁曰归"，故言"帝乙归妹"。谓下居二，以中和相承，故"元吉"也。

虞翻曰：震为帝，坤为乙，帝乙纣父。归，嫁也。震为兄，兑妹，故嫁妹。祉，福也。谓五变体离，"离为大腹"，则妹嫁而孕。得位正中，故"以祉元吉"也。

疏　《九家》注：五为天子，故"五者帝位"。震东方，乙位东，故"震象称乙"。互震居五，是为"帝乙"。阴爻居于尊位，帝者姊妹之象也。三为震初，五在其后，是以知其为"妹"也。五与二为阴阳正应，故"五当下嫁于二"也。"妇人谓嫁曰归"，《公羊传·隐公二年》文，故"归妹"谓嫁也。五下居二，得中得正，故云"中和相承"。"元吉"者，与坤六五"黄裳元吉"同占也。

虞注："帝出乎震"，故"震为帝"。坤纳乙，故"坤为乙"。"帝乙，纣父"者，《书·多士》曰"自成汤至于帝乙"，《左传·哀公九年》晋赵鞅筮得此爻，其言曰"微子，帝乙之元子也"，故知帝乙为纣父也。又《子夏传》曰"帝乙归妹，汤之嫁妹也"。《世本》"汤名天乙"，故称帝乙。京房《章句》载汤嫁妹之辞曰："无以天子之尊而乘诸侯，无以天子之贵而骄诸侯。阴之从阳，女之顺夫，本天地之义也。往事尔夫，必以礼义。"其辞未必传于上世，然亦以帝乙为汤也。又荀爽《后汉书》本《传》言"汤有娶礼，归其妹于诸侯也"，是先儒皆以帝乙为汤也。"归，嫁也"，释见上。自二至五体互震兑。震长男，故"为兄"。兑少女，故"为妹"。坤为妻道，五当降二，故为"嫁妹"。"祉，福也"，《释诂》文。五变则体互离，"离为大复"，《说卦》文。是"嫁妹而孕"也。得位故正中，正中故"以祉元吉"也。

愚案：三四为天地之交，易位则体归妹。于五言之者，五为卦主也。

上六。城复于隍。

虞翻曰：否艮为城，故称"城"。坤为积土。隍，城下沟。无水称"隍"，有水称池。今泰反否，乾坏为土，艮城不见而体复象，故"城复于隍"也。

疏 泰之上，否之三也。泰之三，本否之四。故取"否艮为城"。"艮为门阙"，又阳在外以固内，"故称城"。"坤为地"，故"为积土"。《释言》曰"隍，壑也"。《说文》曰"隍，城池也"，故云"隍，城下沟"。又曰"有水曰池，无水曰隍"，故云"无水称隍，有水称池"也。今泰反为否，则乾坏为坤，艮象不见而复体半形，故曰"城复于隍"。上宜体坎为水，既济未成，故沟无水而为隍也。

勿用师，自邑告命。贞吝。

虞翻曰：谓二动时体师。阴皆乘阳行不顺，故"勿用师"。坤为"自邑"，震为言，"兑为口"，否巽为"命"。今逆陵阳，故"自邑告命"。命逆不顺，阴道先迷，失实远应，故"贞吝"。

疏 "二动时体师"者，二至上体师也。天地虽交，以坤三阴乘阳，是为行逆不顺，故"勿用师"。坤身为"自"，众为"邑"，故"坤为自邑"，谓上也。互震声为言，又互兑为口，皆谓三也。《巽·象》曰"重巽以申命"，故否三互巽"为命"。今逆行陵阳而告于坤，故为"自邑告命"。否巽行于上，故为"命逆不顺"。《坤》卦辞曰"先迷"，故为"阴道先迷"。上体无阳而下应三命，故为"失实远应"。上六得位，虽正亦吝，故曰"贞吝"。

愚案：上极则泰反为否，乾毁坤在，故"城复于隍"。坤众为"师"，乾成坤坏，故"勿用师"。自坤邑告命于否巽，三上虽为正应，但否时震毁，告命不行，虽贞亦吝也。

否卦第十二 ䷋

【原典】

坤下乾上　否之匪人，不利君子贞，大往小来。①

初六　拔茅，茹以其汇，贞吉，亨。②

六二　包承，小人吉，大人否，亨。③

六三　包羞。④

九四　有命无咎，畴离祉。⑤

九五　休否⑥，大人吉。其亡⑦其亡，系于苞桑⑧。

上九　倾否⑨，先否后喜。

【导读】

否与泰相反，阴阳相背而不交，呈闭塞状态。闭塞不通，于君子不利。反映崇尚阴阳对应、相互交渗的辩证法思想，在不利环境下，需要时刻防范，格外小心谨慎，可趋吉避凶。

【精注】

①否：不通泰，事不然也。否卦：坤下乾上，象征天地闭塞，阴阳隔绝。匪人：非其人，即不当其人。②茹以其汇：草根牵连其同类。③包承：被包容并承包尊者。④包羞：被包容而为非，故可耻。⑤命：君命。畴：同类人。离祉：受福，依附福德。⑥休否：闭塞止息。⑦其亡：行将灭亡。⑧系于苞桑：系在桑树丫子上。⑨倾否：开通闭塞。倾，倾覆；引申为"转化"。

【今译】

否卦　阴阳阻隔，万物不生，否卦卦象是下单卦为坤，为地；上单卦为乾，乾为天，是天地背离的卦象。筮得此卦对君子坚守中正之道不利，因为此时是阳气极敛，阴气上升的时候，君子应俭德避之。

初六　像拔茅草时根系相连同时出土一样，小人也常与其同类一道行动，只要守正，同样吉祥。

六二　阴气得势，做非小人表现的谦卑、可笑，而正道君

中華藏書

周易全书·最新整理珍藏版

中国书店

子却超然世外，行动迟缓而消沉。但大人终不可被小人之势所干扰。

六三　其位不当，小人整日寻欢作乐，珍馐美食。君子却贱恶之。

九四　君子想拯济天下，必须依天命而行。君子需排除阻力，行收揽人才，体国用人之道。

九五　否极泰来，坤阴当道，有其亡象。但君子力求复兴泰平，仍任重而道远。桑根入土深固，必须惴惴不安。

上九　小人之伎俩已经用完，天下人都厌烦他，乘时而倾之，当刚断。吉。

【集解】

否之匪人，不利君子贞，大往小来。

虞翻曰：阴消乾，又反泰也。谓三。比坤灭乾，以臣弑其君，子杀弑其父，故曰"匪人"。阴来灭阳，君子道消，故"不利君子贞"。阴信阳诎，故"大往小来"。"则是天地不交而万物不通"，与比三同义也。

疏　否，消卦也。自乾来，故云"阴消乾"。与泰旁通，故云"反泰"。阴消至三成坤，故云"比坤灭乾"。"臣"谓坤，"子"谓遁艮也。遁消至二，虽艮子弑父，虽乾犹未灭。故弑君弑父，并在否三。人道灭绝，故曰"匪人"。"君子"谓五。阴来灭阳，阳道有日消之势。五虽得位，其势将消，故"不利君子贞"也。阳诎在外，故曰"大往"。阴信在内，故曰"小来"。否象闭塞，故"天地不交而万物不通也"。比三体剥，剥四曰"剥床以肤"。弑父弑君，故曰"比之匪人"。否三亦体剥艮肤也，故云"与比三同义也"。

初六。拔茅，茹以其汇。贞吉，亨。

荀爽曰："拔茅茹"，取其相连。汇者，类也。合体同包，谓坤三爻同类相连，欲在下也。贞者，正也。谓正居其所，则"吉"也。

疏　泰取"拔茅"，以否互巽也。释见泰初。三互巽，柔爻为"茅"。初二三阴相连象茅根为"茹"，故云"拔茅茹，取其相连"。"汇"训类，本郑注。"合体"谓合坤体。"同包"谓二三同包。坤三爻皆阴，故云"同类相连"。不言征，故云"欲在下也"。"贞者，正也"，本《师·象传》文。初不正，变之正。不征则正居其所，故吉也。

愚案：泰、否初爻皆取象于茅。"其初难知"，圣人不肯遽疑其异。但九为刚，君子之象也，故称其共进则吉。六为阴柔，小人之象也，故戒以守正则吉。且否初言"亨"者，初动成刚，反泰之始。"泰者，通也"，故独言"亨"，与泰卦"吉亨"同辞。

六二。包承，小人吉。大人否亨。

荀爽曰："二与四同功"，为四所包，故曰"包承"也。小人，二也。谓一爻独居，间象相承，得系于阳，故吉也。"大人"谓五。乾坤分体，天地否隔，故曰"大人否"也。二五相应，否义得通，故曰"否，亨"矣。

疏 "二与四同功"，《系辞下》文。四承五，二为四所包，故曰"包承"。阴本小人，二居否时，位虽得正，亦象小人也。一爻独居正位，间隔三象，与四相承于五，是得系于阳为正应，故吉也。五位天子，又属阳爻，故为"大人"。乾阳坤阴，"分阴分阳"，故云"分体"。"天地不交"，故云"否隔"。五为卦主，故云"大人否也"。二五得中，又为阴阳正应，故否义得通。通故虽否亦亨也。

愚案：二正承五，为五所包，故"包承"。"小人道长"，故小人则吉。"君子道消"，故大人则否。然得正应五，为五所包，故虽否亦亨也。

六三。包羞。

荀爽曰：卦性为否，其义否隔。今以不正，与阳相承，为四所包。违义失正而可羞者，以"位不当"故也。

疏 卦性本有否隔之义，而否实成于三也。三以不正之阴，与四相承，为四所包。既违泰义，又失正。阴可羞，孰甚焉。其可羞者，以位不中不正，不当故也。

案：虞云"坤为耻"。《广雅》："耻，羞也。"阴消至三，否象始成。位既不正，为上所包。以阳包阴，是"包羞"也。孟子曰"无羞恶之心，非人也"，故《象》以三为"匪人"。三与上应，皆不得正，故曰"位不当也"。

九四。有命无咎。畴离祉。

《九家易》曰：巽为"命"。谓受五之命，以据三阴，故"无咎"。无命而据，则有咎也。畴者，类也。谓四应初据三，与二同功，故阴类皆离祉也。离，附。祉，福也。阴皆附之，故曰有福。谓下三阴离、受五四之福也。

疏 巽为"申命"，互巽故"为命"。四承五，故"谓受五之命"。受命以据三阴，故无咎。若无命而失位据阴，则有咎矣。《汉书·律历志》曰"畴人子弟分散"，李奇注云"同类之人"，是"畴"为"类"也。《坤·象传》曰"乃与类行"，《系辞上》曰"方以类聚"，此卦曰"汇"，曰"畴"，皆以阴为"类"也。《系辞下》曰"二与四同功"。四远应初近据三，又与二同功，皆上与乾为正应，故同类阴爻皆得上离乾祉也。《离·象传》曰"离，丽也"。训"离"为"附"，谓附着也，故"离"义与"丽"同也。"祉，福也"，《释诂》文，阴附于阳，故皆有福。四承王命，故"谓下三阴离、受五四之福也"。

九五。休否，大人吉。

《九家易》曰：否者，消卦。阴欲消阳。故五处和居正，以否绝之，乾坤巽体，升降殊隔，卑不犯尊，故"大人吉"也。

疏 否为消卦，坤阴欲消乾阳。以九居五，故"处和居正"。休者，止息。否者，闭隔。故"以否绝之"为"休否"，"天地不交"，故"乾坤异体"。"上下不交"，故"升降殊隔"。否为七月卦。是时万物已成，乾坤位定，卑不犯尊，故"大人吉也"。又郑注"休，美也"，义亦通。

其亡其亡。

荀爽曰：阴欲消阳，由四及五，故曰"其亡其亡"。谓坤性顺从，不能消乾使亡。

疏　阴欲消阳，由四渐有及五之势。存不忘亡，故曰"其亡其亡"。犹曰岂其亡乎！岂其亡乎！言阴虽善消，而坤性顺从，不能消乾使遽亡也。

系于包桑。

荀爽曰：包者，乾坤相包也。桑者，上玄下黄，以象乾坤也。乾职在上，坤体在下。虽欲消乾，系其本体，不能亡也。`

京房曰：桑有衣食人之功，圣人亦有天覆地载之德，故以喻。

陆绩曰：包，本也。言其坚固不亡，如以巽绳系也。

案："其亡其亡"，近死之嗟也。"其"与几同，几者，近也。九五居否之时，下包六二。二互坤艮，艮山坤地，地上即田也。五互巽木，田上有木，莫过于桑，故曰"其亡其亡，系于包桑"。言五二包系，根深蒂固，若山之坚，如地之厚者也，虽遭危乱，物莫能害矣。

郑玄曰：犹纣囚文王于羑里之狱，四臣献珍异之物，而终免于难，"系于包桑"之谓。

疏　荀注："乾坤相包"，《参同契》文。言阴包阳，阳亦包阴，故引以释"包"义也。《文言》曰"天玄而地黄"。《考工记》曰"天日玄，地曰黄"。桑本上玄下黄，故取其色以象乾坤。《系辞上》曰"天尊地卑，乾坤定矣"，故云"乾职在上，坤体在下"。坤阴虽欲消乾，然系于玄黄之木。黄亦坤之本体，消亦安能遽亡也。

京注：《典术》："桑木者，箕星之精，神木也。虫食叶为文章。人食之，老翁为小童。"文章，即黼黻也。故云"桑有衣食人之功"。圣人于人"有天覆地载之德"。天覆象玄，地载象黄，故取桑之上玄下黄而衣食于人者以喻之也。

陆注：《说文》："包象人怀妊，巳在中。"是"包"固生人之本，故云"包，本也"。言根本坚固，自不能亡。《说卦》曰"巽为绳"，五互四三为巽，故"如以巽绳系也"。

案：《春官·大宗伯》："以丧礼哀死亡。""亡"即"死"也。故云"其亡其亡，近死之嗟也"。《史记·郦生传》注

"郦食其读历异几"，是"其"有"几"音，亦有"几"义，故云"其与几同"。《释诂》："几，近也。"故云"几者，近也"。九居否五，与二正应，故云"下包六二"。二体坤，又互艮。"艮为山"，"坤为地"。地上为田，故云"地上即田也"。五互巽为木，《诗·卫风》："星言夙驾，于彼桑田。"故云"田上有木，莫过于桑"。"其亡其亡，系于包桑"者，言五与二相包系，得位正应，根深蒂固，若艮山之坚，坤地之厚也。"虽遭危乱，物莫能害"者，所谓"亡者保其存者也"。

郑注：文王囚于羑里之事，详具乾初九注。引之以明处难终免，有合"系于包桑"之义。

上九。倾否，先否后喜。

侯果曰：倾为覆也。否穷则倾矣。倾犹否，故"先否"也。倾毕则通，故"后喜"也。

疏 《中庸》曰"倾者覆之"，故云"倾为覆也。"《月令》曰"五覆五反"，覆，反覆也。否极则泰来，"穷上反下"，故"否穷则倾矣"。方倾之时，其体犹否，故"先否"也。倾毕则反泰而通矣，故"后喜"也。

同人卦第十三 ☰☲

【原典】

离下乾上 同人于野，亨。利涉大川，利君子贞。[①]

初九 同人于门，无咎。[②]

六二 同人于宗，吝。

九三 伏戎于莽，升其高陵，三岁不兴。[③]

九四 乘其庸，弗克攻，吉。[④]

九五 同人，先号咷而后笑，大师克相遇。[⑤]

上九 同人于郊，无悔。[⑥]

【导读】

同人卦强调团结的重要性。认为和同的范围越广越好。阴柔属于适当而中正的地位，又与阳刚相呼应，反映人与人之间志同道合的和谐关系。

【精注】

①同人卦：离下乾上，象征人事和同，集众之意。野：在古代，以国为中心，国外为郊，郊外为野，此指国之外域。②于门：指王门、宫门。③伏戎于莽：预设伏兵于草莽、树丛之中。伏，埋伏。戎：军队。莽：树丛。升：登上。岁：年。兴：指兴兵征战。④乘其墉：登上城墙，乘，登上即攻占。墉：同"墉"，城墙。弗克攻：不用进攻。克，能。⑤号咷：号啕大哭。大师：强大的军队。克：取胜。⑥悔：困厄。

【今译】

同人卦　象征人事和同。同人卦卦象是下单卦为离，离为火；上单卦为乾，乾为天。两单卦结合为天火同人的卦象。在旷野上族众聚集在一起，光与火聚，人与人同。亨顺利。利于涉越大川巨流，有利君子。

初九　必无灾祸，会聚臣僚及民众于王门，打破门户之见，共谋国家大事，必无灾祸。

六二　君子要结交天下善人志士，不可搞宗派之见，否则不利于君子之风行于天下。

九三　刚健居中，必遭显露，难有胜算。必须在草丛中设下伏兵，登高而远眺。结果强敌不敢近前，三年也没有战争。

九四　虽君子已占优势，但尚不能为此而强用兵，这是识时务的。

九五　和同之中有哭，有笑，有苦有甘。先悲苦，是因为中正不得伸张，当大家归于一统，又破涕为笑。当大军出征告捷，各路兵马相遇会合，同庆胜利时，天下一同。

上九　但愿天下同人。但是这个目的尚未达到。少数桀骜不驯的人还在离群索居。像这种无求同之志的人，虽非他甘心情愿，但他并不后悔。

【集解】

同人于野，亨。

郑玄曰："乾为天"，"离为火"。卦体有巽，"巽为风"。

天在上，火炎上而从之，是其性同于天也。火得风，然后炎上益炽。是犹人君在上施政策，使天下之人和同而事之。以是为人和同者，君之所为也，故谓之同人。风行无所不遍，遍则会通之德大行，故曰"同人于野，亨"。

疏　上乾为天，下离为火。卦体互巽，"巽为风"。《乾凿度》曰"轻清上为天"，故云"天在上"。《洪范》曰"火曰炎上"，故云"火炎上而从之"。《乾·文言》曰"本乎天者亲上"，故云"是其性同于天也"。"巽为木"，又"为风"。木生火而风扬之，故"炎得风，然后炎上益炽"。《毕命》曰"树之风声"，故云"是犹人君在上施政教"。《说卦》曰"圣人南面而听天下，向明而治"，故云"使天下之人和同而事之"。坤为民，"乾为君"。坤之一阴，入乾成离。是火之就燥，无异民之就君。故云"以是为人和同者，君之所为也"。"本天亲上"，《杂卦》曰"同人，亲也"，"故谓之同人"。"风行无所不遍"者，释"于野"。"遍则会通之德大行"者，释"亨"也。盖同则通，通则亨，故曰"同人于野，亨"。

愚案：同人自乾九二变也。乾二曰"见龙在田"，"田"即"野"也。《象》曰"德施普也"。《文言》曰"天下文明"，天即乾，明即离，"同人于野"之象也。

利涉大川，利君子贞。

崔憬曰：以离文明，而合乾健。九五中正，同人于二。为能"通天下之志"，故能"利涉大川，利君子之贞"。

疏　此本《彖传》"文明以健，中正而应，君子正也。唯君子为能通天下之志"，以释之也。

愚案：乾郊为"野"，伏坎为"川"。野者夷涂，川者险道。同"于野"者，是谓大同之象也，故"亨"。"涉大川"者，同舟共济之义也，故"利君子贞"。贞者，二五皆正也。京氏《易传》："讼降为同人。"盖讼之乾在坎水之下，故"不利涉大川"。同人则乾居上体而下互巽木，又伏坎水，故"利涉大川"。

初九。同人于门，无咎。

虞翻曰：乾为"门"。谓同于四。四变应初，故"无谷”也。

疏　《系辞下》曰“乾坤其《易》之门耶”，故“乾为门”。初应四，故“谓同于四”。正应辩类，故“四变应初”，所以“无谷”也。

六二。同人于宗，吝。

荀爽曰：宗者，众也。三据二阴，“二与四同功”，五相应，初相近。上下众阳皆欲与二为同，故曰“同人于宗”也。阴道贞静，“从一而终”。今宗同之，故“吝”也。

疏　《书·禹贡》：“江汉朝宗于海。”注云“言百川以海为宗”。今“宗”训“众”者，言一阴为众阳所宗主，即“江汉朝宗”之义也。三据二阴，三同二也。“二与四同功”，四同二也。二五应，五同二也。初相近，初同二也。故谓“上下众阳皆欲与二为同”，而云“同人于宗”也。“从一而终”，恒六五《象传》文。阴为妇道，贵于贞静。“从一而终”，即《郊特牲》“壹与之齐，终身不改”之义也。今众阳皆同于二，宜其“吝”也。

愚案：二自坤来，坤为阴宗。二互巽，本体离，离巽皆阴。又二为阴位。虽得中得正，然所同者，特“同人于宗”而已。以卦言，则“同人于野”，其象广，广故“亨”。以爻言，则“同人于宗”，其象狭，狭故“吝”。与履卦言“不咥人”，三爻言“咥人”，其义一也。又许慎《五经异义》曰“《易》曰‘同人于宗吝’，言同姓相取吝道”。意谓二与五为阴阳正配，以在同人家为同姓，义亦可通。

九三。伏戎于莽，升其高陵，三岁不兴。

虞翻曰：巽为“伏”，震为“草莽”，离为“戎”。谓四变时，三在坎中，隐伏自藏，故“伏戎于莽”也。巽为“高”，师震为“陵”，以巽股“升其高陵”。爻在三，乾为“岁”。兴，起也。动不失位，故“三岁不兴”也。

疏　《杂卦》曰“兑见而巽伏也”，故“巽为伏”。通师互震。《说卦》曰“震为萑苇”，故“为草莽”。又曰“离为甲胄，为戈兵”，故“为戎”。四不正，变成坎，三在坎中，乃入伏就震，隐而自藏，故有"伏戎于莽"之象也。"巽为高"，《说卦》文。又"震为反生"，虞作"阪生"。阪，陵也。故"师震为陵"。又"巽为股"，是"以巽股升其高陵"也。"乾为天"，周天三百六十五度四分度之一，故"为岁"。爻在三，故为"三岁"。"兴，起也"，《释文》言。"动不失位"，"不"字当作"而"。动而失其刚位，所以"三岁不兴"也。

愚案：三与上应，"伏戎"敌上也，"升陵"望上也。自三至上历三爻，"三岁不兴"，欲上变正应己，庶从同也。

九四。乘其庸，弗克攻，吉。

虞翻曰：巽为"庸"。四在巽上，故"乘其庸"。变而承五，体讼。乾刚在上，故"弗克攻"则"吉"也。

疏 "庸"，王弼本作"墉"。今作"庸"者，从郑本也。《诗·大雅》"以作尔庸"，注云"庸，城也"。《礼·王制》"附庸"，注云"小城也"。是"庸"与"墉"通。"巽为庸"者，"巽为高"，又为"伏"。高而可伏，城庸之象。《释名》："墉，容也，所以隐蔽形容也。"与"巽称而隐"之义亦符，故知"巽为庸"也。四在巽上，故"乘其庸"者，欲攻初也。四与初皆阳，故敌应。初得位，四无攻初之义。变而承五，其体为讼，师六四曰"不克讼"。且乾刚在上，义不可攻。"弗克攻则吉"者，喜其变正以同初也。

九五。同人先号咷而后笑，大师克相遇。

虞翻曰：应在二，巽为"号咷"，乾为"先"，故"先号咷"。师震在下，故"后笑"。震为"后笑"也。乾为"大"，同人反师，故"大师"。二至五体姤，遇也，故"相遇"。

疏 五应在二，二体互巽，雷风同声，震阳"笑言"，巽阴号咷，故"巽为号咷"。乾阳主倡"为先"，震"后有则"为"后"。又阳声为"笑"，旁通师震在下，"故后笑"。"大哉乾元"，故"乾为大"。与师旁通，故同人反师为"大师"。二至五体姤，《姤·彖传》曰"姤，遇也"，"故相遇"。

案：体互巽在先，故"先号咷"，通师震在后，故"后笑"，旁通则"大师相遇"矣。三与上敌，四欲攻初，是在同人家而异德者也。崔氏所云"九三九四不言同人"是已。故万用师克去二四，则五与二应，故"相遇"也。五遇二，则天下之志通矣。

上九。 同人于郊，无悔。

虞翻曰：乾为"郊"。失位无应，与乾上九同义，当有悔。同心之家，故"无悔"。

疏 乾位西北之郊，故为"郊"。以九居上，故"失位"。三敌刚，故"无应"。失位无应，故"与乾上九同义"。乾上曰"亢龙"，故宜"有悔"。变之正，与三应，故在"同心之家无悔"也。

大有卦第十四

【原典】

乾下离上　大有①，元亨。

初九　无交害，匪咎，艰则无咎。②

九二　大车以载，有攸往，无咎。

九三　公用亨于天子，小人弗克。③

九四　匪其彭，无咎。

六五　厥孚交如，威如，吉。④

上九　自天右之，吉无不利。

【导读】

本卦与《同人》联系紧密，可相参看。《同人》强调与人和同，《大有》强调与人相交。反映刚健而文明，能顺应天道，按规律办事，使自然和社会呈现和谐景象。

【精注】

①大有卦：乾下离上，象征盛大富有。②无交害：没有相交的侵害。③公用亨于天子：君天子，日天子。君临天下者便为天子。公侯都得向天子进献贡品。亨：进贡的果品珍玉等。指向天子进献的贡品。弗克：做不到。④厥孚交加：用其诚信智谋结交上下。厥：他的。威如：威严自显。

【今译】

大有卦　象征富有。大有卦卦象是下单卦为乾，为天；上单卦为离，为火。两单卦结合为乾指刚健，离指光明，象征应天命，得人心之卦象。年丰人富，百废待兴，亨通顺利。

初九　与人相处中只求中定而不利害相加，灾祸自然不会找上门来；须知只有在艰辛中审戒疑惧才能免遭灾祸。

九二　委以重任、重托，其寄托之期望如用大车运载财货。满负希望前行，再无疑恙了。

九三　公侯向君王进献贡品，以报知遇之恩。君王也赐给饮食。给以礼遇。而小人是不可能仿效的。

九四　鼓声集众，但君位之人能以柔济刚，尚不会有犯上的事端，但身居君位的人要明辨是非。

六五　胸怀坦荡，诚信施德，恩威并举，天下臣服，威严自显，当可获吉祥。

上九　"天自右之，吉无不利"，佑助从天上降下来，吉祥便无所不至。

【集解】

大有。元亨。

虞翻曰：与比旁通。"柔得尊位大中"，"应天而时行"，故"元亨"也。

姚规曰：互体有兑。兑为泽，位在秋也。乾则施生，泽则流润，离则长茂，秋则成收，大富有也。大有则元亨矣。

郑玄曰：六五体离，处乾之上。犹大臣有圣明之德，代君为政，处其位有其事而理之也。元亨者，又能长群臣以善使，嘉会礼通。若周公摄政，朝诸侯于明堂是也。

疏　虞注：比初动阳为屯，息成大有，故"与比旁通"。成卦之主在五，故引《象传》文以明之，义详于后。

姚注：三至五互兑，"兑为泽"，《说卦》文。又曰"兑，正秋也"故云"位在秋"。乾阳则主施生，兑泽则主流润，离夏则主长茂，兑秋则主收成，大而富有之象也。唯其"大有"，是以"元亨"。

郑注：五为君位，阴为臣象。六阴，故云"犹大臣"。体离为明，故云"有圣明之德"。离处乾上，故云"代君为政"。六处五位，则当行五之事，故云"处其位有其事而理之也"。"元者，善之长"，故云"长群臣以善使"。"亨者，嘉之会"，故云"嘉会礼通"。《礼·明堂位》曰"武王崩，成王幼弱，周公践天子之位，以治天下。六年，朝诸侯于明堂"，是周公摄政之事也。

初九。无交害，匪咎，艰则无咎。

虞翻曰："害"谓四，四离火，为恶人，故"无交害"。初动震为"交"，比坤为"害"。匪，非也。艰，难，谓阳动比初成屯。屯，难也。变得位，"艰则无咎"。

疏 初与四为敌应，故"害谓四"。离火在四，"焚如死如"，故"为恶人"。敌应不可交，故无交四而受其害也。通比，"初动震"。震为阳交阴，故"为交"。比体坤，坤阴隐，故"为害"。"匪"、"非"古今字。无应宜咎。以恶宜远，故非为咎也。《说文》："艰，土难治也。"故"艰"训"难"。阳动比初则成屯，据消息也。"屯，难也"，《说文》文。四变为"得位"。下应初，屯为难，故"难则无咎"也。

九二。大舆以载。有攸往，无咎。

虞翻曰：比坤为"大舆"，乾来积上，故"大舆以载"。"往"谓之五。二失位，变得正应五，故"有攸往，无咎"矣。

疏 旁通比坤。"坤为大舆"，《说卦》文。乾息二至五，故云"乾来积上"。乾积坤上，故为"大舆以载"。自内称"往"，二与五应，故"往谓之五"。二失位，宜有咎。变而得正，上应于五，故"有攸往，无咎"。

九三。公用亨于天子，小人弗克。

虞翻曰："天子"谓五。三，公位也。"小人"谓四。二变得位，体鼎象，故"公用亨于天子"。四折鼎足，"覆公𫗧"，故小人不克也。

疏 爻例五为天子，故"天子谓五"。三为三公，故谓三为"公位也"。四不得正,故"小人谓四"。二变得正,体有鼎象。《鼎·象传》曰"大亨以养圣贤"。三,贤人,故曰"公用亨于天子"。《左传·僖公二十五年》:"秦伯师于河上,将纳王。狐偃言于晋侯曰:'求诸侯莫如勤王。'公曰:'筮之。'遇大有之睽。曰:'吉,遇公用亨于天子之卦。天为泽,以当日,天子降心以逆公,不亦可乎?'"五"履信思顺,又以尚贤"。"降心逆公",谓五亨三也。三应上,上为宗庙,天子享诸侯,必于祖庙也。虞注鼎九四云"四变震为足折入兑,故'鼎折足覆公悚'",是小人不克当天子之享也。

九四。匪其尪。无咎。

虞翻曰:匪,非也。其位尪,足尪,体行不正。四失位,折震足,故尪。变而得正,故"无咎"。"尪"或为"彭",作"旁"声,字之误。

疏 "匪"、"非"古今字。鼎四折足,故云"其位尪"。《说文》云:"尪,跛曲胫也。从大,象偏曲之形。"足尪,故"体行不正"。四失位,体兑折震足,故"足尪"也。变而得正,故曰"匪其尪,无咎"。今本作"彭",《子夏传》作"旁"。干宝云"彭亨,骄盛貌",姚信云"彭,旁也",是皆读"彭"为"旁"。"旁","尪"声相近,故云"字之误"。

六五。厥孚交如,威如,吉。

虞翻曰:孚,信也。发而孚二,故"交如"。乾称"威"。发得位,故"威如,吉"。

疏 "孚,信也",《释诂》文。伏坎有孚,故为"孚"。二五失位,二变应五,五发动而孚二,故"交如"也。《国语》曰"天事武",乾阳刚为武,故"称威"。五变体乾,发而得位,故"威如,吉"也。《吕刑》曰"德威惟畏",《荀子》曰"有道之威,威本于德",故吉也。

上九。自天右之。吉无不利。

虞翻曰:谓乾也。右,助也。大有通比,坤为"自"。乾为"天",兑为"右",故"自天右之"。比坤为顺,乾为信。"天之所助者顺,人之所助者信,履信思顺,又以尚贤。故自天右之，吉无不利"。

王弼曰：余爻皆乘刚。己独乘柔，顺也。五为信德而己履焉，履信者也。居丰富之代，物不累心也，高尚其志，尚贤者也。爻有三德，尽夫助道，故《系辞》具焉也。

疏 虞注：坤五之乾，故"谓乾也"。"右，助也"，本《系辞上》文。大有通比，坤身为"自"。体乾为"天"。"兑为右"者，虞《系辞》注云"兑为口，口助为右"。《说文》"右，手口相"，故"口助为右"。又兑西方，亦为右，故"自天右之"。"坤，顺也"，故"比坤为顺"。乾行至信，故"乾为信"。"天之所助"以下，《系辞上》说此爻也。"贤"谓三。天道信，人助道助顺。虞注云"比坎为思"，"履信"为坤履乾，"思顺"谓乾比坤。又云"乾为贤人，坤在乾下，故又以尚贤"。居大有之上而具是三德，宜为天之所右，吉而且利也。

王注：自五以下皆乘刚，上独乘柔，柔者，顺也。五下孚二为信，而上履焉，是"履信者也"。"居丰富之代"者，谓大有之世。"物不累心"者，谓居五位之地，不以富有累心。"高尚其志"者，"尚"与"上"通，谓上九也。蛊上九曰"高尚其事"，《象》曰"志可则也"，郑彼注云"君犹高尚其所为之事"。是高尚贤人之志，为"尚贤"也。"爻有三德"者，"履信"一也，"思顺"二也，"尚贤"三也。"尽夫助道"，则天无不右，故《系辞》具言三德也。

谦卦第十五 ䷎

【原典】

艮下坤上　谦[①]，亨，君子有终。

初六　谦谦君子，用涉大川，吉。

六二　鸣谦，贞吉。[②]

九三　劳谦，君子有终，吉。[③]

六四　无不利，撝谦。[④]

六五　不富，以其邻，利用侵伐，无不利。[⑤]

上六　鸣谦，利用行师，征邑国。[⑥]

中華藏書

周易全书·最新整理珍藏版

【导读】

本卦主要赞颂"谦"德。认为"谦"是一种高尚品德，德行很高的人，不刻意张扬自己，就是谦虚的表现。在生活中做到"谦"，处世将无往而不利。

【精注】

①谦卦：艮下坤上，象征敬恭谦虚。亨：指谦虚地待人接物，君子谦而有终，必致亨通。②鸣谦：谦虚之名传扬在外。③劳谦：天道酬勤，有功而能谦虚。④扬谦：发挥谦虚之美德。⑤利用侵伐：宜用讨伐。⑥行师：兴兵征伐。

【今译】

谦卦　象征谦谨。谦卦的卦象下单卦是艮，艮为山，为止；上单卦为坤，坤为地，为顺。内止知道抑止，乃谦也。只要谦虚地待人接物，做事必然亨通；然而只有君子才能无始也有终，虚心而识时务。

初六　凡君子都是谦而又谦，君子凭着这种谦虚的美德陶冶自己的修养，才可以涉越大江大川，并获吉祥。

六二　柔顺中正是谦虚的美德，真正做到坦诚而光明磊落，不形诸于外，就能深得众人的共识、共鸣，必获吉祥。

九三　能够始终辛劳而不夸耀，功而不骄，并匡济众人。君子能保守这种美德，必获吉祥。

六四　只要持守发挥谦虚的美德，处人行事便无往不利。

六五　本身虽不富有，但能以德服人，这样自然会得到友邻的拥戴。即使为了征讨侵伐之敌，不得已使用了武力，也让人折服。

上六　传扬谦虚的美名，兴兵征伐，抵御来犯之敌，都是为了显示其德，力量和德分不开。而没有功劳，又如何能显谦，就是这个道理。

【集解】

谦。亨。

虞翻曰：乾上九来之坤，与履旁通。天道下济，故"亨"。

彭城蔡景君说：剥上来之三。

疏　"乾上九来之三"者，乾尽坤中，上来反三也。乾上亢极失位，天道盈而不溢，亏之谦三，致恭存位，故名为"谦"。三之初为复，息复，故"与履旁通"。"天道下济"者，乾为"天道"。上之三，故"下济"。以乾通坤，故亨。蔡景君说"剥上来之三"，剥上即乾上，义亦同也。不见乾元之正，且虞无一阳五阴之例，故不用也。

君子有终。

虞翻曰："君子"谓三，艮"终万物"，故"君子有终"。

郑玄曰："艮为山"，"坤为地"。山体高，今在地下。其于人道，高能下下，谦之象。亨者，嘉会之礼，以谦而为主。谦者，自贬损以下人。唯艮之坚固，坤之厚顺，乃能终之。故君子之人有终也。

疏　虞注：乾三称"君子"，艮三自乾来，故"君子谓三"。《说卦》曰："终万物始万物者，莫盛乎艮。"三体艮，故"终万物"。三秉"劳谦"，终当升五为"有终"。故"君子有终"，三独当之也。

郑注："艮为山"，"坤为地"，《说卦》文。山体本高，今在地下。其于人道，是能下下而有谦退之象者也。《乾·文言》曰"亨者，嘉之会"，又曰"嘉会足以合礼"，故云"亨者，嘉会之礼"。《史记·乐书》："君子以谦退为礼。"故礼以谦退为主。"谦者，自贬损以下人"，合于"嘉会之礼"，故亨。"艮终万物"，以其坚固。"坤无成而代有终"，以其厚顺。君子之人，体艮坤之德，故有终也。

初六。谦谦君子。用涉大川，吉。

荀爽曰：初最在下为"谦"，二阴承阳亦为"谦"，故曰"谦谦"也。二阴一阳相与成体，故曰"君子"也。九三体坎，故"用涉大川吉"也。

疏　乾上之三为谦，初爻最在下位则益谦。以二阴承乎三阳之谦，是谦而又谦也，故曰"谦谦"。以二阴承乎一阳，其体为艮，是君子之徒也。故曰"君子"。三体坎，"坎为水"，故"用涉大川吉"。

愚案：卦辞、《象辞》皆言"君子"，谓九三也。以三为谦主也。初六称"君子"者，三自上来，在上之君子，"尊而光"者也。初居艮下，在下之君子，"卑而不可逾"者也。四互震木为舟，坎水为"川"，又坤致役为"用"。初变之四，应正，故"用涉大川吉也"。

六二。鸣谦。贞吉。

姚信曰：三体震，为"善鸣"，二亲承之，故曰"鸣谦"。得正处中，故"贞吉"。

疏 《说卦》曰"震为善鸣"。《夏小正》曰"雉震呴"，《传》曰"震也者，鸣也。呴也者，鼓其翼也"。《洪范·五行论》："正月雷微动而雉呴。"故"三体互震为善鸣"也。二亲承震故曰"鸣谦"，上六"鸣谦"，亦以亲乘震也。六为"得正"，二为"处中"。正故"贞"，中故"吉"也。

九三。劳谦。君子有终，吉。

荀爽曰：体坎为劳，终下二阴，"君子有终"，故吉也。

疏 三体在坎，《说卦》曰"劳乎坎"，故"坎为劳"，而曰"劳谦"。艮为"终"，以一阳终下二阴也。《象辞》："君子有终。"谓九三也，故三曰"君子有终"。坎正北，艮东北。"劳乎坎"，即"成乎艮"。劳则有终，故吉也。

六四。无不利。撝谦。

荀爽曰：四得位处正，家性为谦，故"无不利"。阴欲撝三，使上居五，故曰"撝谦"。"撝"犹举也。

疏 《太玄》八十一家，各有刚柔之性，故称"家性"。六十四卦亦然。以六居四，故"得位处正"。而在谦家，"家性为谦"，故"无不利"也。众阴皆欲三居五而撝之者，四乘艮为手，故曰"撝谦"。撝以手举，亦从手，故云"撝，举也。"

六五。不富以其邻。

荀爽曰："邻"谓四与上也。自四以上乘阳，乘阳失实，故皆"不富"。五居中有体，故总言之。

疏 四上皆近于五，故"邻谓四与上也"。自四以上皆乘三阳，故云"乘阳"，犹初言"二阴承阳"之意也。《泰·六四·象》曰"翩翩不富，皆失实也"，故知"不富"为"失实"。三爻皆乘阳而独言于五，以五"居中有体"故也。

愚案：坤为富有，互震伏兑为"邻"。五居坤中，虽云富有，不以富耀其邻，富而能谦者也。与泰四同义。

利用侵伐，无不利。

荀爽曰：谓阳利侵伐，来上无敢不利之者。

疏 二至上体师，故五言"侵伐"，上言"行师"。坤为"用"，故曰"利用"。五虚无君，三来侵伐坤之邑国，众阴同志承阳，故"无敢不利之者"。

愚案：五为卦主，当谦之世，以柔居尊，虑过宽也，故六五独不言谦。体师五"利执言"，故"利用侵伐"。然以谦行师，德威并用，故"无不利"。又《夏官·大司马》："贼害贤良则伐之，负固下服则侵之。"《左传·庄公二十九年》"凡师有钟鼓曰伐，无曰侵"。互震鸣钟鼓，又体艮止不鸣，故兼言"侵伐"。

上六。鸣谦。利用行师，征邑国。

虞翻曰：应在震，故曰"鸣谦"。体师象，震为"行"，坤为"邑国"。利五之正，已得从征，故"利用行师，征邑国"。

疏 上与三应，三互震为"善鸣"，故曰"鸣谦"。体有师象，应震又为"行"。坤为土，又"为众"，故为"邑国"。五变正"利用侵伐"，则已得从征，"利用行师，征邑国"也。

豫卦第十六 ☷

【原典】

坤下震上　豫①，利建侯行师。②

初六　鸣豫，凶。③

六二　介于石，不终日，贞吉。④

六三　盱豫，悔。迟有悔。⑤

九四　由豫，大有得。勿疑，朋盍簪。⑥

六五　贞疾，恒不死。

上六　冥豫，成有渝，无咎。⑦

【导读】

豫卦认为对"豫"应持谨慎态度。若所处的环境安逸舒适，人们应避免"鸣豫"、"盱豫"、"冥豫"，做到既享受安乐，又头脑清醒，利用好的环境，更好地有所作为。否则，将会带来祸害。

【精注】

①豫卦：坤下震上，象征预虑、和悦。②建侯：授爵封侯。行师：兴兵征伐。③鸣豫：喜逸豫好欢乐而扬名于外。④介于石：比磐石还坚定。介，中正坚定。于，比。不终日：不待终日。⑤盱：张目，形容媚上之相。迟：迟疑缓慢。⑥由：从，借助，依赖。盍簪：会集朋友。⑦冥：日暮。这里引申为昏乱、盲目。渝：改变。

【今译】

豫卦　象征欢悦。豫卦的卦象是下单卦为坤，坤为地，为顺；上单卦为震，震为动，为雷。二单卦结合，说明雷发于地。以人事比拟，乐于追随则行动。从而建立授爵封侯的基业，利于兴兵讨伐有罪之师。

初六　凡事不可自鸣得意，夸夸其谈。骄矜而狂妄，凶险将会到来。

六二　持守正固，像磐石一样坚而稳妥，该早晨干的，绝不晚上再去做。你这样一丝不苟，自然吉祥。占问定获吉祥。

六三　一味阿谀奉承，自然得到青睐，但必须悔改，如果一再迟疑，终会陷入万劫不复境地。

九四　众人凭依他而得到欢乐，将大有作为，君子坦诚不疑，贤者不期而至，不会忧虑没有好友。

六五　占问疫病的吉凶，筮得此爻幽忧致疾，人气已微，困穷一生。故必须坚守中正，才能化凶为吉。

上六　沉迷作乐，其势已危，自苦终身，如果能及早改正，就不会有灾祸。

【集解】

豫。利建侯行师。

郑玄曰："坤，顺也"。"震，动也"。顺其性而动者，莫不得其所，故谓之"豫"。豫，喜佚说乐之貌也。震又"为雷"，诸侯之象。坤又"为众"，师役之象。故"利建侯行师"矣。

虞翻曰：复初之四，与小畜旁通。坤为邦国，震为诸侯。初至五体"比"象，四利"复"初，故"利建侯"。三至上体师象，故"行师"。

疏 郑注："坤，顺也"，"震，动也"，《说卦》文。凡物顺其性而动者，莫不乐得其所，故谓之"豫"也。《晋语》司空季子解此经曰"豫，乐也"，故《太玄》准之以《乐》，故云"豫，喜佚悦乐之貌也"。"震为雷"，《说卦》文。震"长子主器"，故有"诸侯之象"。"坤为众"，《说卦》文。"师者，众也"，故有"师役之象"。震，故"利建侯"，与屯初体震同。坤，故"利行师"，与师外体坤同也。

虞注：复初，乾元也。坤尽夬上而入乾，乾元索坤之四为豫，故云"复初之四"也。豫四之坤初为复，息成小畜，故"与小畜交通"。坤土，故"为邦国"。震主器，故"为诸侯"。"初至五体比象"，比"建万国，亲诸侯"。二利四复初，初刚善建不拔，故"利建侯"。三至上师体半见，故体师象。又震足为"行"，故"利行师"。

案：卦之取义于豫者，有三焉。《汉书·五行志》曰"雷以二月出，其卦曰豫"。言万物随雷出地，皆逸豫，一也。取象制乐。乐者，乐也，荐之神祇，祖考，与天地同，二也。震上坤下，母老子强，居乐出威，三也。

初六。鸣豫，凶。

虞翻曰：应震善鸣，失位，故"鸣豫，凶"也。

疏 初应四。四体震为"善鸣"，说见谦二。应震，故"鸣豫"。初阴失位，虽有正应亦凶也。"鸣谦"则有自下之情，故"吉"。"鸣豫"则有自矜之意，故"凶"。

六二。介于石。

虞翻曰：介，纤也。与四为艮，艮为"石"，故"介于石"。

疏　《系辞上》曰"忧悔吝者存乎介"，谓纤介也，故云"介，纤也"。与四互艮，《说卦》曰"艮为小石"，故曰"介于石"。《系辞下》以豫二"知几"，虞彼注云"知四当复初"，则此"介"谓"几"之纤微，如小石也。

不终日，贞吉。

虞翻曰：与小畜通，应在五，终变成离，"离为日"。得位，欲四急复初，已得休之，故"不终日，贞吉"。

疏　与小畜旁通，上应在五，息小畜至五，则四成离，故云"终变成离"。"离为日"，故曰"日"。二阴为"得位"。唯"知几"，知欲四下于初，以成复象。复六二曰"休复吉"，故"已得休之"。离伏不见，故"不终日"。二得正，故"贞吉"也。"欲四复初"，是《系辞下》所云"上交不谄"也。"已得休之"，是"下交不渎"也。二五无应，四为卦主，故发其几于此爻也。

愚案： 初六应四，"鸣豫凶"，不知几而过于豫者也。"二与四同功"，又同互艮，艮为小石而二居艮初，"其初难知"，故纤介如小石。二得中得位之乾成离，离明，故知"几"。知几，故知乐不可极，而望四复初以免穷凶之悔也。二本离爻，故为"日"。未成离，故"不终日"。言知几之早，以正而得吉也。

六三。盱豫悔，迟有悔。

王弼曰：履非其位，承动豫之主。若其盱盱而豫，悔亦至焉。迟而不从，豫之所疾。进退离悔，位不当也。

向秀曰：盱盱，小人喜说佞媚之貌也。

疏　王注：以柔居刚，故"履非其位"。上承震动，为豫之主。若以盱盱而求豫，悔所由生也。若迟而不从于豫，亦豫之所疾也。位既不正，而又多犹豫，宜其进退，皆离悔也。

向注：《说文》："盱，张目也。"盱，仰目。应在上，三张目仰视。视上之颜色为佞媚，故为“小人喜悦佞媚之貌”，所谓“上交谄”也。三不正，故有是象。变之正，则无悔。下经所云“成有渝，无咎”是也。伏巽“为进退，为不果”，故为“迟”。爻之失位，以速改为善，故二“不终日，贞吉”，三“迟则有悔”也。

九四。由豫，大有得。勿疑，朋盍戠。

侯果曰：为豫之主，众阴所宗。莫不由之，以得其豫。体刚心直，志不怀疑。故得群物依归，朋从大合，若以簪篸之固括也。

虞翻曰：由，自从也。据有五阴，坤以众顺，故“大有得”，得群阴也。坎为“疑”，故“勿疑”。小畜兑为“朋”。盍，合也。坤为“盍”。戠，聚会也。坎为聚，坤为众。众阴并应，故“朋盍戠”。“戠”，旧读作“撍”，作“宗”也。

疏　侯注：豫之成卦，在乎一阳，故“四为豫主而众阴所宗”。故莫不由之，以得其逸。阳体刚。坎为心，刚在坎中，乾动直，故“心直”。坎为心，故为志，为疑。刚直，故“志不怀疑”。四不疑众，众亦不疑四，故“得群物依归，朋从大合”也。簪，《说文》作兂，言“笄也。象簪形”。《释名》：“簪，兟也，连冠于发也。”《士丧礼》：“簪裳于衣。”郑注云“簪，连也”，即连发之义也。篸，簪去声，《篇海》云“以针簪物也”。言一阳篸五阴，若以簪篸发，使之固也。

虞注：《释诂》：“由，自也。”故云“由，自从也”。卦以一阳居五阴之间，故云“据有五阴”。坤为众，为顺，故云“坤以众顺”。阳称“大”，得群阴，故“大有得”。且离乾合而为大有。豫通小畜，四在小畜，亦离乾之合，两象易也。故曰“由豫，大有得”。坎为心，失位故“疑”。刚而得众。故“勿疑”。小畜有兑，兑“以朋友讲习”，故“为朋”。“盍，合也”，《释诂》文。“盍”与“阖”同。“阖户谓之坤”，故“坤为盍”。坤盍，故云“戠，聚会也”。《释文》作“蕠合”，是以坎为蕠棘也。坤广为众。众阴并应于一阳，且坤曰“得朋”，故曰“朋盍戠”。“戠”同“埴”。《说文》：“埴，黏土也。"《集韵》亦训"戠为黏土"。郑本《禹贡》曰"厥土赤戠坟",今本作"赤埴"。《考工记》:"用土为瓦,谓搏埴之工。"搏埴,以水合土之义也。坤为土,坎为水。一阳倡而众阴应,若水土之相黏著,故云"朋盍戠"。"戠",京房作"撍",荀爽作"宗",又王肃作"贷",马融作"臧",或作"宣"。今王弼本作"簪",侯氏训为固冠之簪。但古有笄而无簪,至秦汉始有之,虞作"戠"是也。

六五。贞疾,恒不死。

虞翻曰:恒,常也。坎为"疾"。应在坤,坤为"死"。"震为反生"。位在震中,与坤体绝,故"贞疾,恒不死"也。

疏 "恒,常也",《释诂》文。"坎为心病",故"为疾"。下应在坤,月灭于坤乙,为既死魄,故"坤为死"。"震为反生",《说卦》文。五体震位,在震而得中。与下坤二无正应,且隔四,不能互坤,故"与坤体绝"。月生于三日震为哉生明,又东方春生于左,故"贞疾,恒不死"也。且震巽合而为恒。五体震,变正互巽,亦震巽之合而体之象恒,故"贞疾,恒不死"。五位不正,是死于安乐者也。变之正,虽疾恒不死,是生于忧患者也。

上六。冥豫。成有渝,无咎。

虞翻曰:应在三,坤为"冥"。渝,变也。三失位,无应,多凶,变乃得正,体艮成,故"成有渝,无咎"。

疏 应在三,三体坤。《释言》:"冥,晦也。"月灭于坤三十日,故为晦也。《说文》:"冥,从日从六,一声。日数十,十六日而月始亏,幽也。"纳甲之义,退辛消艮入坤,故坤晦为"冥"。上应在三,冥豫极乐,是"下交渎"也。"渝,变也",《释言》文。三失位无正应,故"多凶"。《系辞下》曰"三多凶"是也。变之正,下体成艮,艮物所成终而成始,故云"体艮成"也。艮体成以善变也,故曰"成有渝"。上得位,三变正有应,是"上交不谄,下交不渎"也,故"无咎"。

愚案:初应震,震为"鸣",故"鸣豫"。上应坤,坤为

"冥"，故"冥豫"。豫未来而先鸣其豫，是豫之始而其志已满矣，故"志穷"则致"凶"。豫已极而犹冥于豫，是豫之终而一成不变矣，故"有渝"则"无咎"。

随卦第十七 ☶

【原典】

震下兑上　随①：元亨利贞，无咎。

初九　官有渝，贞吉。出门交有功。②

六二　系小子，失丈夫。③

六三　系丈夫，失小子。随有求得，利居贞。④

九四　随有获，贞凶。有孚在道，以明，何咎⑤？

九五　孚于嘉，吉。⑥

上六　拘系之，乃从维之。王用亨于西山。⑦

【导读】

"随"，是有原则的。要随上而不随下。六二随初九是随下，被看做"系小子，失丈夫"，表明随下不可取。六三随九四，是随上，被看做"系丈夫，失小子"，故曰"随有求得"，表明随上的做法可取。《易》虽推崇"随"，但不主张盲目跟风。若随到极点，最后就是盲从，结果必然会被人利用，而成为他们的工具或牺牲品。

【精注】

①随卦：震下兑上，象征追随。②官：通"馆"，馆舍做官人的居所。渝，改变的意思。交：与人交往。③系小子：倾心依从小人。系，系属，引申为倾心依从。④随有求：追随别人有求于他。居：居处。⑤有孚在道：有诚信之心而持守正道。以明：以光明正大立身。⑥孚于嘉：施诚信给美善者。嘉，指嘉会。祭祀的时候，献上玉佩玉器以示恭敬、诚信。⑦拘系：囚禁。从维：释放。从，即"纵"。亨：祭享。亨，通"享"。

中华藏书

第一部　周易原典

【今译】

随卦　象征随从。随卦卦象是下单卦为震，震为动；上单卦为兑，兑为泽，为悦。两单卦结合，受之以随，随心而动。亨通，利卦，没有灾难。

初九　当出任的官位有了变动，自己应做到兢兢业业，宠辱不惊，这才能保住吉祥。出门交朋友定能成功。朋友是财富。

六二　一心依附留恋小人，就会失掉刚直的正人，不要贪小而失大。

六三　依附刚直的正人，摆脱柔顺的小人，可以得利，有利必有得，但动机必须纯正。

九四　你得到的不是你该获得的，会有凶险，一个人要走道义之门，持守正道，光明正大，这样灾难才不会降临。

九五　将诚信献给美善之人，可获吉祥。

上六　不以精诚感化，只以拘禁，强求其跟随，岂能教人感悦？此非正道，要以王之风范巩固江山。

【集解】

随。元亨利贞。无咎。

虞翻曰：否上之初，"刚来不柔"，初上得正，故"元亨利贞，无咎"。

郑玄曰："震，动也"，"兑，说也"。内动之以德，外说之以言，则天下之人，咸慕其行，而随从之，故谓之"随"也。既见随从，能长之以善，通其嘉礼，和之以义，干之以正，则功成而有福。若无此四德，则有凶咎焉，焦赣曰"汉高帝与项籍，其明征也"。

疏　虞注：从三阴三阳之例，随自否来，故云"否上之初"也。"刚来下柔"，释详《象传》。否上之初，乾元复正，故"元亨"。初上既正，天行消息，三四易位，终成既济，故"利贞"。阳降阴升，非益之道，嫌于有咎，以否成随，故"无咎"也。

郑注："震，动也"，"兑，说也"，《说卦》文。德在内，震初龙德，又在内卦，故"内动之以德"。言在外，兑口舌，为言，又在外卦，故"外说之以言"。言而民莫不信，行而民莫不说，故"天下之民，咸慕其行而随从，谓之随也"。既见随从，则长之以善而为"元"，通其嘉礼而为"亨"，和之以义而为"利"，干之以正而为"贞"。功成有福，故"无咎"也。若无此四德，人即随从，凶咎难免矣。《左传·襄公九年》："穆姜筮得艮之随，姜曰：'《周易》曰：随元亨利贞，无咎。有是四德者，随而无咎。我皆无之，岂随也哉。我则取恶，能无咎乎。'"郑氏之义，盖本此也。焦延寿字赣汉人，即京房所从受学者也。著有《焦氏易林》十六卷，今存。又有《易林变占》十六卷，今佚。兹所引焦氏云云，当《变占》中语也。史称汉高祖宽仁爱人，常有大度，顺民而定天下，规模宏远。又谓项羽自矜功伐，奋其私智，欲以力征，卒亡其国。一众随而有是四德则兴，一众随而无是四德则亡，故云"汉高祖与项籍，其明征也"。

初九。官有渝。贞吉。出门交有功。

《九家易》曰：渝，变也。谓阳来居初，得正为震，震为子，得土之位，故曰"官"也。阴阳出门，相与交通。阴往之上，亦不失正，故曰"贞吉"而"交有功"。

疏 "渝，变也"，《释言》文。否上刚来居初得正，其体为震。官，官鬼也。《参同契》曰"水以土为鬼，土镇水不起"。京房谓世应官鬼福德之说，皆始于文王，《火珠林》亦云。故谓"为震子，得土之位，故曰官也"。卦自否来，震初纳庚子水，得坤纳乙未土之位。水以土为官，以震变坤，故曰"官有渝"也。"帝出震"为"出"。艮为门阙，二互四成艮，故为"门"。初震与四艮相应为"出门"。初上易位，是坤初出交于乾，故云"阴阳出门，相与交通"也。阴往之上，上来居初，皆不失正，故曰"贞吉"。《系辞下》曰"五多功"，凡言"功"者皆指五。初之上，上得位而系五，故"交有功"也。

六二。系小子，失丈夫。

虞翻曰：应在巽，巽为绳，故称"系"。"小子"谓五。

兑为少，故曰"小子"。"丈夫"谓四。体大过"老夫"，故称"丈夫"。承四隔三，故"失丈夫"。三至上有大过象，故与"老妇"、"士夫"同义。体咸象，夫死大过，故每有欲嫁之义也。

疏 四互巽，初与四应，故"应在巽"。"巽为绳直"，"故称系"。"小子谓五"者，"兑为少，故称小子"。"丈夫谓四"者，三至上体大过。大过九二云"老夫得其女妻"，虞彼注云"乾老故称老夫"。"丈夫"犹"老夫"。随四体大过九二，为"老夫"。三体大过初六，为老妇，五则大过之"士夫"，故为"小子"。二欲承四，见隔于三故"失丈夫"。随与大过同体，"故与老妇士夫同义"也。二至上体咸象，咸"取女"，二三女也。"夫死大过"者，《系辞下》"棺椁之象取诸大过"，故为"死"。"老夫"故"夫死"。咸女夫死，故欲嫁也。

案：虞注六三"失初小子"，是"小子"谓初也。释见后。虞谓随家阴随阳，盖二系初、三系四、上系五也。卦名为"随"，亦取阴随阳也。

六三。系丈夫，失小子。随有求得，利居贞。

虞翻曰：随家阴随阳。三之上无应。上系于四，失初小子，故"系丈夫，失小子"。艮为居，为求，谓求之正。得位远应，利上承四，故"利居贞"矣。

疏 在随之家，皆阴随阳。三与上皆阴，故"无应"。三与四为巽，故"上系于四"。初亦为"小子"者，对四乾为"老夫"，震长男，"复小而辩于物"，以一阳初生为小，故称"小子"也。承四故系四，与初无应，故"失小子"也。"艮为门阙"，又为止，故"为居"。艮兑"同气相求"，故"为求"，谓求变之正。三得位而远应于上，四亦变正成既济，故"利上承四"。三四皆正，故"利居贞"矣。

九四。随有获，贞凶。有孚在道，以明何咎。

虞翻曰：谓获三也。失位相据，在大过死象，故"贞凶"。《象》曰"其义凶也"。"孚"谓五，初震为"道"。三已之正，四变应初，得位在离，故"有孚在道，以明何咎"，《象》曰"明功也"。

疏 获，得也。四乘三，三系四，故"获三也"。三四失位，彼此相据，体大过为棺椁。三四在大过中，有死象焉，是"贞凶"之义也。《五》曰"孚于嘉"，故"孚谓五"。初"震为大途"，故"为道"。三"利居贞"，是已变之正。四变正与初应，得位，故"有孚在道"。变离为"明"，故"以明何咎"。五为卦主，故归功于五也。

愚案：三四两爻不正，故独两爻言"随"，且言"贞"。三阴随物，是得四也。四阳随阴，是获三也。三往四则居贞，"四多惧"故利。四来居三亦居贞，"三多凶"，故凶。然三四易位，六爻皆正，成既济定。坎为"孚"，离为"明"。四得正孚初，故曰"有孚在道"。虽凶得正，故曰"以明何咎"。

九五。孚于嘉，吉。

虞翻曰：坎为"孚"，阳称"嘉"，位五正，故吉也。

疏 三四变正体坎，三至上亦体坎，坎"有孚"，故"为孚"。《乾·文言》："亨者，嘉之会。"故"阳称嘉"。嘉，嘉礼也。《春官·大宗伯》："以嘉礼亲万民，以昏冠之礼亲成男女，随时，有系于阳，合于嘉礼。"故云"孚于嘉"。五位得正，故"吉"也。

上六。拘系之，乃从维之。

虞翻曰：应在艮，艮手为"拘"。巽为绳，两"系"称"维"。故"拘系之，乃从维之"。在随之上而无所随，故"维之"。《象》曰"上穷"，是其义也。

疏 下应在艮，"艮为手"，故"为拘"。又应巽，巽为绳，故为"系"。三未正，故"无所随"。与三共系于五，故"两系称维"也。在随之上，穷而无所随矣，故从而维五也。《乾凿度》说此爻曰"上六用待九五，拘系之，维持之，明被阳化而阴欲持之也"。

王用亨于西山。

虞翻曰：否乾为"王"，谓五也。有观象，故"亨"。兑为"西","艮为山",故"用亨于西山"也。

疏 否乾"为君",故"为王"。五为天子,故"谓五也"。否初至五体观,随二至上亦体观。观卦辞曰"观,盥而不荐",祭享之象。故言"用亨"。"亨"读如"享"也。体兑为"西",互"艮为山",故为"西山"。《乾凿度》曰"崇至德,显中和之美"。当此之时,仁恩所加,靡不随从,咸说其德,得用王之道,故言"王用享于西山"也。

蛊卦第十八 ☶

【原典】

巽下艮上　蛊①,元亨,利涉大川。先甲三日,后甲三日。②

初六　干父之蛊,有子考无咎,厉,终吉。③

九二　干母之蛊,不可贞。④

九三　干父之蛊,小有悔,无大咎。

六四　裕父之蛊,往见吝。⑤

六五　干父之蛊,用誉。⑥

上九　不事王侯,高尚其事。⑦

【导读】

蛊卦既讲事物积弊不通,又强调对事物积弊不通的治理。《易》赞颂"干父之蛊",即儿子纠正父辈犯下的错误。干父之蛊者,或"终吉",或"无大咎",或"用誉",均无不祥。认为"不事王侯"是"高尚"的事。

【精注】

①蛊卦:巽下艮上,象征积弊日久,必须救弊治乱。"蛊"字本义为腹中之虫,这里引申为蛊惑。②先甲三日,后甲三日:甲子从十天开始。十天干是甲、乙、丙、丁、戊、己、庚、辛、壬癸,一个月三个十天,一旬正好十天。如果将十天排列成一圆,那么甲的前面就是癸、壬、辛,即前甲三日。后甲三日就是乙、丙、丁。③干父之蛊:儿子匡正父亲之弊乱。④贞:正,引申为干涉。儿子不能干涉母亲的闺房之事。所以

说："不可贞"。⑤裕：指纵容、宽缓。⑥用：以，因。誉：称誉。⑦高尚其事：其事，指专心治家。高尚，以专心治家为高尚之事。

【今译】

蛊卦　象征积弊日久，拯弊治乱，蛊卦卦象是下单卦为巽，为风；上单卦为艮，为山。两单卦结合风行山止，打旋而邪。盛极而衰，凡事必须防患于未然，才有利于涉越大江大川，用甲前三日甲后三日比喻天时之运转，时事之变化，最后天下大治，长治而久安。

初六　力挽父辈或前任的过失，儿子重整父亲或前任的事业，而不把错误都归咎于他们，不抹杀他们的功劳，即使有些艰难，也会避开灾祸，最终会获得吉祥。

九二　匡正母辈的过失，治理家事，只可用适当的办法，否则于事无补。

九三　改正父辈的过失，儿子尽管过于强势，为父辈的败绩而焦躁，但仍不失顺承之道，便没有巨大灾难。

六四　姑息纵容父辈犯下的过错，时间太长，定遭谴辱。

六五　匡正父辈的败绩，重整家业，再建雄风，这能为人带来名誉。

上九　逸民不乐，在为朝廷效命，而专心治家，可以效尤。

【集解】

蛊。元亨。

虞翻曰：泰初之上，与随旁通。刚上柔下，乾坤交，故"元亨"也。

伏曼容曰：蛊，惑乱也。万事从惑而起，故以蛊为事也。

案：《尚书大传》云"乃命五史，以书五帝之蛊事"。然为训者，正以太古之时，无为无事也。今言蛊者，是卦之惑乱也。时既渐浇，物情惑乱，故事业因之而起惑矣。故《左传》云"女惑男，风落山，谓之蛊"，是其义也。

疏　虞注：从三阳三阴之例，蛊自泰来，故云"泰初之上"。与随反对，故云"旁通"。初之上是"刚上"，上之初是"柔下"。乾初为始，交坤为通，故"乾坤交"，为"元字也"。

伏注：《左传·昭公元年》："赵孟曰'何谓蛊？'对曰'淫溺惑乱之所生也。'"故云"蛊惑乱也"。蛊非事，"万事从蛊惑而起，故以蛊为事也"。《尚书大传》，汉伏生作。"乃命五史，书五帝之蛊事"者，《杂卦传》曰"蛊则饬也"，言书五帝之饬事。盖太古之时，结绳而治，无为无事，不可以惑乱训蛊也。今卦言蛊者，义取惑乱。以时既浇薄，物情惑乱，将欲整饬纪纲，则事业因之以起。《左传》曰"于文，皿虫为蛊"。坤器为皿，之初成巽，巽为风。《说文》曰"风，风动虫生"，故风为蛊卦。二五不正，初上失位，以巽女而惑艮男，以巽风而落艮果，故《左传》曰"女惑男，风落山，谓之蛊"，皆同物也。

利涉大川。

虞翻曰：谓二失位，动而之坎，故"利涉大川"也。

疏　二失位当之五，动则互坎，坎为大川，得正，故"利涉大川"。不言五失位者，二上易五得正，故爻言"干父用誉"。

先甲三日。后甲三日。

《子夏传》云："先甲三日"者，辛、壬、癸也。"后甲三日"者，乙、丙、丁也。

马融曰：甲在东方。艮在东北，故云"先甲"。巽在东南，故云"后甲"。所以十日之中，唯称"甲"者，甲为十日之首，蛊为造事之端，故举初而明事始也。言所以"三日"者，不令而诛谓之暴，故令先后各三日，欲使百姓遍习，行而不犯也。

疏　《子夏传》：此统甲之先后三日言也。以纳甲言之，"甲"谓乾也。乾纳甲，泰内卦本乾，故言"先甲"，"后甲"。"先甲三日"，辛也。巽纳辛，坤上之初成巽，在乾之先，故"先甲三日"也。郑氏谓"取改过自新，故用辛"是也。"后甲三日”，丁也。兑纳丁，四体兑，在乾之后，故“后甲三日”也。郑氏谓“取丁宁之义，故用丁”是也。

马注：艮巽合而互震，震，东方之卦也。震为木，甲，东方木神。故云“甲在东方”。艮，东北之卦也，故云“先甲”。巽，东南之卦也，故云“后甲”。甲为干首，郑氏所谓“造作新令之日”是也。事不生于无事，而生于有事，故“蛊为造事之端”。事欲慎终于始，“故举初以明事始”。《论语》曰“不戒视成谓之暴”，即“不令而诛”之谓也。惟于事之未行，先三日而告之。事之既行，后三日而戒之。庶“百姓遍习，行而不犯也”。

初六。干父之蛊，有子考无咎，厉，终吉。

虞翻曰：干，正；蛊，事也。泰乾为“父”，坤为事，故“干父之蛊”。初上易位，艮为“子”，父死大过称“考”，故“有子考”。变而得正，故“无咎厉终吉”也。

案：位阳令首，父之事也。爻阴柔顺，子之质也。

疏 虞注：薛君《韩诗章句》曰“干，正也”。《诗诂》云“木正出者为干”，《乾·文言》曰“贞者事之干”，故知“干”为“正”也。《序卦》曰“蛊者，事也”，故云“蛊，事也”。泰有乾坤，“乾为父”，《说卦》文。坤“发于事业”，故“为事”。正父之事，故曰“干父之蛊”。泰初之上成艮，艮为少男，故“为子”。《曲礼》曰“生曰父母，死曰考妣”。初至四体大过，有棺椁象，故云“父死大过称考”也。阳伏于下为“考”，艮子成于上，是“有子考”也。此从“有子考”断句也。王弼注云“任为事首，能堪其事，考乃无咎”。故曰“有子考无咎也”。此以“考无咎”断句也，王注是也。失位故危，以柔济刚则“吉”，艮为“终”，故“终吉”也。

案：初为阳位而居令首，故为“父事”。六为阴爻而体柔顺，故为“子质”。

九二。干母之蛊，不可贞。

虞翻曰：应在五。泰坤为“母”，故“干母之蛊”。失位，故“不可贞”。变而得正，故“贞”而“得中道也”。

案：位阴居内，母之象也。

疏 虞注：二应在五，五本泰坤也，故云"泰坤为母"。以二干正，故曰"干母之蛊"。二五失位不正，故曰"不可贞"，当变之正也。变则贞而且中，故曰"得中道"。

案：二为阴位，又居于内，女司中馈，故为母象。

九三。干父之蛊，小有悔，无大咎。

王弼曰：以刚干事，而无其应，故"有悔"也。履得其位，以正干父，虽小有悔，终"无大咎"矣。

案：爻位俱阳，父之事。

疏 王注：九为刚爻，故云"以刚干事"。上无正应，以刚济刚，故"有悔"。兑为"小"，故"小有悔"也。以阳居阳，故为"履得其位"。得位之正，以"干父之蛊"。重刚虽有小悔，然得正，终"无大咎"也。

案：以阳爻居阳位，故为"父事"。

六四。裕父之蛊，往见吝。

虞翻曰：裕，不能争也。孔子曰"父有争子，则身不陷于不父"。四阴体大过"本末弱"，故"裕父之蛊"。兑为"见"。变而失正，故"往见吝"。《象》曰"往未得"，是其义也。

疏 《中庸》曰"宽裕温柔"。以柔爻居柔位，故称"裕"。柔裕，"故不能争"。孔子曰"父有争子，则身不陷于不义"，《孝经》文。四本阴柔，又体大过，初上皆阴，故"本末弱"。是不能争父之过，而仅能"裕父之蛊"也。《杂卦》曰"兑见"，故"兑为见"。变阳失正，故"往见吝"。《象》谓"往未得"是也。

愚案：三以刚居刚，过猛故"悔"。四以柔居柔，过宽故"吝"。三变为蒙"无攸利"，然亦"无大咎"也。四变为鼎，"鼎折足"，故为往见吝也。唯初与五，以阴居阳，虽不得位，然刚柔相济，故一则"终吉"，一则"用誉"也。

六五。干父之蛊，用誉。

荀爽曰：体和应中，承阳有实。用斯干事，荣誉之道也。

疏 六阴为"体和"，五位为"应中"。上承九阳，故

中華藏書

第一部 周易原典

"有实"。用斯干事，刚柔相济，荣誉之道也。

上九。不事王侯。

虞翻曰：泰乾为"王"，坤为"事"。应在于三。震为"侯"。坤象不见，故"不事王侯"。

疏 泰有乾坤。"乾为君"，故"为王"。坤"发事业"，故"为事"。下应在三，三互震"为侯"。变蛊则坤象不见，故曰"不事王侯"。

案：震为帝，故为"王"。"长子主器"，故为"侯"。"王侯"皆谓震也。上不与三应，故"不事王侯"。

高尚其事。

虞翻曰：谓五已变，"巽为高"。艮阳升在坤上，故"高尚其事"。

疏 五已变体巽，"巽为高"，《说卦》文。艮之一阳，自乾来升在坤上，故曰"高尚其事"。

愚案：五爻皆言"蛊"，上独言"事"，盖用干用裕，蛊已饬矣。至五"用誉"，则《象传》所云"蛊元亨而天下治也"。天下已治，故上独变"蛊"言"事"。阳刚有治事之德，处阴非得位之人，成功者退，故不事王侯之事。上处最高，"上"与"尚"通。郑氏云"君犹高尚其所为之事"，谓王侯皆高尚其拨乱反正之事也。

临卦第十九 ䷒

【原典】

兑下坤上　临①，元、亨、利、贞。至于八月有凶。

初九　咸临，贞吉。②

九二　咸临，吉，无不利。

六三　甘临，无攸利。既忧之，无咎。③

六四　至临，无咎。④

六五　知临，大君之宜，吉。⑤

上六　敦临，吉，无咎。

中華藏書

周易全书·最新整理珍藏版

【导读】

临卦强调统治者应当关心百姓，深入下层，保持良好的君民关系。但"临"是有原则的，对"知临"、"敦临"、"至临"、"咸临"是肯定的，但对"甘临"持否定态度。所谓"甘临"，是指用甜言蜜语或给人小恩小惠来进行治理，这终究是不会长久的。

【精注】

①临卦：兑下坤上，象征莅临、临察。②咸临：胸怀感化之心临于百姓。咸，通"感"。③甘：借为钳，钳制。既：已经。④至：下。⑤知：通"智"。

【今译】

临卦　最为亨通。临卦卦象是下单卦为兑，兑为泽，为喜悦；上单卦为坤，坤为地，两单卦结合，地临泽，有一种伟岸的感观。元、亨、利、贞四德具备，只要持正固本，便会吉利。到了八月天气转凉，阴盛阳退，意指有凶险。

初九　心怀感召之德，宽容对待百姓，可获吉祥。

九二　以刚毅之德治理百姓，使其折服必获吉祥。

六三　用宽悦甜言的政策治民，并没有什么好处。如果已经感到自己的过分并加以戒慎，没有灾祸。

六四　体察民情关心百姓，任用贤能，就不会有灾祸。

六五　君临百姓，以委任贤能之才，体察民意，并智慧监临，是为天子之道。必获吉祥。

上六　以敦厚宽仁之心治民，授治于刚，辅之以柔，定获吉祥，没有灾祸。

【集解】

临。元亨利贞。

虞翻曰：阳息至二，与遁旁通。刚浸而长，乾来交坤，动则成乾，故"元亨利贞"。

疏　此十二月辟卦也。阳初息复，至二则成临矣。与遁相反，故云"旁通"。二刚有渐长之势，"乾来交坤"，谓乾息坤也。三动则成乾，故"元亨利贞"，与乾同占也。

至于八月有凶。

虞翻曰：与遯旁通。临消于遯，六月卦也。于周为八月。遯弑君父，故"至于八月有凶"。荀公以兑为八月。兑于周为十月，言八月，失之甚矣。

郑玄曰：临，大也。阳气自此浸而长大。阳浸长矣，而有四德，齐功于乾，盛之极也。人之情盛则奢淫，奢淫则将亡，故戒以凶也。临卦斗建丑而用事，殷之正月也。当文王之时，纣为无道，故于是卦为殷家著兴衰之戒，以见周改殷正之数云。临自周二月用事，讫其七月，至八月而遯卦受之。此终而复始，王命然矣。

疏　虞注：临与遯通。临长成乾，复消于遯为六月卦，周之八月也。阴消至遯，艮子弑父。至三成否，坤臣弑君。故云"遯弑君父"。遯六月即周八月，故曰"至于八月有凶"。"荀公"谓爽也。兑为"正秋"，故"以兑为八月"。夏八月，周之十月也。以十月为八月，故"失之甚矣"。且于"有凶"，义无取也。

郑注：《序卦》曰"临者，大也"故云，"临，大也"。阳气自二浸而长大，终必成乾，故有"元亨利贞"之四德。齐功于乾，阳盛之极也。夫满则必溢，人之恒情。溢则必覆，物之常理。惟圣人见微知著，所以戒之以凶也。临十二月卦，故云"建丑而用事"。夏之十二月，殷之正月也。《系辞下》曰"《易》之兴也，其当殷之末世，周之盛德邪。当文正与纣之事邪"。纣为无道，文王作《易》，特于殷正用事之卦，著兴衰之戒，以见周改殷正之有定数也。临通遯。遯于消息为六月，于殷为七月，于周为八月。临于周为二月。用事之卦，由息而消，讫其七月。至周八月，消至二而遯卦受之。然阴消不久，终而复始，自然之数也。周受命而建子，其法于此乎，故云"王命然矣"。

初九。咸临，贞吉。

虞翻曰："咸，感也"。得正应四，故"贞吉"也。

疏　"咸，感也"，《咸·象传》文。王弼又云"感，应

中华藏书　第一部　周易原典

也"。惟初与四、二与五为正应。应故"感"，感故皆言"咸"。初得正应四，得正故"贞"，有应故"吉"也。

愚案：初至五伏咸象。初感四应，二感五应，故初二皆言"咸临"。三动上不应，然后成临，故三不言"咸"也。

九二。咸临，吉无不利。

虞翻曰：得中多誉，兼有四阴，体"复初元吉"，故"无不利"。

疏 在二为"得中"，《系辞下》曰"二多誉"。以得中，故多誉也。上兼四阴，其体象复，复初曰"元吉"。有应，故吉。得中，故"无不利"也。

六三。甘临，无攸利。既忧之，无咎。

虞翻曰："兑为口"，坤为土，"土爱稼穑作甘"。兑口衔坤，故曰"甘临"。失位乘阳，故"无攸利"，言三失位无应，故"忧之"。动而成泰，故"咎不长也"。

疏 "兑为口"，《说卦》文。"坤为地"，居申方从土，故"为土"。"土爱稼穑，作甘"，《洪范》文。"甘，从口含一"。土下从一，即坤地也。以兑口上衔坤土，故曰"甘临"。六失位下乘阳，故"无攸利"。三既失位，又无正应，故"忧之"。董子曰"凡人有忧而不知忧者凶，有忧而深忧之者吉"。三知不正，息泰得正，故"无咎"。伏巽"为长"，临成巽毁，故"咎不长也"。

六四。至临，无咎。

虞翻曰：至，下也。谓下至初应，当位有实，故"无咎"。

疏 《说文》："至，从一。一，地也。"初为地在下，故云"至，下也"。四与初应，故谓"下至初应"。初阳为实，而又当位，故云"当位有实"。得应，故"无咎"也。

六五。知临，大君之宜，吉。

荀爽曰：五者，帝位。"大君"谓二也。宜升上居五位，吉，故曰"知临，大君之宜"也。二者处中，行升居五，五亦处中，故曰"行中之谓也"。

疏 《中庸》曰"唯天下至圣，为能聪明睿智，足以有临也"，故曰"知临"。五为天子，故云"帝位"。《乾凿度》说此爻云"临者，大也，阳气在内。中和之感，应于盛位。浸大之化，行于万民。故言宜处王位，施大化，为大君矣。臣民欲被化之辞也"，又曰"大君者，与上行异也"，郑彼注云"临之九二有中和美异之行，应于五位，故曰百姓欲其与上为大君"。皆言二当升五，故知"大君谓二也。"《系辞上》谓"知崇效天"，乾天为"知"，故知乾二升五为"知临"。三已正成泰，二升五降成既济定，故曰"大君之宜吉"也。二本处中，互震为"行"，上升于五亦处中，故曰"行中之谓也"。初四皆正，故曰"行正"。二五皆中，故曰"行中"。"知临"而言"行中"者，《中庸》言"舜之大知，用中于民"，是其义也。

上六。敦临，吉无咎。

荀爽曰：上应于三，欲因三升二，过应于阳，敦厚之意，故曰"敦临，吉无咎"。

疏上与三应，两阴无阳。二，阳也。上欲因三升二，故云"过应于阳"。望二升成既济，故云"敦厚之意"。郑注《乐记》云"敦，厚也"。坤为厚，故曰"敦临"。内望二，故"吉"。上得位，故"无咎"也。

观卦第二十 ䷓

【原典】

坤下巽上 观①，盥而不荐，有孚颙若。②

初六 童观，小人无咎，君子吝。③

六二 窥观，利女贞。

六三 观我生进退。④

六四 观国之光，利用宾于王。⑤

九五 观我生，君子无咎。

上九 观其生，君子无咎。

【导读】

观卦提倡把施政方针建立在"观"的基础上，在注意自身利益的同时，也要关心他人。"观我生"，考察本族意向，决定施政良策，既要重视血族关系，又要考察异族动向，作为借鉴。

【精注】

①观卦：坤下巽上，象征观仰、瞻仰。②盥而不荐：盥，古代举行祭祀大典时祭前洗手称为盥，并延用至今。荐：献祭，指进献酒食以祭先祖和神灵。盥而不荐是指洗手时的虔诚心还没有退减，还持守在虔诚的礼拜之中。孚，诚信。颙：大。若，语助词，无义。③童观：这里指初涉世的人的观点大多幼稚，浅薄。意为像幼童一样。④生：通"姓"。进退：指如何施政。⑤用宾于王：在君王那里做客或以宾客之礼朝拜君王。

【今译】

观卦　象征瞻仰。观卦卦象是下单卦为坤，为地；上单卦为巽，为风。两单卦结合为风行地上。有顺的意思。祭祀之前洗手自洁时便要像进献酒食举行祭典礼拜那样虔诚自躬，方能以自己的仪象、道义展示于人，从而使人民信仰臣服。

初六　普通百姓无知，不能高瞻远瞩，无可厚非，而对于立命君子而言，实在是一件不可理喻的事。

六二　古代女人足不出户，难免有头发长见识短之嫌，而堂堂七尺男子还从门内窥视之，甚至吹毛求疵，只能坏事。

六三　能客观地看待自己的主张，胜不骄，败不馁，便不会盲从了。即可走自己的路。

六四　观察一国的风土人情，就能观察到这个国家君主的治国之政，君王德政好，尚仕之，有贤的大夫还会前来投靠。

九五　君子能经常反省自己曾经的所作所为，做到内省外察便不会有灾祸。

上九　君子外能观国之民俗民情，内能省醒自身，便可尽其道，以图发展。

【集解】

观。盥而不荐，有孚颙若。

郑玄曰：坤为地，为众，巽为木，为风。九五，天子之爻。互体有艮，艮为鬼门，又为宫阙。地上有木而为鬼门官阙者，天子宗庙之象也。

王弼曰：王道之可观者，莫盛乎宗庙。宗庙之可观者，莫盛乎盥也。至荐，简略不足复观，故"观，盥而不荐"也。

马融曰：盥者，进爵灌地以降神也。此是祭祀盛时。及神降荐牲，其礼简略，不足观也。"国之大事，唯祀与戎"。王道可观，在于祭祀。祭祀之盛，莫过初盥降神。故孔子曰"禘自既灌而往者，吾不欲观之矣"。此言及荐简略，则不足观也。以下观上，见其至盛之礼。万民敬信，故云"有孚颙若"。孚，信。颙，敬也。

案：鬼神害盈，祸淫福善。若人君修德，至诚感神，则"黍稷非馨，明德惟馨"。故观盥而不观荐，享其诚信者也。斯即"东邻杀牛，不如西邻之禴祭，实受其福"，是其义也。

疏 郑注："坤为地为众"，"巽为木为风"，皆《说卦》文。五位天子，故九五为"天子之爻"。五互三四为艮。"艮为鬼门"者，《乾坤凿度》曰"艮为鬼冥门。上圣曰'一阳二阴，物之生于宴昧，气之起于幽蔽'。《地形经》曰'山者，艮也。地土之余，积阳成体，石亦通气，万灵所止。起于冥门，言鬼其归也。'众物归于艮，艮者，止也。止宿诸物，大齐而也，出然后至于口口申，艮静如冥暗，不显其路，故曰鬼门"。《说卦》曰"艮为门阙"，故"又为宫阙"。坤地之上而有巽木，又互艮为鬼门官阙，五为天子，故云"天子宗庙之象也"。

王注：此与马君融注意同，释见于下。

马注：《祭统》"献之属莫重于祼"。字亦作"灌"，义取于坤地之观。《春官·郁人》："掌祼器，凡祼事沃盥。"《洛诰》："王入太室祼。"崔灵恩《三体义宗》云"祭之日，王衮冕入，尸亦衮冕入，祝在后，侑三。王不迎尸，尸入室，作乐降神，乃灌"，故云"盥者，进爵灌地以降神也"。初灌礼备，详具于下，故云"此是祭祀盛时"。《郊特牲》："既灌然后迎牲。"迎牲而后荐，是荐在盥后也。禘行于春夏物未成熟，荐礼独略，故云"及降神荐牲，其礼简略，不足观也。""国之大事，唯祀与戎"，本《左传·成公十三年》。盖王者治定制礼吉礼为先，故云"王道可观，在于祭祀"。配天之禘，灌祀最盛，古文作"裸"。周监二代而制礼，《大宗伯》"以肆献裸享先王"。《典瑞》"裸圭有瓒，以肆先王，以裸宾客"。则裸一事有三节。肆者，实而陈之。裸者，将而行之。献者，奉而进之。实以彝，裸之陈。将以瓒，裸之行。献以爵，裸之成。故曰"肆裸献"。祭天无灌而禘有灌者，《公羊传·宣公三年》说配天之义云"王者曷为必以其祖配？自内出者，无匹不行。自外至者，无主不止"。"自内出者，无区不行"，南郊配天也。"自外至者，无主不止"，明堂配天也。明堂之配天，帝异馔亦异其礼，故天无灌而祖有灌。以灌礼降神，推人道以接天，所谓"自外至者，无主不止"，故云"祭祀之盛，莫过初盥降神"也。引《论语》孔子文者，以明"及荐简略不足观"之意。《谷梁传·隐公五年》曰"常视曰视，非常曰观"。灌礼非常，荐为常礼，故观盥而不观荐，吾不欲观也。非不欲观也，所以明灌礼之特盛也。"以下观上，见其至盛之礼，万民敬信"，即"下观而化也"，故曰"有孚颙若"。《杂卦》曰"中孚信也"，故"孚"训"信"。《诗·大雅》郑笺云"颙颙然敬顺"，故"颙"亦训"敬"也。

案：《谦·象传》曰"鬼神害盈而福谦"，故云"祸淫福善"。"黍稷非馨，明德惟馨"，《书·君陈》文。言人君修德至诚，足以感神，则馨明德而不馨黍稷，即"观盥而不观荐，享其诚信"之意也。"东邻杀牛，不如西邻之禴祭，实受其福"，既济九五爻辞。复引此，以明在物不在仪之意。

初六。童观。小人无咎，君子吝。

虞翻曰：艮为"童"。阴，"小人"，阳，"君子"。初位贱，以小人乘君子，故"无咎"，阳伏阴下，故"君子吝"矣。

疏 应在四，四互艮为"少男"。又全体象艮，而初爻成始，故"为童"。阴爻象"小人"，阳位象"君子"。初在下，故"位贱"。以阴居阳，是"以小人乘君子"也，故"无咎"。

以阴爻居阳位,是"阳伏阴下"也,故"君子吝"。

愚案:艮"少男",又"为阍寺"。童而阴,"小人"之象也。位应四近五,虽不能"观国之光",犹可近五,故"无咎"。初阳位,为阴所据。位虽君子,爻不正,四不应,观五无由,故"君子吝"。

六二。窥观,利女贞。

虞翻曰:临兑为"女"。窃观称"窥"。兑女反成巽,巽四五得正,故"利女贞"。艮为宫室,坤为"阍户"。小人而应五,故"窥观,女贞"利,不淫视也。

疏 临内卦"总为女"。《说文》"窥,闪也"。不正之象,窃观非正视,故"称窥"。兑"少女",反居观上成巽"长女"。巽四五阴阳得正,故"利女贞"。互艮"门阙",故"为宫室"。内坤,故"为阍户"。爻阴,故为"小人"。二应巽五得正,故"窥观,利女贞"。《曲礼》曰"毋淫视"。邪视曰"淫视"。"利女贞","利不淫视也"。

六三。观我生进退。

虞翻曰:坤为"我",临震为"生","生"谓坤生民也。"巽为进退",故"观我生进退"。临震进之五,得正居中,故象曰"未失道"。

疏 坤身为自,故"为我"。反临互震,震"反生",故"为生"。震变为坤,故"生谓坤生民也",与九五同义。五《象》虞注云"坤为民,谓三也"。"巽为进退",《说卦》文。"观我生进退"者,谓五。五观示坤民进退,三欲五二正,上来易已也。临震反观,则进之五,九得正,五居中,震"大途"为"道",故象曰"未失道"。

愚案:坤为"广生";故曰"观我生"。三处上下之交,位阳主进,爻阴主退,故可进可退。三进于上则成蹇,故欲进仍退,未失观道也。

六四。观国之光,利用宾于王。

虞翻曰:坤为"国",临阳至二,"天下文明",反上成观,进显天位,故"观国之光"。"王"谓五阳。阳尊宾坤,坤为"用"、为臣。四在王庭，宾事于五，故"利用宾于王"矣。《诗》曰"莫敢不来享，莫敢不来王"，是其义也。

疏 坤为地，故"为国"。"临阳至二"即乾二。"天下文明"，《乾·九二·文言》文也。反居于上以成观，体五则"进显天位"，故"观国之光"也。五乾为君，故"王谓五阳"。阳尊为主，以坤为宾，故云"阳尊宾坤"。坤"致役"为"用"，"臣道"为臣。艮为门庭，四诸侯位，故"在王庭"。四为宾而臣事于五，故"利用宾于王"。"莫敢不来享，莫敢不来王"，《诗·殷武》文，引之以明"用宾"之义。

愚案：九五下临坤国，乾为"大明"，故为"光"。"大观在上"而四承之，故曰"观国之光"。《聘礼》归大礼之日，有请观之礼。《春秋传》"吴季札聘鲁，请观于周乐"，"晋韩起聘鲁，观书于太史氏"，皆"观国之光"之事也。五位天子，四位三公。五阳为"王"、为主，四阴为臣、为"宾"。"观"之言灌，大禴有祼宾之礼。故《典瑞》云"祼圭有瓒，以肆先王，以祼宾客"。四为三公而称王宾，则宾于王惟祼礼为盛，故"利用宾于王"也。《左传·庄公二十二年》周史说此爻云"坤，土也。巽，风也。乾，天也。风为天于土上，山也。有山之材，而照之以天光，于是乎居土上，故曰'观国之光'。庭实旅百，奉之以玉帛，天地之美具焉，故曰'利用宾于王'"，是其义也。

九五。观我生，君子无咎。

虞翻曰：我，身也。谓"我生"。"生"谓生民。震生象反。坤为死丧。嫌非生民，故不言民。阳为"君子"。在临二失位，之五得道处中，故"君子无咎"矣。

疏 我身，亦坤为身也。我身有民，故"谓我生"。"生谓生民"者，三坤也。临二与三为震，故五亦我之也。"震生象反"者，震"为反生也"。月灭于坤乙为既死魄，故"坤为死丧"。言"生"则民见，"非生民，故不言民"。"阳为君子"，在临二为失位。反而之五成观，阳得正位为"处中"，故"君子无咎矣"。

愚案：乾为"大生"，故曰"观我生"。三与五位不同而功同，故阴阳不同而其辞同。观阴消阳，将成剥矣，宜有咎。然得中得位，君子之道也，故"无咎"。

上九。观其生，君子无咎。

虞翻曰：应在三，三体临震，故"观其生"。"君子"谓三。之三得正，故"无咎"矣。

疏　上应在三，三体在临互震。震为生，故"观其生"。上失位，之三得正，故"君子谓三"。得正故"无咎"。

愚案：观惟三五上言"生"。上乘五，观五也。下应三，观三也。之三得正，故"无咎"。"三与五同功"，故亦曰"君子无咎"。

噬嗑卦第二十一　☲☳

【原典】

震下离上　噬嗑[①]，亨，利用狱。

初九　屦校灭趾，无咎。[②]

六二　噬肤灭鼻，无咎。[③]

六三　噬腊肉，遇毒，小吝，无咎。

九四　噬乾胏，得金矢，利艰贞，吉。[④]

六五　噬乾肉，得黄金，贞厉，无咎。

上九　何校灭耳，凶。[⑤]

【导读】

噬嗑卦是针对触犯刑律的人，治罪时一定要恰当严格治狱，处在严重的矛盾对抗之中，刑罚太重，百姓怨气冲天，刑罚不重则人民还可能会再犯。

【精注】

①噬嗑卦：震下离上，象征治狱、刑罚。噬是咀嚼，嗑是合嘴。②屦校灭趾：指用麻或藤编成的鞋套刑具遮没犯人的脚趾，不伤皮肉，故刑罚很轻。③噬肤灭鼻：将耳朵割下一些肉，鼻子割下一部分来，虽非重刑，但却是按罪量刑，从达处

惩罚而无咎。④乾肺：又干又硬的带骨腊肉。得金矢：金箭横亘其间。下文"黄金"同此。⑤何：通"荷"，意为负荷承受。灭：意为伤亡。

【今译】

噬嗑卦　象征治狱。噬是咀嚼，嗑是合嘴。噬嗑卦是指刑罚。阳阴对抗。其卦象，下单卦是震，震为动，为雷；上单卦是离，离为火，为明。两单卦结合指雷霆施令。施用刑罚，宜于刚政。

初九　量刑不重的刑罚，使人感到害怕，但不致犯大恶，这对制约人们犯罪，肯定是一件好事。

六二　加重判罪，使之皮肉受苦，刑必当罪，量刑得当，也不失惩治之本。

六三　施用刑罚惩戒犯人，遭遇顽固者，必遇挫折，但只要得当，小有不适，并没有大的灾祸。

九四　遇到棘手的案件，刚而明但不能过分果断和偏激，冷静处理又正直无私，避免操作之嫌。所以，处理棘手案件的时候要增加透明度。

六五　居尊位之人，以中正之德，严格执法，虽立威很严，只要谨慎量刑，则无妨。

上九　肩负木枷堵住了耳朵，定有凶险。

【集解】

噬嗑。亨，利用狱。

虞翻曰：否五之坤初，坤初之五，刚柔交，故"亨"也。坎为"狱"，"艮为手"，离为明。四以不正而系于狱，上当之三，蔽四成丰，"折狱致刑"，故"利用狱"。坤为"用"也。

案："颐中有物曰噬嗑"，谓九四也。四互坎，体坎为法律，又为刑狱。四在颐中，啮而后"亨"，故"利用狱"也。

疏　虞注：卦自否来。否五刚之初，初柔之五，是刚柔交通，故亨也。互坎阳陷阴中，又《九家易》曰"坎为律。"又为丛棘、为桎梏，故"为狱"。互"艮为手"，折狱从手，故取艮手折狱。贵明，故取离明，四阳不正，陷于坎中，故云

"系于狱"。蔽，断也。三上易位，则三断四狱，其体为丰。《丰·象》曰"折狱致刑"，故"利用狱"也。坤"致役"，故"为用"。

案：二阳四阴，外实中虚，"颐"象也。九四似不正间之，是"颐中有物"象也。《彖传》曰"颐中有物曰噬嗑"。"物"谓九四也。四互坎，《九家易》："坎为律。"故"为法律，又为刑狱"。四在颐中，间而不合。噬，啮也。唯啮而合之，所以通也，故"亨"。刑克以通，所以"利用狱也"。

初九。屦校灭趾，无咎。

虞翻曰：屦，贯。趾，足也。"震为足"，坎为"校"，震没坎下，故"屦校灭趾"。初位得正，故"无咎"。

干宝曰：趾，足也。屦校，贯械也。初居刚躁之家，体贪狼之性，以震掩巽，强暴之男也。行侵陵之罪，以陷"屦校"之刑，故曰"屦校灭趾"。得位于初，顾震知惧，"小惩大戒"，以免刑戮，故曰"无咎"矣。

疏 虞注：《释名》："屦，拘也。所以拘足也。""屦"训"贯"，即"拘"义也。"趾，足也"，《释言》文。"震为足"，《说卦》文。《九家·说卦》曰"坎为桎梏"，故"为校"。震足没于坎水之下，故"屦校灭趾"。震体以初为主，故独家"屦校"也。初阳位，阳爻得正，故"无咎"。伏羲始作八卦，近取诸身，故此卦初为"趾"，上为"耳"。

干注：以"械"为"屦"，故曰"屦校"。汉谓之"贯械"，《后汉书·李固传》云"渤海王调贯械上书"是也。《说卦》："巽其究为躁卦。"虞谓躁则震是也。九本阳刚，又居震初，故云"初居刚躁之家"。《翼奉传》曰"北方之情，好也。好行贪狼，申子主之"。震初庚子，子北方水位，故云"体贪狼之性"。巽宫三世卦，变巽为震，故云"以震掩巽"。震长男而性贪狼，故为"强暴之男也"。震足为"行"，又为阪生，阪，陵也，故云"行侵陵之事"。坎为"陷"，又为"校"，故云"以陷屦校之刑"。行陷于罪，故曰"屦校灭趾"。震阳得位于初，《震·象》曰"恐惧修省"，故云"顾震知惧"。"小惩大戒"，《系辞下》文。震知惧，惧故惩戒，惩戒"以免刑戮"，故"无咎"。

六二。噬肤灭鼻，无咎。

虞翻曰：噬，食也。艮为"肤"，为"鼻"。鼻没坎水中，隐藏不见，故"噬肤灭鼻"。"乘刚"，又得正"多誉"，故"无咎"。

疏　"噬，食也"，《方言》文。爻辞曰"肤"，曰"昔肉"，曰"干肺"，曰"干肉"。"肤"为胁革肉也。《少牢·馈食礼》曰"雍人伦肤九，实于一鼎"，又曰"肤九而俎，亦横载革顺"是也。"艮为肤，为鼻"，《九家·说卦》文。艮体互于坎下，是鼻灭水中之象。"坎为隐伏"，故"隐藏不见"。二噬艮肤而艮灭坎中，故曰"噬肤灭鼻"。初阳，故"乘刚"。六居二得正，二又"多誉"，故"无咎"。

愚案：初上皆在颐外，故不言噬乙初言"趾"，上言"耳"，近取诸身，皆远于颐者也。至二则在颐中，故自二至五皆言"噬"。肤在皮外，柔而易噬，以喻六二柔中，治狱平易之象。但初九刚强，必须严厉，惟施以灭鼻之刑，乃"无咎"也。'初体震"为足"，故"灭趾"。"灭趾"者，刖刑也。二互艮"为鼻"，故"灭鼻"。"灭鼻"者，劓刑也。

六三。噬昔肉遇毒，小吝，无咎。

虞翻曰：三在肤里，故称"肉"。离日熯之为"昔"，坎为"毒"，故"噬昔肉遇毒"。毒谓矢毒也。失位承四，故"小吝"。与上易位，"利用狱"成丰，故"无咎"也。

疏　四阳为骨，二为"肤"。"三在肤里，故称肉"。《说文》："昝，干肉也。从残肉，日以晞之。"马融云"晞于阳而炀于火曰腊肉"，故云"离日熯之为腊肉"。坎为害，故"为毒"。《周语》单子曰"厚味实昔毒"。"腊"，"昔"籀文。昔肉久称"昔"，味厚者为"毒"。又《郑语》"毒之酋腊者，其杀也滋速"，故"噬昔肉遇毒"。四曰"得金矢"，三近四，故"毒谓矢毒也"。三不正为失位，四不正而三承之，故"小吝"。上来之三，是易位也。折四成丰，利用刑狱，故"无咎也"。

九四。噬干肺，得金矢。利艰贞，吉。

陆绩曰：肉有骨，谓之"肺"。离为干肉，又为兵矢。失位用刑，物亦不服，若噬有骨之于肺也。金矢者，取其刚直也。噬肺虽复艰难，终得信其刚直。虽获正吉，未为光大也。

疏 马融云"有骨谓之肺"，故云"肉有骨谓之肺"。"离为乾卦"，阳为骨而离乾之，故"为干肉"。"离为戈兵"，故"为兵矢"。四失位不正，以此用刑，物必不服，故云"若噬有骨之干肺也"。《秋官·大司寇》："禁民讼入束矢，禁民狱入钩金。"矢取其直，不直者入束矢。金能见情，无情者入钩金。故云"金矢者取其刚直"。王肃又云"金矢所以获野禽，故食之得金矢"也，义亦可通。"噬干胜肺"，艰难之象也。"得金矢"，刚直之象也。于艰难而得刚直，可谓"利艰"矣。然必变正，然后"吉"也。变正则离毁，故"未光也"。

愚案：四有刚直之才，能断狱者也，故爻言"贞吉"。四为上下之隔，能乱群者也，故象言"未光"。

六五。噬干肉，得黄金。贞厉，无咎。

虞翻曰：阴称"肉"。位当离日中烈，故"干肉"也。乾金黄，故"得黄金"。贞，正。厉，危也。变而得正，故"无咎"。

王弼曰：干肉，坚也。黄，中也。金，刚也。以阴处阳，以柔承刚，以噬于物，物亦不服，故曰"噬干肉"也。然处得尊位而居于中，能行其戮者也。履不正而能行其戮，刚胜者也。噬虽不服，得中而胜，故曰"噬干肉得黄金"也乙己虽不正，而刑戮得当，故虽厉而无咎也。

疏 虞注：阳称骨，故"阴称肉"。五正离位，故云"位当离日中烈"。"离为乾卦"，故曰"干肉"也。卦自否来，否乾"为金"。位居中，其色黄，故曰"得黄金"。"贞，正"者，变而正也。厉，危也。虽变正亦危也。然变而得正，终"无咎"矣。

王注：离为"干肉"，两阳在外，故"坚"也。黄为中色，五为中位，故云"黄，中也"。五方阳位，阳为刚，故云"金，刚也"。六五以阴处阳，以柔乘刚，以此治人之罪，人亦不服，故如"噬干肉"也。以六处五，得乎尊位，柔乘刚而居于中，既中而行刚，是"能行其戮者也"。履虽不正而能行其戮，是以"刚胜者也"。以不正噬物，物虽不服，然位得中而能以刚胜，是"噬干肉而得黄金也"。位虽不当而用刑得当，故"虽贞厉而无咎也"。

上九。何校灭耳，凶。

荀爽曰：为五所何，故曰"何校"。据五应三，欲尽灭坎，三体"坎为耳"，故曰"灭耳凶"。上以不正，侵欲无已，夺取异家。"恶积而不可弇，罪大而不可解"，故宜凶矣。

郑玄曰：离为槁木，"坎为耳"。木在耳上，"何校灭耳"之象也。

疏 荀注："何"与"荷"同。上据五，为五所荷，故曰"何校"。近据五，下应三，而已居其上，是"欲尽灭坎"也。三互坎，"坎为耳"，故曰"灭耳凶"。上位不正，侵下无已。"夺取异家"，谓应三据五也。"恶积而不可弇，罪大而不可解"，《系辞下》说此爻文也。处罚之极，积恶不改，宜其凶也。

案：《系辞下》虞注此爻云"阴息姤至遁，子弑其父，故恶积而不可弇。阴息遁成否，以臣弑君，故罪大而不可解"。寻此卦初爻，义取小惩大戒。上爻义取恶积罪大者。此本否上，"否终则倾"，宜下反于初成益，则"先否后喜"。今上不下反，坤弑遂行。五降于初以救之，故初"无咎"而上"凶"也。

又案：灭耳，聝刑也。恶积罪大，当服大辟之刑。以三有正应；故从末灭而予以灭耳之罚。初二罪薄罚重，以无正应也。

郑注：《说卦》曰"离其于木也，为折上槁"，故"为槁木"，文为"校"。"坎为耳"，《说卦》文。以木在耳上，故有"何校灭耳"之象。

贲卦第二十二

【原典】

离下艮上 贲①，亨，小利有攸往。

初九 贲其趾，舍车而徒。

六二 贲其须。

九三 贲如濡如，永贞吉。②

六四 贲如皤如，白马翰如，匪寇，婚媾。③

六五 贲于丘园，束帛戋戋，吝，终吉。④

上九 白贲，无咎。⑤

【导读】

贲卦反映古人朴素的审美观。人格美，提倡高尚的人格，不贪慕虚荣，而要洁身自爱，宁可徒步走路，也不乘车招摇；装饰美，或贲其趾，或贲其须，婚嫁装饰丘园。同时，还简单介绍了古代婚嫁的习俗和规矩，是宝贵的民俗学资料。

【精注】

①贲：卦名。下离上艮，象征文饰。"贲"的本义为饰。②濡：本浸湿，润色。③皤：白。翰：天鸡赤羽也。④丘园：丘和园是指在城外的地方。丘：平坦的地方；园：园林。束帛戋戋：束一般指五匹为一束；帛指绸缎、丝织品、棉织品；戋戋是少的意思。⑤白贲：用白色来装饰。

【今译】

贲卦 象征文饰。贲卦的卦象是下单卦为离，为火；上单卦为艮，为山。两单卦结合象征美丽、文采。行为符合礼仪，以文明教化举止，吉。

初九 以刚居下的君子，淡泊明志，虽然给他豪华车辆，但他却安于徒步行走。

六二 胡须随着面腮而动，所以如果只修饰胡须，有什么用呢？

九三 以修饰悦人，甚至沉溺其中，有何用？不如持之中道，更有节风。

六四　将白马装扮得灿若锦鸡，使人疑为贼寇。其实不是贼寇，是谁来求婚了，相求合德相好的人。

六五　不要拘泥于礼节，徒于装饰、点缀，还是自然一点好，到丘园陶冶心情，找一份纯真，倒也安吉。

上九　身处事外，得行其志，不借外物之修表，定无伤。

【集解】

贲。亨。

虞翻曰：泰上之乾二，乾二之坤上，柔来文刚，阴阳交，故"亨"也。

疏　三阴三阳之卦自泰来。坤上采之乾二，乾二往之坤上。"离"为"文"，自外曰"来"，是上柔来文二刚而成贲也。阴阳相交故通，通"故亨"也。

愚案：郑云"贲，变也，文饰之貌"也。夫物相杂谓之文。《考工记》："画绘之事杂五色，青与赤谓之文。"离火赤，互震木青，艮山亦青之间色，是"赤与青谓之文"，故曰贲也。

小利有攸往。

虞翻曰："小"谓五。五失正，动得位体离，以刚文柔，故"小利有攸往"。

郑玄曰：贲，文饰也。"离为日"，天文也。艮为石，地文也。天文在下，地文在上。天地二文，相饰成贲者也。犹人君以刚柔仁义之道，饰成其德也。刚柔杂，仁义合，然后嘉会礼通，故"亨"也。卦互体坎艮，艮止于上，坎险于下，夹震在中，故不利大行，小有所之则可矣。

疏　虞注：阴为"小"，谓五。五阴失正，动而得位，互又成离，是伏刚出而文柔也。阴动刚出，故"小利有攸往"也。

郑注：《序卦》曰"贲饰"，故云"文饰"。"离为日"，"艮为小石"，《说卦》文。日为天文，石为地文，泰乾在下，离亦在下，故云"天文在下"。坤在上，艮亦在上，故云"地文在上"。天地二文，交相饰而成贲，犹人君以刚柔交济，仁义并行，然后能饰成其德也。刚柔杂则阴阳通。仁，元也。

义，利也。合者，会也。仁义合则嘉会之礼通于其间，故"亨也"。卦体艮，互有坎。艮止在上，坎险又互艮以止于下。三互震以夹于其中，"震为大途"，为行，艮以止之，故"不利大行"。艮为"小"，故"小有所之则可矣"。

初九。贲其趾。

虞翻曰：应在震，震为足，故"贲其趾"也。

疏 阳为质，阴为文。贲之义，以柔饰刚。贲初应四，四互"震为足"。四柔来文初刚，故曰"贲其趾"。

舍车而徒。

虞翻曰：应在艮，艮为"舍"，坎为"车"。徒，步行也。位在下，故"舍车而徒"。

疏 又应在艮。"艮为舍"者，舍，置也，手止故"为舍"。"坎于舆为多眚"，故"为车"。"徒，步行"，《说文》文。震与初同体，故初受震贲，自用其足。坎与上异体，故舍坎车而徒行也。古者大夫乘车。初为元士，故位在下，"舍车而徒"。是"素其位而行，不愿乎其外"者也。

六二。贲其须。

侯果曰：自三至上，有颐之象也。二在颐下，"须"之象也。二无其应，三亦无应，若能上承于三，与之同德，虽俱无应，可相与而兴起也。

疏 自三至上，体有颐象。颐下，其象为"须"。须者，阴血所生而体柔。六为柔爻，二为阴位，又居颐下，故称"须"。上附于刚，刚柔相贲，故"贲其须"。二三俱无正应，但能同德，则二与三并兴。五上易位，皆得其应矣。须不动，必待颐而动，故曰"与上兴也"。

案： 坎乾合而为需。二居互坎之下，变成乾，有需象焉。需者，须也，故曰"贲其须"。须，待也。初与四相应而贲。二与五无应。待五之正，二则贲之。归妹六三"归妹以须"，虞彼注云"须，需也"。彼待四，此待五也。"上"谓五，互震起为"兴"，故曰"与上兴也"。

九三。贲如濡如，永贞吉。

卢氏曰：有离之文以自饰。故曰"贲如"也。有坎之水以自润，故曰"濡如"也。体刚履正，故"永贞吉"。与二同德，故"终莫之陵也"。

疏 内体离，故"有离之文以自饰"，为"贲如"。互体坎，故"有坎之水以自润"，为"濡如"。《诗·小雅》："六辔如濡。"亦言其光美而沃泽也。九阳为"体刚"，三阳为"履正"。体刚故"永"，履正故"贞"，永贞故"吉"。三与二皆得位，故云"同德"，而皆无正应。二乘初、四乘三，嫌有陵之者。但能长守其正，五上易位，终获其应。上为终，故云"终莫之陵也"。

六四。贲如皤如，白马翰如，匪寇婚媾。

王弼曰：有应在初，三为寇难。二志相感，不获交通。欲静则失初之应，欲进则惧三之难。故或饰或素，内怀疑惧。鲜絜其马，翰如以待。虽履正位，未果其志。匪缘寇隔，乃为婚媾，则"终无尤也"。

陆绩曰：震为"马"，马"白"，故曰"白马翰如"。

案："皤"亦白素之貌也。

疏 王注：四与初应，故"有应在初"。四乘三刚，故阂于三为己寇。四与初，虽二志相感，以有所阂而不获通亨。体艮为止，故欲静以待之，则疑初之应己，而不欲静也。互震为动，故欲进以应之，则惧三之难己，而不欲进也。进退两难，故"或饰"而"贲如"，"或素"而"皤如"，内怀疑惧而无定也。但"鲜絜其马，翰如以待"。所履虽正，未敢果志遽进也。以三刚难犯，故未与初应。惟不以初为寇，而乃婚媾焉，终无尤也。

陆注：《说卦》："震于马为善鸣、为馵足、为的颡。"故"为马"。《释畜》"左白馵"，又"膝上皆白惟馵"。虞注"的颡"云"的，白。颡，额也。《诗》云'有马白颠'是也"。是震"为白"也。"白马翰如"，盖取诸震也。《檀弓》曰"殷人尚白，戎事乘翰"，郑彼注云"翰，白色马也"，是"翰如"亦言其白也。

案：《说文》"皤，老人白也"，故云"皤，亦白素之貌也"。变巽"为白"，故为"皤如"。

愚案：三为离之极，四为艮之始，离主明而艮主止者也。三曰"贲如濡如"，溺于文矣。四曰"贲如皤如"，反于质矣。六爻之中，唯初与四为正应。四既反质，初不尚文，故亦"白马翰如"而来也。何以知乘马为初也？郑《笺膏肓》云"天子以至大夫，皆有留车反马之礼"，是乘马者，阳也。初"白马翰如"，将以阳求阴而为婚媾也。乃四乘三阳，阂乎其间，互"坎为盗"，疑为寇矣。然乘马而来者，匪三之寇，实初婚媾也，故曰"匪寇婚媾"。

六五。贲于丘园，束帛戋戋。吝，终吉。

虞翻曰：艮为山，五半山，故称"丘"。本果曰"园"，故"贲于丘园"也。六五失正，动之成巽。巽为"帛"、为绳，艮手持，故"束帛"。以艮断巽，故"戋戋"。失位无应，故"吝"。变而得正，故"终吉"矣。

疏 "艮为山"，《说卦》文。五在山半，故"称丘"。扬子云"丘陵学山而不至于山"，故山半为丘也。艮为木果，《天官》："园圃毓草木。"故云"木果为园"。"贲于丘园"者，言五阴贲于艮也。以六居五，其位失正，动而成阳，其体为巽。"帛"从巾从白，巽为白，故"为帛"。"为绳直"，故"为绳"。艮为手以持之，故为"束帛"。"戋戋"，《子夏传》作"残残"。《说文》："戋，贼也。"《广韵》："伤也"。通作"残"。以艮手断巽帛，故称"戋戋"，即翦裁分裂制为衣服之意也。五失位，无正应，故"吝"。变正应二，故"终吉"矣。

愚案：五下应二，"贲于"者，贲二也。二互体坎，坎为隐伏，隐士之象也。二自坤上来，坤为土。《说文》："丘，土之高也。一曰四方高、中央下为丘。"二以一阴居两阳之间，亦外高中下之象。《九家·说卦》曰"坎为丛棘"，园有树木，"丘园"之象也。五本坤体，《九家·说卦》曰"坤为帛"。

《子夏传》曰"五匹为束，三玄二纁，象阴阳"。位在五，故为五匹。余五爻，三阳以象三玄，二阴以象二纁，故曰"束帛"，吴薛综解此《爻》云"古者招士，必以束帛，加璧于上"是也。"戋"以字义考之，从水为"浅"，从贝为"贱"，从金为"钱"，皆狭小之意。贲外三爻皆尚质不尚文，故《杂卦传》曰"贲，五色也"。王弼谓"戋戋为过俭"是也。"坤为吝啬"，故"吝"。然求贤之意，重物不重仪，故"终吉"矣。

上九。白贲无咎。

虞翻曰：在巽上，故曰"白贲"。乘五阴，变而得位，故"无咎"矣。

疏 五变，故"在巽上"。巽为"白"，故曰"白贲"。下乘五阴，交相变而得位，成既济定，故"无咎矣"。

愚案：《工记》曰"画绘之事后素功"，郑彼注云"素者，白采也。功者，工也。后工者，谓后布之，恐其渍汙也"，贲终于"白"，即"后素功"之谓也。在贲家而能以素终，始终不溺于文者也，故"无咎"。不引《论语》"绘事后素"者，《论语》即《礼器》"白受采"之意，与《考工记》不同，据《考工》以释《论语》者，误也。

又案：《礼记》曰"三年之丧，人道之至文者也"，又曰"伯母叔母，疏衰踊不绝地。姑姊妹之大功，踊绝于地。知此者，由文矣哉！由文矣哉"，此亦"白贲"之义也。

剥卦第二十三 ䷖

【原典】

坤下艮上　剥①：不利有攸往。

初六　剥床以足，蔑贞凶。②

六二　剥床以辨，蔑贞凶。③

六三　剥无咎。

六四　剥床以肤，凶。④

六五　贯鱼，以宫人宠，无不利。⑤

上九　硕果不食，君子德车，小人剥庐。⑥

【导读】

本卦爻辞多借梦占预示吉凶。剥卦属于不利之卦。初六至六四通过梦见床足、床板到床上草席的逐渐腐烂，说明事物走向衰亡是必然的，而且是从一点一滴开始没落的，是指远期效果而言，是一种预示性的劝诫。六五言宫女鱼贯依次得宠，说明如果办事能循序渐进即可以获利。上九说明同一现象对于君子和小人的意义是不一样的。

【精注】

①剥卦：坤下艮上，象征剥落剥蚀。②剥床以足：床是人安身的住所。古代床是坐、卧的地方。把床拆了，象征对人的轻蔑与侮辱，有挑战的意思。③剥床以辨：辨即指辫，床垫。已侵蚀到床板、床垫了。④肤：床身。⑤贯鱼以宫人宠：受宠爱的宫人鱼贯而来。宫人，宫中妃嫔。以：引。⑥庐：房舍。

【今译】

剥卦　象征剥落。剥的过程就是阴邪侵蚀的过程。剥卦卦象是下单卦为坤，坤为地；上单卦为艮，艮为山。两单卦结合正如山体被风云剥蚀。阴邪的侵蚀是对阳正的剥损，不利于有所行动。

初六　床已剥落到床脚，很明显阴邪已经很嚣张了，故凶险。

六二　剥蚀已然损及床板、床垫，已十分张狂，必有凶险。

六三　虽然处于剥蚀之中，君子能够不与他们同流合污，小人自知理短心虚，所在无大碍。

六四　君子软弱，小人穷困极恶，其祸非常严重。

六五　引导宫中妃嫔自上而下，依名次承接君主的宠幸，无不利。

上九　硕果仅存不被蚕食，君子定会受到拥戴，如坐车一样轻快前行。小人阴险，即使偷取果实也会不久损落的。

【集解】

剥。不利有攸往。

虞翻曰：阴消乾也，与夬旁通。"以柔变刚"，"小人道长"。"子弑其父，臣弑其君"，故"不利有攸往"也。

疏 剥本乾也，阴消乾至五成剥，故云"阴消乾也"。自夬刚长，即伏剥消。剥又伏夬，故"与夬旁通"。"以柔变刚"，本《彖传》，谓阴消阳也。小人道长，《否·彖传》文，谓阴长至五也。"子弑其父，臣弑其君"，《坤·文言》文。阴消至遁，艮子弑乾父，阴消至否，坤臣弑乾君。"小人道长"，故"不利有攸往"。剥曰"不利有攸往"，惧阳尽也。《复·彖》即曰"利有攸往"，喜阳生也。

初六。剥床以足。蔑贞，凶。

虞翻曰：此坤卦变乾也。动初成巽，巽木为"床"，复震在下，为"足"，故"剥床以足"。蔑，无。贞，正也。失位无应，故"蔑贞凶"。震在阴下，《象》曰"以灭下也"。

疏 卦本坤变乾也。乾初动成巽，《说文》"床，从木，爿声"，巽为木，故为"床"。巽下伏震，震为足，故曰"剥床以足"。剥穷则复，故初巽则伏震，二则不言伏兑也。《诗·大雅》："丧乱蔑资。"毛传"蔑，无也"，故"蔑"训"无"。"贞，正也"，《师·彖传》文。初阴失位，又无正应。无贞，故凶也。震伏巽下，故《象》言"灭下也"。

六二。剥床以辨。蔑贞，凶。

虞翻曰：指间称"辨"。剥，剥二成艮。艮为指，二在指间，故"剥床以辨"。无应在剥，故"蔑贞凶"也。

疏 "辨"，本作"采"。《说文》"采，辨别也，象兽指爪分别也。读若辨"。"辨"亦别也，故云"指间称辨"。剥捎至乾二成艮，"艮为指"，《说卦》文。二体艮在指间，故曰"剥床以辨"。二位得正，以阴消至五成剥，上无正应，故"蔑贞凶"也。

六三。剥无咎。

荀爽曰：众皆剥阳，三独应上，无剥害意，是以"无咎"。

《象》曰"失上下也"。

疏 卦有五阴，消乾成剥，故云"众皆剥阳"。三虽不正，独与上应，阳阴相得，故无剥害上九之意，是以"无咎"也。"上"谓四，"下"谓初二。众阴皆欲剥阳，己独应上。剥之所以无咎者，以违上下故也。当剥之世，以扶阳为贵。三舍众阴以应上九，故"无咎"。五率众阴以承上九，故"无不利"。初二四专以阴剥阳，故皆曰"剥床凶"。"三与五同功"，皆有扶阳之意，故知"上谓四，下谓初、二"也。

六四。剥床以肤，凶。

虞翻曰：辨上称"肤"，艮为"肤"。以阴变阳，至四乾毁，故"剥床以肤"。臣弑君，子弑父，故"凶"矣。

王肃曰：在下而安人者，床也。在上而处床者，人也。坤以象床，艮以象人。床剥尽以及人身，为败滋深；害莫甚焉，故曰"剥床以肤，凶"也。

疏 虞注：四在上体，故云"辨上称肤"。坤消乾至四，体巽为"床"。"体艮为肤"者，阴在内称肉，阳在外象肤。艮以一阳覆二阴，故"为肤"也。以阴消阳，至四则上体之乾毁，故"剥床以肤"。乾毁则"臣弑君，子弑父，故凶矣"。否至三弑父弑君，剥至四乃成弑者，否治未然，剥道已著。乾不毁，犹未为切近，忠厚之至也。

王注："在下"谓内卦，下承上，故安人之身者为"床"。"在上"为外卦，上乘下，故处床之上者为"人"。内为坤，坤方载物，故象床。外为艮，艮三索少男，故象人。剥足剥辨，床尽则及人身。乾毁为败及四，则"为败滋深"。坤阴为害，重坤故"害莫甚焉"。剥床不已，遂及人肤，故曰"剥床以肤，凶也"。

六五。贯鱼，以宫人宠，无不利。

虞翻曰：剥消观五。巽为"鱼"、为绳，艮手持绳贯巽，故"贯鱼"也。艮为"宫室"，"人"谓乾五，以阴代阳，五贯乾为宠人，阴得丽之，故"以官人宠"。动得正成观，故"无不利"也。

中華藏書 第一部 周易原典

何妥曰：夫剥之为卦，下比五阴，骈头相次，似"贯鱼"也。鱼为阴物，以喻众阴也。夫"宫人"者，后夫人嫔妾，各有次序，不相渎乱。此则贵贱有章，宠御有序。六五既为众阴之主，能有贯鱼之次第，故得"无不利"矣。

疏 虞注：剥之为卦，消观五而成，观五体巽。"巽为鱼"者，震阳为龙，巽阴为蛇、"为鱼"。郭璞《洞林》曰"鱼者，震之废气也"。盖巽王则震废也。又《说卦》："巽为多白眼。"鱼目不瞑，故"巽为鱼"。"巽为绳直"，故"为绳"。消巽成艮，故"艮手持绳贯巽"，为"贯鱼"也。"艮为门阙"，故"为宫室"。未消则五为乾。乾阳生为人，故"人谓乾五"。不称后者，剥统于上。五不得正尊位，坤虚无君，以承上也。艮为门阙、为阍寺。群阴在门阙之内，阍寺守之，故有"宫人"之象。以柔变刚，故云"以阴代阳"。阴至五位，故云"五贯乾为宠人"。上承于阳，众阴得而丽之，故"以宫人宠"。《乾凿度》曰"阴贯鱼而欲承君子"是也。五失位，动得正成观，故"无不利"也。

何注：剥以一阳下比五阴，骈头相次，"贯鱼"之象。五爻皆阴，故云"鱼为阴物，以喻众阴也"。五为王后之位，宫人之长也。四为夫人，三为九嫔，二为世妇，初为御妻，故云"后夫人嫔妾，各有次序，不相渎乱"也。五贯而下贱，故"贵贱有章"。由上而及下，故"宠御有序"。五统众朋，上承一阳，已有中和之德，而又使群阴贯鱼以进，不至有逼上之嫌，故"无不利"也。

上九。硕果不食，君子德车，小人剥庐。

虞翻曰：艮为"硕果"。谓三已复位，有颐象。颐中无物，故"不食"也。夬乾为"君子"为"德"，坤为"车"为民，乾在坤，故以德为车。"小人"谓坤，艮为"庐"，上变灭艮，坤阴迷乱，故"小人剥庐"也。

疏 "硕"与"石"同，艮为石，为果蓏，故"为硕果"。与三应，上不变而三复正位，有颐象焉。颐中无物，故"不食"。且全体象颐而下无震，故"不食也"。《白虎通》曰

"阳道不绝，阴道有绝"，十月纯坤，谓之阳月，阳道不绝之义也。"乾为木果"，谓上九也。艮得乾体，艮之"硕果"，亦指上也。剥之上即复之初，"穷上反下"，上之"硕果"，即下之萌芽，艮为"万物所成终而成始"者，此也。《乾凿度》曰"剥当九月之时，阳气衰消而阴终不能尽阳，小人不能决君子"，此硕果所以不食也。乾夬谓旁通也。上应在三，"乾为君子"，谓乾三也。乾日新，故"为德"。坤为大举辇，故"为车"。《礼运》曰"天子以德为车"，乾在坤上，乾德坤车，故云"德车"。坤消乾，"小人道长，"故"小人谓坤"。艮为门阙，故"为庐"。上变灭艮，则成纯坤，坤瞑为"迷"，坤弑为"乱"，是"小人剥庐"之象也。坤为"车"，重坤五阴上载一阳，阳为"君子"，故有"君子德车"之象。艮为"庐"，下乘重坤，一阳下覆五阴，阴为"小人"，小人灭阳，不灭不止，故有"小人剥庐"之象。

复卦第二十四 ䷗

【原典】

震下坤上　复①，亨。出入无疾。朋来无咎。反复其道，七日来复，利有攸往。②

初九　不远复，无祗悔，元吉。③

六二　休复，吉。④

六三　频复，厉，无咎。

六四　中行独复。⑤

六五　敦复，无悔。⑥

上六　迷复，凶，有灾眚。用行师，终有大败，以其国君凶，至于十年不克征。⑦

【导读】

复卦所说的都是复，它通过对各种不同的复，即各种不同的返回的分析，来谈其利弊得失和吉凶。

【精注】

①复卦：震下坤上，象征返复。②出入：指走出去又返回

来。反复其道：指冬去春来，月盈月亏，年年、月月、日日，朝起暮落，都有定规，法则。七日来复：以晷盘表测日影，按冬至到夏日，测出天行规律以七日为一期，每月四期。"七日"在此象征转化迅速。③不远复：行而不远就返还。祇（qī）悔：悔恨。④休：喜。⑤中行独复：不偏不倚地独自返还。⑥敦：敦促，催促。⑦迷复：误入迷途而求返还。灾眚：灾祸。行师：兴兵征伐。以：及。克：能。

【今译】

复卦　象征更正错误。复卦的卦象下单卦为震，震为动，为雷；上单卦为坤，为地。两单卦结合为地雷复。指阴阳二气循环返复，亨通顺利，如果犯了错误还能够返回来改正，就没有灾祸，多次犯错多次改正也无祸。每期七天，循环往复，天地万物运行不止，这是天理。没有灾祸。

初九　君子修身，知错必改，走了弯路，返回即好。不会有悔恨，这是很吉祥的。

六二　休养生机，至善至美，必获吉祥。

六三　把持不定，屡屡受挫，但能排除干扰，从头再来，必无灾祸。

六四　要不偏不倚的独自更正错误。

六五　刚居尊位，厚重自持，无后悔之言。

上六　如果对所犯的错误执迷不悟，就有凶险，将会发生灾祸。如果用这种执迷不悟兴兵征伐，将会大败。如果用这种执迷不悟治国，君主必有凶险，十年也不会荡平敌寇。

【集解】

复。亨。

何妥曰：复者，归本之名。群阴剥阳，至于几尽，一阳来下，故称"反复"。阳气复反而得交通，故云"复亨"也。

疏　上为末，初为本，阳尽于上，复归于初，故云"复者，归本之名"。"群阴剥相，至于几尽"者，剥之上，"不食"者也。"一阳来下，故称反复"者，复初之不远者也。乾阳复反于坤初，阴阳交通，故曰"复亨也"。

出入无疾，朋来无咎。

虞翻曰：谓出震成乾，入巽成坤。坎为"疾"，十二消息，不见坎象，故"出入无疾"。兑为"朋"，在内称"来"，五阴从初，初阳正，息而成兑，故"朋来无咎"矣。

疏 阳出复历临，至泰反观，成剥入坤，为乾之消息六卦，故云"出震成乾"。阴入姤历遯。至否反大壮，成夬盈乾，为坤之消息六卦，故云"入巽成坤"。凡得乾坤之卦各八，震巽艮兑之卦各二。不见坎离，盖日月成八卦之象。乾坤合东纳甲乙，震巽合西纳庚辛，艮兑合南纳丙丁，坎离入中宫纳戊己，其处空虚。离为日光，震巽艮兑皆可见离象。坎为月精，晦朔之交，灭于坤乙不可见，故云"十二消息，不见坎象"。《说卦》："坎为心病。"故"为疾"。不见坎象，故曰"出人无疾"。《兑·象》曰"君子以朋友讲习"，故兑"为朋"。卦例凡在内者称"来"。五阴皆从于初。初阳得正，息二成兑为临，息三互兑为"泰"，息四互兑为"大壮"，息五互兑为夬，皆体兑为朋，故曰"朋来无咎矣"。

案：《京房本》"朋"作"崩"。剥上，《易传》曰"小人剥庐，阙妖山崩"，复曰"崩来无咎"。艮山为"崩"，艮之一阳来于复初，故"无咎"。义亦可通。

反复其道，七日来复。

案：易轨：一岁十二月，三百六十五日，四分日之一。以坎、震、离、兑四方正卦，卦别六爻，爻主一气。其余六十卦，三百六十爻，爻主一日，当周天之数。余五日四分日之一，以通闰余者也。剥卦阳气尽于九月之终，至十月末纯坤用事，坤卦将尽，则复阳来，隔坤之一卦，六爻为六日，复来成震，一阳爻生为七日，故言"反复其道，七日来复"，是其义也。天道玄邈，理绝希慕，先儒已论，虽各指于日月，后学寻讨，犹未测其端倪，今举约文，略陈梗概，以候来愁，如积薪者也。

疏 此主郑氏由剥至复六日七分，而小变其说也。《稽览图》曰"甲子卦气起中孚"，郑彼注云"卦气，阳气也"。又

中华藏书

周易全书·最新整理珍藏版

中国书房

曰"六日八十分之七"，注云"六以候也，八十分为一日，之七者，一卦六日七分也"。《稽览图》引《是类谋》曰"冬至日在坎，春分日在震，夏至日在离，秋分日在兑。四正之卦，卦有六爻，爻主一气。余六十卦，卦主六日七分，八十分日之七。岁有十二月，三百六十五日四分日之一。六十而一周"。今《是类谋》无此文，盖逸脱也。寻《易纬》之义，坎、离、震、兑各主一方。爻主一气，二十四爻主二十四气。其余六十卦，卦有六爻，爻主一日，凡主三百六十日。余有五日四分日之一者，以八十分为日法，五日分为四百。四分，四分日之一，又为二十分。是四百二十分。六十卦分之，六七四十二，卦别各得七分，是每卦六日七分也。郑注此经云"建戌之月，以阳气既尽。建亥之月，纯阴用事。至建子之月，阳气始生"。隔此纯阴一卦，卦主六日七分。举其在数言之，而云七日来复也。

愚案：《稽览图》所称，盖言中孚至复六日七分。郑注此经，则言由剥至复六日七分。李君之注，从郑氏剥复之说也。"易轨"者，易策也。李君但言日主一爻，故以三百六十日当三百六十爻，而以余五日四分日之一以通闰余。其言以爻值日之法，本于《稽览》，而不言中孚。其言由剥至复之义，本于郑注，而不言六日七分。详陈古法，以著源流。而李注云云，大旨嘹如矣。悊，古文"哲"。《皋陶谟》："知人则哲。"《汉书》引作"悊"是也。《汉书·循吏传》："武帝用人，辟如积薪，后来者居上。"兹云"以候来悊，如积薪者"，盖谦辞也。

利有攸往。

虞翻曰：阳息临成乾，"小人道消，君子道长"，故"利有攸往"矣。

疏 阳息二为临，至三成乾为泰。"小人道消，君子道长"，《泰·象传》文。阴消阳长，往则成乾，故"利有攸往矣"。

初九。不远复，无祗悔，元吉。

崔觐曰：从坤反震，而变此爻，"不远复"也。复而有应，故获"元吉"也。

疏 阳灭于坤，复动成震，震"为反生"，故云"从坤反震"。剥上灭坤，坤初动震，此爻早变，故曰"不远复也"。六爻唯初与四为正应，故"复而有应"。"中行独复"，故"元吉也"。

愚案：天道远，初乾，故言"远"。七日灭乾来复于震，故"不远"。韩云"祇，大也"。《系辞上》曰"震无咎者存乎悔"，虞彼注云"震，动也"。初动得正，故无大悔。乾元在始，即初阳也。震之一阳，即乾之元也。乾元得正，故曰"元吉"。

六二。休复，吉。

王弼曰：得位居中，比初之上而附顺之，"下仁"之谓也。即处中位，"亲仁善邻"，复之休也。

疏 六为"得位"，二为"处中"。与初相比，专一不疑。《乾·文言》曰"元者，善之长也"，又曰"君子体仁，足以长人"。乾元为仁，即初阳也。已在初上，下而顺附于阳，"下仁之谓也"。"亲仁善邻"，《左传·隐公元年》文。处中得位，而能亲阳之仁，善初之邻，"复之休"者也。休，美也。乾"以美利利天下"，二近于初，故曰"休复"。

愚案：《说文》"休"在木部，人依木则休，《尔雅》"庇阴"曰"休"，会止木庇息意。震一阳初生，东方木象，二为人位，得依于初，故曰"休复吉"。初阳乾元为仁，震春木德亦为仁，二所以"休复吉"者，以其下为仁也。

六三。频复，厉，无咎。

虞翻曰：频，蹙也。三失位，故"频复，厉"。动而之正，故"无咎"也。

疏 "频，蹙也"，即王弼注"频蹙之貌"是也，义本《说有志者事竟文》。频，古作"顰"。《说文》曰"顰，水厓，人所宾附。顰蹙不前而止。从页从涉。"三变正为坎，故"顰"字中从为"水厓"也。三为内卦之外，有厓象焉。三本失位，无应于上，临压频蹙，然后求复，亦危道也。变而之正，故

"无咎"。

六四。中行独复。

虞翻曰："中"谓初，震为"行"，初一阳爻，故称"独"。四得正应初，故曰"中行独复，以从道也"。俗说以四位在五阴之中而独应复，非也。四在外体，又非内象，不在二五，何得称"中行"耳。

疏 "中谓初"者，董子《春秋繁露》曰"阳之行，始于北方之中而止于南方之中。阴之行，始于南方之中而止于北方之中，阴阳之道不同，至于盛而皆止于中，其所始必皆于中。中者，天地之太极"。极，中也。是以二至为天地之中，冬至在复初一阳，《复·彖》曰"见天地之心"，心即中也，故知"中谓初"也。初体震足为"行"，震初一阳故称"独"。初以中行，独应于四，四得正位，下应于初，故曰"中行独复"。初乾元为"道"，震大涂亦为"道"。初已复，四从之，故曰"以从道也"。"俗说"，谓《郑注》也。郑谓"爻处五阴之中，度中而行，四独应初"。寻内亦称中。四外体，非内象，不得称中。且二五称中，《易》有定例。位非二五，安得称中。罔识天心，遂迷中象，故驳而废之也。"耳"当作"邪"。

六五。敦复，无悔。

侯果曰：坤为厚载，故曰"敦复"。体柔居刚，无应失位，所以有悔。能自考省，动不失中，故曰"无悔"矣。

疏 《中庸》曰"敦厚以崇礼"。"敦厚"连文，是"敦"即"厚"也。五体坤，《坤象》曰"厚德载物"，故曰"敦复"。六以柔体，居五刚位，下无正应，己又失正，宜有悔矣。然所履得中，为复之主。"复以自知"，故曰"考"。坤身为"自"，故曰"自考"。五位在中，故曰"中以自考"。动而得正，又不失中，故"无悔矣"。

上六。迷复，凶，有灾眚。

虞翻曰：坤冥为"迷"，高而无应，故"凶"。五变正时，坎为灾眚，故"有灾眚"也。

疏 《九家·说卦》曰"坤为迷"。坤夜为冥，故"为迷"。剥消入坤，故为"先迷"。上远于初，迷乎复道。《左传·襄公二十八年》"复归无所，是为迷复"，即此义也，居上为"高"，三阴为"无应"。迷而无应，故"凶"。五变正体坎，坎为多灾眚，故"有灾眚"。

用行师，终有大败，以其国君凶。

虞翻曰：三复位时，而体师象，故"用行师"。阴逆不顾，坤为死丧，坎流血，故"终有大败"。姤乾为君，灭藏于坤，坤为异邦，故"国君凶"矣。

荀爽曰："坤为众"，故"用行师"也。谓上行师，而距于初，阳息上升，必消群阴，故"终有大败"。"国君"谓初也。受命复道，当从下升。今上六行师，王诛必加，故"以其国君凶"也。

疏 虞注：上与三应。三复阳位，二至上体师象，故"用行师"。"坤，顺也。"互坎险，故"险逆不顺"。月丧于坤乙为死魄，故"坤为死丧"。"坎为血卦"，故"流血"。坎"为多眚"，眚，败也。上为"终"，故"终有大败"。"姤乾为君"者，伏姤乾五也。"坤以藏之"，又为"灭"。姤君伏藏不见，故云"灭藏于坤"。坤土为"邦"，不同于乾，故为"异邦"。乾灭于坤邦，故"国君凶矣"。

荀注："坤为众"，《说卦》文。师者，众也。坤为"用"，震为"行"，故"用行师"。上降于初，其体为师。初阳得正，距而不应。初乾息坤，其势上行，阳长则群阴必消，终至于上，故"终有大败"。震为诸侯，"国君"之象，故"国君谓初也"。震受乾命而复自道，《易》气从下生，自下升上，故云"受命复道，当从下升"。今上六居高履危。迷乎复道，逆命行师，王诛之所必加者也。《左传·僖公二十六年》"凡师能左右之曰以"。臣擅君命，故"以其国君凶也"。

至于十年不克征。

虞翻曰：坤为"至"，为"十年"。阴逆坎临，故"不克征"。谓五变设险，故帅师败，丧君而无征也。

何妥曰：理国之道，须进善纳谏。迷而不复，安可牧民。

以此行师，必败续矣。败乃思复，失道已远。虽复十年乃征，无所克矣。

案：坤为"先迷"，故曰"迷复"。坤又为师象，故曰"行师"。坤数十，"十年"之象也。

疏　虞注：至，从高下至地。从一。一，地也。《坤·象传》曰"至哉坤元"，故"坤为至"。《系辞上》曰"天九地十"，坤癸数十，故"为十年"。阴逆坎临之"临"，当作"险"，谓上负坎险，人不能征，故曰"不克征"。五变体坎为设险，故"帅师败，丧君而无征也"。复阳之微，尤恶险逆，故上六之象如此。

何注：坤为国，又"黄中通理"，故云"理国之道"。初阳为"善"，震言为"谏"，故云"须进善纳谏"。坤为"民"。上六"迷而不复，安可牧民"。古者寓兵于农，牧民无道，故"以此行师，必败绩矣"。复初"元吉"，以其不远。至于"终有大败"，乃思阳复，其失复道已远矣。虽十年之久，弗克征也。盖行师当奉君命，上反君道，故"不克征"。"不克"者，义弗克也。

案：《坤·象传》曰"先迷失道"，故曰"迷复"。初至五有师象，故曰"行师"。坤发数十，故云"十年之象"。

愚案：道心之惟微也，慎独则能知几，故来复在于七日。人心之惟危也，徇欲则忘反，故迷复至于十年。

无妄卦第二十五　䷘

【原典】

震下乾上　无妄①，元亨利贞。其匪正有眚，不利有攸往。②

初九　无妄往吉。

六二　不耕获，不菑，畬。则利有攸往。③

六三　无妄之灾，或系之牛，行人之得，邑人之灾。④

九四　可贞，无咎。

九五　无妄之疾，勿药有喜。⑤

上九　无妄，行有眚，无攸利。

【导读】

无妄卦的卦辞讲："无妄：元亨利贞。其匪正有眚，不利有攸往。"意思是说思想、行为不虚妄，按照规律办事就能通达顺利。思想行为如果妄为，灾祸就会到来。而人的所作所为要不虚妄，就要顺着客观规律而动，如果逆规律而动，就是轻举妄动，就会有灾祸。

【精注】

①无妄卦：震下乾上，象征不妄为。②其匪正有眚：指不持守正道就会有灾异。匪，同"非"。正，指正道。眚，灾祸。③菑：开垦一年的瘠田。这里用作动词，意为开垦。畬：熟田。④无妄之灾：意想不到的灾祸。或：有人。系：拴。行人之得：路人顺手牵走据为己有。邑人之灾：邑中人家遭受缉捕的横祸。⑤勿药有喜：不治疗病就痊愈了。

【今译】

无妄卦　象征不要妄为。无妄卦的卦象是下单卦为震，震为动，为雷；上单卦为乾，为天。两单卦结合天雷无妄。指天下万物与之相应，不妄行，不妄为也。此卦为亨通、吉祥。若不持守正道就会有灾异，不宜妄动。

初九　不妄为，承天之命，行天子之道，定获吉祥。

六二　不期望不耕而获，不垦而熟，要静听自然以收其成。有利于所为。

六三　遭遇意想不到的灾祸，比如系在路边的一头耕牛，路人顺手把它牵走据为己有，邑中人家却遭受被缉捕的牵连。

九四　固守中正无妄之理，刚健无私，没有什么灾祸。

九五　中正得位，坦然任之，正如健康之人患无关生命的小病，不治疗病就痊愈了。

上九　无志妄为行动，将有灾祸，且自毙之。

【集解】

无妄。

何妥曰：乾上震下，天威下行，物皆絜齐，不敢虚妄也。

中華藏書

周易全书·最新整理珍藏版

疏 上体乾，"乾为天"、为威。《左传》曰"天威不违颜咫尺"是也。下体震，震足为"行"，故云"天威下行"。互体巽，《说卦》曰"齐乎巽，言万物之絜齐也"，故云"物皆絜齐"。阳为实，乾阳在上，至诚动物，物以诚应，故"不敢虚妄也"。

元亨利贞。

虞翻曰：遯上之初。此所谓四阳二阴，非大壮则遯来也。刚来交初，体乾，故"元亨"。三四失位，故"利贞"也。

疏 四阳二阴之例，非大壮则遯，无妄从遯来也。依例，当三之初，此云"上之初"者，消卦之始，特正乾元，与否上成益同义也。上刚来交于初，其体为乾，乾元得正，而又交通，故"元亨"。三四上皆失位，独言"三四失位，故利贞"者，爻位三上相易，三正则上亦正，因卦辞别出"匪正"，故独言"三四"，不及上也。卦虽"利贞"，其正者四耳。三系于四，不肯与上易位，故上有"匪正"之象。

其匪正有眚，不利有攸往。

虞翻曰："非正"谓上也。四已之正，上动成坎，故"有眚"。变而逆乘，天命不右，故"不利有攸往"矣。

疏 三上易位，正也。三不变而上变，是为"匪正"，故"非正谓上也"。四已变正，上动成坎，其体为屯。坎"为多眚"，故为"有眚"。上不变则成益，益"利用为大作"。变而成坎，逆乘阳位，则"天命不右"，故"不利有攸往"。且体屯，屯，难也，屯"元亨利贞"，而曰"勿用有攸往"，无妄"元亨利贞"，而"不利有攸往"，屯之难在初，无妄之眚在上也。

初九。无妄，往吉。

虞翻曰：谓应四也。四失位，故命变之正，四变得位，承五应初，故"往吉"，在外称"往"也。

疏 初为卦主，物所由无妄者也，故直曰"无妄"。"谓应四也"者，释"往"义也。初正应四，四阳失位为敌应，四互巽为命，故"命变之正"，《象传》所谓"大亨以正"也。变正，故"得位"。上承五，下应初，故"往吉"。四在外，故云"在外称往也"。

六二。不耕获，不菑畬，则利有攸往。

虞翻曰：有益耕象，无坤田，故"不耨"。震为禾稼，艮为手，禾在手中，故称"获"。田在初，一岁曰"菑"。在二，二岁曰畬。初爻非坤，故"不菑而畬"也。得位应五，利四变之益，则坤体成，有"未耨之利"。故"利有攸往"，在应五也。

疏 卦体以益。《系辞下》曰"未耨之利，以教天下，盖取诸益"，故"有益耕象"。益互坤，无妄四未变无坤田，故"不耨"。"耨"犹"耕"也。"震于稼为反生"，故"为禾稼"。互"艮为手"。震禾在艮手，有"获"象，故"称获"。初二于三才为地道，故"田在初"。《释地》："一岁曰菑，二岁曰新田，三岁曰畬。"郑注《坊记》，引此爻云"田一岁曰菑，二岁曰畬，三岁曰新田"。此云"在二，二岁曰畬"，从郑注也。又云"初爻非坤，故不菑而畬"，亦沿"二岁曰畬"，故云然也。当以《尔雅·释地》为正。盖初九震足动，田之始，为一岁，有"菑"象。五应二历三爻，为三岁，有"畬"象。耕获菑畬，望利者也。六二得位，上应于五。"二与四同功"，四变成益，则坤体为田，益"有未耨之利"。"不耕而获"，谓不于耕而期获也。"不菑畬"，谓不于菑而期畬也。无妄，马、郑皆训无所希望。《史记》直作"无望"，谓无所期望而有得，既董子所谓"不谋利"、"不计功"之心也，故"利有攸往"。二与五为正应，故云"往应五也"，谓"天之所助者，顺也"。

六三。无妄之灾，或系之牛。行人之得，邑人之灾。

虞翻曰：上动体坎，故称"灾"。四动之正，"坤为牛"，艮为鼻、为止，巽为桑、为绳。系牛鼻而止桑下，故"或系之牛"也。乾为"行人"，坤为"邑人"。乾四据三，故"行人之得"。三系于四，故"邑人之灾"。或说以四变，则牛应初震，坤为死丧，故曰"行人得牛，邑人灾也"。

中華藏書

周易全书·最新整理珍藏版

中國書店

疏 三应上，上动体屯，为坎"多眚"，故"称灾"。四变正体坤，故"为牛"。山泽通气，山虚受泽，故"艮为鼻"。艮以止之，故"为止"。巽为木，故"为桑"。为绳直，故"为绳"。又艮为手，以绳系牛鼻而止于桑下，四为巽而系三为坤，故曰"或系之牛"也。乾健为"行人"，四也。坤众为"邑人"，三也。"乾四据三"，是四系三，为有所得，故曰"行人之得"。三系于四不变，上独变成屯，故曰"邑人之灾"也。行人得牛，邑人受灾，故曰"无妄之灾"。或说以四变坤为牛，应初震为"行人"。坤为死丧，故三为"灾"。此言初得四，三受灾，故曰"行人得牛，邑人之灾"。义亦略同，但不备耳。

九四。可贞，无咎。

虞翻曰：动得正，故"可贞"。承五应初，故"无咎"也。

疏 四失位，动则得正，故曰"可贞"。变正成阴，上承五阳，下应初阳，阴阳相得，故"无咎也"。

九五。无妄之疾，勿药有喜。

虞翻曰：四已之正，上动体坎，坎为"疾"，故曰"无妄之疾"也。巽为木，艮为石，故称"药"。坎为多眚，药不可试，故"勿药有喜"。"康子馈药，丘未达，故不尝"，此之谓也。

疏 四已变正，上动则体坎，坎为心病，故"为疾"。外三皆坎，疾归于五，故曰"无妄之疾也"。"巽为木"，"艮为石"，本《说卦》。《天官·疾医》："以五药养其病。"郑注"五药，草木虫石谷也"，故巽木艮石"称药"。"坎为多眚"，眚，败也。故药不可以尝试。五阳为"喜"，故"勿药有喜"。"康子馈药，丘未达，不敢尝"，《论语》文，引之以明药"不可试"之意。

愚案：五得中得正，宜无疾。五之疾，四之疾。四之疾，遯之疾也。遯三曰："系遯，有疾厉。"遯上之初成无妄，则遯三之疾，四受之矣。五乘四疾。故为"无妄之疾"。震阳为

"喜"，故"勿药有喜"也。

上九。无妄行有眚，无攸利。

虞翻曰：动而成坎，故"行有眚"。乘刚逆命，故"无攸利"。"天命不右，行矣哉"。

疏 四已变正，上动成坎，坎为多眚，下应震为"行"，故"行有眚"。据五为"乘刚"，五至三体巽象为"命"，变坎乘巽为"逆命"，位不得正，故"无攸利"。卦辞曰"其匪正有眚，不利有攸往"，指上九也。又引《象辞》"天命不右，行矣哉"者，明爻言"行有眚"之意也。

大畜卦第二十六 ䷙

【原典】

乾下艮上　大畜①，利贞。不家食，吉。利涉大川。②

初九　有厉，利已。

九二　舆说腹。③

九三　良马逐，利艰贞。曰闲舆卫，利有攸往。④

六四　童牛之告，元吉。⑤

六五　豮豕之牙，吉。⑥

上九　何天之衢，亨。⑦

【导读】

大畜卦讲的是蓄聚、蓄积的道理，透露了人的行为应当有所收敛的思想。卦象下乾上艮，乾为健，艮为止，虽健亦有所止，乃能大畜。初九强调"利已"，九三强调"利艰贞"（宜于在艰难的条件下守正道），都意在表明自觉地约制自己，以免咎灾。

【精注】

①大畜卦：乾下艮上，象征积蓄。畜，同"蓄"。②不家食：非求食于家，而食禄于朝。指应去外面劳动使有所积蓄。③舆说腹：舆指车子。腹：同"輹"，是古代木车下的横木，车轴由它固定、转动。车子停下来，就将輹取下。走时再套上

中华藏书

周易全书·最新整理珍藏版

中国书房

去。说：同"脱"，脱离。④逐：奔驰。闲：练习。卫：防止。⑤童牛：没有长角的小牛。告：通"牿"，牛角上束的横木。⑥豮豕之牙：豮与牿同义。指对猪牛的驯养，去掉它们的野性。⑦何天之衢：何其畅达的通天之路。衢，四通八达的道路。

【今译】

大畜卦　象征积蓄。大畜卦卦象是下单卦为乾，为天；上单卦为艮，为山。两单卦结合，刚健无比的乾被艮止住。阴刚之气积聚之为之大畜。贞得此卦吉利。不求食于小家，而利于食禄在朝，定获吉祥。宜于涉越大江大河。

初九　积蓄不可求成之心过切，要适可而止，这样才会有利。

九二　马车与车辕脱离，车子自然会停下来不前进。

九三　千里马善于奔驰，是驾车人技术娴熟，卫士抓紧练车、演兵，行则无所不利。

六四　在小牛的头上绑一根短木，以防止它长出角后顶人，这是大吉大利的。

六五　野猪不易驯服，要制服它只能将它阉了，使其牙齿退化而圈居，将会吉祥。

上九　多么畅通的通天之路，亨通顺利。

【集解】

大畜。利贞。

虞翻曰：大壮初之上，其德刚上也。与萃旁通。二五失位，故"利贞"。此萃五之复二成临，"临者，大也"。至上有颐养之象，故名"大畜"也。

疏　自大壮来，初九之上，故《传》谓"其德刚上"也。反"萃"，故与萃旁通。二五失阴阳正位，故"利贞"。消息卦萃五之复二成临，而息二阴反艮，是为大畜。"临者，大也"，《序卦》文。三至上有颐象，颐者，养也，故名大畜，亦兼取颐名畜。小畜无养象，故知此名不正取颐。盖阴称小，阳称大。小畜谓四，四阴故"小"。大畜谓上，上阳故"大"。

上体艮，艮为止，以艮畜乾，谓之"大畜"。

不家食，吉，利涉大川。

虞翻曰：二称"家"。谓二五易位，成家人，家人体噬嗑食，故"利涉大川，应乎天也"。

疏 二位大夫"称家"，详见蒙二。又二五易位，变成家人，家人初至五体噬嗑，又互体兑，兑为口，皆有食象，故曰"家食"。五为天德，五应而变，二五既正，上变既济，不成家人，故曰"不家食吉"。既济重坎相承，故曰"利涉大川"。二五相应，故"应乎天地"。

案：三至上体颐，有"食"象。颐在外，故"不家食"。互兑为泽，泽决为"川"。互震为足，足行为"涉"。故"利涉大川"。

初九。有厉，利已。

王弼曰：四乃畜已，未可犯也。进则灾危，"有厉"则止，故能"利已"。

疏 初与四应，故"四乃畜已"。二变四成坎，坎险为危，故"未可犯也"。初四皆正，变则失位，故"进则灾危"。因"有厉"而止，则能"利已"。此言止则有利于我也。又已，止也。四居艮而止初，初正应四，不可妄进，故利于止也。

九二。舆说腹。

虞翻曰：萃坤为舆、为腹，坤消乾成，故"舆说腹"。"腹"，或作"輹"也。

疏 与萃旁通。萃坤为舆，又为腹，皆《说卦》文。今成大畜，则乾成坤毁，故为"舆说腹"，与小畜同义。且"兑为毁折"，故有"说腹"之象。"腹"，古文，"輹"，今文，故"腹"或作"輹"也。

九三。良马逐，利艰贞，吉。日闲舆卫。

虞翻曰：乾为"良马"。震为惊走，故称"逐"也。谓二已变，三在坎中，故"利艰贞吉"。离为"日"，二至五，体师象，坎为闲习。坤为车舆，乾人在上，震为惊卫，讲武闲兵，故曰"日闲舆卫"也。

疏 "乾为良马"，《说卦》文。震惊百里，又为足，故"为惊走"。马而惊走，"故称逐也"。二已变正，三在坎中，坎险为"艰"，得正为"贞"，故"利艰贞吉"。利二变也。乾成则二变，天道也。二变体离"为日"。二至五体师象，故言"舆卫"。凡武备皆谓之"卫"。《考工记》："周人上舆，有六等之数。"皆以"卫"名，是"舆"亦可称"卫"也。闲，马郑皆云"习也"。坎称习坎，故为"闲习"。《尚书大传》"战斗不可不习，故于蒐狩以闲之"是也。坤为大舆，故"为车舆"。乾阳生为人，畜乾伏萃坤舆，故"乾人在上"。震惊百里为"惊卫"，言卫以防惊也。《晋语》曰"车有震武"。震言为"讲论"，故"讲武闲兵"。"日闲舆卫"，郑氏谓"日习车徒"是也。九三刚健当位，与上同德，然驰逐不已，必有奔蹶之患，故戒以艰贞则吉。闲习舆卫，则利有攸往。

案： 马牛豕皆畜，大畜畜之也。故于马言"闲"，于牛言"牿"，于豕言"牙"，皆艮止之象。四五在艮，三亦应艮上也。

利有攸往。

虞翻曰：谓上应也。五已变正，上动成坎，坎为"志"，故"利有攸往"，与"上合志也"。

疏 三应上，故"谓上应也"。五失位，变之正，上动成坎，坎心"为志"。三往应之，"刚上而尚贤"，故与"上合志也"。

六四。童牛之牿，元吉。

虞翻曰：艮为"童"。五已之正，萃坤为"牛"。"牿"谓以木福其角。大畜，畜物之家，恶其触害。"艮为手"、为小木，巽为绳。绳缚小木，横著牛角，故曰"童牛之牿"。得位承五，故"元吉"而"喜"。"喜"谓五也。

疏 艮为少男，故"为童"，与蒙六五"童蒙"同义。五变之正，与萃旁通。"萃坤为牛"。《说文》："牿，从口从牛。牛触人，角著横木所以牿。"故云"牿谓以木福其角"也。

"告"俗作"牿",《说文》及《九家易》作"告"是也。大畜之家，取象牛羊，义取畜养。豕交兽畜，亦有畜义，故云"畜物之家"。牛性觝人，故"恶其触害"。"艮为手"，《说卦》文。艮小石，又于木坚多节，故为"小木"。巽为绳直，故"为绳"。"绳缚小木，横著牛角"，以萃艮巽在坤上也。福以防其触害，故曰"童牛之告"。柔得正位，上承五阴，畜阳有朋，故"元吉而喜"。初利己，故不言喜。四承五，故言喜五也。

愚案：萃坤为牛，四在兑初，阳刚方长，为角始生之象，在畜则伏而不见，故为"童牛之告"。至上九则角成矣，如"晋其角"是也。惟于阳刚方伏，即柔以制之，在旁通为柔止刚，在大畜为艮止乾，皆"元吉"之道也。

六五。豮豕之牙，吉。

虞翻曰：二变时，坎为豕。劇豕称"豮"，令不害物。三至上体颐象。五变之刚，巽为白。震为出。刚白从颐中出，"牙"之象也。动而得位，"豮豕之牙吉"。

疏 二变正应五成坎，"坎为豕"，《说卦》文。"劇豕称豮"者，《说文》："豕，去势曰豮。"又云"劇从豕从刀"，又云"司马相如说豕，封豕之屑。劇者，以刀去豕势也"。豮豕刚躁，去势令不害物也。三至上体颐象，五变为刚成巽。"巽为白"，《说卦》文。"帝出乎震"，故"震为出"。刚白之物出乎颐中，其象为"牙"。五失正，变得位，故"豮豕之牙吉"。

案：《释兽》曰"豕子猪豯豮幺幼"。郭注云"俗呼小豮猪为豯子，最后生为幺豕"。"豮豕"犹"童牛"也。牙者，畜豕之杙。东齐海岱之间，以杙系豕，防其唐突，与"童牛之告"同义也。

上九。何天之衢；亨。

虞翻曰：何，当也。衢，四交道。乾为天，震艮为道。以震交艮，故"何天之衢"。"亨"，上变，坎为亨也。

王弼曰：处畜之极，畜极则亨。何，辞也，犹云何畜。乃天之衢亨，道大行也。

疏 虞注："何"与"荷"通，梁武帝读音贺是也。训"当"者，犹担当也。刚在上，能胜其任，故为"何"。与《商颂》"何天之休"、"何天之龙"同义。《释宫》"四达谓之衢"，故云"衢，四交道"。"乾为天"，《说卦》文。震为大涂，艮为径路，故"为道"。震涂艮路交于乾天，故曰"何天之衢"。亨者，通也。交于天道，变坎为既济，坎为通，故亨也。

案：郑注"艮为手。手上，肩也。乾为首。首肩之间，荷物处。乾为天，艮为径路，天衢象也"。又云"人君在上位，负荷天之大道"，义亦可通。

王注：上处畜极，畜极必通。孔疏"何谓语辞，犹云何畜也。处畜极之时，更何所畜，乃天之衢亨，无所不通也"。

愚案：上变成泰，"则是天地交而万物通"，应天之象也。"上下交而其志同"，养贤之象也。泰者，通也。卦辞言"利贞"。上利变正则元亨，故曰"何天之衢亨"。

颐卦第二十七 ䷚

【原典】

震下艮上 颐[①]，贞吉。观颐，自求口实。[②]

初九 舍尔灵龟，观我朵颐，凶。[③]

六二 颠颐，拂经，于丘颐，征凶。[④]

六三 拂颐，贞凶。十年勿用，无攸利。[⑤]

六四 颠颐，吉。虎视眈眈，其欲逐逐，无咎。[⑥]

六五 拂经，居贞吉。不可涉大川。

上九 由颐，厉吉，利涉大川。

【导读】

颐卦着重讲"颐养"，提倡"自求口实"，即依靠自己解决物质供应问题。"拂经于丘"，开垦阡陌以广农产，是解决颐养问题的正道。反对"舍尔灵龟，观我朵颐"，按现在的说法就是要自食其力。

【精注】

①颐卦：震下艮上，象征颐养。颐即下巴的通称，观颐：

观其所养，观察某一时间、某一特定环境中的吉或凶，以求养颐好自己。②口实：食物。③尔：你。灵龟：指卜得的龟兆。古人认为龟不死而能长寿，是神物，所以龟甲行卜，并且称之为灵龟。朵颐：朵：指下巴垂下，馋涎欲滴的样。观我朵颐：即指看着我吃饭眼馋。④颐：指自己居中正之位，应不缺颐养的，却求之他人，求不着，又向下求，故曰颠颐。拂经：违背常理。于丘颐：向高处上索取颐养，甚至不惜使用武力征伐。⑤拂颐：违背颐养之道，违逆了常理。⑥逐逐：迫切的追求。

【今译】

颐卦　象征颐养。颐卦卦象是下单卦为震，震为动，为雷；上单卦为艮，为山。观两单卦结合，似作咀嚼状。通过观察能够体会颐养的具体实例，以及自己是如何谋取口中食物的，这样能得到颐养之道。

初九　丢弃你灵龟般的聪慧，却咂嘴咂舌，观看我蠕动的两腮，必有凶险。

六二　不是厚施于民，而是侈民之美。甚而违逆常规，以致上为君所恶，下为民不齿。前进的途中必然遭遇凶险。

六三　违反颐养之道，终因不正而有余殃。天道十年一变，得失凶吉，自有天命。

六四　柔居尊位，求养于下，难免受到鄙夷，故须眈眈而视，威而不显，没有什么灾祸。

六五　尽管违逆常理，但他上求是为了施教施养于下民，故天理顺，人性通达，必无险阻。

上九　养万民，养贤人，正己无私，能涉险渡过难关。

【集解】

颐。贞吉。

虞翻曰：晋四之初，与大过旁通。"养正则吉"，谓三之正，五上易位，故"颐贞吉"。反复不衰，与乾、坤、坎、离、大过、小过、中孚同义，故不从临、观四阴二阳之例。或以临二之上，兑为口，故有"口实"也。

疏　消息之卦，颐从晋来，故云"晋四之初"。反大过。

大过，坎象也。颐，离象也。皆从乾坤来。大过体坎，乾初所伏。颐体离，坤初所伏。大过通颐，故云"与大过旁通"。"养正则吉"，《彖传》文。六爻三五上皆失正，三变之正，五上易位，成既济定，则六爻皆正，故曰"颐，贞吉"也。"反复不衰"，谓上下如一。颐与乾、坤、坎、离、大过、小过、中孚同义，皆终则复始，反复不杀者也。乾、坤、坎、离为四纯卦，颐、大过、小过、中孚皆震、巽、艮、兑四宫游魂卦也。晋，乾宫游魂卦。故颐从晋来，而不从临、观四阴二阳之例也。或以临二之上。临兑为口，故有"自求口实"之象。义亦可通，故存之以广异解。

观颐。

虞翻曰：离为目，故"观颐"，"观其所养也"。

疏 卦自晋来，晋"离为目"。颐全体似离，亦为目。离目，故"观颐"。颐，养也。故"观其养"。侯氏以颐从观来，故曰"观颐"。从四阴二阳之例，义亦可从。

自求口实。

虞翻曰：或以大过兑为口，或以临兑为口。坤为"自"，艮为"求"。"口实"，颐中物，谓其"自养"。

郑玄曰：颐，口车辅之名也。震动于下，艮止于上。口车动而上，因辅嚼物以养人，故谓之"颐"。颐，养也，能行养则其干事，故吉矣。二五离爻皆得中，离为目，观象也。观颐，观其养贤与不肖也。颐中有物曰"口实"，自二至五有二坤，坤载养物，而人所食之物皆存焉。观其求可食之物，则贪廉之情可别也。

疏 虞注：旁通大过，故"以大过兑为口"。卦自临来，故"以临兑为口"。互坤身"为目"。艮兑"同气相求"，故"艮为求"。《说卦》"艮为果蓏"，宋衷彼注云"木实谓之果，草实谓之蓏"。口实，果蓏之属，故云"颐中物"也。"求口实"，所以"自养"也。

郑注：《说文》："颐，颔也。"《左传·僖公五年》："辅车相依。"注云"辅，颊辅。车，牙车"，疏云"辅为外表，车为内骨"，故云"口车辅之名也"。震，动也，其象在下。艮，止也，其象在上。上止下动，"口"之象也。牙车动而上行，辅颊因嚼物以养人，故名为"颐"。"颐，养也"，本《序卦》文。人能行养，则其干事贞固，故吉矣。二五皆离之中爻，故"离为目"。离目，故为"观象也"。"观颐"者，观其所养之贤不肖也。"艮为果蓏"，故"颐中有物曰口实"。自二至五互有二坤，京氏谓"地之气，萃在其中"是也。《坤·象》曰"厚德载物。"《说卦》曰"坤也者，地也，万物皆致养焉"，故云"坤载养物，而人所食之物皆存焉"。震动象贪，艮止象廉。又震象贪狼木，体似离象廉贞火，故"观其求可食之物，则贪廉之情可别也"。

初九。舍尔灵龟，观我朵颐，凶。

虞翻曰：晋离为龟，四之初，故"舍尔灵龟"。坤为"我"，震为动。谓四失离入坤，远应多惧，故"凶"矣。

疏 卦自晋来，故云"晋离为龟"。初与四应，晋四之初，故曰"舍尔灵龟"。《春官·龟人》："掌六龟之属，天龟曰灵。"注云"天龟玄俯者，灵也"。坤为身，故"为我"。朵，下垂而动之貌。震为动。故"观我朵颐"。四舍离入坤，远应于初，四本"多惧"而又动于欲，故"凶"。又《说卦》："离为龟。"离，外刚内柔之卦，《考工记》"外骨龟屑"是也。颐上下两阳，中含四阴，本末皆刚，全体似离，故取象于龟。损之六五，益之六二，皆是义也。

六二。颠颐，拂经于丘颐。征凶。

王肃曰：养下曰"颠"。拂，违也。经，常也。丘，小山，谓六五也。二宜应五，反下养初，岂非"颠颐"。违常于五也，故曰"拂经于丘"矣。拂丘虽阻常理，养下故谓养贤。上既无应，征必凶矣，故曰"征凶"。

疏 《释名》："颠，倒也。"《书·微子》"若予颠隮"，疏谓"从上而隮"。初从上隮而二养之，故"养下曰颠"。"拂"与"咈"通。《说文》"咈，违也"。《书·酒诰》："经德秉哲。"孔传"能常德持智"，故"经"训"常"也。五体艮，艮为山，五在山半称"丘"，艮少为"小"，故云"丘，小山，谓六五也"。二当上应于五，反乘初养下，是颠倒其颐，而违应五之常经，故曰"拂经于丘矣"。拂五虽违常理，养初亦为养贤。五既失位，往必无应，故"征凶"。

六三。拂颐，贞凶。十年勿用，无攸利。

虞翻曰：三失位，体剥。不正相应，弑父弑君，故"贞凶"。坤为"十年"，动无所应，故"十年勿用，无攸利"也。

疏 以六居三为"失位"，二至上体剥，违于养道，故"拂颐"。三与上皆不正，虽相应，亦不义之应也。阴消至二成遯，艮子弑父。至三成否，坤臣弑君。"贞凶"者，谓失正不变而凶也。月十二会为"年"。象坤阴爻。坤癸数十，故"为十年"。动与上为敌应，故"动无所应"。坤器为"用"。云"勿用"，故知谓动也。三"道大悖"，虽变犹凶，故"十年勿用，无攸利也"。

六四。颠颐，吉。虎视眈眈，其欲逐逐，无咎。

王弼曰：履得其位而应于初，以上养下，得颐之养，故曰"颠颐，吉"。下交近渎则咎矣，故"虎视眈眈"，威而不猛。故"其欲逐逐"而尚敦实。修此二者，乃得全其吉而无咎矣。观其自养则养正，察其所养则养贤。颐爻之贵，斯为盛矣。

疏 居正得位，下应于初。四在上体，初在下体，"以上养下"为"颠颐"。得颐之正，故"吉"也。以上养下，不可亵渎。故必"虎视眈眈"，则威而不猛。既养于下，不可有求，故必"其欲逐逐"，而尚乎敦实也。修此二者，虽颠颐养下，亦得全其吉而无咎矣。孔疏："观其自养则履正'者，以阴处阴，四自处其身，是观其自养，则能履正道也。'察其所养则养阳'者，六四下养于初，是观其所养，初是阳爻，则能养阳也。""养贤"，注疏本作"养阳"。阳在艮称贤，初阳不称贤，故从"养阳"为是。养正养阳，故"颐爻之贵，斯为盛矣"。

愚案：内动于欲，故三爻皆凶。外止乎理，故三爻皆吉。初为动之始，虽不食如灵龟，亦舍之而观朵颐，欲方兴也。四为止之始，虽"虎视眈眈，其欲逐逐"，而不至咥人，理已正也。

六五。拂经，居贞居。不可涉大川。

虞翻曰：失位，故"拂经"。无应顺上，故"居贞吉"。艮为"居"也。涉上成坎，乘阳无应，故"不可涉大川"矣。

疏 五失正位，故"拂经"，谓拂常也。二无正应，宜顺乎上，故必变而居正则吉矣。艮为门阙，故"为居"。五若涉上易位，成坎为"川"，则己乘五阳而三无正应，故"不可涉大川矣"。

上九。由颐，厉，吉。

虞翻曰：由，自从也。体剥居上，众阴顺承，故"由颐"。失位，故"厉"。以坤艮自辅，故"吉"也。

疏 《释诂》曰"由，自也"。故训"由"为"自从也"。自二至上体剥。九居于上，为卦之主。四阴互两坤，象顺承于下。众阴皆致养，而主之者，上也，是"由颐"。与豫九四"由豫"同义。上"失位故厉"。坤居西南，艮居东北，两相对照，以土辅土为"自辅"，故"吉也"。

愚案：成卦虽在两阳，而颐实由上，以上为养主也。初动于欲，虽得正亦凶。上止乎理，虽失位亦吉。

利涉大川。

虞翻曰：失位，故"厉"。之五得正成坎，坎为"大川"，故"利涉大川"。变阳得位，故"大有庆也"。

疏 九失正位，故有危厉。五上易位，则"得正成坎"。坎水"为大川"，故"利涉大川"。五易上位，则有逼上之嫌，故"不可涉大川"。上易五位则有屈己之道，故"利涉大川"。五上易位，上五皆正，故云"变阳得正"。阳称"大"、称"庆"，故"大有庆也"。

大过卦第二十八 ䷛

【原典】

巽下兑上　大过①，栋桡，利有攸往，亨。②

初六　藉用白茅，无咎。③

九二　枯杨生稊，老夫得其女妻，无不利。④

九三　栋桡，凶。

九四　栋隆，吉。有它，吝。

九五　枯杨生华，老妇得其士夫，无咎，无誉。⑤

上六　过涉灭顶，凶，无咎。

【导读】

大过卦所讲的大多属于反常现象，如"栋桡"、"栋隆"、"有它"、"枯杨生稊"、"枯杨生华"、"过涉灭顶"等，对于这些反常现象，大过卦分析了人们处理问题可持的态度与方法。通过"栋桡"、年龄不相称的婚姻、过河被灭顶等爻象断其吉凶，供人们在类似状况下参考。这些爻象、爻辞所反映的社会生活离我们的生活已很遥远，但大过卦所强调的非常时期应有独立不惧的精神以及对非常事件采用非常方法的观点，即使在现代，也对人有所启示。

【精注】

①大过卦：巽下兑上，象征大有过越。②栋桡：栋是指栋梁之才，房子的梁木。桡是弯曲，是说梁弯曲了。③藉：铺垫。白茅：古代不用桌椅，席地而坐。祭祀时将供品放在地上，地上铺一层洁白的茅草，以示虔诚。④稊：老树生新芽。女妻：年少的妻子。⑤华：花。士夫：幼夫。

【今译】

大过卦　象征大有过越。大过卦卦象是下单卦为巽，巽为风，为木，为喜；上单卦为兑，兑为泽，为悦。两单卦结合，喜与悦过于齐美，则"过"了，所谓"大过之时大矣"。屋梁压得弯曲了，有所往则有利。

初六　白茅草洁而朴素，恭敬地用它垫着祭品，可以没有什么灾祸。

九二　杨比喻阳木，阳亢则枯，根下生出新芽，老头子娶少女为妻。这样没有什么不吉利。

九三　躁于进而不体恤属下，必怨声大作。做事要有度。

九四　刚柔相济，尚可以隆而不亢，如若上弱相辅，则不足以胜任，行事反受制带。

九五　枯萎的杨树开新花，年迈的老妇人嫁个年轻人，正如阳过已极，下无相济之阴，终必至危。亢极而屈似失所之阴有，必自辱之。

上六　水盛涨而仍要徒涉，尽管有灭顶之患，但终归没有灾难。

【集解】

大过。栋桡。

虞翻曰：大壮五之初，或兑三之初。"栋桡"谓三，巽为长木，称"栋"。初上阴柔，"本末弱"，故"栋桡"也。

疏　卦自大壮来，六五之初，从四阳二阴之例也。"或兑三之初"者，坤尽于夬，至大过而生姤，夬兑下成巽，坤之终始也。与颐旁通。阳大阴小，郑云"阳爻过也"。二取初，五取上，三"栋桡"，四"有它吝"，四阳爻皆失之过，故名"大过"。九三爻辞曰"栋桡"，故知"栋桡谓三"。巽为长为木，故"为长木"。栋，屋檼，以长木为之，故"巽为长木称栋"。初上阴柔，初为本，上为末，故"本末弱"。桡，曲折也。《说卦》曰"兑为毁折"，又曰"桡万物者，莫疾乎风"。以毁折而过巽风，故"栋桡也"。

利有攸往，亨。

虞翻曰：谓二也。"刚过而中"，失位无应，利变应五，之外称"往"，故"利有攸往"，乃"亨"也。

疏　《彖》曰"大者过也"，谓二失位，故知往谓二也。"刚过而中"，《彖传》文。二既失位，上无正应，利变之正，上应乎五。"之外称往"，谓应五也。变正，故"利有攸往，乃亨也"。

初六。藉用白茅，无咎。

虞翻曰：位在下称"藉"，巽柔白为"茅"，故"藉用白茅"。失位，咎也。承二，过四应五士夫，故"无咎"矣。

疏　《周礼·乡师》曰"大祭祀其茅藉"，郑兴彼注云"祭前藉"。藉在下，故云"位在下称藉"，以象初也。巽为草木，刚爻"为木"，柔爻为草，又"为白"，故云"巽柔白为茅"。在下，故"藉用白茅"。初阴失位，宜有咎矣。上承二阳，二正应五，初正应四。今承二，过四而应五士夫，所谓"藉"也。刚柔相应，故"无咎"也。又初失位，与四易位得正，故"无咎"。

九二。枯杨生稊，老夫得其女妻，无不利。

虞翻曰：梯，稗也。杨叶未舒称"稊"。巽为"杨"，乾为"老"，老杨故"枯"。阳在二也，十二月时，周之二月。兑为雨泽，枯杨得泽复生稊。二体乾老，故称"老夫"。"女妻"谓上兑。兑为"少女"，故曰"女妻"。大过之家，"过以相与"，"老夫得其女妻"，故"无不利"。

疏 "稊"训"稗"者，《说文》"稗，幼禾也"，是梯，草木初生貌也。《夏小正》曰"柳稊"，又曰"时有见稊"，故云"杨叶未舒称稊"也。"巽为杨"，《九家·说卦》文。乾盈将退，故称"老"。《方言》："乾，老也。"从《易》义也。"老杨故枯"者，乾至大过，嬗阴故"枯"。姤阴，故又"生稊""生华"也。阳在二，十二月临时，于周为二月。二五爻独以爻当月者，大过时重阴始，故阳义全。二体临，五体央也。兑为泽，故"为雨泽"。"枯杨得泽复生稊"，二无正应，今过应上，"生稊"之象。杨少则稊，而老则华，故二为"稊"，五为"华"也。又震为反生，巽体伏震，故象"枯杨生稊"。二体互乾为老，故称"老夫"。上体兑，三索得女为"少女"，故曰"女妻"也。大过之家，初过四应五，上过三应二，是"过以相与"也。"老夫得其女妻"，过得其应，故"无不利"。

九三。栋桡，凶。

虞翻曰："本末弱"，故"桡"。辅之益桡，故"不可以有辅"。阳以阳为"辅"也。

疏 三应在上，上柔爻，故"末弱"。将过上应初，初亦柔爻，故"本弱"。《传》曰"本末"，正指三所应之爻皆弱，"故桡"而"凶"也。"辅之"谓初上二爻，皆弱，故"辅之益桡”，而“不可以有辅也”。《比·象传》曰：“比，辅也，下顺从也。”是阴比阳而谓之“辅”，故云“阳以阴为辅也”。

愚案：卦辞言“栋桡”而三独当之者，三处下体之上，而初弱下胜其任，又上应“兑为毁折”，故三独当“栋桡之凶”也。上阴可以辅阳，以初弱不能承三，则三亦不能为主。以弱济弱，故“不可以有辅也”。

又案：《释宫》：“栋谓之桴。”郭注“即屋脊也”。《说文》“栋，极也”。《逸雅》：“栋，中也，居屋之中也。”卦辞言“栋”，唯三四两爻，居卦之中，故皆言“栋”。

九四。栋隆，吉，有它吝。

虞翻曰：隆，上也。应在于初，已与五，意在于上，故“栋隆吉”。失位，动入险而陷于井，故“有它吝”。

疏 “隆，上也”，谓上六也。四正应初，乃不应初而与五相比，意在承上，以二阳承一阴，故“栋隆吉”。四失位，变则成坎为井，是“入坎险而陷于井”，故“有它吝”，戒其不可变也。

愚案：初为内卦之始，以一阴承二阳，而三处其上，故“栋桡凶”。四为外卦之始，比二阳以承一阴，而上处其极，故“栋隆吉”。四与上，故“吉”。若下应于初，则“有它吝”矣。《传》曰“不桡乎下”，不应下，故“不桡”也。

九五。枯杨生华，老妇得其士夫，无咎无誉。

虞翻曰：阳在五也。夬三月时，周之五月。枯杨得泽，故“生华”矣。“老妇”谓初。巽为“妇”，乾为“老”，故称“老妇”也。“士夫”谓五。大壮震为“夫”，兑为“少”，故称“士夫”。五过二使应上，二过五使取初。五得位，故“无咎”。阴在二“多誉”，今退伏初，故“无誉”。体姤淫女，故“过以相与”，使应少夫，《象》曰“亦可丑也”。旧说以初为“女妻”，上为“老妇”，误矣。马君亦然。荀公以初阴失正当变，数六为“女妻”。二阳失正，数九为“老夫”。以五阳得正位不变，数七为“士夫”。上阴得正，数八为“老妇”。此何异俗说也？悲夫！学之难。而以初本为小，反以上末老，后之达者，详其义焉。

疏 阳在五时为央，于夏为三月，于周为五月。央时"枯杨得泽，故生华矣"。五为"杨"，犹四为"栋"，皆兑上反下为巽也。巽"长女"，象已嫁为"妇"，故"老妇谓初"，"巽为妇"也。巽入乾体，初亦称"老"，故"乾为老"，"称老妇也"。"士夫谓五"者，旁通大壮震"长男"为"夫"，大过兑"少女"为"少"，"故称士夫"。五本应二，今过二使应上。二本应五，今过五使取初。五得正位，"故无咎"。阴在二得位，"故多誉"。今巽为退伏居初，"故无誉"。初体姤象"淫女"，过四相与，使应五少夫，故《象》曰"亦可丑也"。马与旧说，取一卦之义，以初为"女妻"，上为"老妇"。荀氏之义，六为老阴而称"女妻"，八为少阴而称"老妇"。但以数多少为老少，于理有乖，故虞君同之俗说而不用也。

上六。过涉，灭顶，凶。无咎。

虞翻曰：大壮"震为足"，兑为水泽。震足没水，故"过涉"也。顶，首也。乾为"顶"。顶没兑水中，故"灭顶，凶"。乘刚，咎也。得位，故"无咎"，与"灭耳"同义也。

疏 旁通大壮，故"大壮震为足"。体"兑为泽"，坎水半见，故"为水泽"。《风俗通》曰"涉始于足，足率长十寸，十寸则尺，一跃三尺，法天地人，再跃则涉"。《后汉书·赵典传》所谓"一为过，再为涉，三而弗改，灭其顶凶"，谓至上也。寻"涉"从水从步。步长六尺，以长为深，则涉深六尺，震足没水，故"过涉"者，涉者之过也。《释言》："颠，顶也。"故云"顶，首也"。乾为首，故"为顶"，五互乾首，上则"顶"也。顶没兑泽中，是乾没于阴，故"灭顶凶"。上乘四刚，当有咎。以六居上，阴得其位，故"无咎"。"与'灭耳'同义"者，噬嗑上九，坎水自下没上，故曰"灭耳"与"灭顶"相似。噬嗑由否之泰消息卦，否上不反，坤弑父弑君，故曰"何校灭耳，凶"。此本大壮，阴伤阳。五已之初，而上阴灭乾，故凶。与"灭耳"同义。然大过之时，坤生乾没。上妻二生子，得位续阴，非其咎也。

愚案：自初至五，全体象巽。巽为草木，柔爻象草，故初言"茅"。刚爻象木，故二三四五言"杨"言"栋"。至上兑泽始成，故言"灭"。"灭木""灭顶"，皆谓上也。

坎卦第二十九 ䷝

【原典】

坎下坎上　习坎①，有孚，维心亨，行有尚。②

初六　习坎，入于坎窞，凶。③

九二　坎有险，求小得。④

六三　来之坎坎，险且枕。入于坎窞，勿用。⑤

六四　樽酒簋贰，用缶，内约自牖，终无咎。⑥

九五　坎不盈，祗既平，无咎。

上六　系用徽纆，寘于丛棘，三岁不得，凶。⑦

【导读】

此卦爻辞主要反映对待被征服的异邦人（俘虏），或采取各种笼络手段，让他们归顺；或将其关入凶险的牢狱，让他们难以解脱，酒饭只从窗口送入。但被俘者力图谋求脱险。此卦旨在表明：尽管处于险境，但吉凶不同，关键在于有无诚信。有诚信且又刚健中正者，就能脱离险境。

【精注】

①习坎卦：坎下坎上，象征重重险难。坎字为水，为险，两坎相重，险上加险。②有孚：指诚信。维：维系。③入于坎窞（dàn）：落入陷穴深处。窞：深坑。④坎有险：陷穴中有凶险。求小得：九二是阳居阴位，看来不正，但它居中，故求得小得。⑤来之坎坎：来往都处在坑穴之间，进退都有险。险且枕：既险又深。枕：通"沈"，深。⑥樽酒：一樽薄酒。簋贰：两簋淡食。簋，古代盛谷物的竹器。缶：瓦器。纳约自牖：通过窗口收得信约。牖，窗。⑦系：捆绑。徽纆：徽，三股绳子；纆，两股绳子。

【今译】

坎卦　象征重重艰险。坎卦方位北，为水。坎卦是两坎相重，所以险上加险。虽然险阻重重，但惟有在重重险阻中，胸怀坚定信念，才能获得亨通，这种行为必然被人们所崇尚。

初六　身处重重险阻中，落入陷坑的最底下。凶。

九二　虽在陷穴中处境险恶，但若只求小安，仍可以脱险。

六三　既已处于险难之中，进退两难，危难既险且深。暂时不宜再施展才能。

六四　一杯薄酒，两筐淡食，用瓦钵盛起来，由窗户献给君王，以表达险境中廉洁的真诚，最终没有什么灾祸。

九五　坎困尚未消除，但阳刚已居尊位，只要他不枉自尊大，且能匡扶天下，则险难自会平息，水流而不盈。险难自平。

上六　绳索捆绑，似置于丛棘之中，囚禁长达三年而不得解脱，有大凶。

【集解】

习坎。有孚。

虞翻曰：乾二五之坤，与离旁通。于爻，观上之二。习，常也。孚，信，谓二五。水行往来，"朝宗于海"，不失其时，如月行天，故习坎为"孚"也。

疏　虞归妹注云"乾主壬，坤主癸，日月会北。天地以离坎战阴阳"。所谓《易》出乾入坤，离坎之神也，故"乾二五之坤"成坎，盖乾归大有。坤二五乃交乾而为离，离息成坎，故"与离旁通"。若从四阴二阳之例，则"观上之二"也。八纯卦唯坎加"习"者，嫌阳陷险非正，故明之。言阳息阴中，是其常也。重亦常义，故云"习，常也"，《象》曰"重险"是也。"孚，信"，《释诂》文。二五刚中，故"孚谓二五"。坎在天为月，在地为水。水之往来朝宗，潮汐不失其时，如月之行天，盈亏不失其常，故以明习坎之"有孚"也。"朝宗于海"，《禹贡》文。

维心亨。

虞翻曰：坎为"心"。乾二五旁行流坤，阴阳会合，故亨也。

疏　《说卦》"坎为亟心"，故"为心"。阳在中也。"乾二五旁行流坤"，即乾二五之坤也。"旁行"者，四周行于六十四卦，即旁通也。"阴阳会合"者，即"天地以离坎战阴阳"，"日月会北"是也。以乾通坤，通，故亨也。

行有尚。

虞翻曰："行"谓二，"尚"谓五也。二体震为"行"。动得正应五，故"行有尚，往有功也"。

疏　二陷坎中，失正当变，故知"行谓二"。"尚"与"上"通，谓五也。二互体震为"行"。动而得正，上应五阳，故"行有尚"。"往有功也"，《象传》文。

初六。习坎，入于坎窞。凶。

干宝曰：窞，坎之深者也。江河淮济，百川之流行乎地中，水之正也。及其为灾，则泛溢平地，而入于坎窞，是水失其道也。刑狱之用，必当于理，刑之正也。及其不平，则枉滥无辜，是法失其道也，故曰"入于坎窞凶"矣。

疏　初在坎底，故云"窞，坎之深者也。"江河淮济为四渎。《释名》："渎，独也。各独出其水以入海是也。""百川之流，行平地中"，即《孟子》所谓"水由地中行"，故云"水之正也"。及其泛溢平地，入于坎窞，是水失其常道矣，坎为法律，上言"徽纆"，故初以"刑狱"言之。刑狱当理，为刑之正，若用刑不平，则枉滥无辜，法失其道，犹水之泛溢而失其常也，故曰"入于坎窞，凶。"

愚案：《说卦》曰"巽，入也。"坎初巽象半见，阴开象穴，故曰"入于坎窞。"失位无应，故"凶"也。

九二。坎有险，求小得。

虞翻曰：阳陷阴中，故"有险"。据险有实，故"求小得"也。

疏　《说卦》："坎，陷也。"乾来之坤，是"阳陷阴中"。位在坎，不能自出险中，是坎而又有险，谓上更遇坎也。下据初阴，阳位为"实"，故云"据阴有实"。阴爻为"小"，故曰

"求小得"。"得"谓得初也。

六三。来之坎坎，险且枕。入于坎窞，勿用。

虞翻曰：坎在内，称"来"。在坎终坎，故"来之坎坎"。枕，止也。艮为止。三失位，乘二则"险"。承五隔四，故"险且枕"。"入于坎窞"，体师三"舆尸"，故"勿用"。

疏 在外曰"往"，在内曰"来"。言内则有外之辞。往来皆坎，故"来之坎坎"。人卧，以枕荐首则止，故云"枕，止也"。以三互艮为止也。三失正位，二在坎中，故"乘二则险"。三上承五，隔于六四，故"险且枕"。以坎接坎，三居上坎之下，故"入于坎窞"。初至四体师，师六三曰"师或舆尸"，《象》曰"无功"。三应上，上六曰"小人勿用"，谓三也。故坎三亦曰"勿用"，所以戒上也。又三居内坎、外坎相交之地，当思出险。三乃险柔之资，不中不正，在险之中，且以为安枕焉，则终"入于坎窞"而凶矣。"险且枕"，即安其菑利其危者也。

六四。尊酒簋贰用缶。

虞翻曰：震主祭器，故有"尊簋"。坎为酒。簋，黍稷器。二至五有颐口象，震献在中，故为"簋"。坎为木，震为足，坎酒在上，"尊"酒之象。贰，副也。坤为"缶"。礼有副尊，故"贰用缶"耳。

疏 《序卦》曰"主器者莫若长子"，《震·卦辞》曰"不丧匕鬯"，故"震主祭器"。尊、簋、缶，皆祭器也。《考工记》："施人为簋。"簋以瓦为之，亦缶类，坤象也。震为稼，故云"簋，黍稷器"。二至五有颐口之象，《天官·膳大》："王燕饮酒则为献主。"震主器，故为献。献在颐中，故为"簋"。坎于木为坚多心，故为"木"。谓下坎也。二互震为足。君尊有丰，以木为之，若豆而卑。言"震为足"者，以其在下。坎酒在丰上，"尊酒"之象。"贰，副也"者，坤为缶，说见比卦注。酒于尊中曰"副"。《天官·酒正》曰"大祭三贰，中祭再贰，小祭一贰"。郑彼注云"贰，副益之也"。《弟子职》曰"周旋而贰"，故曰"礼有副尊"。"贰用缶"者，副尊用缶也。

内约自牖，终无咎。

虞翻曰：坎为"内"也。四阴小，故"约"。艮为"牖"。坤为户，艮小光照户，"牖"之象。"贰用缶"，故"内约自牖"。得位承五，故"无咎"。

崔憬曰：于重险之时，居多惧之地，近三而得位，比五而承阳。修其絜诚，进其忠信，则虽祭祀省薄，明德惟馨，故曰"尊酒簋，贰用缶"。"内约"，文王于纣时行此道。从羑里"内约"，卒免于难，故曰"自牖，终无咎"也。

疏 虞注：坎归为入，"入""内"同物，故"坎为内"也。四阴为小，小故"约"。又坎信亦为"约"也。艮"门阙"，故"为牖"。坤"阖户"为"户"，艮"小石"为"小光照户"，皆"牖"之象。《诗·采蘋》曰"于以奠之，宗室牖下"，毛传云"奠于牖下"，是"内约自牖"之义也。四得位上承九五，故有是象而"无咎"也。

崔注：四在两坎，故云"于重险之时"。四位"多惧"，故云"居多惧之地"。下近三而已得位，虽重险而不险。比五而上承阳，虽多惧而不惧。坎为心，四居心位，伏巽"絜齐"，故云"修其絜诚"。中虚象中孚。中，忠也。孚，信也。故云"进其忠信"。祭品虽云省薄，明德可荐馨香，故"尊酒簋，贰用缶"也。《史记·周本纪》："帝纣乃囚西伯于羑里。"《汉书·景十三王传》："文王拘于牖里。"是"牖"、"羑"古字通也。文王处羑里坎险之时，内其絜诚忠信之道，卒免于难，故曰"内约自牖，终无咎也"。《左传·隐公二年》："苟有明信，涧溪沼沚之毛，蘋蘩蕰藻之菜，筐筥锜釜之器，潢汗行潦之水，可荐于鬼神，可羞于王公。"即"尊酒内约"之义也。

九五。坎不盈，祗既平，无咎。

虞翻曰：盈，溢也。艮为止，谓"水流而不盈"。坎为"平"。祗，安也。艮止坤安，故"祗既平"。得位正中，故"无咎"。

疏 《说文》"盈，满器也"，故云"溢也"。《祭义》：

"乐主其盈。"郑注亦云"犹溢也"。体坎互艮，坎流艮止，故"流而不盈"。《尚书大传》曰"非水无以准万里之平"。《释名》："水，准也。准，平物也。"故"坎为平"。京房、许慎皆云"禔，安也。"《坤·卦辞》云"安贞吉"，故曰"艮止坤安"。既安且平，水之德也。以九居五，得位得中，故"无咎"。

上六。系用徽纆，寘于丛棘，三岁不得凶。

虞翻曰：徽纆，黑索也。观巽为绳，艮为手，上变入坎，故"系用徽纆"。寘，置也。坎多心，故"丛棘"。狱外种九棘，故称"丛棘"。二变则五体剥，剥伤坤杀，故"置于丛棘"也。"不得"谓不得出狱。艮止坎狱，乾为"岁"，五从乾来，三非其应，故曰"三岁不得，凶"矣。

疏　卦自观来。"观巽为绳"，坤于地为黑，故云"徽纆，黑索也"。互艮为手，观艮上变入坎，故"系用徽纆"也。"寘，置也"，《说文》文。《九家·说卦》"坎为丛棘"。坎"于木为多心"，故称"丛棘"。《左传·哀公八年》曰："吴藩卫侯之舍，以将执卫侯，囚邾子益于楼台，则桎之以棘。"此以棘禁人之始。今云"狱外种九棘"，于经无考，不审虞何据也。观上来二，故取二变为象。盖二变则五体剥，剥灭为伤，坤阴为杀。伤而且杀，故必"置于丛棘也"。《口诀义》引虞注云"以置九棘，取改过自新"。《秋官·司圜》曰"其不能改而出圜土者杀"。故"不得"谓不能改而不得出狱也。"艮止坎狱"，谓止于狱也。"乾为天"，天数十二，岁有十二月，故"乾为岁"。五从乾入坤，三为敌应，故三岁不得出狱，为"凶"矣。

离卦第三十　☲

【原典】

离下离上　离①，利贞，亨，畜牝牛，吉。②

初九　履错然，敬之，无咎。③

六二　黄离，元吉。④

九三　日昃之离，不鼓缶而歌，则大耋之嗟，凶。⑤

九四　突如其来如，焚如，死如，弃如。

六五　出涕沱若，戚嗟若，吉。⑥

上九　王用出征，有嘉折首。获匪其丑，无咎。⑦

【导读】

本卦爻辞告诫人们：灾害可能随时发生，应当时时防范，早作防备；对于那些已经发生的灾祸，要及时有效地处理。黄昏时出现的灾情，要及时加以处理，防止更大的凶险出现。突如其来不可抗拒的自然灾祸，损失更加巨大，大灾后应痛定思痛，积极贮备力量，力争挽回损失。对于祸首要严加惩治，以保国泰民安。

【精注】

①离卦：离下离上。象征附丽。②牝牛：母牛。③履错然：不整齐，走路步伐错乱的样子。④黄离：黄指土色，土是五行的中央，所以为黄色。⑤日昃之离：夕阳西下，太阳偏西。大耋之嗟：耋是指七八十岁的老人。老暮穷衰之嗟叹。⑥沱若：滂沱的样子，形容泪流满面。⑦折：折服。首：首领。匪：非。丑：同类，随从。

【今译】

离卦　有利之卦，亨通顺利。离卦卦象是两火，象征附丽。畜：聚而养；牝牛：顺而柔之。持守固正，定获吉祥。

初九　步履忙乱，贸然行之，必陷险境，应审慎而不轻举妄动，当无灾难。

六二　黄色依附，中道灿然，就可以获得大吉大利。

九三　夕阳西下，好似人生已到老年，遂击钵而高歌。年少时不勤劳，老矣亦不能安享天年。如不击瓦罐而歌，将会有老暮穷衰的感叹，定遭凶险。

九四　遇到突如其来的事情心急如焚，但顷刻之间又烟消云散，不复存在，落得被抛弃的下场。

六五　泪流满面，忧伤叹息，居安思危到了这样的程度，是吉利的。

上九　位居尊位，阳刚果断，用兵可以立功平乱，小人仍不可滥杀无辜，宜击匪乱之首恶，协从者不必问究，可以免除灾难。

【集解】

离。利贞，亨。

虞翻曰：坤二五之乾，与坎旁通。于爻，遯初之五。柔丽中正，故"利贞，亨"。

疏　"坤二五之乾"成离，"与坎旁通"，义详《坎》卦辞下。若从爻变四阳二阴之例，则"遯初之五"也。坎、离二卦，既从乾、坤，又云观、遯来者，天地之交，出入无形，其成爻象，必假十二消息。凡乾、坤诎信之卦皆同此。五柔丽伏阳中正，故"利贞"。坤通乾，故"亨"也。

畜牝牛吉。

虞翻曰：畜，养也。坤为牝牛。乾二五之坤成坎，体颐养象，故"畜牝牛吉"。俗说皆以离为牝牛，失之矣。

疏　郑注《周礼》"始养曰畜"，故云"畜，养也"。《说卦》："坤为子母牛。"又《九家·说卦》："坤为牝。"故"为牝牛"。"乾二五之坤成坎"，而离之二五则坤也。坎二至四体颐。坤牛颐养，故"畜牝牛吉"。《九家·说卦》有"离为牝牛"之文。虞以为"俗说"者，以离非纯阴，不象牝牛至顺也。

初九。履错然，敬之无咎。

荀爽曰：火性炎上，故初欲"履错"于二。二为三所据，故"敬之"则"无咎"矣。

疏　《洪范》曰"火曰炎上"，故云"火性炎上"。初在下为足，故言"履"。初欲上，则"履错于二"。乃二为三所据，据则争。初本乾为敬，说见乾卦，故"敬之则无咎矣"。

案：卦自遯来，外体本乾，三至五互兑，兑下乾上，其象为履，《序卦》曰"履者，礼也"，又曰"有上下，然后礼义有所错"。错者，置也。离为火，火行礼。初得正，履有所错，故"履错然"。初乾为敬，初四皆阳为敌应，四"奈如其来如”，与礼相犯，故“敬之无咎”。礼以敬为主也。

六二。黄离，元吉。

侯果曰：此本坤爻，故云“黄离”。来“得中道”，所以“元吉”也。

疏 坤二之乾为离，故云“此本坤爻”。《九家·说卦》："坤为黄。"故云"黄离"。二来居中，故"来得中道"。上应五，五虽非正，然得中位，二五皆自坤来，坤五曰"黄裳元吉"。二应五，"所以元吉也"。

九三。日昃之离。

荀爽曰：初为日出，二为日中，三为"日昃"，以喻君道衰也。

疏 "离为日"，初象日出，二象日中，三象"日昃"。《说文》曰"日，君象也"，故以日昃喻君道衰也。又《说文》曰"昗，日在西方时侧也"。互兑为西，巽为入，日入西方，故为"日昃"。"昃"，《说文》引作"昗"，注云"今俗别作昃，非是"，是"昃"当从《说文》作"昗"也。

不鼓缶而歌，则大耋之嗟凶。

《九家易》曰："鼓缶"者，以目下视。离为大腹，瓦缶之象，谓不取二也。歌者，口仰向上，谓兑为口而向上取五也。"日昃，"者，向下也。今不取二而上取五，则上九耋之。阳称"大"也。嗟者，谓上被三夺五。忧嗟穷凶也。火性炎上，故三谷取五也。

疏 "鼓缶"者，以离目下视，谓下视二也。离腹为大腹，缶，腹大虚中象离，故"瓦缶之象"矿"不鼓缶"，"谓不取二也"。三至五互兑口在上。歌者，兑口仰而向上，故为"取五"也。日昃，向下之时。今"不下取二而上取五，则上九耋之"。据文义，当从蜀才本作"咥"。谓兑口向上，上九受其啮咥也。九为阳，故"称大也"。三上敌应，"上被三夺五"，故上"忧嗟穷凶也"。"火性炎上"，常欲进取。三与上为敌应，势不可取。与五同功，阴用相承，故"三欲取五也"。

愚案：伏艮为手，离大腹为"缶"。艮象不见，故"不鼓缶"。互兑口，伏震声，故"歌"。三在乾终，乾盈将退为老，故曰"大耋"。又兑口舌，巽呼号，为"嗟"。二至五体大过，"棺椁"之象，故"大耋之嗟"。三虽得位，嫌于过刚，又上无正应，故不鼓缶而徒歌。歌者，哀歌也。哀歌者，则以大耋之嗟而有凶也。

九四。焚如，其来如。焚如，死如，弃如。

荀爽曰：阳升居五，光炎宣扬，故"焚如"也。阴退居四，灰炭降坠，故"其来如"也。阴以不正，居尊乘阳。历尽数终，天命所诛。位丧民畔，下离所害。故"焚如"也。以离入坎，故"死如"也。火息灰损，故"弃如"也。

疏 四五相比，阳升阴降。阳升则"光焰宣扬"，故曰"焚如"。阴退则"灰炭降坠"，故曰"其来如"。"阴以不正"，居五之尊，乘四之阳。上则"历尽数终"，为"天命所诛"下则"位丧民畔"为"下离所焚"。四在下离之上，故"焚如"。四五易位，是以离入坎，火为水灭，故"死如"。"火息灰损"，众无所容，故"弃如"。

案：《说文》曰"云，不顺忽出也。从倒子。或从焚。即古文《易》突字"。"突"犹冲也。扬子《太玄》曰"冲冲儿遇，不肖子也"。旁通坎四，当震为长男，坎为中男，艮为少男。四未能变乘乾，三男皆逆弃父，故"焚如"。上下之交，故"来如"。四互二火间，故"焚如"。体大过死象，故"死如"。二已正体乾，乾为野，大过棺椁象毁，四在野上不葬，故"弃如"。焚故死，死故弃。《孝经》曰"五刑之属，而罪莫大于不孝"。如淳云"焚如死如弃如，谓不孝子也。不畜于父母，不容于朋友，故焚杀弃之"。《秋官·掌戮》曰"凡弑其亲者，焚之"，故郑氏谓"焚如，杀其亲之刑。刑人之丧，不居兆域，不序昭穆，故焚杀弃之，不入于兆也"。《说文》曰"弃，捐也。从焚。焚，逆子也"。四所以取义于子者，火有养母之法。《白虎通》曰"子养父母何法？法夏养长木"。是以荀爽《对策》曰："离在地为火，在天为日。在天者用其精，在地者用其形。夏则火王，其精在天，温暖之气，养生百木，是其孝也。冬时则废,其形在地,酷烈之气,焚烧山林,是其不孝也。"即此义也。

六五。出涕沱若。

荀爽曰:六五阴柔,退居于四,出离为坎,故"出涕沱若"而下,以顺阴阳也。

疏 六五阴柔失位,故"退居于四",是出于离而在坎也。离为目,坎为水,又为加忧,故为"出涕沱若而下"之象。阳当升,阴当降,故云"以顺阴阳也"。

戚嗟若,吉。

虞翻曰:坎为心,震为声,兑为口,故"戚嗟若"。动而得正,尊丽阳,故"吉"也。

疏 通坎为心,坎震为声,离兑为口,故有"戚嗟若"之象。五失位,动得正,居尊丽阳,故"吉也"。

愚案:五柔为四刚所逼,故离目动成坎水,有涕象。坎加忧为戚象。兑口舌为嗟象。然已处乎中,五上相丽,五王上公,可用上以服四,故吉也。

上九。王用出征,有嘉折首。获匪其丑,无咎。

虞翻曰:"王"谓乾。乾二五之坤成坎,体师象。震为"出",故"王用出征"。"首"谓坤二五来折乾,故"有嘉折首"。丑,类也。乾征得坤阴类,乾阳物,故"获非其丑,无咎"矣。

疏 乾为君,故"王谓乾"。乾二五之坤成坎,初至四体有师象。互震为"出"。故"王用出征"。"乾为首"。"坤二五来折乾"者,离之二五也。伏阳出,先折二五,故曰"折首"。二五曾折乾者,故谓之"首"也。阳为"嘉",故"有嘉折首"。《学记》曰"比物丑类"。"丑类"连文,故"丑"训"类"。《周语》曰"况尔小丑",韦注亦云"丑,类也"。"乾征得坤阴类"者,谓五阴既出,初三四上皆变而为坤,故曰"得坤阴类",乾阳物而获阴类,故"获匪其丑,无咎"矣。

案:"离为甲胄,为戈兵",有"出征"之象。居一卦之上，"近取诸身"，有"首"象。互"兑为毁折"，有"折首"之象。五当王位，用上九"王者之后为公"者以出征。有嘉美之意，故"有嘉折首"。爻相应者为类，上与四不应为非类，"获匪其丑"，获四也。上失位宜有咎，以获四，则五吉而上亦无咎矣。

中華藏書

周易全书·最新整理珍藏版

中国书店

第二章 　下经三十四卦

咸卦第三十一 　☲☲

【原典】

艮下兑上　咸①，亨，利贞。取女吉。②

初六　咸其母。③

六二　咸其腓，凶，居吉。④

九三　咸其股，执其随，往吝。⑤

九四　贞吉，悔亡。憧憧往来，朋从尔思。⑥

九五　咸其脢，无悔。⑦

上六　咸其辅颊舌。⑧

【导读】

本卦所记可以看做是青年男女的婚恋历程。这是"近取诸身"的又一例证。通过男女爱恋发展的曲折经历，说明阴阳交感形成对立面的统一，也是一个曲折的过程。揭示了处理事物发展的矛盾过程，必须耐心细致，不可鲁莽从事。

【精注】

①咸卦：艮下兑上，象征同感、感应。咸即"感"。②取：通"娶"。③母：通"拇"，大脚趾。④腓：小腿肚。居：居家不出。⑤股：大腿。执：执身。追随他人。执随：执著地盲从。⑥悔亡：从困境中解脱出来。悔，困窘危难，这里指困境。亡，通"无"，消失。憧憧：心思不安，思绪不宁的样子。从：顺依。思：意愿，想法。⑦脢：背部肌肉。⑧辅：牙床，颚。颊：面颊。

【今译】

咸卦　象征感应。咸卦是下为艮，少男；上为兑，少女。艮又为群山；兑为水，山水好景色。亨通和顺，天地感而万物化生，吉利的占问。男娶女嫁，阴阳交感，可获吉祥。

初六　脚趾感应，力尚微弱，不足以牵动全身。这是一种心的感应。

六二　因感腓而急于躁进，必有凶险。如能居正安分，则大吉大利。

九三　因感股而更躁动，如无止道，且执著随欲而往，则必然蒙羞。

九四　当心感应而生善念，并持守中正则无悔。就可以获得吉祥。双方暗地里来往不绝，对方最终将服从你的想法。

九五　感受到背骨肉，没有悔恨。

上六　口耳俱动，摇唇鼓舌，足见其躁急。此举最不可受感。心的感应才是正固吉祥。

【集解】

咸。亨。利贞。取女吉。

虞翻曰：咸，感也。坤三之上成女，乾上之三成男。乾坤气交以相与，止而说，男下女，故通，"利贞，取女吉"。

郑玄曰："咸，感也"。艮为山，兑为泽，山气下，泽气上，二气通而相应，以生万物，故曰"咸"也。其于人也，嘉会礼通，和顺于义，干事能正。三十之男，有此三德，以下二十之女，正而相亲说，取之则吉也。

疏　虞注："咸，感也"，《象传》文。卦自否来，坤三之上成兑女，乾上之三成艮男。三上易位，故云"乾坤气交以相与"。"止而说，男下女"，《象传》文。乾坤通，故"亨"。二正乎内，五正乎外，故"利贞"。六爻阴阳相应，故"取女吉"。

郑注："艮为山"，"兑为泽"，《说卦》文。山气下降，泽气上升，二气感通，阴阳相应，万物以生，感之所以有取于"咸"也。其于人则有三德。"亨者，嘉之会也"。惟"嘉会礼通"，故"亨"。"利者，义之和也"。惟"和顺于义"，故"利"。"贞者，事之干也"，惟"干事能正"，故"贞"。不言元者，"大哉乾元"，"至哉坤元"，天地之德，存乎物先，故不言也。《媒氏》令男三十而妻，女二十而嫁。注云"二三者，天地相承覆之数也"。《说卦》："参天两地而倚数。"天三覆，地二载，是男三十女二十，合天地"大衍之数五十"。男有"亨利贞"之德，以下于女，内外皆"正而相亲说，故取则吉也"。

初六。咸其母。

虞翻曰：母，足大指也。艮为指。坤为母，故"咸其母"。失位远应，之四得正，故"志在外"，谓四也。

疏 "母"，古文"拇"，《子夏传》作"踇"，马、郑、薛皆云"足大指也"。《系辞下》曰"近取诸身"，咸言人事，故六爻皆取象于身，而初则象足。"艮为指"，"坤为母"，皆《说卦》文。荀氏云"母，阴位之尊"。"母"、"拇"同物。初与四应，四感初，初为足，故"咸其母"也。六居初为"失位"，应在四为"远应"。初四易位皆得其正，故"之四得正"。初利之四，故"志在外"。"在外"者，四属外卦也。之四互两坎，故称志。

六二。咸其腓，凶。居吉。

崔憬曰：腓，脚膊。次于母上，二之象也。得位居中，于五有应，若感应相与，失艮止之礼，故凶。居而承比于三，顺止而随于礼当，故吉也。

疏 腓，脚膊，即郑氏所云"膊肠"是也。脚膊次于母上象二，故二为腓。六为"得位"，二为"居中"。"二正应五，故严于五有应"。但二在艮中，宜守艮止。若感应于五，变以相与，是"失艮止之礼"，故凶也。若居而承比于三，以全艮止，是顺以止也。三言"执随"，谓二随三，故"随于礼当"，为吉也。盖二以阴.居阴，爻位相得，宜静而有常。若虚中易感，动则失正，故感则凶，居则吉也。二本否坤，故曰顺。又坤阴为害，三来坤坏，二在坤中，故曰"顺不害也"。

九三。咸其股，执其随，往吝。

崔憬曰：股，胫而次于腓上，三之象也。刚而得位，虽欲感上，以居艮极，止而不前。二随于己，志在所随，故"执其随"，下比二也。而遂感上，则失其正义，故往吝穷也。

疏 "股胫而次于腓上"象三，故三为股。以九居三，是

"刚而得位"。与上应，故"欲感上"。居艮之极，"止而不前"之象。二承三，故"二随于已"。三乘二，故"志在所随"。"执其随"者，下比于二也。不比二而遂感上，失艮止之义，故往则吝穷也。

九四。贞吉悔亡。憧憧往来，朋从尔思。

虞翻曰：失位，悔也。应初动得正，故"贞吉而悔亡"矣。憧憧，怀思虑也。之内为来，之外为往。欲感上隔五，感初隔三，故"憧憧往来"矣。兑为朋，少女也三艮初变之四，坎心为思，故曰"朋从尔思"也。

疏 四失位，宜有悔。与初易位成既济，六爻皆正，故"贞吉而悔亦亡矣"。憧憧，《说文》曰"意不定也"。言怀思虑而不定也。"之内为来，之外为往"，《易》例也。欲感上而隔于五，欲感初而隔于三，故有憧憧之象。四为咸心，无所不感，初上举其远者，故有往来之象。兑以"朋友讲习"，故为朋。三索得女为少女，谓上也。初四易位，变坎心为思。思既正，则上亦从四。与上非男女之感，易兑女为朋象，故曰"朋从尔思也"。

九五。咸其脢，无悔。

虞翻曰：脢，夹脊肉也。谓四已变，坎为脊，故"咸其脢"。得正，故"无悔"。

疏 "脢，夹脊肉"者，谓在背也。四变则五体坎，坎为美脊，故"咸其"。五得正位，故"无悔"。又王弼注"脢者，心之上、口之下"。孔疏、《子夏易传》曰"在脊曰脢"。马融曰："脢，背也。"郑玄云："脢，脊肉也。"王肃云："脢在背而夹脊。"《说文》云："脢，背肉也。"虽诸说不同，大抵皆在心上。辅嗣以四为心神，上为辅颊，五在上四之间，故直云"心之上、口之下"也。

案：腾为不动，故五不应。舍二感上，嫌有悔。得中得位，故无悔。

上六。咸其辅颊舌。

虞翻曰：耳目之间称"辅颊"。四变为目，坎为耳，兑为口舌。故曰"咸其辅颊舌"。

　　疏　辅颊在耳目之间，与舌不相接而相通。上应三，四变离为目，坎为耳，三在离坎之间，故曰"辅颊"。《九家·说卦》曰"兑为辅颊"，是也。"兑为口舌"，《说卦》文。谓上也，上感于五，不得之三而与三通气，以言语相感，故曰"咸其辅颊舌"。《象》曰"滕口说也"，言徒送口说而已。

　　愚案：　《释文》　"辅，虞作䩉"。今从虞注，当作"䩉"是。

恒卦第三十二　☰

【原典】

　　巽下震上　恒[①]，亨，无咎。利贞，利有攸往。

　　初六　浚恒，贞凶，无攸利。[②]

　　九二　悔亡。

　　九三　不恒其德，或承之羞，贞吝。[③]

　　九四　田无禽。[④]

　　六五　恒其德贞，妇人吉，夫子凶。

　　上六　振恒，凶。[⑤]

【导读】

　　本卦以夫妇之道来论述恒久的道理。主要思想是说妇女要"恒其德"，而"浚恒"、"不恒"、"振恒"都是不可取的，反映了古代男尊女卑的思想，我们应该批评对待。

【精注】

　　①恒卦：巽下震上，象征恒久，常久。②浚：指疏通的意思。渠道、井、坑、河道堵塞后的疏通。引申为求探。③承：承受，蒙受。羞：耻辱。④田无禽：打猎时没有禽兽。⑤振：动摇不定的样子。此指不能持恒守德。

【今译】

　　恒卦　象征恒久相持。恒卦的卦象是下单卦为巽，为木，为风；上单卦为震，为雷。两单卦结合雷风相与，刚柔相应，是利卦。这是万物循环往复的自然法则。君子持中正之道，教化世人。没有灾祸，利于有所作为。

初六　已经疏通好了，还要持久疏通。这样没有什么益处。

九二　筮得此爻，有贞德之象，固守中庸，则可以永恒。危厄将会消失。

九三　不能恒守其德行，或许将蒙受耻辱，行事艰难。

九四　打猎时没有禽兽。

六五　顺服之德是妻子的本分，坚守此道，可获吉祥。但男子匿于其妻下以求安，其刚不振，柔而相从乃妇人之贞，失丈夫之义，故凶。

上六　恃其居高得位，苟且柔和，不能以坚持为长久，终无自御之力。凶。

【集解】

恒。亨。无咎。利贞。

虞翻曰：恒，久也。与益旁通。乾初之坤四，刚柔皆应，故“通无咎利贞”矣。

郑玄曰：恒，久也。巽为风，震为雷。雷风相须而养物，犹长女承长男，夫妇同心而成家，久长之道也。夫妇以嘉会礼通，故无咎。其能和顺干事，所行而善矣。

疏　虞注：“恒，久也”，《象传》文。“与益旁通”者，恒乾通益坤也。卦自泰来，故“乾初之坤四，刚柔皆应”。是乾坤交，故通。失位，咎也。刚柔应，故“无咎”。六爻唯三上得正。初四二五不正，变而之正，则成既济定，故“利贞”矣。

郑注：“巽为风”，“震为雷”，《说卦》文。又曰“雷以动之，风以散之”，荀彼注云“谓建卯之月，天地和合，万物萌动。建巳之月，万物上达，布散田野”，故云“雷风相须而养万物”。巽为长女，震为长男，震上巽下，是以女承男。《家人·象传》曰“男正位乎外，女正位乎内”，故云“夫妇同心而成家，久长之道也”。《春官·大宗伯》：“以嘉礼亲万民，以昏冠之礼亲成男女。”《乾·文言》曰“亨者，嘉之会也”，故

中華藏書

第一部 周易原典

中国书房

云"夫妇以嘉会礼通",通故无咎矣。乾又曰"利者,义之和也。贞者,事之干也",故云"能和顺干事,所行而善矣"。

利有攸往。

虞翻曰:初利往之四,终变成益,则初四二五皆得其正,"终则有始",故"利有攸往"也。

疏 恒变成益,从初之四始,故云"初往利之四"。《说卦》:"震究为健、为蕃鲜"、"巽究为躁卦",谓震究为巽,巽究为震也。虞彼注云"震雷巽风无形,故卦特变耳",今恒体震巽,雷风特变故,"终变成益"。益初四二五皆得其正。否、泰相寻,恒、益反复,是"终则有始,故利有攸往也"。

初六。浚恒。贞凶,无攸利。

侯果曰:浚,深,恒,久也。初本六四,自四居初,始求深厚之位者也。位既非正,求乃涉邪,以此为正,凶之道也。故曰"浚恒贞凶,无攸利"矣。

疏 "浚,深也",《释言》文。浚与濬通。《公羊传·庄公九年》:"浚之者何?深之也。"是其义也。"恒,久也",《象传》文。卦自泰来,故初六自四居初,始求深位。以阴居阳,位既非正。变不当变,求乃涉邪。四不正,之初仍不正,以此求正,凶之道也,故曰"浚恒贞凶,无攸利矣"。

愚案:初失位,变体潜龙在下,故曰"浚恒"。成乾则体大壮,大壮初九曰"壮于趾征凶"。变而无应,故"贞凶"。动而得凶,故"无攸利"。与大壮"征凶"同义。

九二。悔亡。

虞翻曰:失位,悔也。动而得正,处中多誉,故"悔亡"也。

疏 二失位,宜有悔。动成阴为"得正",位在二为"处中",二得中为"多誉",故宜有悔而"悔亡"也。

九三。不恒其德,或承之羞,贞吝。

荀爽曰:与初同象,欲据初隔二。与五为兑,欲说之隔四。意无所定,故"不恒其德"。与上相应,欲往承之,为阴所乘，故"或承之羞"也。"贞吝"者，谓正居其所，不与阴通也。无居自容，故贞吝矣。

疏 初三皆阳位，故云"与初同象"。欲据于初而隔于二。与五互兑，兑为说。欲说于五而隔于四。是"意无所定"，故"不恒其德"。三与上为正应，欲往承上，为上六凶阴所乘，故"或承之羞"也。以九居三，位得其正，是"正居其所"，为恒之主。上不与凶阴相通，二五、初四爻又不正，是"无居自容"，故以贞而有吝矣。

愚案：阳为刚德，唯三得正。然正而不中，位又多凶，且居巽极，"其究为躁卦"，又"为进退、为不果"，故有"不恒其德"之象。承四承五，爻皆不正。承上振恒，凶而无功。四五不当承而承，上当承而不获所承；故有"或承之羞"之象。得正而羞，故曰"贞吝"。

九四。田无禽。

虞翻曰：田谓二也，地上称田。无禽，谓五也。九四失位，利二上之五，已变承之，故曰"田无禽"。言二五皆非其位，故《象》曰"久非其位，安得禽也"。

疏 二与四同功，故知"田谓二也"。二于三才为地位，乾九二曰"见龙在田"，故知"地上称田"也。禽，获也。四近承五，故知"无禽谓五也"。阴阳相比、相应，阳为阴得称禽、称获。九四与二五相比皆失位，利二变之五，已亦变正承之。二五易位各得其正，故曰"田无禽"，谓无所得也。言二五失正，皆非其位，故象曰"久非其位，安得禽也"。

案：巽为鸡称禽，二在地上称田。二与五应，则巽禽为五有矣，故九四曰"田无禽"。四互乾，乾可久为久。乾阳虽久，居非其位，恒而不得其正，故无所得也。又恒自泰来。四之初，故初曰"始求深"。初之四，故曰"久非其位"。

六五。恒其德。贞，妇人吉，夫子凶。

虞翻曰：动正成乾，故"恒其德"。妇人谓初。巽为妇。终变成益，震四复初，妇得归阳，从一而终，故"贞妇人吉"也。震，乾之子，而为巽夫，故曰"夫子"。终变成益，震四从巽，死于坤中，故"夫子凶"也。

疏 动而之正，复成乾五，乾日新为德，可久为久，故"恒其德"。"妇人谓初"者，巽初阴也。巽长女故称妇。终变成益，初四得正，震四复妇于初，是巽妇得归震阳。震初为一，巽四从初，故"从一而终"。《谷梁传·襄公三十年》"妇人以贞为行者也"，故曰"贞妇人吉也"。震为乾之长子，又为元夫，故曰"夫子"。终变成益，反震为巽，互乾为坤。坤乙为死魄，震四从巽妇，死于坤中，故曰"夫子凶也"。

上六。 震恒，凶。

虞翻曰：在震上，故"震恒"。五动乘阳，故"凶"。终在益上，五远应，故"无功也"。

疏 虞注《说卦》云"震内体为专，外体为躁"。震，动也。在震上，处动极，故"震恒"。五动之正，则上六乘阳，乘阳不敬，故"凶"。五终变成益，故"终在益上"。五多功，远应二而不近比上，上不得五，故"大无功也"。"震"亦作"振"、"祇"，三字同物同音。"祇"有耆音，故《说文》引作"楮恒"。

遯卦第三十三 ☶

【原典】

艮下乾上 遯①，亨，小利贞。

初六 遯尾，厉，勿用有攸往。②

六二 执之用黄牛之革，莫之胜说。③

九三 系遯，有疾厉；畜臣妾，吉。④

九四 好遯，君子吉，小人否。⑤

九五 嘉遯，贞吉。⑥

上九 肥遯，无不利。

【导读】

此卦爻辞反映了古人隐遯避世的态度，这也许与当时的社会环境险恶有关。君子遯隐则吉，小人遯亡则凶，显示了身处乱世的两种人的不同结果。

【精注】

①遯卦：艮下乾上，遯象征逃退、隐避。②遯尾：末尾，意为退避迟缓而落在后边。但"遯尾，厉"就有一定危害性了。勿用：暂不施展才能。③执：捆绑。革：皮。说：通"脱"。④系遯：心中有所顾恋，而迟迟不能退避。自己系住了自己的心。畜：畜养。臣：臣仆。妾：侍妾。⑤好：指心怀恋情而身已退避。否（pǐ）：恶，坏。⑥嘉遯：居阳位的人不能显示自己，也指相机而动，时机嘉美。

【今译】

遯卦　象征避退。遯卦卦象是下单卦为艮，艮为山，为止；上单卦为乾，为天。两单卦结合：山近于内，而天远于外。亨通顺利，君子虽有匡扶天下之心，奈何小人得势，只得避而求其安，小人则势盛气扬。

初六　退避不及时，落在后边，有凶险，暂不要施展才能。

六二　黄牛皮绳捆绑，没人能逃脱。这里意指捆住的是天的意志，人的意志。而天意不可违。一切要顺从天意。

九三　心中有所顾恋而不能隐退，如同疾患上身，定有危险。不如回家蓄养妻妾，倒也吉利。

九四　虽性情耿介，但君子能适时退避，并善于隐遯，君子能行君子之道，必吉。这是小人无法做到的，故小人不利。

九五　九五虽位居尊位，但能审时度势，戒慎戒躁，从不显露自己。因而可以适时、适度地行事，无不利。

上九　超脱世俗，置身世外，没有什么不利。

【集解】

遯。亨。

虞翻曰：阴消姤二也。艮为山，巽为入，乾为远，远山入藏，故遯，以阴消阳，子弑其父，小人道长，避之乃通，故遯而通，则当位而应，与时行也。

疏　阴始消姤，及二成遯，与临旁通。"艮为山"，《说卦》文。又"巽，入也"，故"巽为入"。天道远，故"乾为远"。乾阳为人，入藏于远山，故曰遯。艮为少男，变乾为艮，故云"以阴消阳，子弑其父"。"小人道长"，《否·象传》文。阴消至否，《否·象》曰"君子以俭德避难"。当阳消阴长之时，避之则不成否，是"避之乃通"，故"遯而亨"。当位谓五，应谓二。二阴道长，弑父弑君，由应五利贞，与时偕行，故阳不受伤，"遯而亨也"。

小利贞。

虞翻曰：小阴谓二，得位浸长，以柔变刚，故"小利贞"。

郑玄曰：遯，逃去之名也。艮为门阙，乾有健德。互体有巽，巽为进退。君子出门，行有进退，逃去之象。二五得位而有应，是用正道，得礼见召聘。始仕他国，当尚谦谦，小其和顺之道，居小官，干小事，其进以渐，则远妒忌之害，昔陈敬仲奔齐辞卿是也。

疏　虞注：阴称小，故"小阴谓二"。二得位为贞，浸长则非正。以柔变刚，阴之利也，故小则利。"利贞"者，谓"执用黄牛之革"也。

郑注："遯"，古文作"逯"，《前汉书·匈奴传·赞》："逯逃窜伏。"故云"遯，逃去之名也"。"艮为门阙"，《说卦》文。又曰"乾，健也"，故云"乾有健德"。二至四互体巽，"巽为进退"，《说卦》文。君子出于艮门而巽象进退，是"逃去之象"也。二五阴阳得位，上下相应，是用得正道，得礼见召聘也。凡始仕他国者，当法"谦谦君子，卑以自牧"。与临旁通，临兑为和，坤为顺，体艮为小，故云"小其和顺之道"。由小官小事以渐进于尊位，则远妒忌之害，故曰"小利贞"《左传·庄公二十二年》："陈公子完奔齐，齐侯使敬仲为卿。辞曰：'羁旅之臣，幸若获宥，及于宽政，赦其不闲于教训，而宽于罪戾，弛于负担，君之惠也，所获多矣。敢辱高位，以速官谤，请以死告。《诗》云："翘翘车乘，招我以弓。岂不欲往，畏我友朋"'使为工正。"此陈敬仲奔齐辞卿之事也。

初六。遯尾，厉，勿用有攸往。

陆绩曰：阴气已至于二，而初在其后，故曰"遯尾"也。

避难当在前，而在后，故"厉"。往则与灾难会，故"勿用有攸往"。

疏 爻例上为角，初为尾。《释水》："濮大出尾。"注云"尾，犹底也"，言其源深出于底下者名"濮"。是爻在下，故称"尾"也。阴气消阳，已至于二，而初在二后，故曰"遯尾"。避难当早，在后则"厉"。"勿用有攸往"者，以往则灾难会也。

六二。执之用黄牛之革，莫之胜说。

虞翻曰：艮为手，称执，否坤为黄牛，艮为皮。四变之初，则坎水濡皮，离日乾之，故"执之用黄牛之革"。莫，无也。胜，能。说，解也。乾为坚刚，巽为绳，艮为手，持革缚三在坎中，故"莫之胜说"也。

疏 "艮为手称执"者，二执三也。二执三在成否之后，故取"否坤"。《九家·说卦》曰"坤为黄"，又"为子母牛"，故"为黄牛"。又曰。"艮为肤"，皮肤同义。乾阳为骨，坤阴为肉。乾三覆坤成艮，在肉之外，故为皮。《考工记》："攻皮之工五，函、鲍、韗、韦、裘。"始析谓之皮，已乾谓之革，既熟谓之韦，其实一物也。"四变之初"，成离互坎。"坎水濡皮，离日乾之，故执之用黄牛之革"也。"莫"训"无"，"胜"训"能"，"说"读若"脱"、训"解"。乾阳，故为坚刚。互巽为绳，体艮为手。《说文》："缚，束也。"以艮手持革缚之，四变三在坎中，故无能解说也。

愚案：革自遯来，遯初之上成革，故"黄牛之革"与遯初同辞。二得位得中，正应在五，固志守正，故"莫之胜说"。《象传》"小利贞"，正此义也。

九三。系遯，有疾厉，畜臣妾吉。

虞翻曰：厉，危也。巽为。四变时，九三体坎，坎为疾，故"有疾厉"。遯阴剥阳，三消成坤，与上易位，坤为臣，兑为妾，上来之三，据坤应兑，故"畜臣妾吉"也。

疏 "厉"训"危"。"巽为"，本亦作"巽绳为系"。三互巽为绳直，故称"系"。遯成于二，二阴三阳，二系于三，故称"系遯"。四变则三体成坎，坎为心病称疾，故"有疾厉"。二执用黄牛之革，据上来之三也。遯阴消之卦，故"遯阴剥阳"。三互巽特变，从家人、渐之例。三动，上反三，故"三消成坤，与上易位"也。三消成坤，坤为臣。与上易位，上体兑，兑为妾。上来之三，据下之坤，应上之兑，故"畜，臣妾吉"也。遯上下易位为大畜，遯三，大畜之上，故言"畜臣妾"也。

九四。好遯，君子吉，小人否。

虞翻曰：否乾为好、为君子，阴称小人。动之初，故"君子吉"。阴在四多惧，故"小人否"。得位承五，故无凶咎矣。

疏 三消成否，四乃之初，故称"否乾"。贾逵《左传注》："好生于阳。"故"乾为好"。乾阳故"为君子"，坤阴故为小人。四动之初，以乾人坤，故"君子吉"。初阴之四，四位多惧，初本"遯尾厉"，故"小人否"也。动得位上承五，"故无凶咎矣"。

九五。嘉遯，贞吉。

虞翻曰：乾为嘉。刚当位应二，故贞吉。谓三已变，上来之三成坎，《象》曰"以正志也"。

疏 《释诂》："嘉，美也。"乾美利，故为嘉。刚在五为"当位"，而下正应二，故曰"贞吉"。三已变成否，四已易初，上来之三成坎，坎为志，故《象》曰"以正志也"。

案： 非正应而相昵曰"系"，以中正而相应曰"嘉"。随九五"孚于嘉"，遯九五"嘉遯"，皆因三之系而见也。

上九。肥遯，无不利。

虞翻曰：乾盈为肥。仁不及上，故"肥遯，无不利"，《象》曰"无所疑也"。

疏 阳息为盈，且乾盈于甲，故乾称盈而为肥也。上与三为敌应，无所系恋。二虽执三，不能及上。故上将远遯，无所疑顾，是以"肥遯"。三有系故疾，上无应故肥。疾故厉，肥故无不利。系则有疑，无应则无疑，故《象》曰"无所疑也"。

大壮卦第三十四 ䷡

【原典】

乾下震上　大壮①：利贞。

初九　壮于趾②，征凶，有孚。

九二　贞吉。

九三　小人用壮，君子用罔③，贞厉。羝羊触藩，羸其角。④

九四　贞吉，悔亡，藩决不羸，壮于大舆之腹。⑤

六五　丧羊于易，无悔。⑥

上六　羝羊触藩，不能退，不能遂，无攸利，艰则吉。

【导读】

大壮卦揭示了一个千古不易的真理，即正才能大，才能壮，才能持久。人也好，事也好，如能以正为其立身行事的基点，将如雷行于天一样，势壮而无阻。大壮卦六一爻说"丧羊于易，无悔"，其意思是指有人在易的地方丧失了羊，但没有悔恨。但也有人认为羊在大壮卦中表示刚性，丧羊，表示除去刚性，而代之以柔性。因六五爻处在尊位，地位较高，处于这样位置的人，如果只知道用刚的手法去处事，就像人们所说的"硬碰硬"，不一定有好的效果。因此，六五爻强调去除刚性，改用柔和的方法，来达到治理的目的。

【精注】

①大壮卦：乾下震上，象征刚大、盛壮、健壮。②趾：脚趾。③小人用壮，君子用罔：小人持壮逞强，感情用事，君子盛壮而不用，没有自己的私欲。罔：无，不。④羝羊触藩，羸其角：公羊强顶藩篱想冲出去，羊角必然被篱笆上的绳藤缠绕。羝羊：很强壮的公羊。羸，缠缚，纠缠。⑤腹：通"輹"，辐。用来固定车轴。⑥易：应作移。易羊即放羊。古代渭河流域到黄河中游，居住过徽羊的民族，是一种游牧的生活方式。

【今译】

大壮卦　象征刚大气盛。大壮卦卦象是下单卦，为天；上单卦为震，为雷。两单卦结合，雷天大壮，阳德刚健，为天地之大用。壮盛阴消，故隆盛者必操守纯正，则利。

初九　壮于趾，有所往，有所征，但出征必有凶险，应坚持"天人合一"的规律，不可妄动。即使有承诺，前进会有不利。

九二　阳刚得中，阳以中为盛。吉利。

九三　小人持壮逞强，君子盛壮刚强得中，占得险兆。公羊用角强顶藩篱，羊角定然被藩篱羁绊。

九四　吉卦，君子刚柔相济，无所阻悔，犹如藩篱决口，缠不住羊角，又如大车车辕坚实适用，奔走如飞。

六五　羊在牧场上逃掉了，也没有悔恨。

上六　公羊抵触藩篱，既不能前，也不能后。只有知艰难而能审时度势者，才不敢犯难。

【集解】

大壮。**利贞**。

虞翻曰：阳息，泰也。壮，伤也。大谓四。失位为阴所乘，兑为毁折，伤。与五易位乃得正，故"利贞"也。

疏　阳自泰三息四成大壮，故云"阳息泰也"。阳息过盛而为阴伤，故云"壮，伤也"。物过则伤，不云伤而云壮者，阴阳之辞也。扬子《方言》曰"凡草木刺，北燕、朝鲜之间谓之策，或谓之壮"，郭璞注云"今淮南亦呼壮为伤"是也乙阳大阴小，大谓四，阳息至四也。以阳居四为"失位"，五阴乘之，阴气贼害，又互兑为毁折，故称伤。四当升五，与五易位，阳乃得正，故"利贞也"。

初九。**壮于趾**。**征凶**，**有孚**。

虞翻曰：趾谓四。征，行也。震足为趾、为征。初得位，四不征之五，故"凶"。坎为孚，谓四上之五成坎，已得应四，故"有孚"。

疏　初应四，故"趾谓四"。"征，行也"，《释言》文。震为足，故"为趾为征"。初应四趾，而征则自初始也。初阳为得位，四失位不应。若初动而四不应则泅，故"征凶"。经言"征"，虞谓"四不征之五故凶"者，非也。唯不动而待四之五成坎，坎为孚，已得与四为正应，故"有孚"。

九二。贞吉。

虞翻曰：变得位，故"贞吉"。动体离，故"以中也"。

疏　阳变为阴得正位，故曰"贞吉"。动则成离，《离·二·象》曰"得中遭也"，故云"以中"。二宣阴中也。

九三。小人用壮，君子用罔，贞厉。

虞翻曰：应在震也。三阳君子，小人谓上。上逆故"用壮"。谓二已变离。离为罔，三乘二，故"君子用罔"。体乾"夕惕"，故"贞厉"也。

疏　应在震上也。"三阳君子"，谓乾三也。"小人谓上"，夬上"小人道消也"。五已正为夬，上阴乘逆，伤阳不正，应之故"用壮"。壮，伤也。二已变，三体离。包义"作结绳以为罔罟，盖取诸离"，故"离为罔"。上不应三，三下乘二，故"君子用罔"。三体在乾得正，乾九三曰"夕惕若厉"，故虽贞亦厉。三，陷于罔，故危也。

羝羊触藩，羸其角。

荀爽曰：三与。五同功为兑，故曰"羊"，终始羊位，故曰"羝"，"藩"谓四也。三欲触四而危之，四反羸其角，"角"谓五也。

疏　三与五同功，互为兑，兑为羊，故曰"羊"。《说文》："羝，牡羊也。"遯变大壮，初二、五上，有升有降，唯三四不变，而三则终始阳位，阳为牡，故曰"羝"。"藩谓四"，释具下侯注。三君子不触四，角亦非五，不如侯注尤合经义也。

九四。贞吉，悔亡。藩决不羸，壮于大舆之腹。

虞翻曰：失位，悔也。之正得中，故"贞吉"而"悔亡"矣。体夬象，故"藩决"。震四上处五，则藩毁坏，故"藩决不羸"。坤为大舆，为腹；四之五折坤，故"壮于大舆之腹"。而《象》曰"尚往"者，谓上之五。

疏 九居四为"失位"，宜有悔也。上之五得中，故"贞吉而悔亡矣"。初至五体象央，央者，决也，故曰"藩决"。四体不正，上之五则震体毁，故藩决不能赢也。"坤为大舆、为腹"，皆《说卦》文，谓泰坤也。四之五体坎，坎折坤体，故曰"壮于大舆之腹"也。壮者，伤也。而《象》曰"尚往"者，尚，上也，谓上之五也。

六五。丧羊于易，无悔。

虞翻曰：四动成泰，坤为丧也。乾为易，四上之五，兑还属乾，故"丧羊于易"。动各得正，而处中和，故"无悔"矣。

疏 四失位，动成泰体坤，月灭坤乙为丧。"乾以易知"，故"乾为易"。郑注"易，佼易也"。四上之五体坎，坎五，乾也，故"兑还属乾，丧羊于易"也。四五易位，动而各得其正，五处上中，下应二和，故无悔也，

上六。羝羊触藩。不能退，不能遂，无攸利。艰则吉。

虞翻曰：应在三，故"羝羊触落"。遂，进也。谓四已之五体坎，上能变之巽，巽为进退，故"不能退，不能遂"。退则失位，上则乘刚，故"无攸利"。坎为艰，得位应三利上，故"艰则吉"。

疏 上正应在三，乃上不应三，使三触藩，故"无攸利"。明三羝羊，所触者上也。《书·仲虺之诰》："显忠遂良。"孔传："良则进之也。"且对退而言，故训进。四已之五，其体为坎。震巽特变，故"上能变之巽"。"巽为进退"，《说卦》文。应三隔四，故不能进退。穷于上，故"不能遂"，赢其角之象也。退谓上为巽，退于四则失位。进于五则乘刚，故"无攸利"。坎陷故为艰。上不变巽，居坎得位，四藩既决，三自应之，利居五上，故"艰则吉"也。《乾凿度》说此爻曰"藩决艰解"，故上与二四同吉。

晋卦第三十五 ䷢

【原典】

坤下离上　晋①，康侯用锡马蕃庶，昼日三接。②

初六　晋如摧如，贞吉。罔孚，裕无咎。③

六二　晋如愁如，贞吉，受兹介福，于其王母。④

六三　众允，悔亡。

九四　晋如硕鼠，贞厉。⑤

六五　悔亡，矢得勿恤，往吉，无不利。⑥

上九　晋其角，维用伐邑，厉吉，无咎，贞吝。⑦

【导读】

此卦爻辞主要论述战略进攻的相关问题，似乎是对战争经验的总结，其中有着如何转败为胜、临危而"晋其角"等鲜明的军事辩证法思想。

【精注】

①晋卦：坤下离上，象征前进，晋升。②康侯：是周朝的一种封侯。凡治理得好，便赐地封侯。当时曾有"康明安邦"之说。锡马蕃庶：锡是赐。马：指马和车。蕃庶：众多。不知赐马和车，还多次接见给以奖赏。这就有了晋（晋升）的含义。③晋如：前进，晋升的样子；摧如：遇挫折而退却的样子。罔，不；孚：信。裕：宽容。④受兹介福：兹，这个或那个；介福：大福。全意是宏大的福祉，福泽。于其王母：王母的意思是祖母。六五位居尊位，故称王母。⑤硕鼠：比喻五技不精者。飞不过房、游不过河、爬不上树、挖坑埋不了自己、一跑就让人追上。⑥恤：忧虑。⑦晋其角：赐予将军帽，意思是派他去征讨。

【今译】

晋卦　象征进长晋升。晋卦的卦象是下单卦为坤，为地；上单卦为离，为火。火升起于大地，乃光明之象。将自己的封地治理得安康的封侯晋见天子，得到很多赏赐，一天中三次接见，给予极大的礼遇。

初六　进长一开始就遇到阻碍，故不能急于求成，要泰然处之。虽未受登位之命，却安然以等，才无过失。

六二　六二得正得中，但孤立无援，难免愁苦。幸好他能固守柔顺之节，以承上。因而可获大福。

六三　众人协心效顺，危厄将会消亡。

九四　硕鼠之行，缩首缩尾，技艺不高，贪而无能。有危险。

六五　六五阴阳不合，不免忧之再三。辛好位居尊位，只要怀柔得道，不计得失，则无所不利。

上九　进长到顶，便不宜再征讨邑国以建功立业。要以施柔道为常，行法令，刚而得明，则可厉、可吉。

【集解】

晋。康侯用锡马蕃庶，昼日三接。

虞翻曰：观四之五。晋，进也。坤为"康"。康，安也。初动体屯，震为"侯"，故曰"康侯"。震为"马"，坤为"用"，故"用锡马"。艮为多，坤为众，故"蕃庶"。离日在上，故"昼日"。三阴在下，故"三接"矣。

疏　从四阴二阳之例，晋自观来，故云"观四之五"也。四进居五，柔而上行，故《象》曰"晋，进也"。"坤为康"者，坤静为安，安故康。"康，安也"，《释诂》文。爻例四为诸侯，观之六四"利用宾于王"。四之五皆失位，五之正，以四锡初，则初四易位。初动体屯，初至互象屯也。屯下体震，震为侯，屯"利建侯"，故曰"康侯"。震为马，坤器为用，故"用锡马"。蕃，多也，庶，众也，艮多节为多，坤数众为众，故称"蕃庶"。二《杂卦》曰"晋，昼也"，离日在地上，故云"昼日"。观四之五，以离日接坤，坤三阴在下为"三接"。三接，三享也。侯氏据《周礼》大行人言三接，详见下文。又一说王接诸侯之礼，观礼延升，一也。观毕，致享，升，致命，二也。享毕，王劳之，升，成拜，三也。

初六。晋如摧如，贞吉。罔孚，裕无咎。

虞翻曰：晋，进，摧，忧愁也。应在四，故"晋如"。失位，故"摧如"。动得位，故"贞吉"。应离为罔，四坎称孚，坤弱为裕。欲四之五成巽，初受其命，故"无咎"也。

疏 "晋，进"，本《象传》。以"摧"为"忧愁"，义复。六二爻辞何妥注云"摧，退也"。初应在四，爻皆失位。初之四为进，故"晋如"。四之初为退，故"摧如"。动而得位，故"贞吉"，应在离下，离为罔罟。四体坎为孚，坤体柔弱为裕。四虽孚而在罔，变则四在坤而裕。四之正成巽，巽为命。初已变震，正位得应。初受其命，故"无咎"矣。

六二。晋如愁如，贞吉。

虞翻曰：震为应在坎上，故"愁如"。得位处中，故"贞吉"也。

疏 "震为"下有脱文，当云"震为行，故晋如"，谓初已变，二在震也。二应五，在坎上，坎为加忧，《说文》："愁，忧也。"故"愁如"。二得位处中，故"贞吉"。又五失位，变之正，与二相应为"贞吉"。

受兹介福，于其王母。

虞翻曰：乾为介福，艮为手，坤艮虚，故称受。介，大也。谓五已正中，乾为王，坤为母，故"受兹介福，于其王母"。

疏 乾阳为大善，为福，故"为介福"。互艮为手，坤阴称虚，于虚能受，故称受。"介，大也"，本马训。五已变正为乾，乾为君，故为王，坤为母，故为"王母"。二受五福，故"受兹介福，于其王母"也。

六三。众允悔亡。

虞翻曰。坤为众。允，信也。土性信，故"众允"。三失正，与上易位则"悔亡"，故《象》曰"上行也"。此则成小过，小过故有飞鸟之象焉。白杵之利，见硕鼠出入坎穴，盖取诸此也。

疏 坤阴为众。"允，信也"，《释诂》文。坤土为信。故曰"众允"。以六居三，失位当有悔。与上易位，各得其正，故"悔亡"。三之上，故象曰"上行也"。三上易位则成小过，小过自晋来，晋离为雉，故有飞鸟之象。《系辞下》言"臼杵之利取诸小过"。以晋三互艮为鼠，坎为穴，见四硕鼠出入坎穴，而制为臼杵，盖取晋上之三成小过也。

九四。晋如硕鼠，贞厉。

《九家易》曰：硕鼠，喻贪，谓四也。体离欲升，体坎欲降。游不度渎，不出坎也。飞不上屋，不至上也。缘不极木，不出离也。穴不掩身，五坤薄也。走不先足，外震在下也。五伎皆劣，四爻当之，故曰"晋如硕鼠"也。

疏 五艮为石、为鼠。"硕"与"石"通，故为"硕鼠"。《诗·魏风》曰"硕鼠硕鼠，无食我黍"，《序》曰"贪而畏人若大鼠"。四本诸侯之位，以阳居阴而据坤田，有似硕鼠，故云"硕鼠喻贪，谓四也"。"硕"又与"鼫"通，故本亦作"鼫"。《说文》："鼫鼠，五伎鼠也。"体离为火，火炎上，故欲升。互坎为水，水润下，故欲降。"游不度渎"者，四在坎中，不出水，故云"不出坎也"。"飞不上屋"者，四离为飞，互艮止之，故云"不至上也"。"缘不极木"者，离于木为折上槁，四在离下，故云"不出离也"。"穴不掩身"者，五止坤阴一爻，四在五下，土气不厚，故云"五坤薄也"。"走不先足"者，四之初为震，外应内始成震足，四欲走而足在初，故云"外震在下也"。五伎皆劣，皆四爻当之，故曰"晋如硕鼠"。正居坎中则危，故曰"贞厉"。

六五。悔亡，失得，勿恤。往吉，无不利。

荀爽曰：五从坤动而来为离，离者，射也，故曰"矢得"。阴居尊位，故有悔也。以中盛明，光明四海，故"悔亡""广勿恤往吉无不利"也。

疏 五从坤动来乾为离。旅外为离，六五曰"射雉一矢亡"，故云"离者，射也"。《说卦》曰"离为戈兵"，故曰"矢得"。六阴居五尊位，不正宜有悔。然处中向明，光明四海，故"悔亡"。且失位互坎，坎忧为恤，宜有恤。然离矢得中，故无恤。往变得正，故"吉无不利也"。

上九。晋其角。

虞翻曰：五日变之乾为首，位在首上称"角"，故"晋其角"也。

疏五已变正成乾，"乾为首"，《说卦》文。位在首上而又阳刚，且爻例亦上为角，故"晋其角也"。

惟用伐邑。厉吉无咎，贞吝。

虞翻曰：坤为"邑"，动成震而体师象，坎为心，故"惟用伐邑"。得位乘五，故"厉吉无咎"而"贞吝"矣。

疏 坤土，故"为邑"。动而成震，自三至上体有师象，互坎亟心为心，故"惟用伐邑"。惟，思也。谓五，五未正体师，已正体坎，言思欲伐邑，谓五使上之三伐坤也。下乘五，故"厉"。变得位，故"吉无咎"。上变得正，故"贞"。下乘五，故"吝"。又离为甲胄、为戈兵，故有伐邑之象。

明夷卦第三十六 ䷣

【原典】

离下坤上　明夷①，利艰贞。

初九　明夷于飞，垂其翼。君子于行。三日不食。有攸往，主人有言。②

六二　明夷于左股，用拯马壮，吉。③

九三　明夷于南④狩⑤，得其大首⑥，不可疾，贞。

六四　入于左腹，获明夷之心，于出门庭。⑦

六五　箕子之明夷，利贞。⑧

上六　不明晦。初登于天，后入于地。

【导读】

此卦爻辞暗喻自由出行之人，会遇到各种挫折，虽一时获得自由，但最终将摆脱不了痛苦的现实。喻箕子一类君子，渴望济世而又只能自晦其明的悲剧命运。亦喻明夷之君丧失人心，贤人离去的孤立处境。

【精注】

①明夷卦：离下坤上，象征光明伤损。明，光明，此指太阳；夷：与"痍"同，伤痍、创伤。明夷：太阳已经西下，看不见了。②明夷于飞，垂其翼：这指的是飞鸟。飞鸟被打猎人追的，一个翅膀受了伤，还在拼命地飞。惊慌飞逃。主人有言：遭到主人责备。③用拯马壮：拯马是将马骟掉，骑这种马向前壮行。④南：古代南方为光明的方向。⑤狩：道，头顶。⑥首：古人称四蹄皆白之马为"首"，俗称踏雪。疾：病。⑦入：退。腹：腹地。获：获知。心：指内中情状。于：于是。⑧箕子：殷商纣王之叔父，贤臣，因进谏而遭纣王囚禁，遂佯装疯癫以自保。

【今译】

明夷卦　象征光明受损。明夷卦的卦象是下单卦为离，离为火，上单卦为坤，坤为地，就是指火在地下，太阳沉没地下，光明受损，所以黑暗。文明受损，贤者处境艰难，但要想突破逆境，就不能违背道德，唯有固正固本，刻苦忍耐，方能自保。

初九　光明遭到伤损时就像飞鸟低垂翅膀，仓皇逃离。又如君子弃无道而去，三天不吃饭，虽穷极潦倒，但志在道行。

六二　光明遭到伤损，如伤及左边大腿，若能以强壮的骟马来代步，终可受命于天成就大事。

九三　"南狩"指周武王伐纣之志，必须隐忍以得大事，以明治暗，韬光养晦，时至乃功成。

六四　要心悉卑人之主谋，窥其心思之短长，留在家中，祸及自身，不如隐于市井之中，以利进退，谋其所行。

六五　如果能像殷纣贤臣箕子佯狂自保，则为利卦。

上六　明德被之，昏暗丧亡，以见周之革商乃阴阳理数之使然。天命人事昭然。

【集解】

明夷。

虞翻曰：夷，伤也。临二之三而反晋也。明入地中，故伤矣。

疏 "夷，伤也"，《序卦》文。从四阴二阳之例，卦自临来，故云"临二之三"。上六"初登于天"为晋时，"后入于地"为明夷，故云"反晋"。犹艮反震，兑反巽也。"明入地中"则明掩，故伤也。

利艰贞。

虞翻曰：谓五也。五失位变出，成坎为艰，故"利艰贞"矣。

郑玄曰：夷，伤也。日出地上，其明乃光，至其入地，明则伤矣，故谓之明夷。日之明伤，犹圣人君子有明德而遭乱世，抑在下位，则宜自艰，无干事政，以避小人之害也。

疏 虞注：五为卦主，故"谓五也"。五失位不正，变而成坎，坎险为艰，正而在险，不利亦利也。五曰"箕子之明夷"，"内难而能正其志"，"利艰贞"之义也。

郑注：日出地上则明，日入地中则伤，故曰明夷。日有圣人君子之象，明如明德，伤则如遭乱世而在下位也。其明既伤，宜守艰贞，以避小人之害。即《彖传》所引文王、箕子，是其义也。

初九。明夷于飞，垂其翼。君子于行，三日不食。

苟爽曰：火性炎上，离为飞鸟，故曰"于飞"。为坤所抑，故曰"垂其翼"。阳为君子，三者，阳德成也。日以喻君，不食者，不得食君禄也。阳未居五，阴暗在上，初有明德，耻食其禄，故曰"君子于行，三日不食"也。

疏 离为火，火曰炎上，本乎天者亲上，飞象也。《说卦》曰"离为雉"，郭璞《洞林》曰"鸡为朱雀"，故"为飞鸟"而曰"于飞"也。明入地中，为坤所抑，故"垂其翼"。《左传·昭公五年》曰："日之谦当鸟，飞不翔，垂不峻，翼不广。"初体离而在坤下，故有是象也。是晋时离在坤上，今反在坤下，故垂也。《泰·象传》曰"君子道长"，君子谓三阳。《左传》曰"象日之动也，一故曰君子于行"，是知"阳为君子"。《春秋元命苞》曰"阳成于三"，故云"三者，阳德成也"。日象阳，故"喻君"。晋初动，体噬嗑，《杂卦》曰"噬嗑，食也"。明夷反晋，故"不食"，谓不食君禄也。阳在初，未居于五，坤以阴暗在上，故阳有离明之德，耻食其禄。初应四，震为行。自初至四，三爻为三日。故曰"君子于行，三日不食"也。

有攸往，主人有言。

《九家易》曰：四者，初应，众阴在上为"主人"也。初欲上居五，则众阴有言，"言"谓震也。四五体震为雷声，故曰"有攸往，主人有言"也。

疏　四者，初之应也。自内曰"往"，故"有攸往"。震主器为主人，坤众阴在上，故互震为主人也。初欲应四，上居于五，四互震而在坤体，"躁人辞多"，故云"众阴有言，言谓震也"。震雷为声，旦为行。应在震，故曰"有攸往，主人有言也"。

六二。明夷于左股，用拯马壮，吉。

《九家易》曰：左股谓初，为二所夷也。离为飞鸟，盖取小过之义，鸟飞舒翼而行。夷者，伤也。今初伤，垂翼在下，故曰"明夷于左股"矣。九三体坎，坎为马也。二应与五，三与五同功。二以中和应天，应天合众。欲升上三，以壮于五，故曰"用拯马壮，吉"。

案：初为足，二居足上，股也。二互体坎，坎主左方，左股之象也。

疏　《九家》注：《管子·宙合》曰"君立于左，臣立于右，故君臣之分"，是左阳右阴，故阳称左，《周书·武顺》曰"天道尚左"，初阳为左，故"左股为初"。二来初成离，故"为二所伤"。初四易位为小过，小过有飞鸟之象，故云"离为飞鸟，盖取小过之义"。小过中实，上下皆虚，故象"鸟飞舒翼而行"。初曰"明夷于飞，垂其翼"，是"初伤垂翼在下"，故二曰"明夷左股矣"。二承三，互坎美脊为马。三升五，二正应之，故云"二应与五"。"三与五同功"，故得升五。以五虚无君，阳得升也。二执中含和，上应九五，以合众爻，五为天位，故云"二以中和应天，应天合众"也。"拯"，《子夏传》作"抍"，《说文》云"上举也"。亦引作"抍"。盖抍之言升。三升五则二得其应，故"欲上升三，以壮于五，而日用拯马壮"。五变之正，故吉也。

愚案：壮者，伤也。言拯马之伤，故吉也。

案：爻例初为足，二居足上，故为股。三互四体坎主左方，故曰左股。

愚案：卦自临来，临震伏巽，巽为股，震东方居左，故曰左股。

九三。明夷于南狩，得其大首，不可疾贞。

《九家易》曰：岁终田猎名曰狩也。南者，九五。大阳之位，故称南也。暗昧道终，三可升上而猎于五，得据大阳首位，故曰"明夷于南狩，得其大首"。自暗复明，当以渐次，不可卒正，故曰"不可疾贞"也。

疏 《释天》："冬猎为狩。"故云"岁终田猎名曰狩也"。天子有南面之尊，故云"南者，九五"。九五为乾，乾阳为大，故"大阳之位称南也"。离居坤下为"暗昧"，三居离上为"暗昧道终"。三阳五阴，五虚无君，阳主升，三五同功，故"三可升上而猎于五"。得据九五大阳首位，故曰"明夷于南狩，得其大首"。明夷之世，用晦而明，不可骤正五位，故云"自暗复明，当以渐次，不可卒正"。疾，速也，故曰"不可疾贞"。

案：二至上体师，以坎征坤，故曰狩。离南方之卦，故曰"南狩"。三本离上也，离上曰"有嘉折首"，故曰"得其大首"。坎为疾占"疾贞"者，正乎坎也，言当征五成既济也。《左传》季札闻歌《周南》、《召南》曰"美哉，犹有憾"，谓疾贞也。之五得正，故曰"不可疾贞"也。

六四。入于左腹，获明夷之心，于出门庭。

荀爽曰：阳称左，谓九三也。腹者，谓五居坤，坤为腹也。四得位比三，处于顺首，欲上三居五，以阳为腹心也，故曰"入于左腹，获明夷之心"。言三当出门庭，升五君位。

干宝曰：一为室，二为户，三为庭，四为门，故曰"于出

"门庭"矣。

疏 荀注：三阳称左，故左"谓九三也"。外坤为腹，故"腹谓五居坤"也。四得正位，下比于三，居坤之始，故云"处于顺首"。欲三上居于五，以阳为心腹，故曰"入于左腹"。三升五体坎为心，故曰"获明夷之心"。三在离明，互震为出，五虚无君，故"言三当出门庭，升五君位"也。

案：坤为腹，互震为左，伏巽为人，故"入于左腹"。初四易位成艮为门阙，故为门庭。互震故出。明夷之心，三坎也。三四内外之间，当门庭之处。故"获明夷之心，于出门庭"。

干注：室在内，故"初一为室"。室之口曰户，故"二曰户"。庭在室外，故"三为庭"。内为户，外为门，故"四为门"。三阳奇，有庭象。四阴偶，有门象。故曰"于出门庭"。

六五。箕子之明夷，利贞。

马融曰：箕子，纣之诸父，明于天道，《洪范》之九畴，德可以王，故以当五。知纣之恶，无可奈何，同姓恩深，不忍弃去，被发佯狂，以明为暗，故曰"箕子之明夷"。卒以全身，为武王师，名传无穷，故曰"利贞"矣。

疏 五君位而以箕子当之者，上六，纣也。六五得中，纣不足以当之。箕子，纣之诸父，同姓之亲也。《史记》："武王克殷，访问箕子以天道。箕子以《洪范》陈之。"《书·洪范》曰："禹乃嗣兴，天乃锡禹。《洪范》九畴，彝伦攸叙。"故曰"明于天道，《洪范》之九畴"。箕虽为臣。然德可以王，故以当五。《史记·殷世家》："纣为淫泆，箕子谏，不听。人或曰：'可以去矣。'箕子曰：'为人臣，谏不听而去，是彰君之恶，而自说于民，吾不忍也。'乃披发佯狂而为奴。"故"知纣之恶，无可奈何。同姓恩深，不忍弃去，披发佯狂"也。"以明为暗"者，即"自晦其明"也，故曰"箕子之明夷"。然明在二而五则晦以全身，传《洪范》以为武王师，名垂无穷，故曰"利贞"也。

愚案："利贞"者，即《象传》"利艰贞"也。变正则能正其志，故曰"利贞"。

上六。不明晦。初登于天，后入于地。

虞翻曰：应在三，离灭坤下，故"不明晦"。晋时在上丽乾，故"登于天，照四国"。今反在下，故"后入于地，失其则"。

疏 三体居离之上，上正应之，故云"应在三"。坤灭藏于癸，坤上离下，故"离灭坤下"。坤冥为晦，故"不明而晦"也。晋时明在上而丽于乾，故曰"登天照四国"也。今明夷反晋，明在坤下，故曰"后入于地，失其则"也。

家人卦第三十七

【原典】

离下巽上　家人①，利女贞。

初九　闲有家，悔亡。②

六二　勿攸遂，在中馈，贞吉。③

九三　家人嗃嗃，悔，厉，吉。妇子嘻嘻，终吝。④

六四　富家，大吉。

九五　王假有家，勿恤，吉。⑤

上九　有孚⑥威⑦如，终吉。

【导读】

此卦爻辞从不同角度讲治家之道，指出男人的任务是防守家园，谨防内祸外患滋生，而女人应担起持家重任；家教威严，家人不可嬉笑、哀怨，当安分守己，谨小慎微，这样才能获得吉祥。

【精注】

①家人卦：离下巽上，象征家人围居。②闲：防备。③无攸遂：一个女人不应去想太多，家庭必须有人操持，有人做饭。馈：主持炊事。④嗃嗃：很严肃的样子，比喻斥责之声，指森严治家。⑤假：是至、达之意。另说与嘏通用，指大的，到。恤：忧虑。⑥孚：诚信。⑦威：威严。

【今译】

家人卦　讲述持家之道。主妇正，则家庭正，家兴旺。家庭中男主外，女主内，父母、子女、兄弟、夫妻各司其职。

初九　持家要御其邪而护正，豫防不妄之灾。对家中成员要养蒙于早，让他们明确志向，杜绝后患，则无悔。

六二　主妇在家固守正德，并在家中操持烹饪饮食，则可获吉祥。

九三　家长治家严谨，威严自立，家道中吉。家长治家失之谨严，妻儿子女无调，则必丧失家节。

六四　富非大吉之道。但柔顺静持而不贪进，不溢于非分，则可保其富而大吉。此艉积善积福之家。

九五　王者乃君王之德，一家人如能以刚健之德至诚感动家人和邻里，则家庭自然兴旺。

上九　家长治家诚信而不渎，身正而威自立，即秉于持家之道也，最后必获吉祥。

【集解】

家人。利女贞。

虞翻曰：遁初之四也。女谓离、巽，二四得正，故"利女贞"也。

马融曰：家人以女为奥主。长女中女各得其正，故特曰"利女贞"矣。

疏　虞注：从四阳二阴之例，卦自遁来，故云"遁初之四"也。二位大夫，又在内，故称家。离二正内，应在乾五，乾阳生为人，故名家人。"女谓离巽"者，离为中女，巽为长女。二体离，四体巽，二四皆得正位，故曰"利女贞"。

马注：《礼运》："奥者，老妇之祭也。"故云"家人以女为奥主"。郑《礼注》云"奥，当作爨"，非马义也。离巽各得其正，故"利女贞"也。

初九。闲有家，悔亡。

荀爽曰：初在潜位，未干国政，闲习家事而已，未得治官，故悔。居家理治，可移于官，守之以正，故"悔亡"。而未变从国之事，故曰"志未变也"。

疏　乾初九曰"潜龙勿用"，故云"初在潜位"。家人九五曰"王假有家"，国政也。初为士，远于五，故云"未干国政"。《释诂》："闲，习也。"初为家人之始，故但"闲习家事而已，未得治官"。其时困，宜有悔。《君·陈》曰"惟孝友于兄弟，施于有政"，孔子曰"是亦为政"，故云"居家理治，可移于官"。初得正，故"守之以正"，而"悔亡"也。尚未变从国事，故曰"志未变也"。

愚案：马注云"闲，阑也，防也"。《说文》："闲，阑也。从门中有木。"卦自遯来，遯艮为门。初四易位成巽，巽木应初，门中有木，艮以止之，故曰闲。王注云"凡教在初而法在始"，故曰"闲有家"。坎险在前，故有悔。体离明，初爻刚得正有应，故"悔亡"也。应在坎，坎为志，爻皆得正为附，故曰"志未变也"。

六二。无攸遂，在中馈，贞吉。

荀爽曰：六二处和得正，得正有应，有应有实，阴道之至美者也"。坤道顺从，故无所得遂。"供看中馈，酒食是议"，故曰"中馈"。居中守正，永贞其志则吉，故曰"贞吉"也。

疏　以六居二，处和得正。已得正位，外有正应。阴虚阳实，有应而又有实。故为"阴道之至美者也"。《公羊传·桓公八年》"遂者何？生事也。大夫无遂事"，何休注"专事之辞"。夫子制义，妇道无成。故云"坤道顺从，而无所得遂"，也。郑云"爻体离，又互坎。火位在下，水在上，任之象也"。馈，食也。故云"严供肴中馈，酒食是议"，《诗·斯干》文。乙二在中，故曰"中馈"。二为居中，六为守正，与五正应，惟永贞其志，则必获吉，故曰"贞吉"也。

九三。家人嗃嗃，悔厉，吉。妇子嘻嘻，终吝。

王弼曰：以阳居阳，刚严者也。处下体之极，为一家之长。行与其慢也，宁过乎恭。家与其渎也，宁过乎严。是以家虽嗃嗃，悔厉犹得吉也。妇子嘻嘻，失家节也。

侯果曰：嗃嗃，严也。嘻嘻，笑也。

疏　王注：阳爻阳位，故云"以阳居阳"。乾德刚健，乾道威严，故云"刚严者也"。三处下体之极，为一家之主，贵乎刚严。过恭过严，非中和之道。然与其慢，毋宁恭，与其渎，毋宁严，即孔子宁戚宁俭之意。"嗃嗃"，刘作"熇熇"。犍为舍人《尔雅注》云"嗃嗃，盛烈也"，《内经》岐伯言"无制熇熇之热"是也。"嘻嘻"，张作"嬉嬉"，陆作"喜喜"。郑注"嗃嗃，苦热之意。嘻嘻，骄佚自笑之意"。是以家虽嗃嗃，悔其过厉，然终得吉也。若纵其妇子嘻嘻，喜笑失乎家节，故终吝也。

侯注：《说文》："嗃嗃，严酷貌。"故云"嗃嗃，严也"。《史记·魏其武安侯传》："夫怒因嘻笑。"故云"嘻嘻，笑也"。

六四。富家大吉。

虞翻曰：三变体艮，艮为笃实。坤为大业。得位应初，顺五乘三，比据三阳，故曰"富家大吉"。"顺在位也"，谓顺于五矣。

疏 三变则四体艮，艮成始成终，故"为笃实"。"富有之谓大业"，故"坤为大业"。《礼运》曰"天生时而地生财"。《诰志》曰"地作富"。坤为地，故富也。六居四为得位，初正应为应初。上顺五，下乘三。初三五皆阳，故云"比据三阳"。阳为大、为吉，故曰"富家大吉"。得位顺五，故曰"顺在位也，谓顺于五矣"。

九五。王假有家，勿恤，吉。

陆绩曰：假，大也。五得尊位，据四应二，以天下为家，故曰"王大有家"。天下正之，故无所忧则吉。

疏 "假，大也"，《释诂》文。五乾为君，故云"五得尊位"。近据四，下正应二，群阴顺从。王者以天下为家，故曰"王大有家"。三坎为恤，三变则五交二而勿恤。"正家而天下定"，故无所忧而吉也。

案：王弼注云"假，至也"。《口诀义》引先儒云"犹如舜能治家，处于妫汭，即是妇让至焉"，义亦可通。

上九。有孚威如，终吉。

虞翻曰：谓三已变，与上易位成坎，坎为孚，故"有孚"。乾为威。如，自上之坤，故"威如"。易则得位，故"终吉"也。

疏 三已变，与上易位成坎，《坎》卦辞曰"习坎有孚"，故曰"有孚"。遯乾为君，君德威严，故曰威。如，往也。自上之坤，故曰"威如"。易位得正，故"终吉也"。

愚案：上应三体坎为"有孚"，上体乾为"威如"。敬信之道，所以修身，所以齐家，即所以治国。上为终，故"终吉"也。

睽卦第三十八 ䷥

【原典】

兑下离上　睽①，小事吉。

初九　悔亡。丧马勿逐，自复。见恶人，无咎。

九二　遇主于巷，无咎。

六三　见舆曳，其牛掣，其人天且劓，无初有终。②

九四　睽孤，遇元夫，交孚，厉无咎。③

六五　悔亡。厥宗噬肤，往何咎④？

上九　睽孤。见豕负涂，载鬼一车。先张之弧，后说之壶，匪寇，婚媾。往遇雨则吉。⑤

【导读】

此卦爻辞讲述一旅客途中见闻。反映的是古代行旅的甘苦。包含了两个故事：一个故事是有一辆货车，一头牛吃力地拉着，一人在推车，走近一看，原来推车的是一个刺了额、割了鼻的奴隶；另一个故事是一辆大车上满载着鬼怪一样的人前去抢婚。这两个故事反映的内容，可以作为研究古代刑法制度史和古代民俗史的资料。

【精注】

①睽卦：兑下离上，象征乖离、隔膜。②曳：往后。其人

天且劓：天，这里指跌跤。在古代罪人额头上刺字称天。劓，古代刑名，割鼻。③睽孤：指孤傲自负。元夫：善人，元，善。④厥宗噬肤：他与宗人共同吃肉。厥，其，他；宗，宗人即同一宗族之人；噬：咬，此为吃的意思；肤，肉。指作：唇齿相依。⑤豕：猪。涂，泥土。弧：弓。说：通"脱"，放下。

【今译】

睽卦　象征违逆隔离。睽卦卦象下单卦为兑，兑为泽，为水；上单卦为离，为火，为明。两单卦结合，火势向上，而泽水下浸，是为违逆。推理睽之卦理，若乖戾而不适于存同，则可善用之。因人与物之情理，皆可因异而得同。这是万物之事理。

初九　虽有"丧马"不能行之苦，但以仁德相感，不去相逼，自可回返，人事难料，凡事化解在宽大包容之中，即便丢失了马也会自动返回。谦谨地对待与自己对立的恶人，不会招致灾祸。

九二　在小巷中不期而遇碰见主人，不管是恩主、债主，抑或仇主，只要秉承正直，都不为过。

六三　大车被拖住不动，驾车人急鞭其牛，牛奋力向前拉。至使驾车人额鼻都被摔伤。但有强者使牛驯服改过以服善，终可获吉。

九四　孤傲无主之时，处势虽危，但能与刚正之人交往，授之以诚信，虽严厉，但可得志而行。

六五　自相残杀的结果就是同归于尽。不如唇齿相依，同心同德，排除万难，共同前进，这样必有吉庆。

上九　一位孤傲躁突的人怀疑一头猪的身上满是污泥，又怀疑一辆车上坐着的都是恶鬼，本想张弓来射，又放下了，原来不是鬼，也不是贼，而是婚娶的车子。猜疑被澄清，有如雨过天晴，所以为吉。

【集解】

睽。小事吉。

虞翻曰：大壮上之三，在《系》盖取无妄二之五也。小谓五，阴称小，得中应刚，故吉。

郑玄曰：暌，乖也。火欲上，泽欲下，犹人同居而志异也，故谓之暌。二五相应，君阴臣阳，君而应臣，故"小事吉"。

疏 虞注：从四阳二阴之例，自大壮上之三也。"在《系》盖取"者，在《系辞》：盖取十三卦也。《系辞下》曰"弦木为弧，剡木为矢。弧矢之利，以威天下，盖取诸暌"。虞彼注云"无妄五之二"。盖以《象传》曰"柔进而上行"，故据"盖取"以明之也。六五阴爻，故"小谓五"。阳大阴小，故"阴称小"。五得中位，应乾，伏阳，故"小事吉"也。

郑注："暌，乖也"，《序卦》文。离火在上，故"欲上"。兑泽在下，故"欲下"。犹二人同居而各异其志也，故谓之暌。二五刚柔相应，五君为阴，二臣为阳。阳大阴小；以君应臣，故"小事吉"也。

初九。悔亡。丧马，勿逐自复，见恶人无咎。

虞翻曰：无应，悔也。四动得位，故"悔亡"。应在于坎，坎为马。四而失位，之正入坤，坤为丧，坎象不见，故"丧马"。震为遂，艮为止，故"勿逐"。坤为自，二至五体复象，故曰复。四动震马来，故"勿逐自复"也。离为见，恶人谓四，动入坤初，四复正，故"见恶人，以避咎"矣。

疏 四失位，初无应，故有悔。四动得正，下应于初，故"悔亡"。四互坎，故"应在坎"，坎美脊为马。四变成坤，坤乙为丧，四变坤，坎象毁，故"丧马"。震足奔走为逐，"艮以止之"，故"勿逐"。坤身为自，四已变，二至五体复象，故"自复"。震为作足马，四动，坎马丧而震马来，故"勿逐自复也"。"相见乎离"，故"离为见"。离四火不正，焚如弃如，故"恶人谓四"也。四动当入坤初，《易》例也。四人初，则坤初采居四，四复正位，故"见恶人，以避咎矣"。

愚案：暌六爻唯初得正而无应。无应故悔，得正故"悔亡"。四坎马不应，故"丧马"。初得正不动，故"勿逐"。初阳体复，故"勿逐自复也"。四虽恶人，已正，故见之无咎。

当暌不暌，不为已甚者也。盖以动则成未济，而暌愈甚。故宜静以镇之，待诸爻变而成既济定也。

九二。遇主于巷，无咎

虞翻曰：二动体震，震为主，为大涂，艮为径路，大道而有径路，故称巷。变而得正，故"无咎"而"未失道也"。

疏 二失位当动，动则体震，震长子主器，故为主。"震为大涂"，"艮为径路"，《说卦》文。大涂有径，故称巷。又《泽宫》曰"宫中巷谓之壶"。艮为门阙、为宫、为径路，宫中有径路，故称巷也。《谷梁传·隐公四年》曰"遇者，志相得也"。二五相应皆失位，二动，五变应之，故"遇主于巷"。而皆得正，故"无咎"。

六三。见舆曳，其牛掣。

虞翻曰：离为"见"。坎为车，为"曳"。故"见舆曳"。四动坤为"牛"为类，牛角一低一仰，故称"在掣"，离上而坎下，"其牛掣"也。

疏 "相见乎离"，故"离为见"。坎有舆象，故"为车"。"为曳"，《说卦》文。《说文》曰"曳，臾曳也"。束缚摔泄为臾。坎于舆多眚，故"见舆曳"。四动体坤，故"为牛"。"为类"未详，疑有误也。牛角一低一仰为"掣"。离上为仰，坎下为俯，故"其牛掣"。

其人天且劓，无初有终。

虞翻曰："其人"谓四，恶人也。黥额为天"天"，割鼻为"劓"。无妄乾为天，震二之乾五，以阴墨其天，乾五之震二毁艮，割其鼻也，兑为刑人，故"其人天且劓"。失位，动得正成乾，故"无初有终"。《象》曰"遇刚"，是其义也。

疏 "其人谓四，恶人"者，离四焚弃为恶人，当蒙罪也。马氏云"刺凿其额曰天"，"刺"与"黥"同，故"黥额为天"。《说文》："劓，刖鼻。"故"割鼻为劓"。夏之黥，即周之墨。卦自无妄来，无妄乾为天，震二上之乾五，故"以阴墨其天"。无妄二体艮，艮为鼻，乾五下之震二，则艮象毁，为"割其鼻也"。兑西方秋，主杀气，且为毁折，故为"刑人"。五刑有劓鼻之法，加于四之恶人，故"其人天且劓"也。三失位，动得正，居内乾之终。三初本阴，终变成阳，故曰"无初有终"。《象》曰"遇刚"，谓变阳也。

九四：睽孤。遇元夫。交孚，厉无咎。

虞翻曰：孤，顾也。在两阴间，睽五顾三，故曰"睽孤"。震为"元夫"，谓二已变，动而应震，故"遇元夫"也。震为交，坎为孚。动而得正，故"交孚，厉元咎"矣。

疏 "孤，顾也"，《释名》文，言顾望无所瞻见也。《说文》："睽，目不相视也。"体离为目，四在两阴之间，上不承五而睽五，下欲据三而顾三，故曰"睽孤"也。震在复初曰"元吉"，故为"元"。震一夫之行，故为"夫"。二已变，初体震，四动应初，故"遇元夫也"。震初阳始交坤，故"为交"。坎有孚，故"为孚"。坎动成震，故"交孚"。动而得正，故虽危无咎矣。又中孚五交四为睽，故四曰"交孚"。

六五。悔亡。厥宗噬肤，往何咎。

虞翻曰：往得位，"悔亡"也。动而之乾，乾为"宗"，二体噬嗑，故曰"噬"。四变时，艮为"肤"。故曰"厥宗噬肤"也。变得正成乾，乾为庆，故旺无咎而有庆矣。

疏 五失正，往得位，故"悔亡"也。五动成乾，人本乎祖，宗族法天，故"乾为宗"。厥宗，二之宗也。二动成噬嗑，噬嗑，合也。四变二体艮，艮乾三覆坤，在肉之外，故"为肤"。五来合二，故"厥宗噬肤也"。二艮为巷，五乾为宗，巷者，宫中之道，宗者，庙内之墙。二五易位，五君二臣，君为元首，臣为股肱，本一体之亲，有肌肤之爱，故曰"噬肤"。变正咸乾，乾阳为庆，故"往无咎而有庆矣"。

愚案：同人六二，以九五为宗，睽六五，以九二为宗。离于时为夏，《春官·大宗伯》："夏见曰宗。"二卦皆离，故曰"宗"。且乾中阳爻，变阴成离，故六与九应为宗，以九自离中往也。虞谓"乾为宗"，亦以乾中应离中；而与离上下为宗也。又"厥宗噬肤"，馂礼也。祭毕而食曰馂。特牲之馈者曰举奠曰长，兄弟佐食，授举各一肤。"举奠"者，嗣子也。疏云

"上使嗣子及兄弟馂，其惠不过亲族"，故曰"厥宗噬肤"。《初筵》之诗曰"锡尔纯嘏，子孙其湛，其湛曰乐"，故《象》曰"往有庆也"。

上九。睽孤。见豕负涂，载鬼一车。

虞翻曰：睽三顾五，故曰"睽孤"也。离为见，坎为豕为雨，四变时，坤为土，土得一雨为泥涂，四动艮为背，豕背有泥，故"见豕负涂"矣。坤为鬼，坎为车，变在坎上，故"载鬼一车"也。

疏 上与三应，三不正，故"睽三"。上据五，故"顾五"。亦曰"睽孤"，与四睽五顾主同也。离目为见。互坎为豕。《说卦》"雨以润之"，故"坎为雨"。四变时，体坤为主，土得雨为泥涂，《禹贡》"厥土惟涂泥"是也。四动时体艮，《象》曰"艮其背"，故"为背"。豕背有泥，故曰"见豕负涂"矣。坤死魄，故"为鬼"。坎舆为车，四变在坎上，故"载鬼一车"。豕鬼皆谓五。五未变，上失正，故所见如此也。鬼车于礼为魂车，《既夕》"荐车"，郑彼注云"今之魂车，载而往，迎而归，如慕如疑"，乖违之家有是象也。

先张之弧，后说之壶。

虞翻曰：谓五已变，乾为"先"，应在三。坎为"弧"，离为矢，张弓之象也，故"先张之弧"。四动震为"后"，"说"犹置也。兑为口，离为大腹，坤为器，大腹有口，坎酒在中，壶之象也。之应历险以与兑，故"后说之壶"矣。

疏 五已变体乾，阳主倡，故"为先"。下应三，三互坎，坎为弓轮，故"为弧"。离为戈兵，故"为矢"。又"弦木为弧，盖取诸睽"，张弓之象也，故"先张之弧"。四动体震，《震·象》曰"后有则"，故"为后"。《释诂》："说，舍也。"郭注"舍，放置"，"说"、"舍"同物，故云"说犹置也"。"兑为口"，"离为大腹"，《说卦》文。坤形下为器，大腹有口，坎水为酒，在其中焉，壶象也。阮谌《三礼图》曰"方壶受一斛，腹圆足口方。圜壶受一斛，腹方足口圜"，故象兑口离大腹也。昏礼设尊，是为壶尊。扬子《太玄》曰"家无壶，妇承之姑"，《测》曰"家无壶，无以相承也"。若然，"说壶"者，妇承姑之礼也。上之三为"之应"，中历坎为"历险"，正应三为"与兑"。三上易位，坎象不见，壶空置矣，故"后说之壶"。

愚案：壶作昏礼壶尊，则说当音悦。"先张之弧"，疑其寇而匪寇，"后说之壶"，以匪寇而为婚媾也。

匪寇婚媾，往遇雨则吉。

虞翻曰：匪，非。坎为寇，之三历坎，故"匪寇"。阴阳相应，故"婚媾"。三在坎下，故"遇雨"。与上易位，坎象不见，各得其正，故"则吉"也。

疏 "匪"、"非"古今字。坎为盗，故"为寇"。之三虽历坎，然应兑非应坎，故"匪寇"。三阴上阳，内外相应，故称"婚媾"。下坎为雨，三在坎下，上往三，故"遇雨"。与上易位，坎象不见，阴阳和会，各得其正，成既济定，故吉也。

蹇卦第三十九 ䷦

【原典】

艮下坎上　蹇[①]，利西南，不利东北。利见大人，贞吉。[②]
初六　往蹇来誉。[③]
六二　王臣蹇蹇，匪躬之故。[④]
九三　往蹇，来反。[⑤]
六四　往蹇，来连。[⑥]
九五　大蹇，朋来。
上六　往蹇，来硕，吉。利见大人。

【导读】

本卦指出人们在遇到困难时应保持头脑清醒，做明智的选择，以利于最终克服困难，走出困境。

【精注】

①蹇卦：艮下坎上，象征行事艰难。"蹇"，难也。②利西

中华藏书

周易全书·最新整理珍藏版

中国书店

南，不利东北：西南象征平地，所以"利"；东北象征山丘，所以"不利"。③来：返回，归来。④匪：非。躬：自身。⑤反：通"返"。⑥连：联络、连合。

【今译】

蹇卦　因跛而行走不便，象征处事艰难。蹇卦的卦象是下单卦为艮，艮为东北，指山区地貌；上单卦为坎，坎为水。山水结合有奔涉千山万水之象利西南，不利东北。困境中必须有大才大德之人，固守正道，整饬家邦。宜于君子修德。

初六　遇到困难就停止，量力而行，耐心等待，才能获得美誉。

六二　君王的臣子历尽艰险，奔走赴难奋力营救。不为自己的私事，而是意在报国。

九三　外出行动遭逢艰难，不如相与慎守返回家园。

六四　风险赴难，为的是济世救人。因此必须同心同德，这样才能担此重任。

九五　九五难是大难。君王如能深体天下之危机，虽无为但善与人同。并操守中正，故能得臣民之拥护。

上六　努力拯救时艰，历尽艰难可建大功，十分吉祥。有利于施世大德人才的出现。

【集解】

蹇。利西南。

虞翻曰：观上反三也。坤，西南卦。五在坤中，坎为月，月生西南，故"利西南"。"往得中"，谓"西南得朋"也。

疏　从二阳四阴之例，卦自观来，故云"观上反三也"。《乾凿度》曰"坤位在西南"，故曰"西南卦"。五乾入坤成坎。"坎为月"，《说卦》文。以纳甲言之，月出庚见丁，故云"月生西南"。五"往得中"，故"利西南"也。与睽旁通，往得中，睽兑为朋，故"西南得朋"也。

不利东北。

虞翻曰：谓三也。艮，东北之卦，月消于艮，丧乙灭癸。故"不利东北，其道穷也"。则"东北丧朋"矣。

中华藏书

第一部　周易原典

中国书房

二三五

中華藏書

周易全书·最新整理珍藏版

中国书房

疏 三体艮，故东北"谓三也"。"艮，东北之卦也"，《说卦》文。月退辛消丙，故云"消于艮"。乙东癸北，月丧于乙，灭于癸。当月之晦，天道之终，故"不利东北，其道穷也"。"东北丧朋"，谓五六三十度也。

利见大人。

虞翻曰：离为"见"，"大人"谓五，二得位应五，故"利见大人，往有功也"。

疏 相见乎离，互离为"见"。五居尊位，故为"大人谓五"。二得中位，上正应五，故"利见大人"。"五多功"，故引《象传》"往有功也"以明之。

贞吉。

虞翻曰：谓五当位正邦，故"贞吉"也。

疏 五谓乾五也。坤众为邦。五当乾位，下正坤邦，群阴顺从，故"贞吉"也。

初六。往蹇，来誉。

虞翻曰："誉"谓二，"二多誉"也。失位应阴，往历坎险，故"往蹇"。变而得位，以阳承二，故来而誉矣。

疏 "二多誉"，《说卦》文，故"誉谓二"也。初失正位，上应四阴，坎体为险，故"往蹇"也。变而之正得位，以初阳比二阴，六爻皆正，故"来誉"也。

六二。王臣蹇蹇，匪躬之故。

虞翻曰：观乾为"王"，坤为"臣"，为"躬"，坎为"蹇"也。之应涉坤，二五俱坎，故"王臣蹇蹇"。观上之三，折坤之体，臣道得正，故"匪躬之故"，《象》曰"终无尤也"。

疏 观五，乾九五也。乾为君，故"为王"。坤，臣道也，故"为臣"。坤形为身，故"为躬"。坎，难也，蹇亦难也，故"坎为蹇也"。五本坤，乾居之，故云"之应涉坤"。五，坎也，二互三，亦为坎，内外两坎，二比三应五，正遇坎中，故曰"王臣蹇蹇"。观上反三，来折坤成艮，二三皆正，故"臣道得正"。艮体不获其身，故"匪躬之故"。上从王事，故

"终无尤也"。

九三。往蹇，来反。

虞翻曰：应正历险，故"往蹇"。反身据二，故"来反"也。

疏 三正应上，中历五坎，故"往蹇"。上反于三，下据二，舍应从比，故曰"来反"，即《象传》所云"反身修德"也。

六四。往蹇，来连。

虞翻曰：连、辇、蹇，难也。在两坎间，进则无应，故"往蹇"。退初介三，故"来连"也。

疏 马云"连亦难也"，"连"古音"辇"，辇亦难也，故云"连、辇、蹇，难也"。四在两坎之间，进退两难，进谓往变，初已正则无应，故"往蹇"，退应初而间于三，故"来连"。终得初应，故《象》曰"当位实也"。

九五。大蹇，朋来。

虞翻曰：当位正邦，故"大蹇"。睽兑为朋，故"朋来"也。

疏 五当蹇难，处中得正。《象》言"当位正邦"，五足当之，故曰"大蹇"。蹇旁通睽，睽体兑，《兑·象》"朋友讲习"为朋，故"朋来也"。

上六。往蹇，来硕。吉，利见大人。

虞翻曰：阴在险上，变失位，故"往蹇"。硕谓三，艮为硕。退来之三，故"来硕"。得位有应，故"吉"也。离为见，大人谓五，故"利见大人"矣。

疏 阳陷阴中为坎，坎为险，故"阴在险上"。诸爻以遇坎为蹇，以上乘坎为蹇。上无所往，故以变为往。变而失位，故"往蹇"也。"硕谓三"者，应在三，三体艮石为硕。上退来应三，故"来硕"。六居上为"得位"，九在三为"有应"。蹇终则解，故"吉"也。初变成既济，体离目为"见"，乾五为大人，故"大人谓五"，承阳有实，故"利见大人"也。

中華藏書

第一部 周易原典

中国书房

二三七

解卦第四十 ䷧

【原典】

坎下震上 解①，利西南。无所往，其来复吉。有攸往，夙吉。②

初六 无咎。

九二 田获三狐，得黄矢，贞吉。③

六三 负且乘，致寇至，贞吝。④

九四 解而母，朋至斯孚。⑤

六五 君子惟有解，吉。有孚于小人。⑥

上六 公用射隼⑦于高庸⑧之上，获之，无不利。

【导读】

解卦爻辞讲在“解”的过程中，一是要注意理顺周围环境。二是要注意解决好自身的问题。“解卦爻辞”是我国古代先民渴望自由、不满礼规束缚心情的反映。

【精注】

①解卦：坎下震上，象征解脱、舒解。②夙：早。③田：田猎。④负且乘：背着东西坐车。⑤解而母：解开大脚趾头。斯：乃。⑥君子惟有解：君子被绑而又解脱，指消除祸患。惟，语助词，无义。⑦隼：一种猛禽名，俗称鹞子。⑧庸：指的是城墙。

【今译】

解卦 象征化解、解脱。解卦卦象是下单卦为坎，坎素有坎坷、艰险之象；上单卦为震，指动，行动。两单卦结合指解散其纷乱。西南的坤是地，平而静，故有利。但艰险消除后，便应与民同息，以人情纲纪行于险坡之中，众人也会臣服。

初六 刚柔相济，排解塞难，自省无过，则可相安。

九二 田中狩猎，不仅猎获了三只狐狸，还获得上等的（黄色的）箭的奖赏，所从贞吉。

六三 屈居卑贱，却躁进尤妄。本是背负之小人却偏要乘君子车而行，可谓“居非所得”。寇贼见之，必夺。这是自招其损，怨不得别人。

九四　解开脚拇趾，才可以自由行走。但尚未当位，没有解脱小人的羁绊，力弱而情殊，君子只有懂得摆开小人的干扰，退小人之道，才可以招天下之朋友。

六五　位于君位的人必须以诚信感化小人，小人能退就足见君子之功夫，则吉也。

上六　在高墙上王公用利箭射大隼，一箭射中目标，消除祸患，无往而不利。

【集解】

解。利西南。

虞翻曰：临初之四。坤，西南卦，初之四得坤众，故"利西南，往得众也"。

疏　从二阳四阴之例，卦自临来，故云"临初之四"。坤位西南，四体坤，坤广生为"众"，初之四成解，故"得坤众"，《彖传》曰"利西南，往得众"，是也。

无所往，其来复吉。

虞翻曰：谓四本从初之四，失位于外，而无所应，故"无所往"。宜来反初，复得正位，故"其来复吉"也。二往之五，四来之初，成屯体复象，故称"来复吉"矣。

疏　四本临初，之四成解。以阳居阴为"失位"。初亦失位，不义之应为"无应"，故"无所往"也。宜来反初，复得正阳之位，故"其来复吉"也。下云"夙吉"，知二已往之五，四乃得来之初，而成屯体，屯初至四体复，故称"来复"也。

有攸往，夙吉。

虞翻曰：谓二也。夙，早也。离为日为甲，日出甲上，故早也。九二失正，早往之五则吉，故"有攸往夙吉，往有功也"。

疏　之外曰往，故"往谓二也"。"夙，早也"，《释诂》文。互离为日。又离为甲胄，故为甲。故文"早"作"曑"，《说文》："曑，晨也。"故云"日出甲上，故早也"。二既失正，早往之五，故吉。四变则离不见，故"有攸往，夙吉"。"五多功"，二据五，故"往有功也"。

初六。无咎。

虞翻曰：与由易位，体震得正，故"无咎"也。

疏 初与四易位，二已之五，故初体震而得位。失位宜咎，之正故"无咎"。初四变不言贞者，解主九二，二贞则诸爻皆正矣。

九二。田获三狐，得黄矢，贞吉。

虞翻曰：二称阻，田猎也。变之正，艮为狐。坎为弓。离为黄矢。矢贯狐体，二之五历三爻。故"田获三狐，得黄矢"。之正得中，故"贞吉"。

疏 乾九二曰"见龙在田"，故"二称田"。离为罔罟，故象"田猎"。变之正，互三四为艮。"艮为狐"，《九家·说卦》文。坎为弓轮，故为弓。离为戈兵，故为矢。离二"黄离"，故"为黄矢"。三体离，四体艮，散"矢贯狐体"。二离黄矢，之正艮体见，故"获狐"。二上之五，历艮三爻，故"获三狐"。三解悖，离复见，故"得黄矢"。变正得中，故"贞吉"也。

六三。负且乘。

虞翻曰：负，倍也。二变时，艮为背，谓三以四艮倍五也。五来寇三时，坤为车，三在坤上，故"负且乘"。小人而乘君子之器，故《象》曰"亦可丑也"。

疏 《汉书》载《禹贡》"倍尾山"，《史记》作"负尾"，俗作"陪"，《明堂位》"负斧依"，"负"又作"倍"，郑注"负之言背也"，故云"负，倍也"，"倍"即"背"也。二已变体艮，《艮·卦辞》曰"艮其背"，故"为背"。五在艮后，故"三以四背五也"。"五来寇三"者，《系辞上》曰"作《易》者，其知盗乎"，虞彼注云"否上之二成困，三暴嫚，以阴乘阳。二变入宫为萃，五之二而夺三成解"，故云"五来寇三时，坤为车"，谓萃坤也。此注不言自萃来，从四阴二阳之例也口三不正面乘坤车，故曰"负且乘"。坤形为器，乾为

中華藏書

第一部 周易原典

君子，乾在坤上，称"君子德车"。三阴乘坤，是"小人乘君子之器"，故曰"亦可丑也"。

致寇至，贞吝。

虞翻曰：五之二成坎，坎为寇盗。上位慢五，下暴于二，"嫚藏诲盗"，故"致寇至，贞吝"。《象》曰"自我致戎，又谁咎也"。

疏 萃五之三成解，内体坎失正，故"为寇盗"。《系·上》曰"上嫚下暴"，又"嫚藏诲盗"。坎为暴，三上嫚五，下暴二。坎心为悔，坤为藏，"慢藏悔盗"，故"致寇至"。伏阳出三，故"贞"，可丑故"吝"，宜《象》以"致戎"咎三也。

九四。解而拇，朋至斯孚。

虞翻曰：二动时，艮为指。四变之坤为母，故"解而拇"。临兑为朋，坎为孚。四阳从初，故"朋至斯孚"矣。

疏 二变体艮。"艮为指"，《说卦》文。四变体坤。"坤为母"，《说卦》文。"母"同"拇"，大指也。坤艮兼象指母，故称母。四解坤而成母，故"解而拇"。卦自临来，四本临之兑，二四同功，四为二之朋，故"临兑为朋"。内体坎为孚。四，阳爻也，下正应初，故"朋至斯孚矣"。

愚案：四震为足。初应于下，有母象焉。初阴失位为小人。而，汝也。四往应初，则"解而拇"矣。初来应四，体兑为朋，故"朋至斯孚"。体互两坎，故孚也。

六五。君子惟有解，吉，有孚于小人。

虞翻曰：君子谓二。之五得正成坎，坎为心。故"君子惟有解，吉"。小人谓五，阴为小人。君子升位，则小人退在二，故"有孚于小人"，坎为孚也。

疏 "君字谓二"者，二阳也。上之五得正位，体成坎，坎为心，心之官则思。惟，思也。君子思解则解，故吉。"小人谓五"者，五阴也。《乾凿度》曰"阴失正为小人"，故"阴为小人"也。君子升居于五，则小人退处于二。三阳出，二亦为坎，坎为孚，故"有孚于小人"。

上六。公用射隼于高庸之上，获之无不利。

虞翻曰：上应在三，公谓三伏阳也。离为隼。三失位，动出成乾，贯隼，入大过死象。故"公用射隼于高庸之上，获之无不利"也。

案：二变时体艮，艮为山、为宫阙，三在山半，高墉之象也。

疏 虞注：上与三应，三失位，当变正以应上也。三位，三公。六三暴嫚，故知"公谓三伏阳"。三乾君子"赦遇宥罪"，谓此也。《释鸟》曰"鹰，隼丑。其飞也翠"。离，南方朱雀，故为隼。三失位，伏阳动出成乾，坎弓离矢，乾人发之，故"贯隼"。五变正体大过，大过象棺椁，故"入大过死象"。马云"庸，城也"。三动下体巽，巽为高、为伏，高而可入伏，城庸之象。故"公用射隼于高庸之上"。虞氏谓三阴小人乘君子器，故上观三出射去隼，两坎象坏，故"无不利"也。

案：二变体艮，艮为山，又为门阙，故为宫阙。庸，墙也。宫阙有墙，故云"三在山半，高庸之象也"。

损卦第四十一 ䷨

【原典】

兑下艮上　损①，有孚，元吉，无咎，可贞，利有攸往。曷之用？二簋可用享。②

初九　祀事遄往，无咎，酌损之。③

九二　利贞。征凶，弗损益之。

六三　三人行则损一人，一人行则得其友。

六四　损其疾，使遄有喜，无咎。

六五　或④益之十朋之龟⑤，弗克违，元吉。

上九　弗损益之，无咎，贞吉，利有攸往。得臣无家。

【导读】

本卦爻辞强调祭祀要"心诚"，只要心诚，不管祭品多或少，神都不会怪罪。若出征，须多加祭品，越丰盛，得神的保佑越大。

【精注】

①损卦：兑下艮上，象征俭省，减损。"损"是减少的意思。②曷之用：用什么。簋：食具，古代盛谷物的竹篮。享：祭祀鬼神。③祀事：祭祀之事。遄：速。④或：有人。⑤十朋之龟：价值十朋的宝龟。朋，古代货币值，双贝为一朋。"十朋"形容价值连城。

【今译】

损卦　象征减损。损卦的卦象是下单卦为兑，为泽，上单卦为艮，两卦结合是好事中有人作梗。损未必凶，益未必吉。损刚而益柔，中道自得，根本自固，故为吉。何况一元之开阖，一岁之流转，一天之晨暮，一刻之推移，皆有损益存于其间。怎么样体现减损之道？以两竹篮淡食祭祀神灵，贡献先者就足够了。

初九　刚健有余，阴柔不足，故应让损事迅速离去，多做善已为人的道行，并酌情而定，则无灾。

九二　固守其中而不妄动，就会吉。往损，则凶。故要劝其往，劝其征。

六三　三人行数已盈，疑乃生，故必损一人。无惧损之理，亦无惧合之道。而一人行，其行必得其友。

六四　小人阴阳相冲，如疾患染身，益及早治愈。君子喜于居而相安，静正而无所求，则可避小人之祸。

六五　货币两贝（贝壳）为一朋，十朋"大龟"，乃"守国之室"。天下君王能安于尊位，是居正之宝。这是天理指数，即使用龟占卜亦如是。无所待而自吉也。

上九　忘家忧国之臣得到人民真心的拥护与爱戴。能得到忘家之臣，乃得志而利于行。

【集解】

损。

郑玄曰：艮为山，兑为泽。互体坤，坤为地。山在地上，泽在地下，泽以自损，增山之高也。犹诸侯损其国之富，以贡献于天子，故谓之损矣。

疏 上山下泽，互体为坤。"艮为山，兑为泽，坤为地"，皆《说卦》文。山在泽上，泽愈深则山愈高，故曰"泽以自损，增山之高"。天子以土田封诸侯，诸侯以贡赋献天子。损国富以益上，即九贡之法也。

有孚，元吉。无咎，可贞，利有攸往。

虞翻曰：泰初之上，损下益上，以据二阴，故"有孚，元吉无咎"。艮男居上，兑女在下，男女位正，故"可贞，利有攸往"矣。

疏 从三阳三阴之例，卦自泰来，故云"泰初之上"。损乾之下，以益坤上，下据二阴，体象中孚，故曰"有孚"。孚故吉，泰初乾元之上，故"元吉"。失位宜咎，元吉故"无咎"。《系》曰"天地壹壹，万物化醇。男女构精，万物化生"。虞彼注云"艮男兑女，乾为精。损反成益，万物出震"。此言"男女位正"者，正明构精化生所以"可贞"，非谓此为贞也。"可贞"，谓二五也。二五失位，二当贞五则成益万物化生，则上益三而亦正也。"利有攸往"谓三也，与上爻辞同义。损家损下，故二益五自二往，上益三则自三往。

曷之用？二簋可用享。

崔憬曰：曷，何也。言其道上行，将何所用可用？二簋而享也。以喻损下益上，惟在乎心。何必竭于不足，而补有余者也。

疏 "曷，何也"，《说文》文。言乾初行于坤上，其道将何所用也？可用二簋以享祀也。损益在心，不可益彼亏此。当损之时，虽二簋亦可用享。若竭不足而补有余，则非善用其损者也。

案：互体坤，坤为用。二正五成益。爻位上为宗庙，又艮为门阙，有宗庙之象。坤鬼居之，有祖宗之象。互震为长子主祭，坤形下为器，艮手执之，享祭之象也。簋，盛黍稷器，圆曰簋，方曰簠。《考工记》："旊人为簋。"则簋以瓦为之。坤为土。上之三成两离，离火烧土而中虚，体乾为圜，在祭器则簋也。"二簋"者，《明堂位》曰"周之八簋"，《祭义》曰"八簋之实"，郑注"天子之祭八簋"。簋有八而称二者，《三礼图》："簠盛稻粱，簋盛黍稷。""二簋"者，举黍与稷也。旦震仰似盂，有簋象焉。震稼反生，有簋盛黍稷之象焉。又自初至五为兼震，有二簋之象焉。谓益道成既济定，未耨之利。荐之宗庙。当泰之后，王者治定制礼也。又郑谓木器而圆，簋象也。震为木，故曰木器。二升五用二簋以享于上，上右五而益三，乃成既济。今《象》注"二簋应有时"谓春秋，"损刚益柔"谓冬夏。既济既定，四时乃备。二簋之象，明当在上益三之后。

初九。祀事遄往，无咎，酌损之。

虞翻曰：祀，祭祀，坤为事，谓二也。遄，速，酌，取也。二失正，初利二速往合志于五，得正无咎，已得之应，故"遄往，无咎，酌损之"。《象》曰"上合志也"。"祀"旧作"巳"也。

疏 《释诂》曰"祀，祭也"，故云"祀，祭祀"。坤"发于事业"，故"为事"。二簋用享，故举"祀事"。用享者二，故"谓二也"。"遄，速"，《释诂》文。《坊记》："上酌民言。"郑注云"酌犹取也"。"酌"与"勺"同，《说文》云"勺，挹取也"，故云"酌，取也"。初应四比二，四得正而二不得正，故"初利二速往合志于五"。二五易位，则二得正无咎，已得之应于四。初曰"遄往"，四曰"遄喜"，皆谓二速往五而喜也。阴阳得正，故"无咎"。二居五，取上益三，故二与上皆云"弗损益之"，谓益三也。酌损上以益三，故曰"酌损之"，象曰"上合志"是也。"祀旧作巳也"者，郑《诗谱》云"子思论《诗》于穆不巳"，孟仲子曰"于穆不祀"，是"巳""祀"古字通也。刘熙《释名》："殷曰祀。祀，巳也。"《伊训》"惟元祀"，《传》云"取四时祭祀一讫也"，是"祀"有"巳"义，故"巳"与"祀"通。又"巳"本亦作"以"，《说文》引作"㠯"。虞因卦辞言"二簋用享"，故不从旧本作"巳",直从古义作"祀",训"祭祀"也。

九二。利贞,征凶,弗损益之。

虞翻曰:失位当之正,故"利贞"。征,行也。震为"征"。失正毁折,故不征之五则凶。二之五成益,小损大益,故"弗损益之"矣。

疏 以九居二为"失位",当变之正,故曰"利贞"。"征,行也",《释言》文。震行为"征"。二既失正,又体兑为毁折,二当之五,故云"不征之五则凶"也。二之五成益,二变阴,阴为小,故"小损"。五变阳,阳为大,故"大益"。"弗损益之"者,谓弗虑其损,当益五也。

愚案:《经》言"征",注言"不征",以征凶与利变之正相反也。不知二失正,与五易位成益,故"利贞"。二乘初,初利二遄往以成益,二不利初征四以成未济,故"征凶"。初征四,则弗克损益之以成既济也。

六三。三人行,则损一人。

虞翻曰:泰乾三爻为"三人",震为"行",故"三人行"。损初之上,故"则损一人"。

疏 乾阳生为人,卦自泰来,故"泰乾三爻为三人"。震足为"行",泰三爻辞曰"以其汇征吉",故"三人行"。损乾初九以之坤上,故"损一人"。

一人行,则得其友。

虞翻曰:"一人"谓泰初,之上"损刚益柔",故"二人行"。兑为"友",初之上,据坤应兑,故"则得其友",言致一也。

疏 "一人"谓泰初一爻,之上损初之刚,益上之柔,故"一人行"。三体兑,《兑象》曰"君子以朋友讲习",故"为友"。初据坤上,下应兑三,故"得其友"。《系辞下》曰"天地壹壹,万物化醇,男女构精,万物化生","天地"谓泰乾坤,"男女"谓损艮兑,天地交则化醇,男女合则化生,故"言致一也"。

六四。损其疾，使遄有喜。无咎。

虞翻曰：四谓二也。四得位，远应初，二疾上五，已得承之，谓二之五，三上复坎为疾也。阳在五称喜，故"损其疾，使遄有喜"。二上体观，得正承五，故"无咎"矣。

疏 二与四同功，故"四谓二也"。以六居四为"得位"，远正应初。二"祀事遄往"，故云"二疾上五"。四比于五，故云"已得承之"。旷二已之五，三上易位体坎，坎为疾，阳在五得位称喜。已成既济，六爻皆正，则坎不为害，故"损其疾，使遄有喜"也。二上之五，自二至上体大观象，四得正承五，故"无咎"。

六五。或益之，十朋之龟。弗克违，元吉。

虞翻曰：谓二五且变成益，故"或益之"。坤数十，兑为"朋"。三上失位，三动离为"龟"，"十"谓神、灵、摄、宝、文、筮、山、泽、水、火之龟也，故"十朋之龟"。三上易位，成既济，故"弗克违，元吉"矣。

疏 二五易位，已变成益，故曰"或益之"。"或"者，不主之辞，不可云上益之，故云"或"也。坤癸数十，兑以"朋友讲习"为"朋"，故曰"十朋"。二五已正，三上失位，三动体离，二至上亦全体似离，"离为龟"，《说卦》文。《尔雅·释鱼》曰"一曰神龟，二曰灵龟，三曰摄龟，四曰宝龟，五曰文龟，六曰筮龟，七曰山龟，八曰泽龟，九曰水龟，十曰火龟"，故云"十谓神、灵、摄、宝、文、筮、山、泽、水、火之龟"，为"十朋之龟"。又《汉书·食货志》："元龟岠冉长尺二寸，直二千一百六十，为大贝十朋。"苏林曰"两贝为朋，朋直二百一十六。元龟十朋，故二千一百六十也"。是"十朋"者，元龟之直也，义亦可通。《表记》曰"不违龟筮"。二五已正，三上易位成既济，人协龟从，故"弗克违，元吉"也。

上九。弗损益之，无咎，贞吉。

虞翻曰：损上益三也。上失正，之三得位，故"弗损益之，无咎，贞吉"。动成既济，故"大得志"。

疏 上与王应，故宜损上以益三。上失正有咎，之三得位，故弗损而益三，咎者无咎，得正面吉也。二五已正，三上易位，是"动成既济"，故《象》曰"大得志也"。

利有攸往，得臣无家。

虞翻曰：谓三往之上，故"利有攸往"。二五已动成益，坤为臣。三变据坤成家人，故曰"得臣"。动而应三成既济，则家人坏，故曰"无家"。

王肃曰：处损之极，损极则益，故曰"弗损益之"。非无咎也，为下所益，故"无咎"。据五应三，三阴上附，外内相应，上下交接，正之吉也，故"利有攸往"矣。刚阳居上，群下共臣，故曰"得臣"矣。得臣则万方一轨，故"无家"也。

疏 虞注：自内曰往。三在内，至是始往于上，故"利有攸往"。二五已动成益，互体坤，坤，臣道也，故为臣。三变据坤，体成家人，故曰"得臣"。三已正，上动应之成既济，则家人象毁，故曰"无家"。谷永释此经云"言王者臣天下，无私家"，是也。

王注：上者损之极，损极则益，故"弗损益"，《序卦》所云"损而不已则益"是也。上失位，非无咎。为下所益，故得"无咎"。近据五，远应三，三五互坤，众阴上附。外内阴阳相应，上下刚柔相接，应得正，故贞。卦自泰采，"上下交而志同"，故"利有攸往"。九以阳刚居上，下临互坤，群阴共臣，故曰"得臣"。得臣则天下一家，故万方一轨，无私家也。

益卦第四十二 ䷩

【原典】

震下巽上　益①，利有攸往，利涉大川。

初九　利用为大作，元吉，无咎。②

六二　或益之十朋之龟，弗克违，永贞吉。王用享于帝，吉。③

六三　益之用凶事，无咎。有孚中行，告公用圭。④

六四　中行，告公从，利用为依迁邦。

九五　有孚惠心，勿问元吉，有孚惠我德。

上九　莫益之，或击之，立心勿恒，凶。⑤

【导读】

益卦六爻中，下面的三爻，即初九、六二、六三爻，都是受益者。初九爻第一个得益，得到上级的信任和重用去办大事，因而大有作为，大吉利。六二爻，受"十朋之龟"的大益，并用于祭祀上帝，吉利。六三爻在国中有难时，将收益用于百姓，实行损上益下，以示诚信。当然在实行中要报告国君。"告公用圭"，圭是古时官员所用的礼器。报告时"用圭"，表示诚敬与慎重。六四爻具体表现了损上益下之道，是讲古代迁国之事。

【精注】

①益卦：震下巽上，象征增益。益，饶也。损而不已，必益，故受之以益。②利用为大作：利于有大作为。③王用享于帝：君王享祭上天祈求福泽。帝，上天，先帝。④益之用凶事：将增益用于凶险困难之事。中行：执守中正之道行。告公用圭：手执玉圭向王公告急求助。圭，一种玉器的信物，古代大夫祭祀、朝聘时，执之以示"信"。⑤或击之：有人攻击。

【今译】

益卦　象征增益。益卦卦象是下单卦为震，为动；上单卦为巽，为风，为木。雷动则风行。益卦是损上益下之卦象。民众受益，利于有所行动，宜于涉越大江大川。

初九　多做善事才可以大有作为，吉。但如位在下，下为私，为我，则不足以为继，不适宜行大事。

六二　君子为保其正，必须坚守正道，才会吉祥。即使用价值十朋之宝龟占卜也如此。古代君王祭祀天神时，也先祈天，虔诚而至尊，也必得助益。

六三　当危险来临时，君子恳求别人帮助，不是耻辱之事，不过要心怀诚意，向诸王报告时要手持玉圭，以示信诚。

六四　执持守中庸之道谨慎从事，可得到邻国的信任，从而对迁移国都及利民的大业都有益。

九五 胸怀诚信施仁爱之心，不用占卜就可以知道是吉祥的，而天下人也定将以诚爱之心来回报之。

上九 骄傲吝啬又无施惠之心，别人就会攻击他。再加上自己的意志摇摆不定，所以会有凶险。

【集解】

益。利有攸往。

虞翻曰：否上之初也。损上益下，其道大光。二利往坎应五，故"利有攸往，中正有庆"也。

疏 从三阳三阴之例，卦自否来，故云"否上之初"。虞注否上九云"否终必倾，下反于初成益"是也三上之初，故《象》曰"损上益下"。三上易位成既济，二为离，离日为光，故曰"其道大光"。五为坎，二五正应，故云"二利往坎应五"也。二五得中得正，故曰"利有攸往，中正有庆也"。

利涉大川。

虞翻曰：谓三失正，动成坎，体涣，坎为大川，故"利涉大川"。涣，舟楫象，"木道乃行"也。

郑玄曰：阴阳之义，阳称为君，阴称为臣。今震一阳二阴，臣多于君矣。而四体巽之下，应初，是天子损其所有以下诸侯也。人君之道，以益下为德，故谓之益也。震为雷，巽为风，雷动风行，二者相成，犹人君出教令，臣奉行之，故"利有攸往"。坎为大川，故"利涉大川"矣。

疏 虞注：三阴失正，变则成坎。自二至上，其体象涣。坎水为大川，故"利涉大川"。《系》言"舟楫之利，盖取诸涣"。《九家易》彼注云"木在水上，流行若风，舟楫之象"，是也。《涣·象传》曰"乘木有功"，故曰"木道乃行也"。

郑注："乾以君之"，坤为臣道，故"阴阳之义，阳称为君，阴为臣"也。震一阳二阴，臣多于君，故其象为臣三巽二阳一阴，君多于臣，故其象为君。四居巽体下，应于初，是天子损其所有，以下诸侯之象。人君之道，损巳利人，德在益下，故谓之益也。"震为雷"，"巽为风"，《说卦》文。雷主动，风主行，震巽"同声相应"，故云"二者相成"。震为出，巽为令，故"犹人君出教令，臣奉行之"。命出必行，故"利有攸往"也。三上失正，易位成既济，互两坎，坎水为川，故"利涉大川"也。

初九。利用为大作，元吉无咎。

虞翻曰："大作"谓耕播，"耒耨之利"，盖取诸此也。坤为"用"，乾为"大"，震为"作"，故"利用为大作"。体复初得正，"朋来无咎"，故"元吉无咎"。震，二月卦，"日中星鸟"，"敬授民时"，故以耕播也。

疏 《周语》曰"民之大事在农"，《尧典》曰"平秩东作"，故曰"大作谓耕播"也。《系辞下》曰"斫木为耜，揉木为耒。耒耨之利，以教天下。盖取诸益"，故云"耒耨之利，盖取诸此也"。"致役乎坤"，故"坤为用"。"大哉乾元"，故"乾为大"。震作足，故"为作"。否象乾坤，初变成震，故"利用为大作"。初至四体复象，初以阳居阳为得正。复曰"朋来无咎"，初九曰"无祗悔，元吉"，益初阳有元象，故曰"元吉元咎"。坎离震兑，四正方伯卦。震春，二月卦也。"日中星鸟"，"敬授民时"，皆《尧典》文。益于消息正月卦，启蛰而祈谷，农事之始。益民之大莫若农，故引《书》以明耕种之时也。

六二。或益之，十朋之龟。弗克违，永贞吉。

虞翻曰：谓上从外来益也，故"或益之"。二得正远应，利三之正，已得承之。坤数十，损兑为"朋"，谓三变离为"龟"，故"十朋之龟"。坤为"永"，上之三得正，故"永贞吉"。

疏 以爻定既济，则上来益三。以之泰，则上益初。一本作"上从外来益初"，是也。益三、益初，皆自外来，故曰"或益之"。以六居二为得正，远应在五。三失位，故"利三之正"。阴利承阳，故"已得承之"。坤癸，故"数十"。损二五变则成益，是益二即损五，故益二爻象与损五同辞。而云"损兑为朋"，取兑"朋友讲习"之义也。三失位，变正成离为龟。"十朋之龟"详见损五。坤用六"利永贞"，故"坤为永"。上三易位皆得正，成既济定，故"永贞吉"也。

愚案：损六五"或益之"，谓二五变成益。五位乾，乾为元，故"元吉"。益二自损来，居中得正，坤为永。故初乾阳居始，五乾阳得正，皆称"元吉"，与损五成益称"元吉"同义也。

王用享于帝，吉。

虞翻曰：震称"帝"，"王"谓五，否乾为"王"，体观象，艮为宗庙，三变折坤牛，体噬嗑食，故"王用享于帝"。得位，故"吉"。

干宝曰：圣王先成其民，而宿致力于神，故"王用享于帝"。在巽之官，处震之象，是则苍精之帝同始祖矣。

疏 虞注："帝出乎震"，故"震为帝"。五天子位，故"五为王"。"乾以君之"，故"否乾为王"也。二至上体观象，祭祀艮为鬼门，故"为宗庙"。此享帝而取宗庙，以其祭感生帝也。《礼》曰"王者禘其祖之所自出，以其祖配之而立四庙"，郑注云"祖所出谓五帝"，即南郊之祭也。三变折坤牛为牲，初至五体噬嗑食象，故"用享于帝"，明不王不禘也。《乾凿度》说此爻云："益者，正月之卦也。天气下施，万物皆益。言王者之法天地施政教，而天下被阳德蒙教化。如美宝莫能违害，永贞其道，咸受吉化。德施四海，能继天道也。'王用享于帝'者，言祭天也。三王之郊，一用夏正。天道三微而成一著，三著而成一体。方此之时，天地交，万物通，故泰、益之卦，皆夏之正也。此四时之正，不易之道也。故三王之郊，一用夏正，所以顺四时法天地之通道也。"六居二得位，故"吉"。

干注：《左传·桓公六年》曰"圣王先成民，而后致力于神"，故"王用享于帝"。益为巽宫三世卦，故云"在巽之官"。二在震位，故云"处震之象"。震巽于五行皆属木，木于时属春。月令"孟春之月，其帝太皞，其神勾芒"，郑注"此苍精之君，木官之宫"。又《春官·小宗伯》："兆五帝于四郊。"郑注"苍帝曰灵威仰"。震巽同声，故曰"苍精之帝，同始祖矣"。

六三。益之用凶事，无咎。

虞翻曰：坤为事，三多凶，上来益三得正，故"益用凶事，无咎"。

疏 坤"发于事业"，故"坤为事"。"三多凶"，《系辞下》文。三失正当变，上来益三则得正矣。《释诂》曰"凶，咎也"，凶则有咎。得正，故"益用凶事无咎"。

案：三为公位，当益下之时，有拯凶之责。且三变坎难，凡水旱札瘥兵甲之发，皆凶事也。

有孚中行，告公用圭。

虞翻曰："公"谓三伏阳也。三动体坎，故"有孚"。震为"中行"、为"告"，位在中，故曰"中行"。三，公位，乾为"圭"，乾之三，故"告公用圭"。圭，桓圭也。

《九家易》曰：天子以尺二寸玄圭事天，以九寸事地也。上公执桓圭九寸，诸侯执信圭七寸，诸伯执躬圭七寸，诸子执谷璧五寸，诸男执蒲璧五寸。五等诸侯，各执之以朝见天子也。

疏 虞注：《乾凿度》曰"三为三公"，故知"公谓三"。与恒旁通，故云"伏阳"。三动成坎，坎故"有孚"。震为足，故为"行"。复"中行独复"，"中行"谓初，初至四体复，故曰"中行"。必曰"位在中"者，中为内，初在内，乃得称"中行"，明非初，虽震不得为中行也。震善鸣，故"为告"。三本公位，故"告公"。乾为玉，故"为圭"。上乾之三，故"告公用圭"。公执桓圭，故云"圭，桓圭也"。

《九家》注：《春官·典瑞》："四圭有邸以祀天，两圭有邸以祀地。"又《考工记》："玉人之事，天子圭中必，四圭尺有二寸以祀天。"故曰"天子以尺二寸玄圭事天"。《大宗伯》"以黄琮祀地"，《玉人》"璧琮九寸"，故"以九寸事地也"。天十有二时，故以尺二寸事之。地有九州，故以九寸事之。《典瑞》曰"公执桓圭，侯执信圭，伯执躬圭，子执谷璧，男执蒲璧"。又"九寸谓之桓圭，七寸谓之信圭"，"躬圭"见于

《玉人》。至"谷璧五寸，蒲璧五寸"，经无明文，注云皆径"五寸"，盖由《典命》"子男五命，以五为节"推之也。五等皆天子所命，故"各执之以朝见天子"。

案：《典瑞》："珍圭以徵守，以恤凶荒。"即"益凶事告公用圭"之事也。或云凶为丧事，引礼"含者执璧将命，赗者执圭将命"，为用圭之证，义亦可通。但丧事小，荒事大。当损上益下之时，莫大于荒政救民，故舍此用彼也。

六四。中行，告公从。

虞翻曰："中行"谓震，位在中，震为行，为从，故曰"中行"。"公"谓三，三上失位，四利三之正，已得以为实，故曰告公从矣。

疏　"中行谓震"者，谓初也。初内为中，故云"位在中"，震足为行，亦为从，初至四体复，复四"中行独复"，故曰"中行"。嫌与三异义，故更说之也。三为公位，故"公谓三"。三与上皆失位，四利三变之正，阳为实，已得乘实。复四《象》曰"中行独复，以从道也"，故曰"从"。"告公"者，初也。"从"者，四也。四与初正应，故曰"告公从矣"。

利用为依迁邦。

虞翻曰：坤为邦。迁，徙也。三动坤徙，故"利用为依迁邦"也。

疏　坤为地、为众，故为邦。"迁，徙也"，《释诂》文。三体坤，三动则坤徙，故"利用为依迁邦也"。

愚案：《周礼》小司寇之职，掌外朝之政，以致万民而询焉。二曰询国迁。王南乡，三公及州长百姓北面，群臣西面，群吏东面。小司寇摈，以叙进而问焉，以众辅志而弊谋。即此爻言公也。寻四互艮为门阙，有外朝之象。坤众为万民，震声为询。三变离"向明而治"，为王南乡。三公为百官之长，居其首，故爻言公也。州长亲民之官，故百姓属焉。三变坎，故北面。坤，臣道，又为众，故曰"群臣"、"群吏"。伏兑，故西面。应震，故东面。"以叙进而问"，必先三公，即"中行告公从"也。以坤众辅坎志，即象曰"以益志也"。断其谋而迁国，即"利用为依迁国"也。且四与初应，"中行"谓初，在益之家四应初，"利用为大作"，上益下也。初应四"利用为依迁国"，下益上也。

九五。有孚惠心，勿问元吉。

虞翻曰：谓三上也。震为问。三上易位，三五体坎，已成既济。坎为心。故"有孚惠心，勿问元吉"，《象》曰"勿问之矣"。

疏 "谓三上也"者，卦唯三上失位。五为卦主，故望三上变正也。震声为问。三上易位得正，则三五皆居坎中，以成既济。坎亟心为心，又为孚。损上益下，惠莫大焉。在益之家而为卦主，故曰"有孚惠心"。"卜不习吉"，故曰"勿问元吉"。复引《象》曰"勿问之矣"，所以明元吉也。

有孚惠我德。

虞翻曰：坤为我，乾为德。三之上，体坎为孚。故"惠我德"，《象》曰"大得志"。

疏 乾坤，谓否也。坤身为我，乾阳为德。三上易位，体坎为孚。故曰"惠我德"。复引《象》曰"大得志"者，明既济功成也。

上九。莫益之。

虞翻曰：莫，无也。自非上，无益初者。唯上当无应，故"莫益之"矣。

疏 《诗·殷其雷》："莫敢或皇。"郑笺"无敢或间假时"，故《韵会》云"莫，无也"。《说文》"无通無"，故云"莫，无也"。益自否来，否终则倾，自上下下，民说无疆，故"自非上，无益初者"。唯三上失位，失位则不应。当无应之时，体否上"穷灾"，"民莫之与"，岂能益人，故莫或益初矣。《象》言上当益三正位也。

或击之。

虞翻曰：谓上不益初，则以剥灭乾。艮为手，故"或击之"。

疏 "倾否"之始，初阳不能独立，上不益初，则还成坤剥，故云"以剥灭乾"。剥艮为手，故"或击之"。谓击三也。

立心勿恒，凶。

虞翻曰：上体巽为进退，故"勿恒"。动成坎心，以阴乘阳，故"立心勿恒，凶"矣。

疏 上体巽。"巽为进退"，《说卦》文。进退，故"勿恒"。上动成坎，坎为心，以变阴乘五阳，故"立心勿恒"，"凶"可知已。

案：巽下震上为恒，震下巽上为益。震巽特变二。之上变为恒。之三震动，求益而无益，故与恒三之辞相类。"不恒其德"，即严立心勿恒。"或承之羞贞吝"，即"凶"也。盖莫益初，或击三，故"立心勿恒，凶"也。

夬卦第四十三 ䷪

【原典】

乾下兑上　夬①，扬于王庭，孚号，有厉。告自邑，不利即戎，利有攸往。②

初九　壮于前趾，往不胜，为咎。

九二　惕号，莫夜有戎，勿恤。③

九三　壮于頄，有凶，君子夬夬，独行遇雨，若濡，有愠，无咎。④

九四　臀无肤，其行次且。牵羊悔亡。闻言不信。⑤

九五　苋陆夬夬，中行，无咎。⑥

上六　无号，终有凶。

【导读】

此卦爻辞是讲王庭受到寇戎的威胁，应随时防范，必要时还得动用武力。反映出古代社会的矛盾和冲突。漫长的人生旅途中，既要随时防范，又要果敢前行，要像山羊那样敏捷而果断地在大路中间行走，如不走中正之道，一意孤行，则定有灾。

【精注】

①夬卦：乾下兑上，象征决断。"夬"是拉弓时戴在拇指上的护套，弦由戴护套的手指弹出，故曰决除、决断的意思。②扬于王庭：在君王的朝廷之上宣扬自己的言论。扬，张扬。庭，通"廷"。自邑：指自己封邑的民众。即戎：指兴兵出战，立即征伐。③惕号：因惊恐而大叫。莫：通"暮"。恤：忧虑。④頄：颧骨。夬夬：决断的样子。濡：沾湿。愠：怒，怨。⑤次且：即趑趄不前，行走艰难。⑥苋陆：草名，类似苋菜。

【今译】

夬卦　象征果断的决除。夬是对抗性矛盾的卦象。夬卦卦象下单卦为乾，为天；上单卦为兑，为叛逆的小人，两卦结合即铲除离经叛道的人。在君王的朝堂之上宣告叛离者的罪状。告之自己封邑的民众，合力排除异己。但不宜立即兴兵征伐，应有万全的准备。

初九　脚趾健壮，贸然前行不能决胜小人，反而招来灾祸。

九二　"惕"是心之忧虑，"号"呼号。只要提高警觉，即使深夜发生战事，也没有危险，不必担心了。

九三　君子刚强过之，遭小人怨恨，有凶。君子独行遇雨，淋湿衣裳，心中怨恼，但不形于色，没有妨碍。

九四　心中迟疑，坐立不安，如臀部的皮肤伤损一样。要像赶羊一样，在羊后面行走，就可以自由自在了。无奈忠言逆耳。

九五　刚毅中正，决断小人之患，取中庸之道，可免灾祸。只要居中行正，灾祸不会降临。

上六　小人即使穷途末路，奔走呼号也于事无补。凶。

【集解】

夬。扬于王庭。

虞翻曰：阳决阴，息卦也。刚决柔，与剥旁通。乾为"扬"为"王"，剥艮为"庭"，故"扬于王庭"矣。

郑玄曰：夬，决也。阳气浸长，至于五，五，尊位也，而阴先之，是犹圣人积德说天下，以渐消去小人，至于受命为天子，故谓之"夬"。扬，越也。五互体乾，乾为君，又居尊位，王庭之象也。阴爻越其上，小人乘君子，罪恶上闻于圣人之朝，故曰"夬，扬于王庭"也。

疏 虞注：《说卦》曰"兑为附决"，五阳决一阴，故云"阳决阴"。自复至乾，皆阳息之卦，故去"息卦也"。刚长则柔消，故云"刚决柔"。剥息于夬，夬消于剥，故"与剥旁通"。乾阳上升为"扬"。扬，举也。乾为君，故"为王"。上伏剥艮，艮为门阙，故"为庭"。以乾居艮，故曰"王庭"。小人阴柔在上，故曰"扬于王庭"。小人乘君子之上，其重难决，故《象》曰"柔乘五刚也"。

郑注："夬，决也"，《彖传》文。阳气由复浸长至五，五为天子，故云"尊位"。而阴在其上，故云"先之"。自复至乾为"积善"，"积德"犹积善，内体乾，乾为德，故言"圣人积德"。外体兑，兑为悦，故言"悦天下"。以乾阳消坤阴，自初至五，故云"以渐消去小人"。乾息至五，则"受命而为天子"。阴已决矣，"故谓之夬"。"扬，越也"，《释言》文。五互三四为乾。"乾为君"，《说卦》文。又居于五为尊位，王庭之象也。上六以一阴逾越出五阳之上，是小人而乘君子，其罪恶固上闻于圣人之朝矣，故曰"夬，扬于王庭"。

孚号有厉。

虞翻曰：阳在二五称"孚"，"孚"谓五也。二失位，动体巽，巽为号，离为光。不变则危。故"孚号有厉，其危乃光也"。

疏 阳在二五皆坎体，坎有孚，故"称孚"。五不变，故"孚谓五也"。二以阳居阴为失位。动则互体巽，巽申命，故为号。又动体离，离月为光。兼释《彖传》也。二不变，失位则危。决上者五，而二辅之。五莧陆于上，二惕号于下。故卦主二五之孚号也。决小人危事，故孚号，恐其有厉。若变正应五，决去上六，不为所掩，故《象》曰"其危乃光也"。

告自邑，不利即戎。

虞翻曰：阳息动复。刚长成夬。震为"告"。坤为"自邑"。夬从复升，坤逆在上，民众消灭。二变时，离为戎，故"不利即戎，所尚乃穷也"。

疏 阳息之卦，初动为复。《复·象》曰"刚长也"，故刚长至五成夬。复内体震，震善鸣为"告"。外体坤，坤身为"自"，土为邑，故为"自邑"。夬阳从复升五，惟剩坤逆一阴在上。坤为民、为众，坤象已毁，故云"民众消灭"。二变时体离，离为甲胄、为戈兵，故为"戎"。复上六云"用行师，终有大败"。卦有戎象，故戒以所尚在戎，则不利而困穷矣。言君子之去小人，当以阳德渐散其民众，则去之决。不当尚兵戎，与之争也。

利有攸往。

虞翻曰：阳息阴消，"君子道长"，故"利有攸往，刚长乃终"。

疏 夬为阳息阴消之卦。"君子道长"，《泰·象传》文。言阳长也。阳长，故"利有攸往"。与复卦同辞。刚长至上，终乃成乾，由复初刚长而渐及也。

初九。壮于前趾，往不胜为咎。

虞翻曰：夬变大壮，大壮震为趾，位在前，故"壮于前"。刚以应刚，不能克之，往如失位，故"往不胜为咎"。

疏 大壮阳息成来，夬五变成大壮。壮，伤也。初应四，大壮外卦震，震足为趾，谓四也。大壮初九"壮于前趾"，虞彼注云"谓四，震为足"。此云"位在前"，亦四也。易位以外为前，故曰"壮于前"。初四敌刚，是"以刚应刚"，四失位"闻言不信"，兑为毁折，所以致伤而不能克也。初刚变柔，往而应四，则已失正位，故"往不胜而为咎"也。

九二。惕号，莫夜有戎，勿恤。

虞翻曰：惕，惧也。二失位，故"惕"，变成巽故"号"。剥坤为"莫夜"。二动成离，离为"戎"，变而得正，故"有戎"。四变成坎，软为忧，坎又得正，故"勿恤"，谓成既济定也。

疏 "惕，惧也"，《广雅·释诂》文。以九居二失位，故"惕"。变柔成巽，巽为申命，故"号"。夬伏剥坤，月丧于乙，灭藏于癸，坤纳乙癸，故"为暮夜"。二动体离，离为甲胄戈兵，故"为戎"。变柔得正，是有备也，故"有戎"者，谓有守备也。二与五应，四变五成坎，《说卦》曰"坎为加忧"，故为"恤"。坎三爻皆得正，故"勿恤"。二四皆变，故成既济定也。

九三。壮于頄，有凶。

翟玄曰：頄，面也。谓上处乾首之前称頄，頄，颊间骨。三往壮上，故有凶也。

疏　頄面，谓面颧也。三与上应，上处乾首之前，故"称頄"。《九家易说卦》："兑为辅颊。"故曰"頄，颊间骨"也。上阴乘阳，三独往应于上，为上所伤，故"壮于頄，有凶"也。

君子夬夬，独行遇雨。

苟爽曰：九三体乾，乾为"君子"。三五同功，二爻俱欲决上。故曰"君子夬夬"也。"独行"谓一爻独上，与阴相应，为阴所施，故遇雨也。

疏　九三体本乾也。乾三称君子，故云"乾为君子"。三五皆阳，故同功，五承上，三应上，二爻皆欲决去上阴。故曰"君子夬夬"。"独行"谓九三一阳独上，与兑阴相应，为兑阴所施，兑为雨泽，故"遇雨"也。

若濡有愠，无咎。

苟爽曰：虽为阴所濡，能愠不说，得无咎也。

疏　《说卦》曰"兑以说之"，兑有说乾之心。三刚得正，虽为兑阴所沾濡，然能愠其阴柔，不为所悦，故能决去小人，得"无咎"也。

九四。臀无肤，其行次且。

虞翻曰："二""四"已变，坎为"臀"，剥艮为"肤"，毁灭不见，故"臀无肤"。大壮震为"行"，坎为破为曳，故"其行次且"。

中华藏书

第一部 周易原典

疏 二四已变互两坎。坎为隐伏有穴象，故"为臀"。伏剥艮，"艮为肤"，《九家说卦》文。体已成夬，艮象毁灭不见，故"臀无肤"。夬息自大壮，四体震，震足为"行"，四变坎，《说卦》曰"坎多眚"，故"为破又为曳"，故"其行次且"，马云"却行不前"，是也。

案：夬四乃姤三之反，姤三居巽股之上，有臀象。夬四与姤三皆变，则"臀无肤"矣。

牵羊悔亡，闻言不信。

虞翻曰：兑为"羊"，二变巽为绳，剥艮手持绳，故"牵羊"。谓四之正，得位承五，故"悔亡"。震为"言"，坎为耳，震坎象不正，故"闻言不信"也。

疏 四体兑，兑为"羊"，二变互巽，巽为绳，伏剥艮为手，以艮手持巽绳，故"牵羊"。四变之正，得位应初，上承五阳，同心决上，故"悔亡"。大壮震善鸣为"言"，变坎为耳，故为"闻"。又坎孚为"信"，息夬则震坎象毁，未返于正，故"闻言不信"。

案：四失位，当变之正，变则成坎。"次且"，应初也。"牵羊"，顺五也。若过刚不变，坎耳不见，故以"闻言不信"戒之。

九五。苋陆夬夬。

荀爽曰："苋"谓五，"陆"谓三，两爻决上，故曰"夬夬"也。苋者，叶柔而根坚且赤，以言阴在上六也。陆亦取叶柔根坚也。去阴远，故言"陆"，言差坚于苋。苋，根小，陆，根大。五体兑柔居上，苋也。三体乾刚，在下根深，故谓之"陆"也。

疏 宋云："苋，苋菜也。陆，商陆也。"虞云："苋，蕢也。陆，商也。"董遇云"苋，人苋也。陆，商陆也"。苋，陆，二草名，故"苋谓五，陆谓三"。盖三五两爻，异性同功，一心决上，故云"夬夬"，与九三伺辞。《释草》："蕢，赤苋。"郭注"今苋菜之有赤茎者"。以阴在上六，故象叶柔。阳刚在五，且乾为大赤，故象根坚且赤也。

《释草》："遂荡马尾。"郭注"关西呼为薚，江东呼为当陆"。即商陆也。陆亦取上叶柔根坚之义。但三去阴远，故云商"差坚于苋"也。兑上阴，阴为小，故象"苋根小"。乾上阳，阳为大，故象"陆根大"。五体兑柔，居上为阴，故曰苋也。三体乾刚，在下根深为阳，故，谓之陆也。

中行无咎。

虞翻曰：苋，说也，"苋"读"夫子苋尔而笑"之"苋"。陆，和睦也。震为笑言，五得正位，兑为说，故"苋陆夬夬"。大壮震为行，五在上中，动而得正，故"中行无咎"。旧读言"苋陆"，字之误也。马君荀氏皆从俗言"苋陆"，非也。

疏 《说卦》曰"兑，说也"，五居兑体，故以"苋"为"说"也。"莞尔而笑"，《论语》文。《释文》"莞"作"苋"，云"今作莞"，是古本《论语》作"苋"。何晏注"莞尔，小笑貌"，故云"苋读夫子苋尔而笑之苋"也。《释文》："苋，一本作莞。"是"苋"作"莞"，字之误也。"陆"，《释文》蜀才作"睦"。"陆"与"睦"古通用，汉《严举碑》："九族和陆。"《郭仲奇碑》："崇和陆。""睦"皆作"陆"，故曰"陆，和睦也"。大壮，震笑言哑哑，故"为笑言"。息五得正成夬，体兑为说，故曰"苋陆夬夬"，所谓"决而和"是也。震足为行，五在上卦之中，动而成夬得正，与三同心决上，故"无咎"也。虞读"苋睦"，故以"苋陆"为误，而谓马荀从俗为非也。

上六。无号，终有凶。

虞翻曰：应在于三，三动时体巽，巽为号令，四已变坎，之应历险，巽象不见，故"五号"。位极乘阳，故"终有凶"矣。

疏 上与三应，二动时，互体巽，巽申命，故二曰"惕号"。今作"三动"，误也。四已变成坎，上之应三，历乎坎险，巽象已坏，三愠不应。故"无号"也。上位已极而乘五阳，终必消灭，故"有凶"也。

姤卦第四十四 ䷫

【原典】

巽下乾上　姤①女壮，勿用取女。②

初六　系于金柅，贞吉。有攸往，见凶，羸豕孚蹢躅。③

九二　包有鱼，无咎，不利宾。④

九三　臀无肤，其行次且，厉，无大咎。

九四　包无鱼，起凶。

九五　以杞包瓜⑤，含章⑥，有陨⑦自天。

上九　姤其角，吝，无咎。

【导读】

此卦爻辞讲男女婚媾，认为男人不宜娶过分刚强的女人。若娶之则多发生矛盾。反映了古代夫刚妇柔的道德观念和抢婚的民俗。

【精注】

①姤卦：巽下乾上，象征柔刚相遇。②取：通娶。③柅：铜制的车轮车闸。羸豕：瘦猪。孚：此为通浮的意思。蹢躅：此为踯躅的意思。④包：通"疱"，厨房。⑤以杞包瓜：用杞柳的柳叶蔽护树下之瓜。⑥含章：涵藏彰美。⑦陨：降落。

【今译】

姤卦　象征通过，刚柔遇到。姤卦卦象是下单卦为巽，为风；上单卦为乾，为天。风生水起，万物萌生。夬卦为分离；姤卦为相遇。女子过分健壮必会有伤男子，不宜娶此种女子为妻。

初六　将小人紧紧缚在铜车闸上，定有吉祥。而急于让小人有所行动，则必然出现危险，如同把一头瘦猪捆绑起来，它仍会竭力挣脱。

九二　用草袋将厨房里的鱼（象征小人）包起来，让他远离宾客。可以免灾。

九三　臀部无皮，趑趄不前，坐立不安，但有险无灾。

九四　厨房无鱼，比喻不能包容小人，而且缺乏包容容让之心，会使人心背离，凶。

九五　用杞柳荫护树下之瓜，象征心有彰美之德，定有喜庆。

上九　不与小人正面冲突，虽看似不够刚正，但却吉祥，没有灾祸。

【集解】

姤。女壮。

虞翻曰：消卦也，与复旁通。巽长女，女壮，伤也。阴伤阳，柔消刚，故"女壮"也。

疏　坤消乾自姤始，故云"消卦也"。复、姤之初，阻阳互伏，故姤"与复旁通"，内卦巽，巽一索得女为长女，壮，伤也，故云"女壮，伤也"。阴伤阳，即柔消刚也。但曰"女壮"，不言伤阳，讳之也。

愚案：阳息至四成，震，震为长男，阳也，阳为大，故称"大壮"。坤消乾初成巽，巽为长女，阴也，故称"女壮"。壮四姤初皆不得正，故称"壮"。者，伤也。

勿用取女。

虞翻曰：阴息剥阳，以柔变刚，故"勿用取女，不可与长也"。

疏　"阴息剥阳"者，积姤成剥也。以柔变刚，则阳为阴伤，故"勿用取女"。《说卦》曰"巽为长"。初当变之四，故"不可与长也"。《曲礼》："诸侯未及期相见曰遇。"郑彼注云："未及期，在期日之前也。"

初六。系于金柅，贞吉。

虞翻曰："柅"谓二也。巽为绳，故"系柅"。乾为金，巽木入金，柅之象也。初四，失正，易位乃吉，故贞吉矣。

疏　"柅"，《子夏传》作"鑈"，《说文》作"檷"。二互乾金，故"柅谓二也"。巽绳直，故"为绳"。初绳二柅，故曰"系柅"。"乾为金"，《说卦》文。巽，入也。以巽木入金，其象为柅。《说文》"鑈，络丝跗也"，"跗"与"跗"同。

其位在初，谓出当系二也。初四皆失位不正，二爻相易，变而得正，故贞吉也。

有攸往，见凶。

《九家易》曰：丝系于枑，犹女系于男，故以喻初宜系二也。若能专心顺二则吉，故曰贞吉。今既为二所据，不可往应四，往则有凶，故曰"有攸往，见凶"也。

疏 巽绳为阴，乾枑为阳，阴为女，阳为男，故云"丝系于枑，犹女系于男"。随卦三阴三阳，阴皆系阳，故称"系"，以喻初宜系二也。系二则宜专心顺之，故贞吉。盖，初为二所据，不可往应于四。若"有攸往"，互离为见，则"见凶"也。

羸豕孚蹢躅。

虞翻曰：以阴消阳，"往"谓成坤，遯子弑父，否臣弑君，夬时三动离为见，故"有攸往，见凶"矣。三，夬之四，在夬动而体坎，坎为豕为孚，巽绳操之，故称"羸"也。巽为舞为进退，操而舞，故"羸豕孚蹢躅"。以喻姤女望于五阳，如豕蹢躅也。

宋衷曰：羸，大索，所以系豕者也。巽为股，又为进退，股而进退，则蹢躅也。初应于四，为二所据，不得从应，故不安矣。体巽为风，动摇之貌也。

疏 虞注：以阴消阳，阳尽成坤，消至二遯，艮子弑乾父，消至三否，坤臣弑乾君。"夬时三动"，"三"当作"四"。姤，倒夬也。夬息自复，坤宫五变卦也。夬决于上，即游魂于四成需。初与四应，四动成离，离目为见，故曰"有攸往，见凶"矣。姤之三即夬之四，姤九三爻辞与夬正同。夬四动而成需，其体为坎。"坎为豕"，《说卦》文。坎有孚，故"为孚"。巽为绳直，故云"巽绳"。二变，艮为手。"操之"者，二也。绳，故"称羸"。陆绩云"羸读为累，即缧绁之缧，古字通也。巽为舞，象风也"。"为进退"，《说卦》文。操，故称"羸豕"。舞，故称"孚蹢躅"。蹢躅，《释文》云"不静也"。巽为躁卦，故其象如此。阴阳相求，故姤女以一阴望五阳，如豕蹢躅也。

案：《序卦》曰"决必有遇"。夬九三"独行遇雨"，三动应上，上阴极则下阴生。姤三已动互离为见，成坎为豕。说亦可通。

宋注：大壮"羸其角"，《释文》。"羸，郑虞作累，马君以为大索"是也。巽为绳，故云"羸，大索，所以系豕者也"。"巽为股"，"为进退"，皆《说卦》文。股而进退，蹢躅之象也。初远应于四，近为二所据。不得从应，故，蹢躅不安。"巽为风"，《说卦》文。其象动摇，故称"蹢躅"。

九二。包有鱼，无咎，不利宾。

虞翻曰：巽为白茅，在中称"包"，《诗》云"白茅包之"。"鱼"谓初阴，巽为"鱼"。二虽失位，阴阳相承，故"包有鱼，无咎"。"宾"谓四，乾尊称"宾"。二据四应，故"不利宾"。或以"包"为庖厨也。

疏 大过初六"藉用白茅"，初六，巽也，故"巽为白茅"。《说文》："包，象人裹妊，巳在中。"二在中，故"称包"。复引《诗》"白茅包之"，以明在中称包之义也。鱼，阴类，故"初阴谓鱼"。"巽为鱼"者，震阳为龙，巽阴为蛇为鱼，郭璞曰"鱼者，震之废气"是也。二虽失位，以阳包阴，阴阳相承，故"包有鱼，无咎"。盖二非阳不能包，故不以失位为咎也。二包初，初应四，故"宾谓四"。四体乾，乾为天为君，位尊称宾。二据初，四应之，四应初不正，故二包之，不使及宾，以及宾为不利也。

案：一阴在下为主，故五阳为宾。《乐》本于《易》，姤五月卦，五月律名蕤宾。高氏《月令注》云"仲夏，阴气蕤蕤在下，象主人。阳气在上，象宾客"。故《参同契》曰"姤始纪序，履霜最先，井底寒泉，午为蕤宾，宾服于阴，阴为主人"，是其义也。姤阴消阳成坤，故"不利宾"。此初所以宜系二，而二，熊包初为无咎也。"或以包为庖厨也"者，《释文》"包，本亦作庖"者，王弼《象传注》是也。

九三。臀无肤，其行次且。厉，无大咎。

虞翻曰：夬时动之坎为臀，艮为肤。二折艮体，故"臀无肤"。复震为行，其象不正，故"其行次且"。三得正位，虽则危厉，故无大咎矣。

案：巽为股，三居上，臀也。爻非柔无肤，行趑趄也。

疏 虞注：姤三即夬四也，故爻辞相同。夬时变坎为"臀"，初消二成艮为"肤"，二折艮体毁灭，故"臀无肤"。旁通复，震为"行"，三在夬时，失位不正，故"其行次且"。姤三得正，三多凶，虽危厉，以其得正，故"无大咎"也。

案："巽为股"，《说卦》文。三居股上，故为"臀"。刚，主骨，柔，主肤。爻非柔，故"无肤"。进退，故"其行趑趄"也。

九四。包无鱼，起凶。

王弼曰：二有其鱼，四故失之也。无民而动，失应而作，是以凶矣。

疏 初阴为鱼，二已有之，四遂失之，故曰"包无鱼"也。《象》曰"远民"，故知"无鱼"是"无民"也。复震为起。下失初阴，是"无民而动"。不义之应，是"失应而作"。失位无鱼，故起则凶也。此即《五行志》所谓"河鱼大上"者也。《月令》曰"百螣时起"，二者不宜起者也，故凶。

九五。以杞苞瓜，含章。

虞翻曰：杞，杞柳，木名也。巽为"杞"，为"苞"，乾圆称"瓜"，故"以杞苞瓜"矣。"含章"谓五也。五欲使初四易位，以阴含阳，已得乘之，故曰"含章"。初之四，体兑口，故称"含"也。

干宝曰：初二体巽为草木，二又为田，田中之果，柔而蔓者，瓜之象也。

疏 虞注：杞，杞柳，木名，即《孟子》所谓"杞柳"是也。巽为木，故为"杞"。木之柔者，故"为苞"。乾为圆，故"称瓜"，亦木果之属也。四变五体巽。苞，蔓也。巽瓜蔓于杞，故"以杞苞瓜"。以阴苞阳为"含章"。"含章谓五"者，五以初四失正，故"欲使两爻易位"。四阴含五，是"以阴含阳"。四阴承五，是五得据之，故曰含章。初阴之四，互兑为口，故有含象也。

干注：初二体巽，刚爻为木，柔爻为草，故"为草木"。乾九二曰"见龙在田"，故二又为田。田中之果，体柔而蔓，其象为瓜。

愚案：五与二，应，二巽木为"杞"，二变艮为果蓏。瓜，蓏属，谓初六。五为姤主，知初必成剥，硕果不食，故变而应二，以九二之杞，包初六之瓜。五伏坤为"章"，说见坤三。变兑为口，故曰"含章"。五含坤阴，与二制初，皆所以防阴也。

有陨自天。

虞翻曰：陨，落也。乾为天。谓四陨之初，初上承五，故"有陨自天"象。

疏 "陨，落也"，《释诂》文。《谷梁传·庄公七年》曰"著于下，不见于上，谓之陨"。四体乾，乾为天。四陨之初，则"初上承五"。四在五下，故"有陨自天"也。

愚案：乾为天。"有陨自天"者，谓剥阳已尽，硕果陨于下而复生，即《豳风》"十月陨箨"之陨也。

上九。姤其角，吝，无咎。

虞翻曰：乾为首，位在首上，故称"角"。动而得正，故无咎。

疏 "乾为首"，《说卦》文。位在首上，故"称角"。又爻例，亦上为角也。上九阳刚，君子自处于高亢之地。以我之高，遇彼之触，故曰"姤其角"。失位无应，故"吝"。动而得正，故"无咎"。

萃卦第四十五 ䷬

【原典】

坤下兑上　萃①，亨。王假有庙，利见大人，亨，利贞，用大牲吉。利有攸往。②

初六　有孚不终，乃乱乃萃。若号，一握为笑。勿恤，往无咎。③

六二　引吉，无咎。孚乃利用禴。④

六三　萃如嗟如，无攸利。往无咎，小吝。

九四　大吉，无咎。

九五　萃有位，无咎，匪孚，元永贞，悔亡。⑤

上六　赍咨涕洟，无咎。⑥

【导读】

此卦讲的是君主亲临祭祖，方能信于臣民，臣民归顺。强调祭祀必诚信，并用大牲献祭；又认为取信于民的原则是保持至善品德，这样人民才能服从归顺。

【精注】

①萃卦：坤下兑上，象征聚集。②假：到。庙：宗庙。③一握：古代占筮术语，指在不吉利的情况下筮得吉卦之数。④引吉：迎吉。引，迎。禴（yuè）：古代四季祭祀之一，此为夏祭，也称作"禴"。⑤萃有位：会聚而各有其位。匪孚：不信任。元：君长。⑥赍咨：悲伤的哀怨。涕洟：哭泣。

【今译】

萃卦　草丛生象征聚集。萃卦的卦象是下单卦为坤，为地，为顺；上单卦为兑，为泽。象征欢悦的顺从。君王到宗庙祭祀祖先，利见大德大才之人，亨通。利于居中得正。以大牲祭祀，必获吉祥。有利于行动。

初六　力图前行汇聚却遭阻隔，若两端交战，必不得结果，若力争求援，虽可以握手言欢，但却有失顺阳。一个人其志已乱，也只能苟且偷安了。

六二　迎来相聚，无灾祸。心怀诚信有益于祭祀祈福。

六三　由于没能会聚而心生叹息，没有用。即使有坚强有力的援助，如其不能刚直守正，宁愿舍弃也不能苟合；或许远方不得势的人倒是志同道合的朋友。

九四　位不当，却有福禄，应该算得上是吉。

九五　会聚而获得拥戴，没有灾祸，但是还不能获取众人信任，就要用德性去感化了，才能使民众臣服。

上六　居上而孤处不安，其情必然戚戚。此时就要反思其行了，这样才能身不安而义自正。

【集解】

萃。王假有庙。

虞翻曰：观上之四也。观乾为"王"。假，至也。艮为"庙"，体观享祀。上之四，故"假有庙，致孝享"矣。

疏 二阳四阴之卦自观来，故云"观上之四也"。观，乾宫四世卦。"观乾为王"，谓五也。"假，至也"，《释诂》文。艮为门阙，又为鬼门，故"为庙"。卦自观来，又初至五体观象，《观》卦辞曰"观盥而不荐"，是享祀之象也。上之四体艮，故"假有庙"矣。"致孝享"，《象传》文也。

利见大人，亨，利贞。

虞翻曰：大人谓五。三四失位，利之正，变成离，离为见，故"利见大人，亨，利贞"，"聚以正也"。

疏 "大人谓五"，谓乾五利见大人也。六居三，九居四，皆失位，利变之正，三四易位成离。"相见乎离"，故"为见"。三四得正，相比承五，故"利见大人，亨"。三四正，故"利贞"也。《象传》曰"聚以正"，不言"利贞"。此因卦辞而云"亨利贞"，盖"利见"由于"利贞"，故变《象传》文也。

用大牲吉，利有攸往。

虞翻曰：坤为牛，故曰"大牲"。四之三折坤，得正，故"用大牲吉"。三往之四，故"利有攸往，顺天命也"。

郑玄曰：萃，聚也。坤为顺，兑为说。臣下以顺道承事其君，说德居上待之。上下相应，有事而和通，故曰"萃，亨"也。假，至也。互有艮巽，巽为木，艮为阙，木在阙上，宫室之象也。四本震爻，震为长子。五本坎爻，坎为隐伏，居尊而隐伏，鬼神之象。长子入阙，升堂祭祖祢之礼也。故曰"王假有庙"。二本离爻也，离为目，居正应五，故"利见大人"矣。大牲，牛也。言大人有嘉会，时可干事，必杀牛而盟，既盟则可以往，故曰"利往"。

案：坤为牛，巽木下克坤土，杀牛之象也。

疏　虞注："坤为牛"，《说卦》文。《说文》曰"牛，大牲也"。内体坤，故曰"大牲"。四之三离成坤毁，离为折，三四得正，故云"折坤得正"。坤器为用，故"用大牲吉"。之外曰"往"，三四易位，由三往四，故"利有攸往"。"顺天命"，《象传》文也。

郑注："萃，聚也"，《彖传》文。内坤为顺，外兑为说。"臣下"谓坤也。以顺道承事其君，君谓五也。"说德"谓兑，兑居上以待下。二五得正，故曰"上下相应"。坤为事，兑为和，故云"有事而和通"。亨者，通也。故曰"萃，亨也"。"假，至"，《释诂》文。互体艮，约象巽，巽木在上，艮阙在下，故云"木在阙上，宫室之象也"。四在外初，故为震爻，震主器为长子。五在外中，故为坎爻。"坎为隐伏"，《说卦》文。五居尊而隐伏不见，鬼神之象也。震以长子入艮阙，是升庙堂而祭祖，祢之礼也。故曰"王假有庙"。二在下中，故为离爻，离目为见。二居正为利见，上应五为大人，故"利见大人"矣。大牲，牛也。义本《说文》。大人有嘉会，故亨。时可干事，故贞。《曲礼》曰"涖牲曰盟"，故"必杀牛而盟"。《周礼·春官》疏云"盟者，盟将来"，故"既盟则可以往"。二往应五，上下皆正，故曰"利往"。

案：下坤为牛，牛于辰属丑，土畜也。巽木在上，下克坤土，故象杀牛。

案：兑为刑杀。杀坤牛以奉宗庙，有用大牲之象。

初六。有孚不终，乃乱乃萃。

虞翻曰："孚"谓五也，初四易位，五坎中，故"有孚"。失正当变，坤为终，故"不终"。萃，聚也。坤为乱为聚，故"乃乱乃萃"。失位不变，则相聚为乱，故《象》曰"其志乱也"。

疏　"孚谓五也"者，初与四应，易位得正，则五在坎中为孚，故"有孚"。言五利初易四承己，得爻之正也。以六居初，失正当变。《坤·文言》曰"地道无成而代有终"，故"为终"。初四易位，则二三与四仍互坤为"代终"。以三往易四，坎成坤坏，故，虽有孚而不终，谓初不能与四易也。坤阴灭阳为乱，又众为聚，故曰"乃乱乃萃"。盖失位不变，则相聚为乱，坎为"志"，故《象》曰"其志乱也"。

若号，一握为笑，勿恤，往无咎。

虞翻曰：巽为"号"。艮为手，初称"一"，故"一握"。初动成震，震为"笑"。四动成坎，坎为"恤"。故"若号，一握为笑，勿恤"。初之四得正，故"往无咎"矣。

疏 四互巽，巽申命，故"为号"。四与三易位，初不能上四，四已之正，呼号于初，初乃变震应之。四之三，下成艮，艮为手，故为"握"。初称一，故为"一握"，犹言艮初也。初自动成震，震笑言，故"为笑"。四自动成坎，坎加忧为"恤"。故"若号，一握为笑，勿恤"。四易三位，嫌无应有咎。初之四，应得正，故"往无咎矣"。

六二。引吉，无咎。

虞翻曰：应巽为绳，艮为手，故"引吉"。得正应五故"无咎"。利引四之初使避己，己得之五也。

疏 二应在五，互巽为绳，二至四，互艮为手，有引象焉，故"引言"。以六居二为得正，上正应五故"无咎"。九四"大吉"，六二"引吉"，"吉"谓四待三易位，义不之初。四不避二，嫌二不得之五。二利引四之初使避己，己得之五，故"无咎"也。

孚乃利用禴。

虞翻曰："孚"谓五，禴，夏祭也。体观象，故"利用禴"。四之三，故"用大牲"。离为夏，故禴祭。《诗》曰"禴祭蒸尝"，是其义。

疏 五坎中，二应之，故"孚谓五"也。《尔雅》"夏祭曰礿"，《周礼·宗伯》"以禴夏享先王"，故云"禴，夏祭也"。体观，故言祭。坤牛为"大牲"，四之三，坤体坏，故"不用大牲"，"故"下当脱"不"字。成离为夏，故禴祭。禴，薄祭也。既济九五曰"东邻杀牛，不如西邻之禴祭"，故知"不用大牲"而"利用禴"也。"禴祠蒸尝"，《诗·天保》

文，"祠"误引作"祭"。二不能引四，五使四之三，二得应五，故曰"孚乃利用禴"也。卦"用大牲"，乃王者所以随其时，二孚用禴，乃臣下，所以通乎上。在乎心之萃，非在物之厚薄也。

六三。萃如嗟如，无攸利。往无咎，小吝。

虞翻曰：坤为萃，故"萃如"。巽为号，故"嗟如"。失正，故"无攸利"。动得位，故"往无咎，小吝"，谓往之四。

疏 体坤众为萃，故"萃如"。互巽申命为号，阴无应，故"嗟如"。以阴居阳失正，故"无攸利"。动而得位，故"往无咎小吝"也。"谓往之四"者，三之四非正，故"无咎"而"小吝"。 "悔吝者，言乎其小疵也"。三阴，故称"小"也。

九四。大吉，无咎。

虞翻曰：以阳居阴，故"位不当"。动而得正，承五应初，故"大吉"而"无咎"矣。

疏 以阳居阴，其位不当，咎也。动而得正，上承五，下应初，故"大吉而无咎"。近承五阳，阳为大，故"大吉"。"无咎"者，善补过者也。变得正，故"无咎"。五得正，故"萃有位"。四不正，故"位不当"。

九五。萃，有位无咎。匪孚，元永贞，悔亡。

虞翻曰：得位居中，故"有位无咎"。"匪孚"谓四也。四变之正，则五体皆正，故"元永贞"。与《比·象》同义。四动之初，故"悔亡"。

疏 五得正位，居上之中，五爻聚而归之，故"萃有位"。五乘四刚，宜有咎。已得中，故"无咎"。四当变正，坎为孚。不变则匪孚，故"匪孚谓四也"。三与四易，初变正应四，则六爻皆正。五，乾阳乾元，故曰元。下应在坤，坤利永贞，《比·象》辞曰"元永贞"，故"与《比·象》同义"。详见彼注。"震无咎者存乎悔"，四动之初，故"悔亡"。

上六。赍资涕洟，无咎。

虞翻曰：赍，持。资，赙也，货财丧称赙。自目曰"涕"，自鼻称"洟"。坤为财，巽为进，故"赍资"也。三之四体离坎，艮为鼻，涕泪流鼻目，故"涕洟"。得位应三，故"无咎"。上体大过死象，故有"赍资涕洟"之哀。

疏 《广韵》："赍，持也。"又云"持送人也"。说文"资，货也"，故云"赍"。以货财哀丧称"赍"，《公羊传·隐公元年》"货财曰赙"是也。坤生万物为财，巽进退为进，故"赍资"也。《说文》："涕，泣也。"故"自目曰涕"。又曰"洟，鼻液也"，故"自鼻称洟"。三之四有离坎艮象，离为目，艮为鼻，坎为水流目鼻，故为"涕洟"。四之三得正，上应之，故"无咎"。上至二体大过，象棺椁为死，上应在三，死大过中，故赍持资赙以哀之。四三易位，大过象毁，故涕演而无咎也。

升卦第四十六 ䷭

巽下坤上　升①，元亨。用见大人，勿恤，南征吉。
初六　允升，大吉。②
九二　孚乃利用禴，无咎。③
九三　升虚邑。④
六四　王用亨于岐山，吉无咎。⑤
六五　贞吉，升阶。
上六　冥升，利于不息之贞。⑥

【导读】

升卦认为君子鉴于地中升木的卦象，对自身品德修养的提高应顺时以动，遵循自然发展的规律，从小处着手积累，不断充实自己，有所前进，逐步达到高尚完美的境界。升卦还揭示了"积小以高大"必须具备的主客观条件。"孚乃利用禴，无咎"，表示在"升"的过程中，人有无至诚之心很重要。在此强调了人的信念问题、信心问题。有信念、有信心的人，手中便掌握有打开"升"之大门的钥匙，机会永远在等他们。

【精注】

①升卦：巽下坤上，象征顺势向上升。②允升：肯定上

升；允：诚信。③禴：古代四时祭祀之一，指薄祭。④虚邑：空的城邑。⑤用亨：献祭。岐山：地名，位于今陕西省岐山县东北。⑥冥升：幽昧中上升。不息：指昏夜不停。

【今译】

升卦　象征顺势向上升。升卦的卦象下单卦为巽，为木；上单卦为坤，为地。两单卦结合木自土中升。亨通的卦象。利见大德大才的人，不必担忧。南方相当于上方，一往南方，可会见到大德之人，吉。

初六　在晋升中，要追随贤能的君子，才可大吉大利。

九二　祭祀求福中要挚诚恳切，灾难才不会降临。

九三　凡升之道，主宾相得而成礼，君臣互奖而为治，故升道中不必疑虑、疑沮，方可勇往直前。

六四　君王前往岐山祭祀神灵，定获吉祥，一切顺理应当，没有灾难。

六五　占问吉祥，如步步升阶。

上六　君子在危亡之际，出世以求济难，受重任而不辞，还在乎以死相求吗。

【集解】

升。

郑玄曰：升，上也。坤地巽木，木生地中，日长而上，犹圣人在诸侯之中，明德日益高大也，故谓之"升"。升，进益之象矣。

疏　"聚而上者谓之升"，故云"升，上也"。坤地在下，巽木在上，木生地中，有日长而上之势。四言"王用亨于岐山"，故云"犹圣人在诸侯之中"。《象》言"慎德，积小高大"，故云"明德日益高大也"。"谓之升"者，有进益之象也。

元亨。

虞翻曰：临初之三，又有临象，刚中而应，故"元亨"也。

疏　从二阳四阴之例，故云"临初之三"。二至上，又有临象，《临》卦辞曰"元亨"，乾元正，故曰"元"。《彖传》曰"刚中而应"，二刚中五应之，故"亨"。与升象略同，故亦曰"元亨"也。如萃五与比卦同辞，亦以爻略同也。

用见大人，勿恤。

虞翻曰：谓二当之五为"大人"，离为"见"，坎为"恤"，二之五得正，故"用见大人勿恤，有庆也"。

疏 阳主升，阴主降，坤虚无君，故"二当之五"。五君位，故为"大人"。二之五有离坎象，离相见为"见"，坎加忧为"恤"，之五得正，坤器为"用"，故"用见大人，勿恤"。阳称"庆"，故《象》曰"有庆也"。

愚案：升与萃反，萃见大人，二与五应，故曰"利见"。升见大人，二升五位，故曰"用见"。

南征吉。

虞翻曰：离，南方卦。二之五成离，故"南征吉，志行也"。

疏 《说卦》曰"离也者，明也。万物皆相见，南方之卦也"。自二升五成离，故"南征吉"。"志行也"，《象传》文。

初六。允升，大吉。

荀爽曰：谓一体相随，允然俱升。初，欲与巽一体升居坤上，位尊得正，故"大吉"也。

疏 阳升阴降，阴不独升。且初为巽主，卑柔无应，不能自升。惟二三以一体而信初，故必"一体相随，允然俱升"。盖初欲与巽二阳同体俱升，居于坤上。以二升五为位尊，以阳居阳为得正。体象"大观在上"，故"大吉"也。

九二。孚乃利用禴，无咎。

虞翻曰：禴，夏祭也。祥见萃二。二之五成坎，坎有孚为孚。互离为夏，故"乃利用禴"。二失位，宜"有咎"。升五得正，故"无咎"也。

愚案：萃六二孚乃利用禴者，二应五故孚。升九二"孚乃利用禴"者，二之子故孚。孚则尚实，不尚文，故"利用禴"。

禴，薄祭也。

九三。升虚邑。

荀爽曰：坤称邑也。五虚无君，利二上居之。故曰“升虚邑，无所疑也。”

疏 坤土故称邑。阳实阴虚，阳为君，五阴虚无君。三利二阳，上居于五，且三居下卦之上，互震足为升，上近坤初，故曰“升虚邑”。三与五皆得正，故《象》曰“无所疑也”。

六四。王用亨于岐山。吉，无咎。

荀爽曰：此本升卦也。巽升坤上，据三成艮，巽为“岐”，艮为“山”，“王”谓五也。通有两体，位正众服，故吉也。四能与众阴退避，当升者，故“无咎”也。

疏 四与初应，初随巽体，升居坤上，据三成艮。“岐”古文作“𨙸”，巽为木，木枝岐出，有似于岐，故“巽为岐”。艮为“山”，故为“岐山”。二阳升五，故“三谓五也”。巽居坤上体，观享祀之象，故“通有两体”。坤为“用”，言“王用”此人，“亨于岐山”。五位得正，众阴皆服，故“吉”也。四顺承五，与众阴退避，二阳当升，故“无咎”也。

六五。贞吉，升阶。

虞翻曰：二之五，故“贞吉”。巽为高，坤为土，震升高，故“升阶”也。

疏 二失位，之五得正，故曰“贞吉”。“巽为高”，《说卦》文。古者土阶，故坤土为阶。虞《系辞上》注云“坤为阶”是也。震足升高，阴为阳阶，故“升阶”也。

上六。冥升，利于不息之贞。

荀爽曰：坤性暗昧，今在在上，故曰“冥升”也。阴用事为消，阳用事为息。阴正在上，阳道不息，阴之所利，故曰“利于不息之贞”。

疏 坤丧乙，灭癸，故“性暗昧”。今在升家，而居于上，故曰“冥升”。阴灭阳，故为消。阳胜阴，故为息。六阴在上得正，五阳不息，阴之所利，故“利于息之贞”。

愚案：坤为冥晦，上处升极而不知止，"冥升"者也。与"冥豫"同义。然上与三为正应，又皆得位，上阴冥升而不降三，三阳不息而不易上，各得其正，故"利于不息之贞"。

困卦第四十七

【原典】

坎下兑上　困①，亨。贞，大人吉，无咎。有言不信。

初六　臀困于株木，入于幽谷，三岁不觌。②

九二　困于酒食，朱绂方来，利用享祀，征凶，无咎。③

六三　困于石，据于蒺藜，入于其宫，不见其妻，凶。④

九四　来徐徐，困于金车，吝，有终。⑤

九五　劓刖，困于赤绂，乃徐有说，利用祭祀。⑥

上六　困于葛藟⑦，于臲卼⑧，曰动悔有悔⑨，征吉。

【导读】

困卦爻辞谈了种种困境，反映了统治者既借助"神"的力量来制服臣民，同时制定种种惩治奴隶的刑罚，臣民像牲畜一样受统治者奴役。这一社会情况，形象地描绘了臣民备受刑罚、妻离子散的悲惨场面。

【精注】

①困卦：坎下兑上，象征困厄。②株木：树木。幽谷：幽深的山谷。觌：见。③困于酒食：醉酒。朱绂：朱，君王遮蔽膝部的朱红色服饰。绂，古代祭服的饰带。④困于石：道路被巨石阻挡。据是凭借、占据的意思，此引申为居处。蒺藜：一种带刺的植物，一年一生。宫：居室，此引申为自己的家见其妻，意思是得婚配。⑤困于金车：被金车所困阻。⑥劓：古代刑法，削鼻。刖：古代刑名，断足。说：通"脱"。⑦葛藟：一种柔韧缠延之蔓。⑧臲卼：惶惑不安。⑨悔：这里是后悔和悔悟的意思。

【今译】

困卦　象征陷入困厄或难以自拔。困卦的卦象是下单卦为坎，为险；上单卦为兑，为水。两卦结合指困于某种险厄之中。君子刚中正位，坚守自己的道行，即使身陷窘困，仍化裁通变，顺应而不穷志，故吉。但小人窥测其中，阴邪挟其智力，乘势相掩，旁人则难辨是非，是为困。

初六　不明争势，守枯木而困，坐待自匿，三年而不屈。

九二　酒食过于骄奢，服饰过于华丽，意外得到高爵，难免会感到窘迫。这只适于祭祀神灵。

六三　以柔居刚，所处不安，欲前往又有巨石相阻，欲退之，又困于蒺藜葛菡之中，犯天下之不祥，凶必及之。

九四　身陷囹圄，又有铁车阻困，救助行动艰难，要量力而行，不可操之过急。

九五　削鼻断足不足为君子所困，倒是易被小人怀柔，享大人之亨，才是真正的理极势穷。但君子中正刚直，以神道感悟之，鬼神当自祷，小人当自解。

上六　阴柔的小人被葛藤缠绕得劳心苦形惶惶不安，赶快悔悟自省，就会得到吉祥。

【集解】

困。亨。

郑玄曰：坎为月，互体离，离为日，兑为暗昧，日所入也。今上弇日月之明，犹君子处乱低，为小人所不容，故谓之"困"也。君子虽困，居险能说，是以通，而无咎也。

虞翻曰：否二之上，乾坤交，故通也。

疏　郑注：内体坎，互体离。"坎为月，离为日"，《说卦》文。兑为暗昧，日所入者。古文《尚书·尧典》曰"分命和仲，宅西昧谷"，郑彼注云"西者，陇西之西，今谓之兑山"。兑，西方卦，故云"西者，陇西之西，今人谓之兑山"。兑，西方卦，故云"日所入也"。今，在上弇日月之明，犹君子处乱世，为小人所不容，故谓之困也。君子所处虽困，然居坎险之中而能安兑说，是以通，而无咎也。

虞注：三阳三阴之卦，自否来，《否·象》曰"天地不交而万物不通也"。今二上易位，则乾坤交矣。交，故通也。又《系辞下》曰"困穷而通"，谓阳穷否上，变之成坎，坎为通，故"穷而通"也。

贞，大人，吉无咎。

虞翻曰："贞，大人吉"谓五也。在困无应，宜静，则无咎，故"贞，大人吉，无咎"。

疏 乾五大人，故大人谓五也。五本正也，言"贞大人吉"者，否上之二。五在困时，下无正应，宜有咎。宜静以待二之变，上正应五则无咎，故"贞，大人吉，无咎"。

有言不信。

虞翻曰：震为言，折入兑，故"有言不信，尚口乃穷"。

疏 否上当反初，成益体震，震声为言。今二上折否，乾为兑，兑为毁折也。乾天行至信为信。乾毁，故"有言不信"。兑为口，故《象》曰"尚口乃穷也"。

初六。臀困于株木。

《九家易》曰："臀"谓四，株木，三也。三体为木，泽中无水，兑金伤木，故枯为株也。初者四应，欲进之四，四困于三，故曰"臀困于株木"。

干宝曰：兑为孔穴，坎为隐伏。隐伏在下，而漏孔穴，臀之象也。

疏 《九家》注：爻例四在上体之下，象臀，故"臀谓四"，姤九四，"臀无肤"是也。又互巽为股，四在股止，亦为"臀"。株木谓三者，三互巽为木也。全体泽中无水，上兑为金，又伤巽木，故枯为株也。又互离为木科上槁，故枯也。初应在四，初以阴居阳，失位，欲进之四，四亦失位，为三所困，故曰"臀困于株木"。

干注：兑上口开为孔穴。"坎为隐伏"，《说卦》文。"隐伏在下"谓初，应在四兑象漏孔穴，故曰"臀之象"也。

入于幽谷。三岁不觌。

《九家易》曰：幽谷，二也。此本否卦，谓阳来入坎，与初同体，故曰"入幽谷"。三者，阳数。谓阳陷险中，为阴所弇，终不得见，故曰"三岁不觌"也。

疏　《说文》曰"泉水出通川为谷，从水半见，出于口"，二在坎半，故"幽谷谓二"。坎为隐伏，故称"幽谷"。此本否卦，上阳来，入于二成坎，与初同体，又巽为"入"，故曰"入于幽谷"。天数三，故"三者，阳数"。谓阳陷坎中，为初三二阴所弅。伏离目为"觌"，为坎所弅，故"终不得见"。又自初至四，三爻为三岁，故"三岁不觌"也。

九二。困于酒食，朱绂方来。

案：二本阴位，中馈之职。坎为酒食，上为宗庙。今二阴升上，则酒食入庙，故"困于酒食"也。上九降二，故"朱绂方来"。朱绂，宗庙之服。乾为大赤，朱绂之象也。

疏　家人六二曰"在中馈"，故云"二本阴位，中馈之职"。需九五曰"需于酒食"，谓坎也，故曰"坎为酒食"。《乾凿度》："上为宗庙。"今，否二阴升上，有酒食入庙之象，故曰"困于酒食也"。否上九降居于二，自外曰来，故曰"朱绂方来"。朱绂，宗庙祭祀之服也。否乾为大赤，故有"朱绂之象也"。

利用享祀，征凶无咎。

荀爽曰：二升在庙，五亲奉之，故"利用享祀"。阴动而上，失中乘阳，阳下而陷，为阴所弅，故曰"征凶"。阳来降二，虽位不正，得中有实，阴虽去中上，得居正，而皆免咎，故曰"无咎"也。

疏　卦自否来，上为宗庙，故二升上为"在庙"。五近承上，故"亲奉之"。二与五应，是"利用享祀"谓五也。二阴动而上，内失二中，上乘五阳，上阳下陷于坎中，为二阴所弅。二上易位皆凶，故曰"征凶"。上阳下降，来居于二，以阳居阴，位虽不正，然在二为得中，体阳为有实。阴虽去二之中，然上为阴位，六居得正。皆免于咎，故"无咎"也。

六三。困于石，据于蒺藜。

虞翻曰：二变正时，三在艮山下，故"困于石"。蒺藜，木名。坎为蒺藜。二变艮手，据坎故"据蒺藜"者也。

疏　二变正时体艮，艮为"石"，谓四也。三在四下，故

"在艮山下"。三失位，又为不正之阳所据，故"困于石"焉。"臀困于株木"，四为三所困，今三又"困于石"，陆氏所为"六爻迭困"，是也。《释草》："茨，蒺藜。"今字从"藜"，故云"木名"。"坎为蒺藜"，《九家说卦》文。三体坎，故曰"蒺藜"。二变艮为手，下据坎，故"据蒺藜"。

入于其宫，不见其妻，凶。

虞翻曰：巽为"入"，二动艮为"宫"，兑为"妻"，谓上无应也。三在阴下，离象毁坏，隐在坤中，死其将到，故"不见其妻，凶"也。

疏 三互巽，故"为入"。二动三互艮，艮为门阙，故"为宫"。应在兑，兑少女为艮妻。与上敌应，故"谓无应也"。"三在阴下"者，谓三伏，阳在阴之下也。二动，故"离象毁坏"。三成体坤，故"隐在坤中"。坤丧于乙，为既死霸，故"死其将到"。离目坏，故"不见其妻凶也"。《左传·襄公二十五年》曰："齐棠公之妻，东郭偃姊也。东郭偃臣崔武子，棠公死，使偃取之。武子筮之，遇困之大过。陈文子曰：'困于石，往不济也。据于蒺藜，所恃伤也。入于其宫不见其妻凶，无所归也。'崔子曰：'嫠也何害，前夫当之矣。'遂妻之。庄公通焉，遂弑之。"

愚案：自内曰往。三往承四，为四所困，故"往不济也"。阴当承阳而反据之，为阳所伤，故"所恃伤也"。三变大过死象，故"无所归也"。

九四。来徐徐，困于金舆，吝，有终。

虞翻曰：来，欲之初。徐徐，舒迟也。见险，故"来徐徐"。否，乾为金，坤为舆。之应历险，故"困于金舆"。易位得正，故"吝，有终"矣。

疏 自外曰来，四与初应，故"来，欲之初"。《礼·玉藻》："徐前诎后。"郑注"徐，读如舒迟之舒"，故云"徐徐，舒迟也"。初，体坎为险，离目为见，见险，故来舒迟也。否有乾坤，乾为金，坤为舆，故有金舆之象。四往应初，历乎坎险，故曰"困于金舆"。失位宜"吝"，易位得正，故"有

"终"矣。

九五。劓刖，困于赤绂。

虞翻曰：割鼻曰劓，断足曰刖。四动时，震为足，艮为鼻。离为兵，兑为刑。故"劓刖"也。赤绂谓二。否，乾为朱，故赤。坤为绂。二未变应五，故"困于赤绂"也。

疏 《说文》："劓，刖鼻也。刖，断足也。"故"割鼻曰劓，断足曰刖"。四不正当动，三互震为足，五互艮为鼻。体互离为兵。上体兑，西方有肃杀象，又毁折，有割断象，故为刑。劓刖，刑之小者。于困之时，未得二应，止可行其小刑，故曰"劓刖也"。五应在二，故"赤绂谓二"也。否乾为大赤，故为赤。《九家说卦》："坤为帛。"故为绂。二失位，未能变正应五，故"困于赤绂也"。

乃徐有说。

虞翻曰：兑为"说"，坤为"徐"，二动应巳，故"乃徐有说"也。

疏 上体兑，故"为说"。否坤柔，故"为徐"。二失正，动应五，故"乃徐有说也"，所谓"贞大人吉"也。

利用祭祀。

崔憬曰：劓刖，刑之小者也。于困之时，不崇柔德，以刚遇刚，虽行其小刑而失其大柄，故言"劓刖"也。赤绂，天子祭服之饰。所以称困者，被夺其政，唯得祭祀，若《春秋传》曰"正由甯氏，祭则寡人"，故曰"困于赤绂"。居中以直，在困思通，初虽窒穷，终则必喜，故曰"乃徐有说"。所以，险而能说，穷而能通者，在"困于赤绂"乎，故曰"利用祭祀"也。

案：五应在二，二互体离，离为文明，赤绂之象也。

疏 崔注：劓刖，五刑之小者。于困之时，当崇柔德。乃九五刚爻，乘四应二皆刚，故"以刚遇刚"。是施小刑而失大柄，故言"劓刖"也。赤绂，天子祭服之饰。其称困者，以政被二四失正之刚所夺，故五唯得主祭祀而已。"政由宁氏，祭则寡人"，《左传·襄公二十六年》文。事与爻合，故引之，以明"困于赤绂"之义。五居中位，行以正直，在困之时，而思二变应已，必得亨通之道，初穷终喜，是困极必通，"乃徐有说"也。处坎险而获兑说，当困穷而得亨通，故曰"困于赤绂"。赤绂，祭服。故曰"利用祭祀也"。

案：五与二应，二互三四为离，离南方文明之象，火色赤，故曰"赤绂"。

案：二五有刚中之德，明虽困于人事，幽可信于鬼神，故言"享祀"、"祭祀"。

上六。困于葛藟，于臲卼。

虞翻曰：巽为草莽称"葛藟"，谓三也。兑为刑人，故"困于葛藟，于臲卼"也。

疏 三体互巽，巽，刚爻为木，柔爻为草，故"巽为草莽称葛藟"。葛之附木最出木杪，上六阴柔居卦上，有葛藟延蔓之象。上应三，故"谓三也"。臲卼，荀、陆、王肃皆云"不安也"。兑折震足为见刑断足者，故"为刑人"。三上皆阴，上无正应，为三所困，故"困于葛藟，于臲卼"也。

曰动悔有悔，征吉。

虞翻曰：乘阳，故"动悔"。变而失正，故"有悔"。三已变正，已得应之，故"征吉"也。

疏 兑为口，故称"曰"。否二动之上乘五阳，故"动悔"。上变阳应三，则失正，故"有悔"。三位失当变正，上得往应于三，故"征吉"也。六爻惟上言"吉"，亦困极则通也。

井卦第四十八 ䷯

【原典】

巽下坎上 井①改邑不改井，无丧无得，往来井井。汔至亦未繘井，羸其瓶，凶。②

初六 井泥不食，旧井无禽。③

九二 井谷射鲋，瓮敝漏。④

九三　井渫⑤不食，为我心恻⑥。可用汲，王明，并受其福。

六四　井甃⑦，无咎。

九五　井洌，寒泉食。

上六　井收勿幕⑧，有孚元吉。

【导读】

井卦讲人们对井的整治，使井水变清的过程，是古代井田制度下关于井的一些情况。井，出现在原始社会末期。奴隶社会实行井田制，井的作用是用于农业灌溉，便于土地的分封和管辖。昏庸的邑主，弃旧井而不顾，让人民遭殃；开明的邑主，则积极修治井壁，使人民用上洁净清凉的泉水。

【精注】

①井卦：巽下坎上，象征汲取之理。②邑：泛指村庄城邑。井井：从中取水。第一个"井"字用作动词，取水。汔：接近。缱井：淘井。羸：此为倾覆的意思。瓶：古代汲水器皿。③不食：不能食用。旧井无禽：禽也解作"擒"，捕获，又作水禽解。④井谷射鲋：井底小鱼来回窜游。鲋，小鱼。瓮：瓦罐。敝漏：破旧，破碎。⑤渫：治井淘沙。⑥为我心恻：使我心中悲伤。王明：君王贤明。⑦甃：修整。⑧井收勿幕：修整水井后，不需覆盖井口。幕，盖。

【今译】

井卦　象征汲取之理。井卦的卦象是下单卦为巽，为木；上单卦为坎，坎为水。两卦结合木汲取水源而新生。林邑可以迁变，但水井依旧。以汲水之理，汲水引而上之可养人，反之为凶。这说明凡事都有定分，用人亦得相宜。如井太深，绳不及即未能尽其用；深入其下，瓶触于井边而毁，亦功败垂成，徒劳而无功。

初六　水井淤满了污泥，井水不能食用，连飞鸟也不来栖息了。

九二　涓涓细流，只堪滋润小鱼，就像漏了的瓦瓮一样。这说明用人者无掖贤才之实，虽有君子，也遇而不见。

九三　枯井已经淘净却不能饮用，使我感到痛惜，怜才者见之亦心伤。贤士也应有待求沽之意，如王明之受福。

六四　用砖修砌井壁，才不会有灾难。暗指贤士也当进修，以待时机。

九五　井水清冽，能够食用，如贤能有德的人可普济众生。

上六　井修复好了，无须再盖井口。心怀诚信，则大吉大利。

【集解】

井。

郑玄曰：坎，水也，巽木，桔槔也。互体离兑，离为坚，中虚，瓶也。兑为暗泽，泉口也。言桔槔引瓶下入泉口，汲水而出，井之象也。井以汲人水，无空竭，犹人君以政教养天下，惠泽无穷也。

疏　上坎为水，下巽为木。桔槔者，《庄子》所谓"凿木为机，后重前轻，挈水若抽，数如沃汤，其名为槔"是也。内互兑，外互离，自二至五，外阳坚，中阴虚也。兑互坎下，故为暗泽，四即泉口也。桔槔引瓶入泉口之下，汲水而出，其象为井。井之水给人无穷，犹君子政教养人无穷也。

改邑不改井。

虞翻曰：泰初之五也。坤为邑，乾初之五折坤，故"改邑"。初为旧井，四应汲之，故"不改井"。

疏　从三阳三阴之例，井自泰来，故"泰初之五也"。坤土为邑，乾初之五，折毁坤象，故"改邑"。乾盈将退为旧，故"初为旧井"。四井汲与初应，是"四应汲之"，故"不改井"。《系辞下》曰"井居其所"，周氏云"井以不变更为义"，是也。

无丧无得，往来井井。

虞翻曰：无丧，泰初之五，坤象毁坏，故"无丧"。五来之初，失位无应，故"无得"。坎为通，故"往来井井"。"往"谓之五，"来"谓之初也。

疏　坤灭于乙，为丧，泰初之五，坤象毁坏，故"无丧"。五阴来初为失位，与四敌应为无应，无应故"无得"。上体坎，

"坎为通"，《说卦》文。《系辞上》曰"往来不穷谓之通"，故"往来井井"。自内曰"往"，谓初之五也。自外曰"来"，谓五之初也。

汔至，亦未繘井。

虞翻曰：巽绳为"繘"。汔，几也，谓二也。几至初改，未繘井，未有功也。

疏 郑氏云"繘，绠也"。扬子《方言》："关东谓之绠，关西谓之繘。"郭璞注云"汲水索也"。巽为绳，故"为繘"。《诗·民劳》曰"汔可小康"，郑笺云"汔，几也"。《释诂》云"凯，汔也"，孙炎注云"汔，近也"。泉在下，二近泉，故"几谓二也"。初之五"改邑"，故称"初改"。二近初，故云"几至初改"也。卦唯二初失位，二变正为艮，手持繘，未变故"未繘井"。失位，故"未有功也"。

羸其瓶，凶。

虞翻曰：羸，钩罗也。艮为手，巽为繘，离为"瓶"，手繘折其中，故"羸其瓶"。体兑毁缺，瓶缺漏，故"凶"矣。

干宝曰：水，殷德也。木，周德也。夫井，德之地也，所以养民性命，而清洁之主者也。自震化行至于五世，改殷纣比屋之乱俗，而不易成汤昭假之法度也，故曰"改邑不改井"。二代之制，各因时宜，损益虽异，括囊则同，故曰"无丧无得，往来井井"也。当殷之末，井道之穷，故曰"汔至"。周德虽兴，未及革正，故曰"亦未繘井"。井泥为秽，百姓无聊，比屋之间，交受涂炭，故曰"羸其瓶，凶"矣。

疏 虞注："羸，钩罗也"者，孔颖达谓"钩羸其瓶而覆之也"。二变艮，为手，体巽绳，为繘，未变艮手不见，故"手繘折其中"，则钩罗其瓶也。互有兑离，离外实中虚为瓶，兑为毁折。瓶缺漏故凶，九二"瓮敝漏"是也。二与初易位得正，成既济定，则初吉，二亦不凶也。

愚案：《说文》"汔，涸也"。初二失位，不能正应，坎水涸，斯至矣。故未有繘井之功，而终有羸瓶之凶也。

干注：《家语》"殷人以水德王，色尚白。周人以木德王，色尚赤"。外坎水，殷德，内巽木，周德也。"井，德之地也"，《系辞下》文。水生万物，养民性命，而性又清絜，德可为主者也。井，震宫五世卦，故云"自震化行至于五世"。盖帝出乎震，木道乃行，五变成坎，其象为井，是"改殷纣比屋之乱俗，而不改成汤昭格之旧法"，故曰"改邑不改井"。二代之制，各因时宜，如尚质尚文之类，《论语》曰"周因于殷礼，所损益可知也"。损所当损，如井汲，而不见竭，益所当益，如井注，而不见盈，故"无丧无得"。贾谊《过秦》："囊括四海之意。""囊括"犹言包举。言囊括四海，其理攸同，犹人有往来，而井安其所者，不渝变也。当殷之末，井养之道已穷，故曰"汔至"。《诗·毛传》："汔，危也。"言危至也。周德虽兴，未及革正殷命，故曰"亦未繘井"，言未受命也。初六"井泥下食"，故云"井泥为秽"。百姓无仰，比屋罗灾，故有羸瓶之凶也。

初六。井泥不食，旧井无禽。

干宝曰：在井之下体，本土爻，故曰"泥"也。井而为泥，则不可食，故曰"不食"。此托纣之秽政，不可以养民也。"旧井"谓"殷之未丧师"也，亦皆清絜，无水禽之秽，又况泥土乎，故"旧井无禽"矣。

疏 初在井下，巽初辛丑，丑为土，故体本土爻而象泥也。泥不可食，故曰"不食"。初失位不正，喻纣之秽政，不可养民。"殷之未丧师"，《诗·文王》文。言"旧井"以喻殷德清絜，水禽不秽，何况泥土，故曰"旧井无禽"矣。

愚案： 初居井底，六位不正，阴浊象泥，人所不食。废为"旧井"，禽亦不向。巽鸡为禽，失位无应，故"无禽"也。

九二。井谷射鲋，瓮敝漏。

虞翻曰：巽为"谷"为"鲋"，鲋，小鲜也。离为"瓮"，瓮瓶毁缺，"羸其瓶凶"，故"瓮敝漏"也。

疏 巽坎，水半见于下，故"为谷"。震阳为龙，巽阴为鱼，郭璞云"鱼者，震之废气也"，故"为鲋"。鲋，小鲜也，王肃曰"小鱼"是也。鲋小近泥，二比于初，故有此象。二应五互离，离为大腹，外实中虚，互兑为口，象瓮，故"为瓮"。瓮，瓶类也。二失位无应，又互兑为毁折，巽下画断，故"瓮瓶毁缺"。卦辞"羸其瓶凶"，此爻当之，故云"瓮敝漏"也。

九三。井渫不食，为我心恻。

荀爽曰：渫去秽浊，清絜之意也。三者得正，故曰"井渫"。不得据阴，喻不得用，故曰"不食"。道既不行，故"我心恻"。

疏 郑氏谓"已浚渫也"，向氏云"渫者，浚治去泥浊也"，故云"渫去秽浊，清絜之意也"。三爻得正，浊已去也，故曰"井渫"。二未变正，故"不得据阴"。喻不见用，于人故曰"不食"。上应坎为"心"，为加忧，三已清絜而不见用，道既不行，故上应坎"为我心恻"也。

可用汲，王明，并受其福。

荀爽曰：谓五"可用汲"三，则"王"道"明"而天下"并受其福"。

疏 五乾为"王"为"福"，互离为"明"，"三与五同功"，五汲用三，则"王道明于天下"，而诸爻"并受其福"也。

案：二变，艮为手，持绠为"汲"。"王"谓五，体离为"明"。三利二正，既济定，已为五汲，斯并受福也。

六四。井甃无咎。

荀爽曰：坎性下降，嫌于从三。能自修正，以甃辅五，故"无咎"也。

疏 水曰润下，故"坎性下降"。初无正应，故"嫌于从三"。以六居四，为得位，故"能自修正"。四近承五，故"以甃辅五"。

愚案：初旧井与四应，初已变正，四来修之，故无咎也。王氏谓"得位而无应，自守而不能给上，所以修井之坏，补过而已"。《系辞上》曰"无咎者，善补过者也"，故曰"无咎"。

九五。井洌寒泉食。

虞翻曰：泉自下出称"井"。周七月，夏之五月，阴气在下。二日变，坎十一月为"寒泉"。初二已变，体噬嗑食，故"冽寒泉食"矣。

疏 五在上体，故"泉自下出于上为井"。周七月，夏五月也，井五月卦，与姤同值夏至，姤一阴初生，故"阴气在下"。二已变正，应五为坎，四正卦坎，值冬十一月，《月令》："仲冬之月水泉动。"是"十一月为寒泉"也。初二变正，体噬嗑，有食象，故"井冽寒泉食"矣。

案：《参同契》曰"姤始纪序，履霜最先，井底寒泉"，五体乾，乾位西北，故曰"寒泉"。井与噬嗑旁通，噬嗑食也，于井言"食"，食劝饮也。《前汉书·于定国传》："食酒至数石不乱。"是"食"即饮也。饮以养阳，初三五皆阳位，故言"食"。初三在巽，巽为不果，故"不食"。五坎在兑口，故"井冽寒泉食"矣。

愚案：井水冬温夏寒，井于消息五月卦，故曰"寒泉"。

上六·井收勿幕，有孚元吉。

虞翻曰：幕，盖也。"收"谓以辘轳收缗也。坎为车，应巽绳为缗，故"井收勿幕"。"有孚"谓五坎，坎为孚，故"元吉"也。

疏 幕以覆井，故称"盖"也。辘轳，圆木，所以汲水。"收"谓以辘轳收缗而汲水也。坎于舆多眚，故"为车"。辘轳，车类。应二巽绳为缗，有井收之象。古者井不汲，则幕之。上六居井口，偶画两开，有勿幕之象。"井收勿幕"，王氏所谓"不擅其有，不私其利"者也。"有孚谓五坎"者，坎有孚故孚。初二易位，成既济定，上下相孚，故"有孚元吉"也。

革卦第四十九 ䷰

【原典】

离下兑上 革①，巳日乃孚。元亨，利贞，悔亡。②

初九 巩用黄牛之革。③

六二　巳日乃革之，征吉，无咎。

九三　征凶，贞厉。革言三就，有孚。④

九四　悔亡有孚，改命吉。⑤

九五　大人虎变，末占有孚。⑥

上六　君子豹变，小人革面，征凶，居贞吉。⑦

【导读】

革卦有变革、改革之意。强调"变革以时"，根据事物发展的特点，选择适宜的时机，进行变革。主张变革时要"大人虎变"、"君子豹变"，小人才会革面洗心，心悦诚服。

【精注】

①革卦：离下兑上，象征变革、革新。②巳日乃孚：在十干中巳日已过中央，意指由盛极而致衰的时刻。③巩：固守。革：皮革。④革言三就：变革必须慎重，须再三商议，一致认可，方可行动。⑤改命：改革天命。⑥虎变：老虎到了冬日，皮泽光鲜亮丽。⑦豹变：与虎变意思相同。

【今译】

革卦　象征变革、革新。革卦的卦象，下单卦为离，离为火。上单卦为兑，兑为水，泽水而润。两卦结合水浇到火上，一旦熄灭，又会燃起，是变革的卦象。时至巳日，下定决心改革，明智而使人悦服。吉。当革之时，行革之事，利卦。

初九　用黄牛的皮革防卫巩固，黄乃中庸之色，说明变革要稳妥。

六二　到了巳日断然实行改革，勇敢向前就会吉利，没有灾祸。

九三　革之不可轻试，天人之理数不到，征则必凶。变革一定要审慎行事，经过再三商议，行动必须让大家心悦诚服。

九四　刚柔相济，道足以取信天下将自行消除。胸怀诚信之心的人，变革天命的时刻，仍然需要民众的信任与支持，才可以功成名就。

九五　大德大才之人阳自上而来，正天中之位，承天洪之祷，如同老虎皮一样，光鲜亮丽，未卜吉凶，便知他光辉盛著，人所共睹。

上六　君子在改革之时毛皮会像豹子那般光彩，庶民革除往日的陋习，也会面貌一新。兴师动众持续变革则凶险，安居守正则吉祥。

【集解】

革。

郑玄曰：革，改也。水火相息而更用事，犹王者受命，改正朔，易服色，故谓之革也。

疏　《书·尧典》："鸟兽希革。"孔传："革，改"也。息，长也。水火相息，更迭用事，犹王者易姓受命，改正朔，易服色而谓之革，如《彖辞》"汤武革命"是也。又有三义焉，如水火相息，四时更代，《彖辞》："天地革而四时成。"《象辞》"治历明时"是也。又《洪范》曰"从革作辛"，马氏注云"金之性，从火而销铄也。兑金离火，兑从离而革是也"。又《尧典》："鸟兽希革。"孔疏"毛羽希少改易"，《说文》："兽皮治去其毛，革更之象。"初"巩用黄牛之革"，五上"虎变""豹变"，是也。

巳日乃孚，元亨利贞，悔亡。

虞翻曰：遯上之初，与蒙旁通。"悔亡"谓四也。四失正，动得位，故"悔亡"。离为日，孚谓坎。四动体离，五在坎中，故"巳日乃孚"。以成既济，"乾道变化，各正性命，保合太和，乃利贞"，故"元亨利贞悔亡"矣。与《乾·象》同义也。

疏　从二阴四阳之例，遯初之上，即遯上之初矣。与蒙为旁通卦。九四爻辞云"悔亡"，故"悔亡谓四也"。四失正，故悔。动得位，故"悔亡"也。二体离为日，离纳巳，故曰"巳日"。坎有孚，故"孚谓坎"。四失位，动而成离，五在坎中为孚，二正应五，故"巳日乃孚"。四既变，以成既济。乾道，元也。变化，亨也。各正性命，贞也。保合太和，利也。四改之正，故"元亨利贞悔亡"矣。乾九四《文言》曰"乾道乃革"，谓四体革而成泰，故"与《乾·象传》同义也"。

初九。巩用黄牛之革。

干宝曰：巩，固也。离为牝牛，离爻本坤，黄牛之象也。在革之初而无应据，未可以动，故曰"巩用黄牛之革"。此喻文王虽有圣德，天下归周，三分有二，而服事殷，其义也。

疏 "巩，固也"，《释诂》文。"离为牝牛"，《九家说卦》文。离中爻自坤来，坤土色黄，又为子母牛，故有黄牛之象。卦自遯来，故与遯二同辞，详见彼注。在革之初，四无正应，下又无据，未可妄动，故曰"巩用黄牛之革"。喻文王有圣德，固守臣志而不变，《诗》云"遵养时晦"，《论语》曰"三分天下有其二，以服事殷"，是其义也。

六二。巳日乃革之，征吉，无咎。

荀爽曰："日"以喻君也。谓五巳居位为君，二乃革，意去三应五，故曰"巳日乃革之"。上行应五，去卑事尊，故曰"征吉无咎"也。

疏 《博雅》曰"日，君象也"，故"日以喻君"。谓五巳居乾位，为君，二乃革之，近去三，远应五，故曰"巳日乃革之"。上行应五，去三之卑，事五之尊，故曰"征吉无咎也"。伏蒙震为足，故爻言"征"，《象》言"行"也。

案：二体离日纳巳，故曰"巳日"。《公羊传》："乃者，难"也。时久而事极，获难之而后动，不轻革也，故"巳日乃革之"。二应于五，为四所隔，宜有咎。四革之正，二往应五，故"征吉无咎"也。

九三。征凶，贞厉。

荀爽曰：三应于上，欲往应之，为阴所乘，故曰"征凶"。若正居三而据二阴，则五来危之，故曰"贞厉"也。

疏 三与上为正应，欲往应上，为四阳所乘。乘者非阴，故知"阴"当作"阳"也。三应上，为不正之阳所隔，三多凶，故曰"征凶"也。若正居三位，而下据二阴，亦云贞矣。乃四承五来危三，故曰"贞厉"也。

革言三就，有孚。

翟玄曰：言三就上二阳，乾得共有，信据于二阴，故曰

"革言三就，有孚"于二矣。

疏 三，阳也。言三就上二阳成三阳，互体乾，故乾得共有三阳，实据于二阴，故"革言三就，有孚于二矣"。

愚案： 上应兑口，有言象，伏蒙震声，亦有言象。三至五三爻为"三就"，四变正，三五皆在坎中，坎为孚，故"革言三就，有孚"。又四在三五之中，革之正，则上下皆孚，故"有孚，改命吉"。五得中得正，居尊有应，三同功，而四顺承，不言而信，故"未占有孚"。革独三爻言"有孚"，以两坎相际也。

九四。悔亡，有孚，改命吉。

虞翻曰："革而当，其悔乃亡"。"孚"谓五也。巽为命，四动，五坎改巽，故"改命吉"。四乾为君，"进退无恒"，在离焚弃，体大过死，《传》以比桀纣。汤武革命，顺天应人，故"改命吉"也。

疏 四失位当悔，革则悔亡，《象传》曰"革而当，其悔乃亡"，谓四也。四变，五在坎中，故"孚谓五也"。互巽申命为命，四动，坎成巽毁，是五坎改革巽命，故"改命吉"也。四互乾为君，乾九四。《文言》曰"进退无恒"，"乾道乃革"之象也。外体离，离四亦乾四，离九四曰"焚如死如弃如"，身无所容之象也。自二至上体大过棺椁，死象也。阳刚失位，当革之时，故《传》以比桀纣失德之君。而曰"汤武革命，顺天应人"，《象》注云"天谓五，人谓三"，天人顺应，故"改命吉也"。

愚案： 四变得正，成既济定，故曰"改命吉"。

九五。大人虎变，未占有孚。

虞翻曰：乾为"大人"，谓五也。蒙坤为"虎变"。《传》论汤武以坤臣为君。占，视也，离为"占"。四未之正，五未在坎，故"未占有孚"也。

马融曰："大人虎变"，虎变威德，折冲万里，望风而信，以喻舜舞干羽而有苗自服，周公修文德，越裳献雉，故曰"未占有孚"矣。

中華藏書

第一部 周易原典

疏 虞注：乾二五皆称"大人"，此云"大人谓革五"，即乾五也。与蒙旁通，五体互坤，京房《易传》"坤为虎刑"，详见乾卦。革乾由坤变，故曰"虎变"。"变"谓毛希革，而易新，四动改命，其命维新，故五"虎变"也。"《传》论汤武"者，谓《象传》"汤武革命"也。蒙坤臣变为革君，故云"以坤臣为君"，如汤武是也。"占，视也"，扬子《方言》文。离目，故"为占"。四虽未变之正，五未成坎，然阳在五，具坎体为孚，故"未占有孚也"。

马注：虎有威德，故"折冲万里"。"风从虎"，故"望风而信"。《书·大禹谟》："帝乃诞敷文德，舞干羽于两阶，七旬有苗格。"《尚书大传》："成王之时，越裳以三象重九译而献白雉。公曰'德泽不加焉，则君子不享其质，政令不施焉，则君子不臣其人，吾何以获此也'？其使曰'吾受命吾国之黄耇曰久矣，天下之无别风淮雨，意者中国其有圣人乎，有则盖往朝之'。周公乃以荐于宗庙。"又见周传归禾。盖大舜周公，皆自修其德，远人咸格，不言而信，故曰"未占有孚矣"。

上六。君子豹变。

虞翻曰：蒙艮为"君子"，为"豹"，从乾而更，故"君子豹变"也。

疏 旁通蒙，上体艮，艮三乾体为"君子"。艮为黔喙之属，故"为豹"。上由艮变，从乾三而更，故"君子豹变也"。

小人革面。征凶，居贞吉。

虞翻曰：阴称"小人"也，"面"谓四，"革"为离，以顺承五，故"小人革面"。乘阳失正，故"征凶"。得位，故"居贞吉"，蒙艮为"居"也。

疏 阳大阴小，故"称小人"。四变，阴为"小人"。四在乾首中，故"面谓四"。革变为离，顺承五乾，故"小人革面"。上正应三，三爻辞云"征凶"，谓四乘三，阳失正，上与三，为四所隔，故"征凶"，与三同辞。然上六得位，故"居贞则吉"也。蒙艮为门阙，故"为居也"。三得正而"贞厉"者，革道未成，故守正厉也。上得正而"贞吉"者，革道已

二八五

中国书房

成，故守正则吉也。

鼎卦第五十

【原典】

巽下离上　鼎①，元吉，亨。

初六　鼎颠趾，利出否；得妾以其子，无咎。②

九二　鼎有实，我仇有疾，不我能即，吉。③

九三　鼎耳革，其行塞，雉膏不食。方雨亏悔，终吉。④

九四　鼎折足，覆公𫗧，其刑渥，凶。⑤

六五　鼎黄耳，金铉，利贞。⑥

上九　鼎玉铉，大吉，无不利。⑦

【导读】

鼎卦借用鼎来阐明吐故纳新，革新的道理。鼎在古代社会几乎成为贵族福祸和社会政治、经济状况的"衡量器"，也是社会变革、权力转移的"指示器"。吐故纳新是事物发展的必然要求，只有革新，事物才能向前发展。

【精注】

①鼎卦：巽下离上，象征三足两耳的鼎器，鼎不仅是煮食的器皿，还代表君王的权威。鼎上的花纹还有镇妖避邪的功用。②鼎颠趾：鼎足颠倒。利出否：利于倾倒无用之物。否，不，指无用之物。以其子：因其子。③实：此指食物。仇：匹配，此指妻子。④革：革除，这里指损坏、脱落。塞：阻塞，引申为困难。雉膏：雉，野鸡。膏，肥肉。方雨亏悔：天刚下雨阴云又散去。悔，通"晦"，指阴云。⑤覆公𫗧：将王公的八珍粥倾倒出来。公，王公。𫗧，八珍菜粥。其刑渥：洒得遍地都是。渥，沾湿。⑥金铉：金制鼎耳的吊环。⑦玉铉：装饰在吊环上的玉器。

【今译】

鼎卦　古代烹煮食物用的三足两耳的鼎器。鼎卦的卦象是下单卦为巽，为木；上单卦为离，为火。两单卦结合即以木取火。象征吐故纳新、革新。大吉大利，亨通顺畅。

初六　大鼎翻倒，其足向上，宜于倒出鼎中无用之物，去旧立新，就如娶妾生子，其妾能佐立辅子，其身价也另当别论，没有什么灾祸。

九二　鼎中盛满食品，说明君子有才，但仍要审慎。因小人染疾，君子要坚守中正之道，方可不被染。君子要慎所授。

九三　大鼎脱落了鼎耳，象征变革遇阻，君子志不相通。吃不到肥美的野鸡肉，意指得不到图谋发展之路。待阴阳之和的雨来到，最终结果会吉利。

九四　大鼎折足，打翻了王公的美食，鼎身沾满污物，如同小人得志，必有凶险。

六五　大鼎配上黄色的金属鼎耳，鼎耳上有铜制的吊环，乃有利之卦。

上九　鼎耳配备玉制的吊环，宜受大烹之养，没有什么不利的。

【集解】

鼎。

郑玄曰："鼎，象也"。卦有木火之用，互体乾兑，乾为金，兑为泽，泽钟金而含水，爨以木火，鼎亨孰物之象。鼎亨孰以养人，犹圣君兴仁义之道，以教天下也。故谓之鼎矣。

疏　"鼎，象也"，《象传》文。内卦木，外卦火，故"有木火之用"。互体乾，约象兑，"乾为金，兑为泽"，《说卦》文。鼎本金也，泽即水也，故云"泽钟金而含水"。巽下离上，以木生火，故云"爨以木火，鼎亨孰物之象"也。鼎以亨孰养人，犹人君在上兴仁义，以教天下。《诗·既醉》曰"既醉以酒，既饱以德"，《孟子》曰"言饱乎仁义也"。天下饱乎仁义，故"谓之鼎矣"。

元吉，亨。

虞翻曰：大壮上之初，与屯旁通。天地交，柔进上行，得中应乾五刚，故"元吉，亨"也。

疏　从四阳二阴之例，鼎自大壮来，故曰"大壮上之初"。消息伏屯，以离五应坎五，复生其下，故"与屯旁通"。《屯·

象》曰"刚柔始交"，故云"天地交"。《鼎·彖》曰"柔进而上行，得中而应乎刚"。虞彼注云"柔谓五，进谓巽，行谓震"。盖以屯二居五为"柔进"。以巽通震，故曰"柔进上行"。在五为得中，应屯乾五刚爻，乾元正，故"元吉，亨"也。

初六。鼎颠趾。

虞翻曰：趾，足也。应在四，大壮，震为足，折入大过，"大过，颠也"，故"鼎颠趾"也。

疏 "趾，足也"，《释言》文。卦自大壮来，四震为足，初应在四，故为趾。又爻例初为足，伏震亦为足，故称趾也。四互兑为毁折，折人上成大过，以鼎初本，自大壮上来也。"大过，颠也"，《杂卦传》文。大过"本末弱"，故颠。鼎初阴为弱，故"颠趾"也。

利出否，得妾以其子，无咎。

虞翻曰：初阴在下，故"否"。利出之四，故曰"利出"。兑为"妾"，四变得正成震，震为长子，继世守宗庙而为祭主，故"得妾以其子，无咎"矣。

疏 初阴在下，鼎初即否初也，故称"否"，否，闭也。初失位，与四应，伏震为出，故"利出之四"，而曰"利出否"也。四互兑为"妾"，变而得正，成震，震为长子，是妾生子之象也。《彖》曰"亨以享上帝"，故云"继世守宗庙而为祭主"也。初失位有咎。之得正，故"得妾以其子，无咎矣"。

九二。鼎有实。我仇有疾，不我能即，吉。

虞翻曰：二为"实"，故"鼎有实"也。坤为"我"，谓四也。二据四妇，故相与为"仇"。谓三变时，四体坎，坎为疾，故"我仇有疾"。四之二历险，二动得正，故"不我能即，吉"。

疏 阳实阴虚，二阳为实，故"鼎有实"也。坤身为"我"，四当变坤，故"我谓四也"。初为四妇，二据初为"据四妇"。怨耦曰仇，故"相与为仇"。三变四体在坎，坎心病，为疾，故"我仇有疾"。三变，二与四皆在坎中，故"四之二历险"也。二不变，则与四争初。二动，体艮为止，故"不我能即"。《说文》："即，就也。"二动得正，故吉也。

九三。鼎耳革，其行塞，雉膏不食。

虞翻曰：动成两坎，坎为"耳"，而革在乾，故"鼎耳革"。初四变时，震为"行"，鼎以耳行。伏坎，震折而入乾，故"其行塞"。离为"雉"，坎为"膏"，初四已变，三动体颐，颐中无物，离象不见，故"雉膏不食"。

疏 三动成两坎象，"坎为耳"，《说卦》文，两坎象鼎两耳。鼎下反上为革，故言"革"。互乾为金，金从革，故云"革在乾"。《序卦》曰"革物莫若鼎"，变腥为孰，故曰"鼎耳革"。初四易位，三互震为"行"，孰物谓之"革"，鼎耳所以受铉而行，非以革物也，故云"鼎以耳行"。三不变而初四变，伏坎，为震所折而入乾，《礼·月令》："闭塞成冬。"是"塞"与"闭"同义，故曰"其行塞"。内离为"雉"，伏坎水为"膏"，郑氏云"雉膏，食之美者也"。初四易位，三又变阴，全体象颐，颐中无物，离毁不见，噬嗑无物，故"雉膏不食"。

案：高宗祭成汤，飞雉升鼎耳而雊。鼎以耳行，耳革而行塞，雏雉虽有膏，岂得而食。刘歆以为，鼎三是三公象。野鸟居鼎耳，是小人将居公位，败宗庙之祀，是亦"不食"之义也。

方雨亏悔，终吉。

虞翻曰：谓四已变，三动成坤，坤为"方"，坎为"雨"故曰"方雨"。三动亏乾而失位，悔也。终复之正，故"方雨亏悔，终吉"也。

疏 初四易位，故"谓四已变"。三动互坤，坤至静而德方，故"为方"。四不动而三独变，体坎为"雨"，故曰"方雨"。三互体乾，动，则亏乾而失位，宜有悔也。终复归正，故虽方雨亏悔而终必获吉，以三本正也。

九四。鼎折足，覆公𫗧，其刑渥，凶。

虞翻曰：谓四变时，震为"足"，足折入兑，故"鼎折足"。兑为"刑"，渥，大刑也。鼎足折，则公𫗧覆，言不胜任，象入大过死，凶，故"鼎折足，覆公𫗧，其刑渥，凶"。

《九家易》曰：鼎者，三足一体，犹三公承天子也。三公谓调阴阳，鼎谓调五味。足折𫗧覆，犹三公不胜其任，倾败天子之美，故曰"覆𫗧"也。

案：𫗧者，雉膏之属。公者，四为诸侯，上公之位，故曰"公𫗧"。

疏　虞注：四变互震为"足"，大壮四震亦为"足"，互兑为毁折，震折入兑，故鼎足折也。又四应初，初伏震足，初四皆失位，初"颠趾"，故四"折足"也。兑西方金，故"为刑"。"渥"，郑作"剭"，《前汉书·班固叙传》："底剭鼎臣。"服虔注"剭者，厚刑，谓重诛也"，《新唐书·元载传·赞》："鼎折足，其刑剭。"《秋官·司烜氏》："邦若屋诛。""屋"亦同"剭"，故云"渥，大刑也"。鼎折足，则公𫗧覆，言不胜其任也。初至五体，大过棺椁死象，故凶。四失位，不与初易，故"折足覆𫗧刑剭"，而凶如此也。

《九家》注：郑氏云"鼎三足象三公"，故鼎者三足，共为一体，犹三公共承天子也。三公所以调阴阳，鼎所以调五味。若足折𫗧覆，犹三公不胜燮理之任，而倾败天子之美也，故曰"覆公𫗧"。

案：郑氏云"𫗧是八珍之食"，又云"𫗧，美馔"。虞氏云"馔，八珍之具也"。故云"𫗧者，雉膏之属。"爻例四为诸侯，上公之位也，故曰"公𫗧"。

六五。鼎黄耳，金铉，利贞。

虞翻曰：离为"黄"，三变坎为"耳"，故"鼎黄耳"。"铉"谓三，贯鼎两耳，乾为"金"，故"金铉"。动而得正，故"利贞"。

干宝曰：凡举鼎者，铉也。尚三公者，王也。金喻可贵，中之美也，故曰"金铉"。铉鼎得其物，施令得其道，故曰

“利贞”也。

疏　虞注：《九家易·说卦》曰“坤为黄”，离中爻，自坤来，故亦“为黄”。三变，成两坎，坎为耳，故“鼎黄耳”。三变，在两耳之间，故“铉谓三，贯鼎两耳”。三互乾为“金”，故“金铉”。“动而得正”者，三已变，复之正，成既济，故曰“利贞也”。

干注：《说文》：“铉，举鼎也。”故“凡举鼎者，铉也”。尚，上也。“尚三公者，王也”，谓王，用三公也。应在乾金，故“金可喻贵”。五在中，故“中之美也”。贵而且美，故曰“金铉”。举鼎得其物，以喻施令得其道，故曰“利贞也”。

愚案：伏坎为耳，体离为“黄”，故曰“鼎黄耳”。马氏云“铉，扛鼎而举之也”，五柔下应二刚，刚能举物，故曰“铉”。五乾为金，故曰“金铉”。郑氏云“金铉喻明道，能举君之职官也”。盖谓二正应五也。然二五皆不正，为不义之应，故曰“利贞”，戒之也。

上九。鼎玉铉，大吉，无不利。

虞翻曰：“铉”谓三，乾为“玉铉”。体大有上九“白天右之”，位贵据五，三动承上，故“大吉，无不利”。谓三亏悔应上，成未济，虽不当位，六位相应，故“刚柔节”。《象》曰“巽耳目聪明”，为此九三，发也。

干宝曰：“玉”又贵于“金”者。凡亨饪之事，自镬升于鼎，载于俎，自俎入于口，馨香上达，动而弥贵，故鼎之义，上爻愈吉也。鼎主亨饪，不失其和，金玉铉之，不失其所，公卿仁贤，天王圣明之象也。君臣相临，刚柔得节，故曰“吉，无不利”也。

疏　虞注：上应三，故“铉谓三”。三互乾为玉，故为“玉铉”。自二至上体大有，六十四卦，唯大有、鼎自“元亨”、“元吉亨”外无余词。大有上九曰“白天右之，吉无不利”。盖在上位贵，近据五阴，三动应上，故“大吉，无不利”。卦辞与“大有”同，上九爻辞亦同也。谓三亏悔，故动而应上，成未济，六爻虽不当位，然阴阳相应，故《象》曰

"刚柔节也"。《象》言"巽动而耳目聪明",为此九三动而应上,发也。

干注:《说卦》"乾为玉为金",先言"玉",次言"金",故云"玉又贵于金者"。《少牢·馈食礼》:"雍人陈鼎五,三鼎在羊镬之西,二鼎在豕镬之四。司马升羊右胖,实于一鼎。司士升豕右胖,实于一鼎。雍人伦肤九,实于一鼎。"此烹饪之事,自镬升于鼎之事也。《公食·大夫礼》:"陈鼎于碑南,左人待载。雍人以俎,入陈于鼎南。"又曰"载者西面",又曰"载体进奏",又曰"皆横诸俎"。此载鼎实于俎之事也。《特牲·馈食礼》:"鼎西面错,右人抽扃,委于鼎北。赞者错俎加匕,乃牝,佐食升所俎。"此自俎入于口之事也。爻在上,故"馨香上达"。上位贵,故"动而弥贵"。古鼎无盖,鼏即盖也。上动,即《特牲》"除鼎"之义也。鼏除,则馨香达,而诚意申,故"鼎之义,上爻愈吉"。犹井之功,至上而成。皆曰"大吉",所以著养人之利者也。上临兑,说为和,故"鼎主亨饪,不失其和"。五上应二三互乾,乾为金玉,故"金玉铉之,不失其所"。此"公卿仁贤,天王圣明之象也"。君臣相临,刚柔相应,故"吉无不利也"。

愚案:"玉铉"谓三也。六爻唯三得正,上变应之,成既济定,故"大吉,无不利"也。

震卦第五十一 ䷲

【原典】

震下震上　震①,亨。震来虩虩,笑言哑哑。震惊百里,不丧匕鬯。②

初九　震来虩虩,后笑言哑哑,吉。

六二　震来厉,亿丧贝。③跻于九陵,勿逐,七日得。④

六三　震苏苏,震行无眚。⑤

九四　震遂泥。⑥

六五　震往来厉,亿无丧,有事。

上六　震索索,视矍矍,征凶。震不于其躬,于其邻,无咎。婚媾有言。⑦

【导读】

震卦中所说的雷，本是一种自然现象，但它也比喻人世间的震动、震荡，或各种不测之事。震雷是可怕的自然现象，不同的人会有不同的心理反应。对震惊百里的巨雷，祭神者仍镇定自若，表现出他对神明的极度虔诚；有的人心惊肉跳，惊惶失措；有的则嘻笑自如，无所畏惧。这是人与人之间的差异。

【精注】

①震卦：震下震上，象征雷霆震动。②虩虩：指壁虎，引申为恐惧的样子。哑哑：象声词，欢笑声。匕：匙、勺。鬯：祭祀用的黍米酒，浸泡了郁金草，洒在地上，恭请诸神降临。③亿丧贝：将会大量失去钱财。亿，古制，十万为亿，这里是极多的意思。贝，古代货币。④跻于九陵：登上九重高陵。跻，登。⑤苏苏：恐惧不安的样子。震行：震恐而行。眚：病，过失。⑥遂：附。⑦索索：沮丧发抖的样子。矍矍：视线不定，不敢正眼看。躬：亲身。

【今译】

震卦　象征剧烈震颤。又意为惊恐震悚。上下单卦都为震，指大地震动，阴阳交合。雷霆轰响，人人惊恐，只有恬而安之，才能尽于欢笑中。即使雷声惊闻百里，虔诚祭祀神灵的人，匙中的美酒不会洒落。

初九　雷霆急响，万物恐惧惊慌，内省后复而笑谈，可得福。记取震慑的教训，足以为之。随后又谈笑风生，必获吉祥。

六二　雷霆来临，大量家财会损失。应该登上九重高陵去避难，而不要去追寻财物，七天之内财物自会失而复得。

六三　雷霆震动，恐惧而知反省，改过从善，不会有灾难。

九四　雷霆震动，惊慌失措的人会落入泥沼中，不能自拔。

六五　雷霆震动，上行下往，都有危险；恪守中庸之道，才不会发生事故。

上六　雷霆震动，令人战栗发抖，眼睛不敢正视而惊慌四顾，干任何事，都不会成功；但仅震及近邻，能戒以动摇其心志，则无灾祸。不过近邻受难，难免遭到报怨。

【集解】

震。亨。

郑玄曰：震为雷，雷，动物之气也，雷之发声，犹人君出政教，以动中国之人也，故谓之震。人君有善声教，则嘉会之礼通矣。

疏　"震为雷"，《说卦》文。又曰"震，动也"，震一阳初生，阳气萌动，故云"雷，动物之气也"。雷发声而物皆动，君发令而民皆从，故"雷之发声，犹人君出政教，以动国中之人，而谓之震"也。人君有善声教，则嘉会之礼通，通故"亨"也。

震来虩虩。

虞翻曰：临二之四。天地交，故通。"虩虩"谓四也，来应初，初命四，变而来应己，四失位，多惧，故"虩虩"。之内曰"来"也。

疏　六子皆从乾坤相索，其在六十四卦，又从爻变消息来也。二阳四阴之卦自临来，故云"临二之四"。乾初交于坤四，是为"天地交"。交故通，通故"亨"也。重震，故称"虩虩"，至四始重，故"虩虩谓四"。初阳得正，四阳失正，初命四应己，故云"来应初，初命四变而来应己"也。四失正，又多惧，郑氏云"虩虩，恐惧貌"，故云"虩虩"。自外之内曰"来"，《易》例也。

笑言哑哑。

虞翻曰：哑哑，笑且言，谓初也。得正有则，故"笑言哑哑，后有则也"。

疏　郑氏云"哑哑，乐也"。震阳出于地，万物和乐，故为"笑"，故马氏又云"哑哑，笑声"。震善鸣为"言"，故云"哑哑，笑且言"。震阳在初，故"谓初也"。以九居初，为"得正"，应四，坎为则，故"笑言哑哑，后有则也"。

震惊百里，不丧匕鬯。

虞翻曰：谓阳。从临二阴为百二十，举其大数，故当"震百里"也。坎为棘匕，上震为"鬯"，坤为"丧"，二上之坤成震，体坎得其匕鬯，故"不丧匕鬯"也。

郑玄曰：雷发声闻于百里，古者诸侯之象。诸侯出，教令能警戒其国。内，则守其宗庙社稷，为之祭主，不亡匕与鬯也。人君于祭之礼，匕牲体、荐鬯而已，其余不亲也。升牢于俎，君匕之，臣载之。鬯，柜酒，芬芳条鬯，因名焉。

疏 虞注："谓阳"者，谓阳爻也。"从临二阴为百二十"者，从临二息时有五阴，阴爻二十四，五爻故"百二十"。言"百"者，举其大数。以阳震阴，坤方为"里"，声闻乎百里，故当"震惊百里"也。《九家说卦》曰"坎为丛棘"，故"坎为棘匕"。以棘为匕，取赤心之义，其形似毕栎柄与末，《诗》曰"有捄棘匕"是也。四互坎棘，又互艮手，有以手持匕之象。长子主祭，故震以继鼎。祭仪先烹牢于镬，既纳于鼎而加羃。祭乃启羃，而以匕出之，升于俎上。故王氏云"匕，所以载鼎实"，陆氏云"匕者，挠鼎之器也"。《说文》："鬯，以柜酿郁草，芬芳攸服，以降神"。震草属，又为禾稼，坎水和之，为鬯酒，故"上震为鬯。"郑氏云"鬯者，柜黍之酒，其气调畅，故谓之鬯"，是也。坤灭于乙为丧。临二上之坤，外成震互坎，皆在本体，故得其匕鬯而曰不丧也。

郑注：《逸礼·王度记》："诸侯封不过百里，象雷震百里。"故曰"震惊百里"也。《象传》言"出可守宗庙社稷，以为祭主"，即"不丧匕鬯"之义也。《大宗伯》："以肆献祼享先生。"郑注"肆，解牲礼也。献，献腥也。祼，灌以郁鬯也"。宗庙之祭，灌鬯以求神，既灌则献体之荐腥，既献则解牲体以荐熟。凡匕牲体，荐鬯酒，皆君亲为之，其余不亲也。升鼎牢于俎，君匕之，《特牲》所谓"赞者，错俎加匕乃朼"是也。"臣载之"者，《公食·大夫礼》所谓"左人待载"，即《郑注》所谓"左人载之"，是也。《春官·鬯人》注"鬯，酿柜为酒，芬香条畅于上下"。"畅"与"鬯"同，故名鬯焉。

ヒ鬯皆君亲为之，故长子主器，"不丧ヒ鬯"也。

初九。震来虩虩，后笑言哑哑，吉。

虞翻曰："虩虩"谓四也。初位在下，故"后笑言哑哑"。得位，故吉也。

干宝曰：得震之正，首震之象者。"震来虩虩，羑里之厄"也。"笑言哑哑"，后受方国也。

疏 虞注：初应四，故"虩虩谓四"。爻例上为前，下为后，初位在下，故"后笑言哑哑"。初阳得位，故吉。

干注：以九居初，得震之正，首震之象也。"始"则"震来虩虩"，是文王因于羑里，恐惧之象也。"后"则"笑言哑哑"，是文王以受方国，致福之象也。

六二。震来厉，亿丧贝，跻于九陵，勿逐，七日得。

虞翻曰：厉，危也，乘刚故"厉"。亿，惜辞也。坤为"丧"。三动，离为羸蚌，故称"贝"。在艮上下，故称"陵"，震为足，足乘初九，故"跻于九陵"。震为"逐"，谓四，已体复象，故"丧贝勿逐"。三动时，离为"日"，震数七，故"七日得"者也。

疏 《说文》："厉，旱石也。从厂蛋省声。"又曰"厂，山石之崖岩，人可居，象形"，又曰"危，在高而惧也。从卪，人在崖上，自卪止之"也。"厉"与"危"皆从"厂"，有高崖恐惧之象，故云"厉，危也"。二自四来，故曰"来"。上无应而下乘刚，有危象焉，故"震来厉"。"亿"与"噫"通，二变兑为口，《释文》："亿，本亦作噫。"故云"惜辞也"。坤丧于乙，故"为丧"。三失位，当变体离。《说卦》："离为羸为蚌为龟。"《说文》："贝，海介虫也。"离阳在外，故"称贝"。未变为离，惜其丧贝，故"亿丧贝"。体互艮为山，二在艮山下，故"称陵"。又"震为阪生"，阪，陵也，艮三反下，故"为陵"。"震为足"，《说卦》文，二自四来，乘初九，故"跻于九陵"。震足动，故"为逐"。"已"下当脱"变"字，四已变体复。《复·卦辞》曰"七日来复"，故"丧贝勿逐"也。三动时，离为"日"，震纳庚，月七日见庚，故"震数七”，不逐自复，故“七日得”也。复“七日”主六日七分之说，震“七日”主七日见庚之说，义各有当也。

六三。震苏苏，震行无眚。

虞翻曰：死而复生称“苏”，三死坤中，动出得正，震为生，故“苏苏”。坎为“眚”，三出得正，坎象不见，故“无眚”。《春秋传》曰“晋获秦谍，六日而苏”也。

疏 苏，死而更生之称，如《孟子》“后来其苏”以及《战国策》“勃然乃苏”，皆是义也。临三互坤，坤丧于乙，为死魄，故“三死坤中”。三失位，动出得正，震东方春，故“为生”。内震按外震，故曰“苏苏”。互坎而多眚，三变正，坎象毁，故“无眚”。震足为“行”，变得正，故“震行无眚”。《左传·宣公八年》：“晋人获秦谍，杀诸绛市，六日而苏。”引之以申死而复生之义也。阳在坤中，位失正，不当，故死也。

九四。震遂泥。

虞翻曰：坤土得雨为“泥”，位在坎中，故“遂泥”也。

疏 临四坤为土，故云“坤土”，二之四互坎为雨，故云“得雨为泥”。四在坎二，故云“位在坎中”。重震不能省改，失正，不变，将遂非而陷于坎中。《汉书·五行志》李奇曰“震遂泥者，泥溺于水，不能自拔”，是其义也。

六五。震往来厉。

虞翻曰：“往”谓乘阳，“来”谓应阴，失位乘刚，故“往来厉”也。

疏 “往”谓在外，乘四阳也。“来”谓在内，应二阴也。五失正，又乘不正之阳，故往来皆危也。

案：二曰“震来厉”，雷也。五曰“往来厉”，洊雷也。

亿无丧有事

虞翻曰：坤为“丧”也。“事”谓祭祀之事。出而体随，“王享于西山”，则可以守宗庙社稷为祭主，故“无丧有事”也。

疏 坤丧于乙，故"坤为丧也"。《左传》："国之大事，在祀与戎。"故"事谓祭祀之事"。五变为阳，体随，随上爻辞曰"王用享于西山"，故"可以守宗庙社稷为祭主"。四自临二来，五变坤毁随成，故"无丧有事"。亿，惜辞也，义同六二。"无丧有事"而复惜之者，惜其不定既济也，故上取四五易位焉。

上六。震索索，视矍矍。

虞翻曰：上谓四也，欲之三隔坎，故"震来索索"。三已动，应在离，故"矍矍"者也。

疏 "上谓四也"者，上欲应三，隔于四坎，坎为险，故"震索索"。郑氏云"索索，犹缩缩，足不正也"。谓四不正，故足索索也。三失正，动，成离为目，上与三应，故"矍矍"。郑氏云"矍矍，目不正"。三本不正，变成离目，故"视矍矍"也。

征凶。震不于其躬于其邻，无咎。婚媾有言。

虞翻曰：上得位，震为"征"，故"征凶"。四变时，坤为"躬"，"邻"谓五也。四上之五，震东兑西，故称"邻"。之五得正，故"不于其躬于其邻，无咎"。谓三已变，上应三，震为"言"，故"婚媾有言"。

疏 上阴得位，处震之极，不宜妄动，震动为"征"，征则凶也。上之凶由四，四变体坤，坤形为"躬"，谓上也。五比上，故"邻谓五也"。四体震位东，五出成随，体兑位西，东西故称"邻"。四之五，易位得正，故"震不于其躬于其邻"，谓己不动，而五动，故"无咎"。上与三本为"婚媾"，两阴相暌，必三变，上乃应之。震善鸣为"言"，又三动，互兑女为媒妁，口舌为言，故"婚媾有言"，谓媒妁之言通，故阴阳相应也。

艮卦第五十二 ䷳

【原典】

艮下艮上　艮①其背，不获其身；行其庭，不见其人，无咎。

初六　艮其趾，无咎，利永贞。

六二　艮其腓，不拯其随，其心不快。②

九三　艮其限，列其夤，厉薰心。③

六四　艮其身，无咎。

六五　艮其辅，言有孚，悔亡。④

上九　敦艮，吉。

【导读】

全卦反映的是事物进入相对静止时期人们的处世态度。卦辞部分是讲气功的起势入静状况，练功可以养生，象征行事无咎。爻辞自初六至上九具体描写了真气自脚趾至腿肚，再至腰身，至颊诸经络，自下而上的运动变化过程，反映了当时人们养生强身观念以及对事物变化发展情况的认识。

【精注】

①艮卦：艮下艮上，《说卦传》说："艮为山…"山为静，为止。《序卦传》说："物不可以终动，止之，故受之以艮，艮者止也。"②腓：腿肚。拯：举。③限：指划分人的上下部位的界限，即胯，腰部。列：裂。夤：脊背肉。薰：烧烤。④辅：颊部，面颊。

【今译】

艮卦：象征抑止。艮封的卦象是下单卦为艮，为止；上单卦为艮，为静。两单卦结合意指物不可以终动，止之。背部静止不动，人的身体就不能动了；内心平静，耳不听声，目不取色，在庭院里行走，有人则若无人，灾祸不会降临。

初六：人动，脚趾先动。如抑止趾动，抑制事情在发生前，则无灾。即劝之进不如阻其止。永贞而利。

六二：腿肚居下体，随股动而不跨，顺手常理。但下位柔顺却中正，刚强却偏激。下位给以忠告，上位不听，下位郁闷不生只有追随。

九三：腰部横列其间，横施而不屈伸，使脊背也因之受制。这种情况就很危险了，君子要抑止邪祟，必须立身于事外，耳目清而心定。

六四：人的上身是心的所在，心是五官的中枢，言行的裁抑所在，故心必须善于自持，才能免灾。

六五：抑止颚部，言则有序。言词刚烈时要简而明，言词柔顺时可以多说一点，此乃巧说法。所言得体，灾祸不至。

上九：操守敦厚严谨的美德晚节，必获吉祥。

【集解】

艮其背。

郑玄曰：艮为山，山立峙各于其所，无相顺之时，犹君在上，臣在下，恩敬不相与通，故谓之艮也。

疏 "艮为山"，《说卦》文。山之立峙，各止其所，彼此无相顺之时。阳，君象也。一阳在上，犹君在上。阴，臣象也，二阴在下，犹臣在下。君主恩，臣主敬，各尽其道，而不相通，故谓之艮也。

不获其身。行其庭，不见其人。无咎。

虞翻曰：观五之三也。艮为多节，故称"背"，观坤为"身"，观五之三，折坤为"背"，故"艮其背"。坤象不见，故"不获其身"。震为行人，艮为"庭"，坎为隐伏，故"行其庭，不见其人"。三得正，故"无咎"。

案："艮为门阙"，今纯艮，重其门阙，两门之间，庭中之象也。

疏 虞注：从二阳四阴之例，艮自观来，故云"观五之三也"。"艮为多节"，《说卦》文。背脊骨多节，《释名》："脊，积也，积续骨节脉络上下也。"身背多节，故"称背"。观坤形为"身"，观五之三，折坤身为"背"，故"艮其背"。坤毁不见，故"不获其身"。震足为行，震生为人，三互震，故为"行人"。艮门阙为"庭"，互坎为隐伏，互震故"行其庭"，互坎故"不见其人"。六爻敌应，宜有咎，五之三得正，故"无咎"也。

案："艮为门阙"，《说卦》文。纯艮重门，门内为庭，故"两门之间，庭中之象也"。

中華藏書

第一部 周易原典

中国书房

初六。艮其趾。无咎，利永贞。

虞翻曰：震为"趾"，故"艮其趾"矣。失位变得正，故"无咎利永贞"也。

疏 应在震，震足为"趾"，又爻例，初为趾，在艮之初，故"艮其趾"矣。初失位，宜有咎，变得正，故无咎。观坤为"永"，故"利永贞"也。

六二。艮其腓。不拯其随，其心不快。

虞翻曰：巽长为股，艮小为"腓"。拯，取也。"随"谓下二阴。艮为止，震为动，故"不拯其随"。坎为"心"，故"其心不快"。

疏 二变，巽为股。巽为长，故"为股"。艮阳小，故"为腓"。又爻例，二亦为腓，如咸二"咸其腓"是也。艮为手，故"拯"训"取"也。卦伏兑互震有随象，"随谓下二阴"者，初及二也。艮止为"不拯"，震动为"随"。初二随三，不能自止。三互坎为心，故"不拯其随"，则"心不快"。坎为心病，故"不快"也。并言初者，五正初乃正，故初言"永贞"。与萃四"元永贞"同义也。

九三。艮其限，裂其夤，厉阍心。

虞翻曰：限，要带处也，坎为要，五来之三，故"艮其限"。夤，脊肉，艮为背，坎为脊，艮为手，震起艮止，故"裂其夤"。坎为"心"，厉，危也，艮为阍，阍，守门人，坎盗动门，古"厉阍心"。古"阍"作"熏"字，马因言"熏灼其心"，未闻易道以坎水熏灼人也，荀氏以"熏"为"勋"，读作动，皆非也。

疏 "限"在三，三当两象之中，"限"当一身之中，故云"腰带处也"。互坎为水，肾象也，《内经》曰"腰者，肾之府"，故"坎为腰"。《说文》曰"腰，身中也"，观五来之三，三当身中为"限"，马氏云"限，要也"，故"艮其限"。"夤"，郑本作"臏"，马氏以为夹脊肉，是也。艮有背象，坎阳在中，美脊为脊，故为"夤"。《说文》："列，分解也。"裂从"列"。"艮为手"，《说卦》文。震，起也。艮，止也。艮手，动而止之，有分解之象，故曰"裂其夤"。艮为阍寺，故"为阍"。《祭义》："阍，守门之贱者也。"故云"守门人"也。互坎为盗，艮为门阙，互震为动，以坎盗动艮门，坎为"心"，故"厉阍心"。"古熏作阍字"者，《汉书·百官公卿表》："光禄勋"，如淳注"胡公曰'勋之言阍也'。光禄，王公门"，是古"阍""勋"假借字，"熏""勋"又通也。虞不取马、荀说，故非之。

愚案：坎水固无熏灼之象，然坎为心，坎下伏离为火，以水加火，是熏灼其心之象也。"荀读作动"者，互震为动。动心为操心，至危，故厉也。二说皆可存。

六四。艮其身。无咎。

虞翻曰：身，腹也。观坤为"身"，故"艮其身"。得位承五，故"无咎"。或谓妊身也。五动则四体离妇，离为大腹，孕之象也，故"艮其身"。得正承五而受阳施，故"无咎"。《诗》曰"大任在身，生此文王"也。

疏　《说文》："腹，厚也。一曰身中。"故云"身，腹也"。观坤为腹，故"为身"。在艮，故"艮其身"。无应宜咎，六得正位，承五伏阳，故"无咎"。《孟子》曰"守孰为大？守身为大"，"艮其身"者，守身之谓也。守身，故"无咎"也。《说文》："妊身，怀孕也。"故"谓妊身也"。五失位，动，则四体成离，离中女为妇。"离为大腹"，《说卦》文。妇有大腹，怀孕之象也，故曰"艮其身"。得正承五，五伏乾阳，阳为施，四受阳施，故"无咎"。"大任有身，生此文王"，《诗·大明》文。毛传云"身，重也"，郑笺云"重为怀孕也"。两艮相重，有两身象，故谓身为任，而引《诗》辞以明其义也。

六五。艮其辅。言有孚，悔亡。

虞翻曰：辅，面颊骨，上颊车者也。三至上体，颐象，艮为止，在坎车上，故"艮其辅"，谓"辅车相依"。震为"言"，五失位，悔也，动得正，故"言有孚，悔亡"也。

疏　《说文》："辅，人颊骨也。"故云"辅，面颊骨，上颊车者也"。三至上体，颐象，故曰"辅"。坎于舆，故为车。

四互坎，五体艮，艮止在坎车之上，故"艮其辅"。"辅车相依"，《左传·僖公五年》文。杜注"辅，颊辅，车，牙车"。辅车相依，即"艮其辅"之义也。震声为"言"，五失阳位，宜有悔也，动而得正，阳在二五称"孚"，故"言有孚，悔亡"也。诸本"孚"作"序"，虞义作"孚"，以"序"、"孚"形相近而误也。

上九。敦艮，吉。

虞翻曰：无应静止，下据二阴，故"敦艮吉"也。

疏 三敌阳无应，故静止不动，下据坤阴，有厚象焉。郑注《乐记》云"敦，厚也"，故"敦艮吉"。与"敦临"同义。

愚案：《释丘》："丘一成为敦丘。"郭注"成犹重也"，疏云"丘上更有一丘相重累者"。上是艮之重，故曰"敦艮"。《中庸》："敦厚以崇礼。""敦"有厚义，崇有山象，山止于上，厚则愈崇，《诗·天保》曰"如南山之寿，不骞不崩"，故"敦艮吉也"。又上与三皆为艮主，三不当止而止，虽得位，亦厉，上时止则止，虽失位，亦吉。

渐卦第五十三　䷴

【原典】

艮下巽上　渐①，女归吉，利贞。②

初六　鸿渐于干，小子厉，有言，无咎。③

六二　鸿渐于磐，饮食衎衎，吉。④

九三　鸿渐于陆，夫征不复，妇孕不育，凶，利御寇。⑤

六四　鸿渐于木，或得其桷，无咎。⑥

九五　鸿渐于陵，妇三岁不孕，终莫之胜，吉。

上九　鸿渐于陆，其羽可用为仪，吉。⑦

【导读】

渐卦通过鸿雁栖息之地渐次从水涯→岸边→陆地→树林→丘陵→山阿的渐进过程的描绘，反映了一个女子婚后生活逐渐改善、命运逐渐转好的曲折过程。新婚先要忍受丈夫的疾言厉色，关系稍事改善，丈夫又从征戍边，她不得不操持全部家务，以致孕而不育，艰辛异常。丈夫三年未归，她亦未能生育小孩，做出极大牺牲。丈夫御寇有功，得以提升，她亦因此显贵。这一由贫贱而富贵的发展过程，虽然是借鸿雁象征，但逻辑上却是合情合理，是形象思维的典型一例。

【精注】

①渐卦：艮下巽上，象征循序渐进，"渐"又有"水浸透"的意义，指逐渐为之。②女归：女子嫁人，归嫁。③鸿：鸿雁即大雁。干：水边。小子：指年轻小孩子。④衎衎：和乐的样子。⑤陆：指中原平旷之地。⑥或：有的。桷：角材，房屋的木椽，引申为直树枝。⑦逵：四通八达的道路。

【今译】

渐卦　象征事物一步步地渐进。渐卦的卦象是下单卦为艮，艮为山，为止；上单卦为巽，为顺遂而进。物不可终止，故循次以进。女子出嫁婚姻大事都要循礼渐进，如地相邻，爵相等，族相若，年相均，媒妁以通，各得其正，以渐而吉。

初六　鸿雁飞落到水边，但仍逡巡不前。象征小孩子不可急功近利，虽不致有危，但应自循其本分。

六二　鸿雁飞落在巨石上，落脚平稳，正在欢悦地饮食。吉。

九三　鸿雁飞落到中原平旷之地，失落于雁群，犹如丈夫打仗不回还，妻子有孕在身，其情不固，所以凶。而刚强只适用于抵御外敌。

六四　鸿雁飞落在房屋的椽木上可以暂安，但鸿雁不可木栖，故应变而不失其正。

九五　鸿雁飞落到高陵上，居高而不遽然飞下，预示与妻子三年不相交而未怀孕，今朝聚首，终于如愿。

上九　鸿雁在天空中自由飞翔，落下的羽毛鲜艳光彩，还可以当作装饰物，十分吉祥。

【集解】

渐。女归。吉，利贞。

虞翻曰：否三之四。"女"谓四，归，嫁也。坤三之四承五，"进得位，往有功"。反成归妹，兑女归吉。初上失位，故"利贞"，"可以正邦也"。

疏 三阴三阳之卦，自否来，故云"否三之四"，是乾坤交也。离为中女，故"女谓四"也。《谷梁传·隐公二年》："妇人谓嫁曰归。"故云"归，嫁也"。否坤三之四，上承五阳，进得阴位，自内曰"往"，故"往有功也"。"反成归妹，兑女归吉"者，归，自外来也，今四自下往，不可谓归，故以反成归妹为义。《杂卦》曰"渐，女归待男行也"，虞彼注云"兑为女，艮为男，反成归妹，巽成兑，故女归待艮成震乃行，故待男行也"。寻归妹之义，震兄嫁兑妹，以坎离为夫妇。渐亦四离三坎为夫妇，九三"夫征妇孕"是也。三动，则五体坎，故亦与四为夫妇，"妇三岁不孕"是也。四与五三俱有夫妇之义，四爻注云"四已承五，又顾得三"是也。是女归之义，仍在渐象。卦有归妹反象，故取"女归吉"也。九三虽坎体，权变成震，九三变，则四专承五而上正，五坎为夫妇，所谓"终莫之胜"者，是亦震兄嫁妹，归妹之义也。以女无自进之道，归妹由阳来，而渐由阴往，故取义如此，非谓渐当反成归妹也。若反归妹，则"利贞"不可通也。当与复反震之象同例。初上失位，利变之正，故"利贞"。初正，三权变坤为邦，受上易位，成既济定，故"可以正邦也"。

初六。鸿渐于干，小子厉，有言无咎。

虞翻曰：鸿，大雁也。离五，鸿。渐，进也。小水从山流下称"干"。艮为山，为小径。坎水流下山，故"鸿渐于干"也。艮为"小子"，初失位，故厉，变得正，三动，受上成震，震为"言"，故"小子厉，有言无咎"也。

疏 《小雅》："鸿雁于飞。"毛传："大曰鸿，小曰雁。"故云"鸿，大雁也"。初应四，四与五互离。《说卦》"离为雉"，郭璞《洞林》"离为朱雀"，《法言》"时往时来，朱鸟之谓欤"，注"雁也"。鸿，雁类，故离有飞鸟之象，而五为鸿焉。鸿飞不独行，有次列者也，五为鸿，与五爻俱渐也，上体巽为进，故云"渐，进也"。《诗·魏风》："置之河之干兮。"

毛传："干，崖也。"《小雅》："秩秩斯干。"毛传"干，涧也"，岸从干，亦取水涯之义，故云"小水从山流下称干"。《说卦》曰"艮为山，为径路，为小石"，故"为小径"。三艮，体互坎，水流下于山，故"鸿渐于干"也。艮少男，故"为小子"。初阴失位，变而得正，上不正，三动受上，易位成震，震声为"言"，故"小子厉，有言无咎"也。

愚案：离有鸟象。《书·禹贡》："阳鸟攸居。"郑彼注云"阳鸟谓鸿雁之属，随阳气南北"。是鸿者，南北鸟也。三四互坎离，南北之象。三之四成离，自北而南也。四之三成坎，自南而北也。南北有信，故象鸿也。又渐反归妹，故取女归之义，《士昏礼》："下达纳采用雁。"又"昏之夕，亲迎奠雁"。雁顺阴阳往来，不再偶，故昏礼用之，而渐六爻皆取象也。鸿本水鸟，初在互坎之下，有水干之象。艮少男伏兑口，是"小子有言"之象。鸿飞长幼有序，长在前，幼在后。惟恐失群，故危厉而呼号，长者缓飞以俟，初六在后，故为"小于厉有言"之象。

六二。鸿渐于磐，饮食衎衎，吉。

虞翻曰：艮为山石，坎为聚，聚石称"磐"。初已之正，体噬嗑食，坎水阳物，并在颐中，故"饮食衎衎"。得正应五，故吉。

疏 艮为山，为小石，坎水会聚为聚。磐，大石也。聚小石成大石，故"称磐"。艮石在坎水下，是磐为水边石也。初已变正，自初至五，体噬嗑，有食象，坎水一阳为物，并在颐中，有饮象，《释诂》："衎，乐也。"王氏云"磐，山石之安者"，进而得安，故"饮食衎衎"也。得正且中，上应五阳，故吉也。

九三。鸿渐于陆。

虞翻曰：高平称"陆"。谓初已变，坎水为平，三动之坤，故"鸿渐于陆"。

疏 《释地》："高平曰陆。"故"高平称陆"。初未变，三属艮。初已变，三属坎。《尚书大传》："非水无以准万里之平。"《释名》："水，准也。"准平物，故"坎水为平"。三动成坤，坤土无永，故陆矣。磐在水边，陆远于水，故三变为"鸿渐于陆"。以水鸟而渐陆，不得其位矣。

夫征不复。

虞翻曰：谓初巳之正，三动成震，震为"征"为"夫"而体复象，坎阳死坤中，坎象不见，故"夫征不复"也。

疏 初巳变正，三动则成震，震足为"征"，《国语》："震一夫之行。"为"夫"。初三已变，体有复象，乙丧于坤，为死，坎阳已变，死于坤中，是"坎阳不见"而为"夫征不复也"。

妇孕不育，凶。

虞翻曰：孕，妊娠也。育，生也。巽为"妇"，离为"孕"，三动成坤，离毁失位，故"妇孕不育，凶"。

疏 《说文》："孕，怀子也。"《郊特牲》："牲孕弗食。"郑注"孕，妊子也"，郑《易》注云"孕，犹娠也"，故云"孕，妊娠也"。《中庸》："发育万物。"郑彼注云"育，生也"。巽长女为"妇"，互离大腹为"孕"。三变成坤，离象毁坏，阴又失位，坤虽为腹，而非大腹，故"妇孕不育"。与上无应，故"凶"。

案："夫"谓三坎，"妇"谓离四，以卦取坎离为夫妇也。郑君谓"离为大腹，孕之象也"。又互坎为丈夫，坎水流而去，是"夫征不复"。夫既不复，则妇人之道颠覆，故孕而不育也。

利用御寇。

虞翻曰：御，当也。坤为"用"，巽为高，艮为山，离为戈兵甲胄，坎为"寇"，自上御下，三动坤顺，坎象不见，故"利用御寇，顺相保"。保，大也。

疏 蒙"御寇"，虞彼注云"御，止也"。此云"当也"。当，犹止也。以艮三为止也。否坤器为用，外巽为高，内艮为山，互离为戈兵、甲胄，互坎盗为寇。用兵甲于高山之上，有御寇之象。"自上御下"，谓五也。三动，成坤，坤为顺，坎象毁坏，故"利用御寇"也。《象》曰"顺相保也"，"保，大也"者，《春秋传》所谓"保大定功"是也。

六四。鸿渐于木，或得其桷，无咎。

虞翻曰：巽为"木"。桷，椽也，方者谓之"桷"。巽为交，为长木，艮为小木，坎为脊，离为丽，小木丽长木，巽绳束之，象脊之形，椽桷象也，故"或得其桷"。得位，顺五，故"无咎"。四已承五，又顾得三，故"或得其桷"也矣。

疏　四直巽为"木"，故曰"渐于木"。《说文》："桷，椽也，椽方曰桷。"故云"桷，椽也，方者谓之桷"。坤交乾自巽始，故"巽为交"。为长，故"为长木"。艮为小石，又木多节，故"为小木"。坎美脊为脊。离者，丽也，故"为丽"。艮巽相丽，故云"小木丽大木"。巽为绳，故"巽绳束之"。以绳束木，象屋脊之形，故曰"椽，桷象也"。四无应，宜咎，得位顺五，故"无咎"。"木"谓五，"桷"谓三，四已上承五，又下顾得三，故"或得其桷"。四女得两顾者，坎离为夫妇之义，三五一坎也，"女归待男行"，三成震，四然后嫁。卦辞取归妹者，此也。

九五。鸿渐于陵。妇三岁不孕。

虞翻曰：陵，丘。"妇"谓四也。三动受上时，而四体半艮山，故称"陵"。巽为"妇"，离为"孕"，坎为"岁"，三动离坏，故"妇三岁不孕"。

疏　《释丘》："后高陵丘"，又"如陵陵丘"，故云"陵，丘"。巽长女称"妇"，离中女亦称"妇"，故"妇谓四也"。初已变，三动受上成震时，四体半在艮山，扬子曰"丘陵学山，而不至于山"，故"山半称陵"也。巽妇，互离大腹为"孕"。岁始冬至，故"坎为岁"。三动，离腹不见，故"妇三岁不孕"。自三至上三爻，故称"三岁"。上三易位，则妇孕矣。

终莫之胜，吉。

虞翻曰：莫，无。胜，陵也。得正居中，故"莫之胜吉"。上终变之三，成既济定，坎为心，故《象》曰"得所顾也"。

疏　《诗·殷其雷》："莫敢或皇。"郑笺"无或敢闲暇

中華藏書

第一部 周易原典

中国书店

时"，《说文》"无"通"無"，故云"莫，无"也。《贲·九三·象》曰"终莫之陵"，此云"终莫之胜"，"陵"犹"胜"也，故云"胜，陵也"。"终"谓上也，上以阳陵阳，有胜象焉，五得正居中，故"莫之胜吉"。初上易位，成既济定，此云"上之三"，盖初三已变，故"上变之三，成既济定"也。上变，五坎为心，坎心为思，《释诂》："愿，思也。"故曰"得所愿也"。

上九。鸿渐于陆。

虞翻曰："陆"谓三也。三坎为平，变而成坎，故称"陆"也。

疏 上与三应，三言"陆"，故"陆谓三也"。三坎水为平，变成坤土，故"称陆也"。

其羽可用为仪，吉。

虞翻曰：谓三变受，成既济，与家人《象》同义。上之三得正，离为鸟，故"其羽可用为仪，吉"。三动，失位，坤为"乱"，乾四止坤，《象》曰"不可乱"，《象》曰"进以正邦"，为此爻发也。三已得位，又变受上，权也。孔子曰"可与适道，未可与权"，宜无怪焉。

疏 "谓三变受"者，变而受上，易位也。初已变，故"成既济"。与《家人·象辞》上变，成既济同义。上之三，阳得正位，体离为鸟，故曰"其羽可用为仪"。变得正，故吉也。三动失位，成坤为"乱"。"乾四"谓三也，上来即三出，故云"乾四"。"止"当为"正"，乾正坤乱，故《象》曰"不可乱"，《象》曰"进以正邦"。以三变受上，故云"为此爻发也"。三已，得位，又变阴，受上易位，不当变而变，故云"权也"。"可与适道，未可与权"，《论语》文。《系辞下》曰"巽以行权"，渐、家人皆体巽，故"权变无怪也"。

愚案：隐五年"初献六羽"，何休注"羽，鸿羽也，所以象文德之风化疾也"。"其羽可用为仪"者，谓羽舞也。巽为舞，虞义也，《左传》谓"舞行八风"，巽为风，故为舞。羽舞，文舞也，《考工记》："青与赤谓之文。"巽位东南，故为文舞。仪，容也，《保氏》"教六仪，一日祭祀之容"是也。蔡邕《月令章句》曰"舞者，乐之容也"，故曰"其羽可用为仪"。

归妹卦第五十四

【原典】

兑下震上　归妹①征凶，无攸利。

初九　归妹以娣，跛而履，征吉。②

九二　眇而视，利幽人之贞。③

六三　归妹以须，反归以娣。④

九四　归妹愆期，迟归有时。⑤

六五　帝乙归妹，其君之袂不如其娣之袂良。月几望，吉。⑥

上六　女承筐，无实，士刲羊，无血。无攸利。⑦

【导读】

此卦反映殷代婚姻的"媵嫁"制度，嫁姐，妹随嫁，共侍一夫。嫁后，姐称嫡，妹称娣。直至清代中叶在我国的西南诸省仍有这样的风俗残存，是古代群婚制的遗迹。同时，爻辞中还谈到姐姐的嫁妆不如妹妹的嫁妆好，说明妹妹更受宠爱。

【精注】

①归妹卦：兑下震上，象征女子妁嫁。归，嫁。②归妹以娣：少女出嫁，其妹从嫁。古代习俗，一夫多妻，姐姐、妹妹同嫁一夫，妹妹的名分称"娣"。③眇：瞎了一只眼。幽人：安恬幽居之人。④须：通"嬃"，姐。反归：回娘家。⑤愆期：错过了日子，延误时日。⑥君：这里指正室即大妻。袂：衣袖，指衣饰。几望：既望，每月十六日。⑦筐：竹器，指盛嫁妆的套具。实：指嫁妆。刲（kuī）：割。

【今译】

归妹卦　象征古代婚嫁。但"周乃六十四卦"凡女、妇、妻皆指小人，都为凶卦。出嫁的少女，不以礼制而行，故前行有凶险。

初九　姐与妹同嫁一夫，妹为娣，即妾，因其身份卑微，就像跛足者非常吃力地走路。但妹妹能坚守贞洁，姐妹共事一夫，仍然吉祥。

九二　刚居不正的小人，即使娶了贤能的妻妾，他也通晓不了贞邪治乱的辨本，就像生了眼病的人。但如果他能做到无欲而清，倒也能恒常。

六三　女人不能坚守妇道，即使嫁出也要被遣回娘家，这时以娣之身份从嫁倒可以了，只适合做妾的名分。

九四　男人三十而娶，不可过期，但女子若待年待礼，其志本正，也未尝不可以。圣人也是这样教诲世人的。

六五　帝乙嫁女，正室的服装反而不如陪嫁妹妹的服装华美，成亲日期定在既望之日，十分吉祥。帝乙是商代的帝王（商纣之父），他的女儿出嫁，尽管身份高贵，却不如其妾衣着光鲜。但帝已的女儿德称其位，故贵为天下之母。

上六　少女手捧空筐篮，无嫁妆可盛；刚刚杀了的羊，却没有放出血来，说明有名无实，必定有凶险。

【集解】

归妹。

虞翻曰：归，嫁也，兑为"妹"。泰三之四，坎月离日，俱归妹象。"阴阳之义配日月"，则"天地交而万物通"，故以嫁娶也。

疏　《谷梁传》："妇人谓嫁曰归。"故云"归，嫁也"。又自外亦曰"归"也。震长男，为兄，兑少女，故"为妹"也。三阳三阴之卦自泰来，故云"泰三之四"，谓乾坤相交，阳往而阴来也。《仪礼·士昏礼·郑目录》云"士娶妻之礼必以昏者，阳往而阴来，日入三商为昏"。阳往阴来，有昏嫁之象。坎为月，离为日，有夫妇之义，震兄嫁妹，坎夫离妇，故云"俱归妹象"也。"阴阳之义配日月"，《系辞下》文。"天地交而万物通"，《泰·象传》文。阴阳日月，义配夫妇，唯交而后通，故有嫁娶之象也。

征凶。

虞翻曰：谓四也。震为"征"，三之四不当位，故"征凶"也。

疏 震在四，故"谓四也"。震足为"征"，泰三本，互震得正之四，动不当位，故"征凶"。

无攸利。

虞翻曰：谓三也。四之三失正无应，以柔乘刚，故"无攸利"也。

疏 三四易位，故"谓三也"。泰四之三，柔失正位，又无正应，三柔乘二不正之刚，故"无攸利"。初上易位，成未济，"男之穷也"，故卦无美辞。

初九。归妹以娣。跛而履，征吉。

虞翻曰：震为兄，故嫁妹，谓三也。初在三下，动而应四，故称娣。履，礼也。初九应变成坎，坎为曳，故"跛而履"。应在震为"征"，初为娣，变为阴，故"征吉"也。

疏 四在震为兄，故"嫁妹"，"谓三"谓震四嫁三妹也。三，震妹也，初在三下，变震妹，故动而应四称"娣"也。《春秋公羊传》："诸侯一聘九女。"嫁者一娣一娙，媵者皆一娣一娙，娣亦嫡妹，故"初称娣也"。四至初，有履象，故云"履，礼也"。嘉事，礼之大，娣从媵，礼也。四未反正，故初权变应四成坎。"坎为曳"，《说卦》文。曳，故"跛能履"。"而履""而视"，"而"当作"能"，说见乾卦。应在震足，故"为征"。初为三娣，变而成阴应四，故"征吉"也。

九二。眇而视。利幽人之贞。

虞翻曰：视，应五也。震上兑下，离目不正，故"眇而视"。"幽人"谓二，初动，二在坎中，故称"幽人"。变得正，震喜兑说，故"利幽人之贞"，与履二同义也。

疏 二互离目为"视"，与五应，故"视，应五也"。外震内兑，上下正象。离目互象不正，爻亦不正。《说文》："眇，一目小也。"故曰"眇能视"。"幽人谓二"以下，说见履二。"变得正"者，二当与五易位。卦主在四，四正，然后初正，二乃得上之五，爻序盖如此也。

六三。归妹以须。反归以娣。

虞翻曰：须，需也。初至五体，需象，故"归妹以须"。"娣"谓初也。震为"反"，反为归也。三失位，四反得正，兑进在四，见初进之，初在兑后，故"反归以娣"。

疏 《需·象传》曰"需，须也"，故云"须，需也"。"须"与"頿"同，《释诂》"頿，待也"，是即需之义也。初至五体，需象，故"以须"。卦象震兄嫁妹，则卦有妇无夫，坎离不为夫妇者，失正故也。故须四反三，三进四，则二五易位，坎在兑三，离在震四，日东月西，夫妇道著，六五"月几望"是也，故三曰"归妹以须"。初九"归妹以娣"，故"娣谓初也"。震于稼为反生，故"为反"。《春秋·宣公五年》"冬，齐高固及子叔姬来"，《左传》："冬，来，反马也。"震为马，四反，不可，仍象震兄，故象反马，而曰"反马归也"。三阴失位，四反于三，乃得正征。兑三进在四，兑为见。四反正，初六变正，与兑四为应，故象四嫁妹而进其娣也。《礼》："嫁女，同姓媵之。"故初娣变应震兄，及见于君，必夫人进之，故初又正应兑而在兑后，故"反归以娣"也。

九四。归妹愆期。迟归有时。

虞翻曰：愆，过也。谓二变三，动之正，体大过象，坎月离日为期。三变，日月不见，故"愆期"。坎为曳，震为行。行曳，故"迟"也。"归"谓反三。震春兑秋，坎冬离夏，四时体正，故"归有时"也。

疏 "愆，过也"，《说文》文。二已变正，三复动之正，体大过象，卦互坎月离日。《汉书·律历志》："以月法日法，定三辰之会。"《说文》："期，会也。"故云日月为期。三不待四而自变，日月不见，则愆期，故三须四而迟归也。坎曳震行，故"迟"。在兑为嫁，在震为反，故"归谓反三"也。震春兑秋，坎冬离夏，四时皆备，三四正位，二五升降，坎离时正，故"归有时也"。

六五。帝乙归妹，其君之袂不如其娣之袂良。

虞翻曰：三四已正，震为"帝"，坤为"乙"，故曰"帝乙"，泰乾为"良"为"君"，乾在下为小君，则妹也。袂口，袂之饰也。兑为口，乾为衣，故称"袂"。谓三失位，无应，"娣袂"谓二，得中应五，三动成乾为"良"，故"其君之袂，不如其娣之袂良"，故《象》曰"以贵行也"矣。

疏 三四反正，三互震，帝出乎，震为帝，四体坤，坤纳乙为乙，故曰"帝乙"。详见《泰五》。泰乾为良马，虞《说卦》注云"乾善，故良也"。"乾为君"，《说卦》文。"乾在下为小君，则妹也"者，谓三为震之妹，居乾位为小君也。《玉篇》："袂，袖也。""袂口"者，衣之饰也，"袂之"当作"衣之"。"兑为口"，《说卦》文。"乾为衣"，《九家说卦》文。袖口衣饰，故为袂。"君袂"谓三，阴在三失位，阴在上，无应，二在兑，亦三娣也，故"娣袂谓二"。虽失位，然得中，上正应五，三变正成乾，乾善为"良"，故"君袂不如娣袂良"也，故《象》曰"以贵行也"。

案：三四已正，"帝乙归妹"，妹归在四。初正乾衣兑口为"袂"。泰，女主，五为小君，失位无实，"娣"谓二，在乾中，故"其君之袂不如其娣之袂良"。谓二当升五，"贵行也"。

月几望，吉。

虞翻曰：几，其也。坎月离日，兑西震东，日月象对，故曰"几望"。二之五，四复三，得正，故吉也。与小畜、中孚"月几望"同义也。

疏 此以三四得正，三居兑，四居震，为"几望"。非以五坎二离为"望"。"几""其"古字通，犹云近也。与小畜、中孚同义，详见小畜上九。二变之五，四反于三，成"既济"，故吉。

愚案：内体兑来自泰乾，月自兑丁至乾甲，故曰"几望"，与小畜同义。

上六。女承筐无实。

虞翻曰："女"谓应三，兑也。自下受上称"承"，震为"筐"。以阴应阴，三四复位，坤为虚，故"无实"，《象》曰

"承虚筐也"。

疏 上与三应，故"女谓应三兑也"。三受上称"承"。《海篇》："筐，盛物竹器也。"震为竹，坤为方，泰有坤体，竹器而方者筐也，故"为筐"。三以阴应阴，三四反正，上成坤，阴为虚，故曰"承筐无实"，《象》曰"承虚筐"是已。

士刲羊无血，无攸利。

虞翻曰：刲，刺也。震为"士"，兑为"羊"，离为刀，故"士刲羊"。三四复位，成泰，坎象不见，故"无血"。三柔承刚，故"无攸利"也。

疏 《说文》："刲，刺也。"《史记·封禅书》："使博士诸生，刺《六经》中作《王制》。"注"刺作刲"，故云"刲，刺也"。《乾凿度》曰"初为元士"，乾初为震，故"震为士"，谓四反三为"士"，以应上也。"兑为羊"，《说卦》文。离戈兵为刀，兑金为刑杀，故曰"士刲羊"。三四复位，反泰，坎象毁坏，坎为血卦，故"无血"。三自以柔承坎刚，不能应上，故"无攸利"也。

愚案：卦辞"无攸利"者，谓三乘二刚也，爻辞"无攸利"者，谓三承四刚也，乘承皆不正之刚，故"无攸利"。注皆谓三，无异辞也。

又案：女之适人，实筐以贽于舅姑，士之妻女，刲羊以告于祠庙，"筐无实，羊无血"，约婚不终者也。曰"女"曰"士"，未成夫妇之辞。先"女"后"士"，咎在"女"矣。故"无攸利"之占，与《象》繇同。《左传·僖公十五年》："初，晋献公筮嫁伯姬于秦，遇归妹之睽。史苏占之，曰不吉，其繇曰：'士刲羊，亦无衁也。女承筐，亦无贶也。西邻责言，不可偿也。归妹之睽，犹无相也。'震之离亦离之震，为雷为火，为嬴败姬。车说其輹，火焚其旗，不利行师，败于宗丘。"上变震成离，杜注云"火动炽而害其母，女嫁反害其家之象"，故"无攸利"也。

丰卦第五十五 ䷶

【原典】

离下震上　丰①，亨，王假之，勿忧，宜日中。②

初九　遇其妃主，虽旬无咎，往有尚。③

六二　丰其蔀，日中见斗。往得疑疾，有孚发若，吉。④

九三　丰其沛，日中见沫，折其右肱，无咎。⑤

九四　丰其蔀，日中见斗。遇其夷主，吉。⑥

六五　来章，有庆誉，吉。⑦

上六　丰其屋，蔀其家，窥其户，阒其无人，三岁不觌，凶。⑧

【导读】

丰卦六爻中，有三爻专门记载了太阳被遮蔽，出现了日食现象。六二爻"丰其蔀，日中见斗"，说的是中午时太阳被遮蔽，在白天见到了夜晚才出现的北斗星。九三爻"丰其沛，日中见沫"，日食的程度更进一步，中午时分连天上昏暗的小星星也能看得见。九四爻"丰其蔀，日中见斗"，回复到六二爻，说明日食慢慢地在退去。三四千年前的古人看见日食，怀疑自己得了疾病，有人在惊慌中不慎折了右臂。后来当日食全部消除，太阳重现光明时，人们才恢复了平静。"有庆誉"，庆祝、称颂光明的重现。丰大强盛的太阳之所以被遮蔽，从科学的角度讲，是太阳、月亮、地球在某一时刻正好运动成一条直线，这是一种天体运动的自然现象。它既不是传说中的"天狗吃太阳"，也不是天帝降灾的警示，不足为奇。但古人却能从"天地盈虚"的自然现象中领悟到长葆丰盛之理。

【精注】

①丰卦：离下震上，象征丰厚硕大。②亨：通"享"，祭祀。假：通格、到达。③妃主：佳偶。旬：十日，又为均，相当。"旬"并不是最佳状态。尚：通"赏"。④蔀：遮光之物。斗：星斗。发若：发挥。⑤沛：与旆通用，黑暗无光似遮一大幕。沫，昏昧、小星星。肱：臂。⑥夷主：平易可沟通的君

王。⑦章：文采。庆誉：喜庆和美誉。⑧阒：空。觌：见。

【今译】

丰卦 象征丰盛硕大。丰卦的卦象下单卦为离，离为火，为光亮、光明；上单卦为震，为动。日中则斜，月盈则食，故丰封并不都是亨通之卦。王者在天下蔚为盛观的日子，拥有显赫的权威，无尽的财富和他的子民，他不必忧虑。但应在如日中天之际，普赐于百姓。

初九 得遇匹配的主人，虽不能致察，但无忧，不会有灾祸；但超过十日，由满而亏，就会有灾难了。

六二 昏暗的君主如太阳已被遮盖，即使中午也能见到北斗星光。跟随这样乖戾的君主，会遭以猜忌。不过诚信竭诚，可以获吉。

九三 日中而暗，如幡幔障无，只见小的星光。虽想撤蔽也无望，如折了右臂。但最终邪不压正，使大贤之人必能为天下所用。

九四 贤臣虽以刚居位，无奈昏暗的君王如太阳被大幕遮盖。当昏昧之世，贤良的臣子，只能求贤能以辅朝政，只能以刚试动于障蔽之中。这还是可以的。

六五 昏暗的君主有贤能的大臣相佐，就会获得吉庆，因而吉与誉并存。

上六 阴柔的小人设重屋厚障，居幽室之中。有人若想见之，屋内却好像没有人。遇如此暗幽之人，三年如一日，必凶。

【集解】

丰。亨。

虞翻曰：此卦三阴三阳之例，当从泰二之四。而丰三从噬嗑上来之三，折四于坎狱中而成丰，故"君子以折狱致刑"。阴阳交故通，噬嗑所谓"利用狱者，此卦之谓也。

疏 此不用三阴三阳泰二之四例者，以丰"折狱致刑"，自噬嗑"利用狱"来也。噬嗑"利用狱"，虞彼注云"上当之三，蔽四成丰，'折狱致刑'"，故此云"三从噬嗑上来之三"。

中華藏書

第一部 周易原典

中国书店

中華藏書

周易全书·最新整理珍藏版

中国书店

三一八

噬嗑四不正，在坎狱中，上来折之，而成丰，故《象》曰"君子以折狱致刑"。此消息卦变例也。三上易位，是阴阳交，交故通，通故亨。噬嗑云"亨利用狱"，即此卦"上之三，蔽四成丰"之谓也。

王假之。

虞翻曰：乾为王。假，至也。谓四宜上至五，动之，正成乾，故"王假之，尚大也"。

疏 乾为君，故"为王"。"假，至也"，《释诂》文。四上至五，动正成乾，乾为王，故曰"王假之"。"尚"与"上"通，故《象》曰"尚大也"。

勿忧，宜日中。

虞翻曰：五动之正，则四变成离，离日中当五，在坎中，坎为忧，故"勿忧，宜日中"。体两离象，"照天下也"。"日中则昃，月盈则食。天地盈虚，与时消息"。

干宝曰：丰，坎宫阴世在五，以其宜中，而忧其昃也。坎为夜，离为昼，以离变坎，至于天位，日中之象也。殷水德，坎象。昼败而离居之，周伐殷，居王位之象也。圣人德大而心小，既居天位而戒惧不怠，"勿忧"者，劝勉之言也，犹《诗》曰"上帝临女，勿贰尔心"。言周德当天人之心，宜居王位，故"宜日中"。

疏 虞注：五四失位，五动得正，则四变成离，五互离。故谓"离日中为当五"也。又离南方午位，故曰"日中"。《左传·昭公五年》"天有十日"，故有十时。而以日中当王，此王之所以宜日中也。互在两坎之中，又丰本坎宫，五世卦，坎加忧为忧。所以勿忧者，以离日当五也。体互两离象，故《象》曰"宜照天下也"。"日中"以下，《彖辞》文。泰初，故明消息。

干注：丰，坎宫阴卦五变，故"世在五"也。至五世将游魂，五上中，故"以其宜中而忧其昃也"。坎月为夜，子也。离日为昼，午也。坎阳在五，为天位，以离变坎，五位五离，故云"至于天位，日中之象也"。殷以水德王，坎为水，故坎象也。"昼"当作"纣"。纣败而离日居之，武王伐殷，居王位之象也。"圣人德大""丰亨"，"心小"谓坎忧。故"既居天位而戒惧不怠"也。忧者，圣人之小心。"勿忧"者，占人之劝勉也。"上帝临女，勿贰尔心"，《诗·大明》文。言周有应天顺人之德，宜居九五王位，故曰"家日中"也。

初九。遇其妃主。

虞翻曰：妃嫔谓四也。四失位，在震为主。互动体姤遇，故"遇其妃主"也。

疏 郑注"嘉耦曰妃"。初应四，故"妃嫔谓四也"。以九居四为失位。震长子主器，故"在震为主"。五动为阳，四不变，二至五体姤，"姤者，遇也"。以初遇四，故"遇其妃主也"。

虽旬无咎，往有尚。

虞翻曰：谓四失位，变成坤应初，坤数十。四上之五成离，离为

疏 四失位，当变成坤，下应初阳，坤癸数十。变则上之五成离日。《说文》："十日为旬。"坤数十，离为日，故称旬。《荀本》"旬"作"均"。《地官·均人》："丰年则公旬用三日焉。"郑注"旬，均也。《易》坤为均，今《书》亦有作旬者"，是坤，亦为旬也。先言假遇其妃主，是四先动，以初为夷主，嫌不免咎，故曰"虽旬无咎"。

案：遇者，不期而会。四变，坤为十日。十，数之穷也。四变应初，初往遇之，故虽穷"无咎"。自内曰往。"无咎"，故"往有尚"也。又郑氏云"初修礼，上朝四。四以匹敌恩厚待之，虽留十日，不为咎"，义亦可通。

愚案：震纳庚，离纳己，自庚至己，适得十日，故称旬。

六二。丰其蔀，日中见斗，往得疑疾。

虞翻曰：日蔽云中称蔀。蔀小，谓四也。二利四之五，故"丰其蔀"。噬嗑离为见，象在上，为日中，艮为斗。斗，北星也。噬嗑艮为星，为止，坎为北中，巽为高舞。星止于中而舞者，北斗之象也。离上之三，隐坎云下，故"日中见斗"。四

往之五，得正成坎，坎为疑疾，故"往得疑疾"也。

疏 体离为日，故"日蔽云中称蔀"。马氏云"蔀，小也"。郑氏云"蔀，小席"。薛氏亦同。上爻虞注云"丰大蔀小"。在五则大为丰，在四则小为蔀，故"蔀谓四也"。二利四之五，已得正应。"丰其蔀"者，欲去四之蔽也。卦自噬嗑来，噬嗑体离，"相见乎离"，故为见。噬嗑离，在上体，故为"日中"。艮"万物之所成终而成始也"，斗建四时，故"艮为斗"。又《说卦》"艮为狗"，《大戴礼·易本命》"斗主狗"，故曰"艮为斗"也。《春秋运斗枢》："第一至第四为魁，第五至第七为杓，合为斗。居阴播阳，故称北斗。"合魁与杓，故"斗，七星也"。噬嗑互艮为石。《僖十六年·左传》"陨石于宋五，陨星也"。在地为石，在天为星，故"艮为星"。艮又为止。坎，"正北方之卦也"，故"为北中"。"巽为高"，《说卦》文。又行八风，故为舞。星止于天中，应八风而舞者，北斗之象也。噬嗑上之三，是离日隐于坎云之下，故"日中见斗"。四噬嗑互艮离，日隐，而艮星见，故"见斗"谓四也。丰四往之五，得正成坎，坎心为疑，坎病为疾，故为"疑疾"。日中无见斗之理，故曰"往得疑疾也"。

有孚发若，吉。

虞翻曰：坎为孚。四发之五成坎孚，动而得位，故"有孚发若吉"也。

疏 坎有孚，故为孚。《说卦》"发挥于刚柔而生爻"，虞彼注谓发为动。四体震，震，动也，故动之五，成坎为孚。又五阳自动，亦成坎，五动得正，故"有孚发若吉"也。《书·尧典》孔传训"若"为"顺"，谓二应五，顺之也。

九三。丰其沛，日中见沬。

虞翻曰：日在云下称沛。沛，不明也。沬，小星也。噬嗑离为日，艮为沬，故"日中见沬"。上之三，日入坎云下，故见沬也。

《九家易》曰：大暗谓之沛。沬，斗杓后小星也。

疏 虞注：《孟子》曰"天油然作云，沛然下雨"。上坎为云，下坎为雨，故"日在云下亦称沛"，谓四也。雨云蒙翳，故"沛，不明也"。"沫"，他本多作"昧"，子夏、马融皆云"星之小者"，薛氏云"昧，辅星也"，《星经》曰"北斗七星，辅一星，在大微北，北斗第六星旁"，陆希声云"沫者，斗概，谓斗之辅星。斗以象大臣，概以象家臣"，故曰"沫，小星也"。噬嗑离，日在上为"日中"。艮为星，为小，沫，小星，故为沫。以离互艮，故"日中见沫"。三本离日，故见艮为沫，二阴见之则为斗，皆谓四也。离上之三入坎，故"日入坎云下"。内体离为见，故"见沫也"。三利四之阴，故象与二同。

《九家》注：姚信云"沛，滂沛也"，《汉书·五行志》："沛然自大。"故云"大暗谓之沛"。辅星在北斗第六星阊阳旁。五至七为杓，六在杓中，故云"沫，斗杓后小星也"。

愚案：二三皆为四所蔽，二远于四，三近于四，故沛之蔽明甚于菩，见沫之暗甚于见斗也。

折其右肱，无咎。

虞翻曰：兑为折，为右，噬嗑艮为肱。上来之三，折艮入兑，故"折其右肱"。之三得正，故"无咎"也。

疏 兑为毁折，故为折。震东兑西，故兑为右。噬嗑互艮手，故为肱。上来之三，成丰，折艮手入兑，故曰"折其右肱"。日隐有咎。上之三得正，故"无咎"。

案：上六极暗，"不可大事"。三"折其右肱"，示不可用，故得"无咎"。

九四。丰其菩。

虞翻曰：菩，蔽也。噬嗑离日之坎云中，故"丰其菩"。《象》曰"位不当也"。

疏 "菩，蔽也"者，即陆希声云"菩，茂盛周匝之义也"。四在噬嗑为坎，上之三为"离日之坎云中"。四蔽三，故曰"丰其菩"。四失正，故《象》曰"位不当也"。

日中见斗。

虞翻曰：噬嗑日在上为中。上之三为巽，巽为入。日入坎云下，幽伏不明，故"日中见斗"。《象》曰"幽不明"，是其义也。

疏 噬嗑离在上体，故为"日中"。上之三，互巽为入，四本互坎，为云。日入坎云下，有幽伏不明之象，故"日中见斗"，而《象》特明其义也。二与四同功，故两爻辞亦相类。

遇其夷主，吉。

虞翻曰：震为主，四行之正成明夷，则三体震为夷主，故"遇其夷主，吉"也。

案：四处上卦之下，以阳居阴，履非其位，而比于五，故曰遇也。"夷者，伤也"。主者，五也。谓四不期相遇而能上行伤五，则吉，故曰"遇其夷主，吉行也"。

疏 虞注：震主器，故为主。又为行。四行变正成明夷，则三互震，故"三体震为夷主"，而为"遇其夷主"也。变得正，故"吉"。

案：四以阳居阴，失其正位，而近比于五，故曰遇也。"夷者，伤也"，《序卦》文。五为卦主，故云"主者，五也"。《谷梁传·隐公八年》"不期而会曰遇"。谓四与五不期相遇，而能上行伤五，使五退居四，四进居五，成既济定，则吉。故曰"遇其夷主，吉行也"。

愚案：四与初应，四变正体明夷。明夷初九曰"主人有言"，故曰"夷主"。变正应阳，故"吉"，初遇"妃主"，亦以四变应初也。

六五。来章，有庆誉，吉。

虞翻曰：内在称来。章，显也。庆谓五，阳出称庆也。誉谓二，二多誉。五发得正，则来应二，故"来章，有庆誉，吉"也。

疏 在内称来，五阳在内也。姤"品物咸章"，荀氏云"章，明也"。《书·泰誓》曰"天有显道"，孔传"言天有明道"，是显亦明也。"章"与"显"皆训明，故云"章，显也"。阳，故为显也。阳为庆。五阳动出，故"有庆也"。五与二应，故"誉谓二"。"二多誉"，《系辞下》文。五动得正，来应于二，故"来章，有庆誉，吉"也。

中华藏书

第一部 周易原典

中国书房

上六。丰其屋，蔀其家。

虞翻曰：丰大，蔀小也。三至上体大壮屋象，故"丰其屋"。谓四五已变，上动成家人。大屋见则家人坏，故"蔀其家"。与泰二同义。故《象》曰"天际祥"，明以大壮为屋象故也。

疏　《序卦》曰"丰者，大也"，故云"丰大"。郑氏云"蔀，小席也"，故云"蔀小"。三至上体大壮，大壮宫室象，故称屋。在丰家，故称"丰其屋"。四五失正易位，上动，则成家人。大壮屋见，则家人象坏，故曰"蔀其家"。泰二终变成坎，爻辞曰"包荒"，荒，大川也，谓阳息二，包坎体也。丰上六终变成家人，今体大壮故"丰其屋，蔀其家"，与泰二同义。大壮乾为天，震动为祥，故《象》曰"天际祥"。"明以大壮为屋象故也"。

窥其户，阒其无人。三岁不觌，凶。

虞翻曰：谓从外窥三应。阒，空也。四动时，坤为阖。户阖，故"窥其户"。坤为空虚，三隐伏坎中，故"阒其无人"，《象》曰"自藏也"。四五易位，噬嗑离目为窥。窥人者，言皆不见。坎为三岁，坤冥在上，离象不见，故"三岁不觌，凶"。

干宝曰：在丰之家，居乾之位，乾为屋宇，故曰"丰其屋"。此盖托纣之侈，造为璇室玉台也。"蔀其家"者，以托纣多倾国之女也。社稷既亡，宫室虚旷，故曰"窥其户，阒其无人"。阒，无人貌也。三者，天地人之数也。凡国于天地，有兴亡焉。故王者之亡其家也，必天示其祥，地出其妖，人反其常。非斯三者，亦弗之亡也，故曰"三岁不觌，凶"。然则璇室之成三年，而后亡国矣。

案：上应于三，三互离，巽为户，离为目，目而近户，窥之象也。既屋丰家蔀，若窥其户，阒寂无人。震木数三，故三岁致凶于灾。

疏　虞注：上与三应，故"从外窥三应"。《说文》："阒，静也。"《玉篇》："静无人也。"无人，故训空也。四动外体坤，"阖户谓之一"，故为阖也。户阖，故窥其户。阳实阴虚，坤阴，故"为空虚"。坎为隐伏，三在噬嗑坎下，故"三隐伏坎中"。伏，故"阒其无人"。《象》曰"自藏"，言三不应上也。四五易位，非噬嗑，此有错误，当云四五易位，离目为觌，今无人，故不见也。坎上曰"三岁不得"，故"坎为岁"。坤晦为冥，详见"冥豫"。上体坤，故"坤冥在上"。坤成离毁，故"离象不见"，而曰"三岁不觌，凶"也。

干注：六居丰上，故"在丰之家"。震上六庚戌，戌为乾位，故"居乾之位"。艮为门阙，取乾上一阳也，故"乾为屋宇"。在丰之上，故曰"丰其屋"。《竹书纪年》："商王辛作琼室，立玉门。"故谓"丰其屋盖托纣之侈，造为璇室玉台也"。《晋语》："殷辛伐有苏，有苏氏以妲己女焉。妲己有宠。"故谓"蔀其家者，以托纣多倾国之女也。"《史记》："武王伐纣，纣兵皆崩，畔纣，纣走，反入，登鹿台，蒙衣其珠玉，自燔于火而死。"故以"社稷既亡，宫室虚旷"，为"窥其户，阒其无人"也。马氏郑氏皆云"阒，无人貌"。天地人为三才，故"三者，天地人之数也"。国之兴亡，与天地相感召，故王者亡家，必天示祥，地出妖，人反常焉，非三者具，亦弗亡，故曰"三岁不觌，凶"。据《通鉴》，纣作琼室玉门，在甲寅八祀，纣之亡也，在己卯三十三祀，兹云"璇室之成，三年而后亡国"，盖因经"三岁不觌"而为之辞，未可以为实据。

案：上应三，三互离，巽阴爻为户，离目近户，窥象也。屋丰家蔀，目无所见。若窥其户，阒寂无人。上《系》"天三"，木数也，体震为木，故"三岁致凶于灾"。

旅卦第五十六 ䷷

【原典】

艮下离上　旅①，小亨，旅，贞吉。

初六　旅琐琐，斯其所取灾。②

六二　旅即次，怀其资，得童仆，贞。③

九三　旅焚其次，丧其童仆，贞厉。

九四　旅于处，得其资斧，我心不快。④

六五　射雉，一矢亡，终以誉命。⑤

上九　鸟焚其巢，旅人先笑后号咷，丧牛于易，凶。⑥

【导读】

本卦爻辞讲的是，由于受到客观物质条件的限制，对周围环境产生的不适，在旅之人必须处处提防，尽可能顺应旅途中的生活环境，防止意外的发生，求得平安。

【精注】

①旅卦：艮下离上，象征行旅，失职，寄居他乡。②琐琐：琐碎小气之人。斯：此。③即次：住进旅店。即：住，就。次：停止，住店。④处：止，此指旅行受阻。资斧：行旅途中携带的钱财和护身工具（斧）。⑤誉：美名。命：爵命。⑥易：通"場"，田边。

【今译】

旅卦　象征行旅，失所。旅卦卦象下单卦，为艮，为山；上单卦为离，为火，两单卦结合指山上之火，行旅之火。行路人急于赶路，行动变换不定，故多不为吉。出外旅行，颠沛劳苦，四周陌生，故只有遵守文明之德，才得吉也。吉祥之卦。

初六　出外旅行，猥猥琐琐，舍不得花钱坐车，事事都拮据小气，容易招来灾祸。

六二　旅人住入客店，带着足够的钱财，并得到童仆忠心侍奉，则免于灾。

九三　客店失了大火，童仆也跑掉了，即使不做不义之事，未免也有穷途末路之感。

九四　尽管旅途中有足够的钱财，并有防身备用的利斧，但仍会感到孤苦无着（不安定）。

六五　射杀山鸡，丢失利箭，实在有点可惜，不过最后还是获得了荣誉并领受封爵之命。

上九　树上的鸟巢被焚毁，旅人先欢声笑语后号啕大哭，田边又丢失了耕牛，大凶。

【集解】

旅。小亨。旅贞吉。

虞翻曰：贲初之四，否三之五，非乾坤往来也。与噬嗑之丰同义。小谓柔，得贵位，而顺刚，丽乎大明，故"旅小亨，旅贞吉"。再言"旅"者，谓四凶恶，进退无恒，无所容处。故再言"旅"，恶而悯之。

疏 此贲初之四成旅也，亦即否三之五。不从三阴三阳之例者，以艮离易位，非乾坤往来也。犹丰不自泰来而自噬嗑，故与噬嗑之丰同义。阳大阴小，五阳，柔也，故"小谓柔"。五得贵位而顺上刚，五体离，离，丽也。乾为大明，离丽乾中得正，故"丽乎大明"。以坤柔通乾五，得正而亨，故曰"小亨"。旅唯二三两爻得正，二中而得正，是"贞吉"谓二，言足为旅之贞吉而已。再言"旅"者，四在离，为焚弃恶人，故"谓四凶恶"。四互巽为进退，在乾四为"进退无恒"，故无所容处而为旅也。"再言旅，恶而悯之"者，恶其无恒，悯其无容也。

初六。旅琐琐，斯其所取灾。

陆绩曰：琐琐，小也。艮为小石，故曰"旅琐琐"也。履非其正，应离之始，离为火。艮为山，以应火，灾焚自取也，故曰"斯其所取灾"也。

疏 "琐琐，小也"，《释言》文。"艮为小石"，《说卦》文。小，故"旅琐琐"也。初失位，故"履非其正"。应四为离初，离火在上。四性凶恶不正，艮初应之，取离四，焚如之灾，故曰"斯其所取灾也。"

六二。旅即次，怀其资，得童仆贞。

《九家易》曰：即，就。次，舍。资，财也。以阴居二，即就其舍，故"旅即次"。承阳有实，故"怀其资"。初者卑贱，二得履之，故"得童仆"。处和得位，正居，是故曰"得童仆贞"矣。

疏 《说文》："即，一曰就也。"故云"即，就"。《天官》："宫正以时，比宫中之官府，次舍之寡众"，又"宫伯授八次八舍之职事"，故云"次，舍"。《大雅·板》："丧乱蔑资。"毛传"资，财也"。二以阴居阴，为"即就其舍"，故曰"旅即次"。上承三阳，阳实为"有实"，故曰"怀其资"。又互巽，为近市利三倍，怀资之象也。初曰"琐琐"，细小卑贱之称，故云"初者卑贱"。二得履初，故曰"得其僮仆"。郎次旅所安，财货旅所资，僮仆旅所役。二柔为"处和"，在二为"得位"，得正为"正居"。故曰"得僮仆贞矣"。

九三。旅焚其次，丧其僮仆，贞厉。

虞翻曰：离为火，艮为僮仆。三动艮坏，故"焚其次"。坤为丧。二动艮灭入坤，故"丧其僮仆"。动而失正，故"贞厉"矣。

疏 应离为火，体艮为僮仆。三欲应上，故动，动则艮体坏，艮舍为次，故"焚其次"。卦唯二三得正，故皆言"次"。坤丧于乙为丧。三动艮僮灭而入坤丧，故"丧其僮仆"。正不当动，动而失正，故"贞厉矣"。

九四。旅于处，得其资斧，我心不快。

虞翻曰：巽为处。四焚弃恶人，失位远应，故"旅于处"，言无所从也。离为资斧，故"得其资斧"。三动，四坎为心，其位未正，故"我心不快"也。

疏 四互体巽，巽为入、为伏，故为处。四在离，为焚弃恶人，已失位，远应于初，故"旅于处"。言若寄处于人家者然，故云"无所从也"。离为戈兵，故为资斧。陆氏《释文》出"资斧"，云《子夏传》及众家并作"齐斧"。《汉书·王莽传》引巽爻之文曰"丧其齐斧"，应劭云"齐，利也"。张轨云："齐斧，盖黄钺斧也。""得其齐斧"，谓得利斧也。三已动，四在坎中为心病，四失位不正，故"我心不快也"。

六五。射雉，一矢亡。

虞翻曰：三变坎变弓，离为矢，故"射雉"。五变体乾，矢动雉飞，雉象不见，故"一矢亡"矣。

疏 三变，五互坎弓轮为弓。体离戈兵为矢。以坎弓离矢而射离雉，故曰"射雉"。五变体，成乾象，离矢动而雉飞，则乾成离毁，"雉象不见，故一矢亡矣"。

终以誉命。

虞翻曰：誉谓二，巽为命。五终变成乾，则二来应已，故

"终以誉命"。

疏 "二多誉"，故"誉谓二"。二互巽申命为命。五失位，终变成乾，则二阴应已，故"终以誉命"。

案： 五有中和文明之德，象出疆载贽执雉相见之士也。变乾得正，则矢亡雉得，应二上逮矣。誉谓声誉，命谓爵命。卦唯二五柔顺得中，故二贞吉而五誉命也。

上九。鸟焚其巢，旅人先笑后号咷。

虞翻曰：离为鸟、为火，巽为木为高。四失位，变震为筐，巢之象也。今巢象不见，故"鸟焚其巢"。震为笑，震在前，故"先笑"。应在巽，巽为号咷，巽象在后，故"后号咷"。

疏 离为雉，又南方朱雀，故为鸟。又为火。四互巽为木、为高。四阳失位变正，三互震为筐、说见归妹上六。巽木高而震筐在上，有巢象焉。此即贲时也。旅成贲毁，巢象不见，且离火出于巽木之上，故曰"鸟焚其巢"。震声为笑，贲震在前，故"先笑"。应在三，三互巽，申命为号，旅巽在后，故"后号咷"。震雷巽风，"同声相应"。震阳故为喜笑，巽阴故为号咷也。

丧牛于易，凶。

虞翻曰：谓三动时，坤为牛。五动成乾，乾为易。上失三，五动应二，故"丧牛于易"。牛位无应，故凶也。五动成遯，六二"执之用黄牛之革"，则旅家所丧牛也。

疏 三动应上，变坤为牛。五动应二，互体成乾。"乾以易知"，故为易。上不应三，故"失三"。五动正应二，二在坤为丧。三不动，则坤牛毁，五动，则三乾易成，故"丧牛于易"。上失正位，三阳无应，故"凶"也。五动应二成遯，遯六二"执之用黄牛之革"，遯二执三，三艮成坤毁，与上不应，牛丧于三，故云"旅家所丧牛也"。

巽卦第五十七

【原典】

巽下巽上　巽①，小亨，利有攸往，利见大人。

初六　进退，利武人之贞。②

九二　巽在床下，用史巫纷若，吉，无咎。③

九三　频巽，吝。

六四　悔亡。田获三品。④

九五　贞吉，悔亡，无不利，无初有终。先庚三日，后庚三日，吉。⑤

上九　巽在床下，丧其资斧，贞凶。

【导读】

本卦爻辞讲，人们应有"合"的品德，但不可一味顺从。听从主令，令进则进，令退则退，方能吉利。若心中不顺从，愁眉苦脸勉强去顺从，肯定有危险。

【精注】

①巽卦：巽下巽上，象征顺服、顺从。②武人：勇武之人。③巽在床下：指祝史、巫觋，暗自传话给君王。史：祝史，职掌占卜，祈祝的官员。巫：即巫觋，巫婆。纷若：勤勉异常的样子。若，样子。④田：田猎。三品：三等，以禽兽射杀的部位而论，上等的为心脏，为祭品，二等的为禽兽腿肉，用作招待宾客；三等的留作自己食用。⑤先庚三日，后庚三日：庚与更通，含变更意；庚前三日为丁日、戊日、己日，庚后三日即辛日、壬日、癸日。

【今译】

巽卦　象征顺从。巽卦是象征阴柔，巽阴潜起于阳下，故只有小亨。巽卦的卦象下单卦为巽。上单卦也为巽，是阴卦。柔顺修谨。因柔皆顺乎刚，慎以进而不敢干，故灾祸可免。但过于优柔寡断，故只有见到大德之人才有利。

初六　过于谦谨，犹豫不前，不能果断处之。只有勇敢之人才有利。

第一部　周易原典

中華藏書

周易全书·
最新整理珍藏版

中国书店

九二　跪伏在神坛之下的谦顺，犹如效仿祝史、巫师般虔诚敬神的样子，吉祥有余，灾祸可免。

九三　频与"颦"通，一再地顺从，但心犹未甘，并落不到好处，反招来羞辱。

六四　田猎所获可分为祭品、待宾、自用三等。国之大事，亦如田猎，能率夫役民，方能成大事，猎而多获。

九五　庚与更通，有变更的意思。一事在变通之前，应知会众人，让众人掌握其变通的理性；变更后，再警其得失，这样才可以做到命无不行，事无不主。是礼乐征伐之道。

上九　顺从地匍匐在地，如行程中丢失旅资和利斧，即使地位显赫之人，也未免处境尴尬。凶。

【集解】

巽。小亨。利有攸往，利见大人。

虞翻曰：遯二之四。柔得而顺五刚，故"小亨"也。大人谓五，离目为见。二失位，利正，往应五，故"利有攸往，利见大人"矣。

疏　从四阳二阴之例，巽自遯来，故云"遯二之四"。四柔得位，而上顺五刚，四阴为小，故"小亨也"。乾五为大人，故"大人谓五"。互离目为见。二阳失位，利变之正，自内曰往，往应五，故"利有攸往"。往必历离，离为见，故"利见大人矣"。

初六。进退，利武人之贞。

虞翻曰：巽为"进退"，乾为"武人"。初失位，利之正为乾，故"利武人之贞"矣。

疏　阳由震而入伏于巽，为退，由巽而反于震，为进，故"巽为进退"。皆在于初，故初称"进退"。其在爻，则二退初进亦是也。《楚语》曰"天事武"，韦注"乾称刚健，故武"，乾为人为武，故为"武人"。初阴失位，利变之正成乾，故"利武人之贞矣"。盖巽初阴柔，故进退不果。变乾，则健而正也。

案：巽在卦气，内卦主七月，外卦主八月。初在卦内，七月也。《礼记·月令》:"立秋之日,尝军帅武人于朝。"故曰"利武人之贞"。

九二。巽在床下。

宋衷曰:巽为木,二阳在上,初阴在下,床之象也。二无应于上,退而据初,心在于下,故曰"巽在床下"也。

荀爽曰:床下,以喻近也。二者军帅,三者号令,故言"床下",以明将之所专,不过军中事也。

疏 宋注:体巽为木,又为股,二阳覆上,而横列,床之干也。一阴承上,面对峙,床之足也。故有床象。二失位,无应于五,退据初阴,初为下,二动之初,故"心在于下",而曰"巽在床下"也。四爻虞注所谓"欲二之初",是也。

荀注:床下,至近之地,故"以喻近也"。师以九二阳爻为主,爻辞曰"在师中吉",故云"二者军帅"。至三成巽,故云"三者号令"。"言床下"者,明将专军中之事,令不及远也。

用史巫纷若,吉,无咎。

荀爽曰:史以书勋,巫以告庙。纷,变,若,顺也。谓二以阳应阳,君所不臣,军帅之象。征伐既毕,书动告庙,当变而顺五,则吉,故曰"用史巫纷若,吉无咎"矣。

疏 《夏官·司勋》:"凡有功者,铭书于王之大常,祭于大烝,司勋诏之。大功,司勋藏其贰。"其官则"史四人",故云"史以书勋",其实卜史祝史之类皆是。《世本》"巫咸始作巫",《周礼·春官》:"司巫掌群巫之政令。"又有男巫女巫,即《楚语》所谓"在男曰觋,在女曰巫"是也。神明降之,故云"巫以告庙"。"纷"训"变"者,《说文》"变,更也",即纷更之意也。若,顺也,《尧典》"钦若昊天。"孔传以为"敬顺"是也。五君位,二臣位,二以阳应阳,君所不臣。将在外,君命有所不受,故曰"军帅之象"。若征伐既毕,史书勋,巫告庙,当变刚为柔,上顺五阳,则吉,故曰"用史巫纷若,吉无咎矣"。

案:兑为巫,巽为命令,兑又为书契,史象也,二人坤用之，故"用史巫"。失位有咎，变而顺五，则吉且无咎。

九三。频巽，吝。

虞翻曰：频，顣也。谓二已变，三体坎艮，坎为忧，艮为鼻，故"频巽"。无应在险，故"吝"也。

　　疏　复六三"频复"，虞彼注云"频，蹙也"，《孟子》："疾首蹙頞而相告。"《庄子》："深矉蹙頞。"预言频蹙，故曰"频，顣也"。《玉篇》："顣，鼻茎也。"二变应五，三互坎，成艮。坎加忧为忧。艮"山泽通气"，以虚受泽，故为鼻。忧见于鼻，故有"频巽"之象。上无正应，坎为在险，故"吝也"。

六四。悔亡，田获三品。

虞翻曰："田"谓二也，地中称"田"。初失位，无应，悔也，欲二之初，已得应之，故"悔亡"。二动得正，处中应五，五多功，故《象》曰"有功也"。二动，艮为手，故称"获"，谓艮为狼，坎为豕，艮二之初，离为雉，故"获三品"矣。

翟玄曰："田获三品"，下三爻也。谓初巽为鸡，二兑为羊，三离为雉也。

案：《谷梁传》曰"春猎曰田，夏曰苗，秋曰蒐，冬曰狩"，田获三品，"一为乾豆，二为宾客，三为充君之庖"，注云"上杀中心，乾之为豆实。次杀中髀骼，以供宾客。下杀中腹，充君之庖厨。尊神敬客之义也"。

　　疏　虞注：二位在田，故"田谓二也"。二于三才为地道，田在地上，故"地中称田"，与乾九二"见龙在田"同义。又离为罔罟，互离有田象。下与初应，初阴失位，四无正应，故悔。四欲二动之初，已得正应，故"悔亡"。二动成阴，得正，处下之中，上应五阳。"五多功"，《系辞下》文。近承五，故《象》曰"有功"。二动，初在艮为手，以手取物，故"称获"。艮黔喙之属，故"为狼"。二变，互坎为豕。"艮"字衍，巽二之初，体离为雉，故"获三品矣"。

翟注：四应初，初在下体，故"田获三品"谓下三爻。初体巽为鸡，一也。二互三四，兑为羊，二也。三互四五，离为雉，三也。

案："春猎曰田，夏曰苗，秋曰蒐，冬曰狩"，《左传·桓公四年》。"一为乾豆，二为宾客，三为充君之庖"，谷梁本《王制》也。注，范宁注也。注云"上杀中心，乾之为豆实"，杨士勋释曰"何休云'自左膘射之，达于右腢，中心死疾，故乾而豆之，以荐宗庙。豆，祭器名，状如镫，天子二十有六，诸公十有六，诸侯十有二，卿上大夫八，下大夫六，士三也。'"又云"次杀中髀骼，以供宾客"，释曰"何休云'自左膘射之，达于右髀，远小死难，故为次杀'，毛传云'次杀者，射右耳，本次之'，今注云，射髀骼，则与彼异也"。髀骼者，案《仪礼》"髀骨，膝以上者"是也。又云"下杀中肠，充君之庖厨，尊神敬客之义也"，释曰何休云'自左膘射之，达于右髓'，毛传云"左髀达于右髓为下杀'。此云中肠。同彼二说，并无妨也"。

九五。贞吉，悔亡，无不利。无初有终。

虞翻曰：得位处中，故"贞吉悔亡，无不利"也。震巽相薄，雷风无形，当变之震矣。巽穷为躁卦，故"无初有终"也。

疏 九为得位，五为处中。得正，故"贞吉"。无应有悔，得正，故"悔亡"。二变应五，故"无不利"。震雷巽风，相薄无形，故卦特变。巽变之震，《说卦》所谓"巽究为躁卦"是也。初二上，皆失正，初变及二以应五，五亦使上终变应三，终上成震得位，故"无初有终"也。

先庚三日，后庚三日，吉。

虞翻曰：震，庚也。谓变初至二成离，至三成震，震主庚，离为日，震三爻在前，故"先庚三日"，谓益时也。动四至五成离，终上成震，震爻在后，故"后庚三日"也。巽初失正，终变成震，得位，故"无初有终吉"。震究为蕃鲜白，谓巽白，巽究为躁卦，躁卦谓震也。与蛊"先甲三日，后甲三日"同义。五动成蛊，乾成于甲，震成于庚。阴阳，天地之始终，故经举甲庚于蛊象巽五也。

疏 震纳庚，故云"震，庚也"。巽之变震从初始，初变成阳，变至二成阴，为离，变至三成阴，为震。震主庚，故言庚。离为日，故言日。"震三爻在前"者，对后震为前，故曰"先庚三日"。前三爻皆变成益，故"谓益时电"。四动成阳，动至五成阳为离，动终于上成阴，为震。前震已成，外震在外，故曰"后庚三日"。巽初阴失正，终变成震，初终皆得正位，故"无初有终"而获吉也。震其究为蕃鲜，蕃鲜者，白也。巽为白，"谓巽白"者，究为巽也。巽究为躁卦，"谓震也"者，震在上躁动也。"与蛊同义"者，巽五动成蛊。蛊初变成乾，乾纳甲，故"乾成于甲"，而曰"先甲三百，后甲三日"也。巽终变成震，震纳庚，故"震成于庚"，而曰"先庚三日，后庚三日"也。乾阳为始，坤阴为终，故曰"阴阳，天地之始终"。举甲于《蛊·象》，举庚于巽五，以有阴阳始终之义也。

上九。巽在床下。

虞翻曰："床下"谓初也。穷上反下成震，故"巽在床下"。《象》曰"上穷也"，明当变穷上而复初者也。

《九家易》曰：上为宗庙。礼封赏出军，皆先告庙，然后受行。三军之命，将之所专，故曰"巽在床下"也。

疏 虞注：二"床下"谓初，上"床下"亦谓初也。阳失位，穷于上，反下成震，故曰"巽在床下"。《象》曰"上穷"，言上穷则当变而复初也。巽上复震，犹否上复泰也。

《九家》注：爻例上为宗庙。《夏官·司勋》："凡有功者，祭于大烝，司勋诏之。大功，司勋藏其贰，赏地之政。"大祝大师，宜于社造于祖。故曰"封赏出军，皆先告庙，然后受行"。巽为命，故曰"三军之命，将之所专"。与九二同义，故亦曰"巽在床下也"。

丧其齐斧，贞凶。

虞翻曰：变至三时，离毁入坤，坤为"丧"，巽为"齐"，离为"斧"，故"丧其齐斧"。三变失位，故"贞凶"。

荀爽曰：军罢师旋，亦告于庙。还斧于君，故"丧齐斧"。正如其故，不执臣节，则凶。故曰"丧其齐斧，贞凶"。

疏 虞注：巽究为震，变至三时，互离毁，入变坤，坤丧于乙，为"丧"，齐乎巽为"齐"，离戈兵为"斧"，故"丧其齐斧"。诸本皆作"资斧"。《汉书·王莽传》引此爻曰"丧其齐斧"，应劭曰"齐，利也。亡其利斧，言无以复断斩也"。虞从古本，故作"齐"也。三变成震，失乎正位，故"贞凶"。

荀注：古者饮至策勋，皆在于庙，赐弓矢斧钺，然后得专征伐。故出则授斧，入则还斧，还斧于君，故"丧齐斧"。已丧齐斧，若正如其故，是不执臣节，则凶矣，故曰"丧其齐斧，贞凶"。

愚案：九二"巽在床下"，虽失正，然得中，变而应五，故吉。上位为庙，史巫所以告庙。应五承上，故"用史巫"，变顺为吉也。上九"巽在床下"，既失正，又过卑，三变应上，亦凶。三离齐斧，变坤为丧，失其齐断，故"丧齐斧"，变正亦凶也。

兑卦第五十八

【原典】

兑下兑上　兑[①]，亨，利贞。

初九　和兑，吉。

九二　孚兑，吉，悔亡。

六三　来兑，凶。[②]

九四　商兑未宁，介疾有喜。[③]

九五　孚于剥，有厉。[④]

上六　引兑。[⑤]

【导读】

此卦爻辞讲的是人获得喜悦的各种原因，实际是揭示了人际交往的道理。宣扬和悦处世的原则。反对无原则地取悦别人，更不能讨好取悦没有诚信的人。相互之间和谐共处，必吉而无害。

【精注】

①兑卦：兑下兑上，象征怡悦。兑又为泽，为水。泽能生长。万物丛生，故万象欢欣。②来兑：前来谄媚取悦。③商：考虑、琢磨。介疾：医愈。疾：小病。④剥：指丧乱损伤正道。厉：严厉。⑤引兑：引诱、和悦。

【今译】

兑卦　象征欢悦。兑卦意指的卦象有较大的变动性，得视具体卦象而定。兑卦卦象中下上单卦皆为兑，为交换，重卦中有返朴归真的含义。不过兑卦大都表示顺应天理，符合民意的卦象，是利卦。

初九　与人和谐，但阳刚得位，不攀比，不争名利，故十分吉祥。

九二　心怀诚信，和颜悦色，吉。虽不当位，难免抱屈，但志诚可赢得朋友相信，亦无妨。

六三　柔以躁进，此小人之媚世，必流于邪祟，凶。

九四　未宁为患，治愈疾患是令人喜悦的事。君子要以刚居柔，酌量于宽严之中，万事掌握分寸和度量，这才能安宁获喜。

九五　居君位之人，如奸佞小人包围其身，则有危险。这时他虽处剥丧之中（篡夺他的权力），但他仍不相信叛离。

上六　引诱拉拢的手段很不光明正大，但是他能不能奏效，就看受惠者的定力了。

【集解】

兑。亨利贞。

虞翻曰：大壮五之三也。刚中而柔外，二失正动，应五承三，故"亨利贞"也。

疏　从四阳例，宜三之五，此云"五之三"，变也。"刚中"谓二五，而"柔外"谓三上。二失正位，动而成阴，远应五，近承三，二承三则三正，可知，二正则四亦正，故"亨利贞也"。

初九。和兑，吉。

虞翻曰：得位四，变应已，故"和兑吉"矣。

疏　初得正位，上应于四，四刚不和，变而应已，故"和兑吉矣"。

九二。孚兑，吉，悔亡。

虞翻曰："孚"谓五也。四已变，五在坎中称"孚"。二动，得位应之，故"孚兑，吉，悔亡"矣。

疏　"孚谓五也"者，初令四变正，五在坎中，坎有孚称"孚"。二失正，有悔，动而得位，上应于五，故"孚兑，吉，悔亡"也。

六三。来兑，凶。

虞翻曰：从大壮来。失位，故"来兑凶"矣。

疏　兑三从大壮五来，在五失位，在三亦失位，故"来兑凶矣"。不言正者，兑家阴说阳，三无应，故不变，上变阳，与三易位，然后变也。三不变，而上能变者，兑有伏艮，艮兑之卦，皆以上为主也。

案：三曰"来兑"，来上六也。上曰"引兑"，引六三也。致彼曰来，汲下曰引。小人合则君危，故凶。三伏震足，故有来象。

九四。商兑未宁，介疾有喜。

虞翻曰："巽为近利市三倍"，故称"商兑"。变之坎，水性流，震为行。谓二已变，体比象，故"未宁"，与比"不宁方来"同义也。坎为疾，故"介疾"。得位承五，故"有喜"。

疏　"巽为近利市三倍"，《说卦》文。互巽近市，故称"商兑"。四变正，成坎，坎水性流，互震为行。二已变，至上体比，《比》卦辞曰"不宁方来"，故"未宁"。虞彼注云"水性流动，故不宁"，亦取坎象也。坎心病为"疾"，介，纤也，变互艮为小，故曰"介疾"。变得正位，上承五阳，阳为"喜"，纤小之疾，勿药有喜，故"有喜"。

九五。孚于剥，有厉。

虞翻曰："孚"谓五也。二四变，体剥象，故"孚于剥"。在坎未光，"有厉"也。

中華藏書

周易全书·最新整理珍藏版

疏 坎为孚，"孚谓五也"者，四已变也。二四变五，体剥象，故曰"孚于剥"。在坎，伏离未光，故"有厉也"。

案：兑为夬，夬极必剥，况六三以兑说而来，上六以兑说而引，若轻信阴，则剥之兆成矣，故"有厉"。

上六。引兑。

虞翻曰：无应乘阳，动而之巽为绳。艮为手。应在三，三未之正，故"引兑"也。

疏 上无正应，近乘五阳，兑上极而下，之巽为绳，三至五亦互巽为绳。伏艮为手，以手挽绳，有引象焉。上应在三，三未之正。上动，与三易位，乃各正，故"引兑也"。

案；巽卦初四，皆阴而吉，兑卦三上皆阴而凶。巽伏于内，君子之道。兑见于外，小人之道也。

涣卦第五十九 ䷗

【原典】

坎下巽上　涣①，亨，王假有庙，利涉大川，利贞，

初六　用拯马壮，吉。②

九二　涣奔其机，悔亡。③

六三　涣其躬，无悔。

六四　涣其群，元吉。涣有丘，匪夷所思。

九五　涣汗其大号，涣王居，无咎。④

上九　涣其血，去逖出，无咎。⑤

【导读】

本卦讲的是古人防洪治水的经验：洪水发来了，好在有健壮的奔马来营救；洪水冲毁台阶，冲散了人群，冲上丘陵，又冲向王宫，人们只有团结起来，相互救助才能避免灾祸扩大；洪水过去了，人们得救了，但千万不能有所懈怠，还应该加强防备。

【精注】

①涣卦：坎下巽上，象征涣，涣散，离散。水流散。涣卦

的卦象下单卦，为坎，为水；上单卦为巽，为风。两单卦结合风动水起，水浮木泛。②用拯马壮：借助壮马。③机：即几，几案，矮脚的桌子。④大号：大政令、王命。居：占有。⑤血，通"恤"，战争，战事。逖：即惕，也可解为远。

【今译】

涣卦　象征水散。当人情凝滞不能通达时，君子能以怀安之志，善待天下，则可使阻塞之情上通下达。君王到宗庙进行祭祀大典，感化百姓，可利涉大江大川。

初六　马壮，则有奔驰蹄啮之伤，故一开始就要对它加以驯服和调理。拯救民众也当如此，吉在初始。

九二　机作"投之以机"的机，即所凭借的安定之所。由疆外奔回，得中位而止，伏几而息，得以安定，使危难消除。

六三　身居刚位，能为公而忘私，虽不当位，但有就阳之素心，故无悔。

六四　豪杰之士能拔流俗以奋出，团结群众一致奉公，即非常之人成非常之功，光明正大，乃吉。涣有丘，指山丘低于山而高于地，涣起的民众如山丘一样高，而且倚以为群，不是一般所能想象的。

九五　汗为阳出而散阴者，指的是刚中得天位，应诰赏天下，虽王者以王位自居，仍应将聚敛的财富救济天下万民，以天子之畿封赐诸侯，灾祸必能避免。

上九　阴阳失位，必然有争。故能远于交争之害，必可以超然事外。

【集解】

涣。亨。

虞翻曰：否四之二，成坎巽，天地交，故亨也。

疏从三阳三阴之例，卦自否来，故曰"否四之二"。以阳涣阴，故"成坎巽"。当否塞之时，二之四，得正，以复散其否，是"天地交"，故通。通，故"亨也"。

案：涣，散也。《郑风》："溱与洧，方涣涣兮。"郑笺"仲春之时，冰已释，水则涣涣然"。否时天地不通，闭塞成冬，四"涣其群"，散乾冰，为坎水，有冰释之象，故谓之涣也。《老子》"涣若冰将释"是也。

王假有庙。

虞翻曰：乾为"王"，假，至也。否体观，艮为宗庙。乾四之坤二，故"王假有庙，王乃在中也"。

疏 否乾为君，故"为王"。"假，至也"，《释诂》文。否初至五，体观，观艮为门阙，又为鬼门，故"为宗庙"。四之二，是乾王至观艮，故"王假有庙"。在二，故《象》曰"王乃在中也"。

利涉大川，利贞。

虞翻曰：坎为"大川"，涣舟楫象，故"涉大川，乘木有功"。二失正，变应五，故"利贞"也。

疏 坎为水，故"为大川"。《系辞下》："舟楫之利，盖取诸涣。"涣，有舟楫象，故"涉大川"。以巽木乘坎水，故"乘木有功"。二失位，利变正应五，故"利贞也"。

初六。用拯马壮，吉。

虞翻曰：坎为"马"，初失正动，体大壮得位，故"拯马壮，吉"。悔亡之矣。

疏坎美脊，故为"马"。初阴失正已动，至四体大壮，故言"壮"。"拯"，《子夏传》作"抍"，取也。初应在四，互艮为手，互坤为用，四拯于初，初动得正，故"拯马壮而吉"也。"悔亡之矣"，四字盖衍文，否则《虞氏本经》有"悔亡"字也。初不言涣者，拯之于早，不至于涣也。

九二。涣奔其机，悔亡。

虞翻曰：震为"奔"，坎为棘为矫輮，震为足，矫棘有足，艮肱据之，凭机之象也。涣宗庙中故设机，二失位变得正，故"涣奔其机，悔亡"也。

疏 互震足为"奔"。《九家易·说卦》曰"坎为丛棘"，故"为棘"。"坎为矫輮"，"震为足"，皆《说卦》文。矫輮棘下而有足，机之象。互艮手为肱，据之，凭机之象也。"机"

与"几"通。《春官·司几筵》:"掌五几五席之名物。"皆庙中大朝觐、大飨射所用。二自四来为"王假有庙",故设机。二失位有悔,变阴得正,故"涣奔其机,悔亡"也。

六三。涣其躬,无悔。

荀爽曰:体中曰"躬",谓涣三。使承上为"志在外",故"无悔"。

疏三在体中,否坤形为"躬"。三与上应,故"谓三"。使承上,上在外,为志在外,故"无悔"。

愚案:二已变,坤形为躬,故曰"涣其躬"。失正宜悔,与上易位得正,故"无悔"。

六四。涣其群,元吉。

虞翻曰:谓二已变成坤,坤三爻称"群"。得位顺五,故"元吉"也。

疏 二阳已变,四互成坤。物三称"群",故"坤三爻称'群'"。四得正位,川匝承五,故"元吉也"。

涣有丘,匪夷所思。

虞翻曰:位半艮山,故称"丘"。匪,非也。"夷"谓震,四应在初,三变,坎为"思",故"匪夷所思"也。

卢氏曰:自二居四,离其群侣,"涣其群"也。得位承尊,故"元吉"也。互体有艮,艮为山丘。涣群虽则光大,有丘则非平易,故有匪夷之思也。

疏 虞注:互艮为山,四位山半故称"丘"。扬子曰"丘陵学山而不至于山",故山半称"丘"也。"匪"、"非",占今字。《唐韵》:"夷,平也。"震为大涂,故"夷谓震",四互震也。四应在初,初二三皆不正,初二易位,三亦变正,坎为"思",故"匪夷所思",谓有非夷之思也。

卢注:自否二来居于四,离其群侣,故曰"涣其群"。四得正位,上承五尊,故"元吉"。《吕氏春秋》:"涣者,贤也。群者,众也。元者,吉之始也。涣其群元吉者,其左多贤也。"《周语》:"人三为众。"其左多贤者,亦谓坤三爻也。互三五为艮,四在艮山之半故称"丘"。自二涣群,虽有光大之象,至四有丘，则非平易之涂，故曰"匪夷之思"。

愚案：否坤三阴为群，自二之四则"涣其群"矣。之四得位则否散，故"元吉"。近互五成艮为丘，远互二成震为夷。二阳失正，已之旧位，故离群而居山丘。震虽夷，匪所思也。

九五。涣汗其大号。

《九家易》曰：谓五建二为诸侯，使下君国，故宣布号令，百姓被泽，若汗之出身，不还反也。此本否卦，体乾为首，来下处二，成坎水，汗之象也。阳称大，故曰"涣汗其大号"也。

疏　五与二应，二互震为侯，故谓"五建二为诸侯"。否坤为国，故"使下君国"。巽为号令，故"宣布号令"。坤民为百姓，坎水为泽，故"百姓被泽"。坤为身，震为出，故"若汗之出身，不还反也"。虞云"否四之二"，此云"否乾首，下处二，成坎水，为汗象"，盖谓止居二也。五乾阳为大，故曰"涣汗其大号"。

涣王居，无咎。

荀爽曰：布其德教，王居其所，故"无咎"矣。

疏　涣，散也。故"布其德教"。五位天子，故"王居其所"。当涣之时，王居正位，二变应五，故"无咎"。

案：王者居中以御，抚临四方谓之"涣"。"王居"者，《逸礼》有《王居明堂篇》。又《月令》"天子春居青阳，夏居明堂，秋居总章，冬居玄堂"。"明堂"者，庙也。艮为庙。亦为门。闰月则王居于门，故闰之文为王在门。

上九。涣其血去逖出，无咎。

虞翻曰：应在三，坎为"血"为"逖"。逖，忧也。二变为观，坎象不见，故"其血去逖出，无咎"。

疏　上应在三，坎血卦为血，加忧为逖。"逖"借作"惕"。《汉书·王商传》"无怵惕忧"，作"无怵悐忧"。"惕"、"逖"、"悐"古字通。与小畜"血去惕出"同物，故云"逖，忧也"。二变正应五，体观象，坎血与逖，毁坏不见，故"其血云逖出"。去险出险，故"无咎"。

节卦第六十

【原典】

兑下坎上　节①，亨。苦节，不可贞。②

初九　不出户庭，无咎。③

九二　不出门庭，凶。

六三　不节若，则嗟若，无咎。

六四　安节，亨。

九五　甘节，吉，往有尚。④

上六　苦节，贞凶，悔亡。

【导读】

节卦卦辞认为"'节'：亨，认为有节制、守节度便能亨通。"'节'：亨"，首先是当节即节，不当节则不节。如节卦初九爻"不出户庭，无咎"，表明初九当节时有所节，因而无咎。而九二爻却说"不出门庭，凶"。这里的"门庭"、"户庭"是比喻，指在一定的范围，只是条件或时机有所不同。在一定的范围内，条件或时机不同，取得的结果也会截然不同。其次是审时度势，"节以制度"，在一定的条件下，人们应安于节制，就是六四爻爻辞所指的"安节，亨"。再次"中正以通"，甘心受节制。这就是九五爻爻辞说的"甘节，吉。往有尚"，九五爻因处尊位，其节不是一家一户之节，也不是一人一己之节，而是守天下之"节"，守国家之"节"。这种"节"可以表现为节约的原则，所谓"节约"，也是一种节制。两重性是万物的通性，"节"也有两个方面，"节"如果失去"度"，也会走向反面，成为"苦节"。节卦卦辞认为"苦节，不可贞"，"苦节"，即过分节制，"不可贞"就是说肯定不行，不用占卜了。节卦上六爻辞说得明白："苦节，贞凶。"

【精注】

①节卦：兑下坎上，象征竹节、时节、节制、节俭。②亨：通"享"，祭祀。苦节：过于节省，过分的控制。③户庭：内院。④甘节：和怡的节制。

【今译】

节卦　象征节制、节俭。节卦的卦象下单卦为兑，为泽，为水；上单卦为坎，为止。两单卦结合为泽之所容有准，不泄不漏。节应有度，应顺乎天理之正，如强人所难，过度节俭，则不足以济天下，且穷而未正。

初九　逢初九虽阳刚中正，但逢节卦，最好居于内院，不宜外出，则无灾。

九二　阳刚中正，时至事起，但审慎藏于内室，仍于门庭之内不外出，会坐失良机，凶。

六三　过于奢靡，不知节俭，再想节制已柔失其位无法控制。这是咎由自取，就不要再怨天尤人了。

六四　安于节俭，适当其宜亨通。

九五　以节俭为乐事，顺于情理，为天下悦服。亨通。

上六　过分的节制行为是不可取的，因事物有其节俭之本，过之则损。物不顺则穷，故凶。

【集解】

节。亨。

虞翻曰：泰三之五，天地交也。五"当位以节，中正以通"，故"节。亨"也。

疏　从三阳三阴之例，卦自泰来，故"泰三之五"。以乾交坤，故"天地交也"。五得正，互艮为止。"节，止也"。又艮为坚多节。故"五当位以节"。得中得正，体坎为通，故"中正以通"。交故通，通故亨也。

苦节，不可贞。

虞翻曰：谓上也。应在三，三变，成离火，"炎上作苦"。位在火上，故"苦节"。虽得位乘阳，故"不可贞"。

疏　上六言"苦节"，故"苦节，谓上也"。上应在三，三变，互成离火。"炎上作苦"，《洪范》文。三变，至五互离，位在火上，故言"苦节"。上阴虽得正位，然近乘五阳，在上过节，故"不可贞"。

初九。**不出户庭，无咎**。

虞翻曰：泰坤为“户”，艮为“庭”，震为“出”。初得位应四，故“不出户庭，无咎”矣。

疏 泰坤阖户为“户”，节互艮门阙为“庭”，帝出乎震为“出”。初阳得位，上应四阴为“户庭”，初不变，故“不出户庭”。比阳宜有咎，得正，故“无咎”矣。

九二。**不出门庭，凶**。

虞翻曰：变而之坤，艮为“门庭”。二失位，不变出门应五则凶，故言“不出门庭，凶”矣。

疏 二动成坤，上应五艮为“门庭”。二失正位，若不变而出门应五则凶。盖初得正，不变故无咎。二失位，不变则“不出门庭，凶”矣。

六三。**不节若，则嗟若，无咎**。

虞翻曰：三，节家君子也，失位，故“节若”。嗟，哀号声。震为音声、为出。三动得正而体离坎，涕流出目，故“则嗟若”。得位乘二，故“无咎”也。

疏 三本泰乾；乾三，君子之位，故“三为节家君子也”。三失位当变，成既济定，则“节若”矣。不节则嗟，终当变也。《释诂》：“嗟，咨嗟。也”故云“哀号声”。震善鸣为声音，故曰“嗟”，又三在兑口，亦为“嗟”。万物出乎震为出。三失位，动得正，体互坎离，坎水为涕，流出离目，故“则嗟若”。失位宜咎，二已变，三变得位乘二，故“无咎也”。

六四。**安节，亨**。

虞翻曰：二已变，艮止坤安，得正承五，有应于初，故“安节，亨”。

疏 二已变正，不言三变者，三节若，其常也。互艮为止，互坤静为安，三得正位，上承五阳，初阳正应为“有应于初”，故“安节亨”。

九五。**甘节，吉。往有尚**。

虞翻曰：得正居中，坎为美，故“甘节，吉”。“往”谓二，二失正，变往应五，故"往有尚"也。

疏 以九居五，九为得正，五为得中。《说文》："甘，美也。"坎美脊为美，故为"甘节，吉"。二应五，自内曰"往"。二失正，变正上应于五，"尚"与"上"同，故"往有尚"。

愚案："甘"本作"曰"，于文，口含一物之甘美。兑为口，上含坎之二阳，故取象焉。

上六。苦节。贞凶，悔亡。

虞翻曰：二三变有两离，火"炎上作苦"，故"苦节"。乘阳，故"贞凶"。得位，故"悔亡"。

干宝曰：《象》称"苦节不可贞"，在此爻也。禀险伏之教，怀贪狼之志，以苦节之性而遇甘节之主，必受其诛，华士少正卯之爻也，故曰"贞凶"。苦节既凶，甘节志得，故曰"悔亡"。

疏 虞注：二三易位成既济，体互两离，火性"炎上作苦"，故上曰"苦节"。上乘五阳，虽贞亦凶。六得正位，其悔乃亡。

干注：苦节虽贞亦凶，故《象》曰"苦节不可贞"。坎为险，又为隐伏，故"禀险伏之教"。坎上戊子，子主北方，《翼奉传》："北方之情，好也，好行贪狼。"故"怀贪狼之志"。上六苦节之性，遇九五甘节之主，以小人认遇君子，故"必受其诛"。云"华士少正卯之爻"者，《家语》："孔子为鲁大司寇，摄朝政七日而诛乱政大夫少正卯于两观之下。"故曰"贞凶"。诛上者，五也，上既凶，五志得，故"悔亡"。

愚案：此爻与大过上六"过涉灭顶，凶无咎"同义。盖仗节死义之臣，所守甚正，所遇则凶，然义实无咎，如"比干谏而死"之类是也。

中孚卦第六十一

【原典】

兑下巽上　中孚①，豚鱼吉。利涉大川，利贞。

初九　虞吉，有它不燕。②

九二　鸣鹤在阴，其子和之。我有好爵，吾与尔靡之。③

六三　得敌，或鼓或罢，或泣或歌。④

六四　月几望，马匹亡，无咎。

九五　有孚挛如，无咎。⑤

上九　翰音登于天，贞凶。⑥

【导读】

中孚卦体现至诚之心。至诚之心是人在社会生活中做人的根本态度，至诚之心不仅是人的生存之道，更是与人相处之道。

人培养至诚之心，最忌的是心系旁物，为物所累。如六三爻辞所说"得敌，或鼓或罢，或泣或歌"，别人鼓他也鼓，别人歌他也歌。六三爻的境况可能出于无奈，但与自身缺乏自信心有关。可见，至诚之心来自对自身力量的认识。"精诚所至，金石为开"，这样的至诚至信，缺少坚韧之心就不能办到。认知自我是做人的第一步。

【精注】

①中孚卦：兑下巽上，象征内诚、诚信。②虞吉：因忧虑而获吉。燕：通"晏"，安乐。③阴：通"荫"。和：应和。好爵：美酒。爵，酒器，借指酒。尔：你。靡：共享。④得敌：在战场上与强敌相遇。罢：通"疲"。⑤挛如：广系天下之心。⑥翰音：鸡曰翰音。翰，古代祭祀宗庙，依礼，祭品中必有鸡，称翰。

【今译】

中孚卦：象征诚实。中孚卦卦象是下单卦为兑，为泽；上单卦为巽，为木。两单卦结合，木在泽上，利于涉越大江大河，利于取信。只要内心虔诚用豚和鱼祭祀先祖，会得到先祖保佑和降福的。此卦利于涉越大江大河。

初九：虽是诚信的卦，但仍应审度以求信实，继之，则应再无乖违之意，则去。

九二：相处遥远，但心灵互有呼应，就如同野鹤在树荫下鸣叫，小鹤也会应声随和；我有一樽美酒，今朝愿与君共享。

六三：遇到势均力敌的对手，进退两难，不知何时进，何时退；或哭或笑，或高唱凯歌，简直躁而不宁，不知所以了。

六四：月亮未满将盈的，走失两匹马，如失去了助手。但破小群而无悖大信，感应之正，灾难可免。

九五：刚中居尊，心中减灾，故能感化共同战斗的朋友，没有灾祸。

上九：刚中居尊，虽鸣而不信，奈何鸣声高亢，但对其刚中之不足认识不够，因此颇有孤掌难鸣之危。凶必及之。

【集解】

中孚。

虞翻曰：讼四之初也。坎孚象在中，谓二也，故称中孚。此当从四阳二阴之例，遯阴未及三，而大壮阳已至四，故从讼来。二在讼时，体离为鹤，在坎阴中，有"鸣鹤在阴"之义也。

疏　讼四之初成中孚。坎有孚为"孚象在下中"，故"谓二也"。二本讼坎，今在二中，坎象半见，故称"中孚"。四阳二阴之例，当从遯、大壮来。但二阴在中，遯阴未及三，大壮阳已至四，不能两爻并动以成之卦，故不从二卦来而从讼来。此与小过二阳在中，不从临、观来，而从晋来同义也。二在讼时，体互离飞鸟为鹤，一阳在坎二阴中，故有"鸣鹤在阴"之义。此又以爻辞证卦从讼来也。

豚鱼吉。

案：坎象豕，讼四降初，折坎称豚。初阴升四，体巽为鱼。中，二。孚，信也。谓二变应五，化坤成邦，故"信及豚鱼"，吉矣。虞氏以三至上体遯，便以豚鱼为遯鱼。虽生曲象之异见，乃失化邦之中信也。

疏　“坎为豕”，《说卦》文。讼二，坎豕也。四降居初，折坎为豚。《说文》“豚，小豕也”。初阴升四，体巽为鱼。震阳为龙，巽阴为鱼。郭璞云“鱼者，震之废气”是也。中，下之中，谓二也。《说文》“孚，信也”。《礼·聘义》“孚尹旁达，信也”，是其义也。坤为邦，二变正应五，故“化坤成邦”。有中孚化邦之德，则物无不格，故“信及豚鱼，吉矣”。寻虞氏之义，以三至上体遯，巽鱼在遯，故为“遯鱼”。遯弑父，大壮阳来止之，兑为泽，遯鱼得泽故吉，义亦可通。李氏以为曲象，失化邦之中信，故不取也。

愚案：《尔雅翼》：“鳛，今之河豚，冬至日辄至，应中孚十一月卦。”“信及豚鱼”，河豚也。又《山海经》“鲑鲑之鱼”即河豚鱼也。或曰：“豚鱼生泽中而性好风，向东则东风，向西则西风，舟人以之侯风焉。当其什百为群，一浮一没，谓之拜风。拜风之时，见其背而不见其鼻。鼻出于水，则风立至矣。中孚之为卦也，下兑而上巽，当风与泽之间，而象之以豚鱼，互艮又为鼻。”此象之至精者也，存之以备一说。

利涉大川。

虞翻曰：坎为“大川”，谓二已化邦，三利出，涉坎得正，体涣，涣，舟楫象，故“利涉大川，乘木舟虚也”。

疏　坎水为大川。二已变正应五，化坤为邦。三阴失位，阳利动出成坎，故云“涉坎得正”。自二至上，下坎上巽体涣象，“舟楫之利，盖取诸涣”，故“利涉大川”。《象传》曰“乘木舟虚”是也。

利贞。

虞翻曰：谓二利之正而应五也。“中孚以利贞，乃应于天也”。

疏　二变，与五为止应，故“二利之正而应五也”。即《象传》所谓“中孚以利贞，乃应于天也”。

初九。虞吉，有它不燕。

荀爽曰：虞，安也。初应于四，宜自安虞，无意于四则吉，故曰“虞吉”也。四者承五，有它意于四则不安，故曰

"有它不燕"也。

疏 《士虞礼·郑目录》云"虞，安也"。初应于四，彼此皆正，故初宜安虞，无意于四而不妄动则吉，故曰"虞吉"。四自讼初来，上正承五，若初有它意，变不应四，于四不则安，故曰"有它不燕"。《释诂》："燕，安也。"《诗》郑笺亦云"燕，安也"，"燕"与"宴"通，故亦训安也。

九二。鸣鹤在阴，其子和之。我有好爵，吾与尔靡之。

虞翻曰：靡，共也。震为"鸣"，讼离为"鹤"，坎为阴夜，"鹤知夜半"，故"鸣鹤在阴"。二动成坤体益，五艮为"子"，震巽同声者相应，故"其子和之"。坤为身，故称"我"。吾，谓五也。离为"爵"，爵，位也。坤为邦国。五在艮阍寺，庭阙之象，故称"好爵"。五利二变之正以应，故"吾与尔靡之"矣。

疏 "靡，共也"，本孟喜《易注》。互震善鸣为"鸣"。讼互离为飞鸟，故"为鹤"，又全体似离，亦"为鹤"。坎在子中为阴夜。"鹤知夜半"，《淮南子》文。夜半，故"鸣鹤在阴"。二动互坤为母，全体成益，五全艮为少子。又《说文》"卵，孚也"，故有孚取鹤子之象。中互震巽，同声相应，故"其子和之"也。坤形为身，故"为我"。二应五，故"吾谓五也"。《孟子》："为丛驱爵者，鹯也。"注云"爵，鸟名"。《说文》："爵，礼器也。所以饮器象爵者，取其鸣节节足足也。"《祭统》曰"尸饮五，君洗玉爵献卿。尸饮七，以瑶爵献大夫。尸饮九，以散爵献士及群有司"。凡有爵于庙，则有位于朝，五位则无爵，亦遂以位为爵。《天官·太宰》"以八柄诏王，驭群臣。一曰爵"即此义也。盖古者爵位，取义于酒爵。酒爵之义，又取爵鸣节节足足。讼离为飞鸟，故"离为爵"，而爵曰位也。坤士为邦国。五位在艮，有阍寺阙庭之象。人臣食爵于朝，故称"好爵"。"以"当作"己"，五利二变正应己，好爵与共，故曰"吾与尔靡之"矣。

六三。得敌。或鼓或罢，或泣或歌。

荀爽曰：三四俱阴，故称"敌"也。四得位，有位故鼓而歌。三失位无实，故罢而泣之也。

疏　三四俱阴，以阴承阴，故称"敌"。以六居四为得位，有位，故"鼓而歌"。以六居三为失位，阳为实，失阳无实，故"罢而泣之也"。

案：上与四互震声为"鼓"，又互艮止为"罢"，故"或鼓或罢"。下乘二在讼坎为"泣"，二变震声为"歌"，故"或泣或歌"。或之者，无常度也，以阴不中正故也。

六四。月几望，马匹亡。无咎。

虞翻曰：讼坎为月，离为日。兑西震东，月在兑二，离在震三。日月象对，故"月几望"。乾坎两马匹。初四易位，震为奔走，体遯山中，乾坎不见，故"马匹亡"。初四易位，故"无咎"矣。

疏　讼坎为月，谓二也。离为日，谓四也。中孚体兑为西，互震为东。坎月在兑二，离日在震三，即讼四也。月西日东，两象相对，故曰"月几望"。几，近也。不在二五不正望，中孚坎离之合，故发此象。讼乾为马，坎亦为马，两马相匹。匹，配也。在讼，乾四与坎初为匹也。初四易位，四互震足为奔走，三至上体遯山中，乾坎皆坏，故"马匹亡"也。初四易位得正，故"无咎"矣。

愚案：月至兑丁为上弦，盈乾甲为望。内体兑，四本讼乾，故月自兑丁至乾为几望。与小畜、归妹同义。

九五。有孚挛如，无咎。

虞翻曰：孚，信也，谓二在坎为"孚"。巽绳艮手，故挛二，使化为邦，得正应己，故"无咎"也。

疏　"孚，信也"，《说文》文。五应二，二在讼坎为"孚"。五体巽为绳，互艮为手，故曰"挛"。《说文》"挛，系也"，凡拘牵连系者，皆曰"挛"。"挛如"者，盖取中孚因结约束，不可解之义也。二敌应有咎，故五挛二，使化坤为邦，变正得位，上来应五，故"无咎"也。

上九。翰音登于天，贞凶。

虞翻曰：巽为"鸡"，应在震，震为"音"，翰，高也，巽为高，乾为"天"，故"翰音登于天"。失位，故"贞凶"。《礼》荐牲，鸡称"翰音"也。

疏 "巽为鸡"，《说卦》文。应在互震，震善鸣为"音"。"翰，高也"者，即王注所谓"高飞"是也。"巽为高"，"乾为天"，皆《说卦》文。体本讼乾，又上于三才为天位，故曰"翰音登于天"。上失正位，故"贞凶"。《曲礼》曰"鸡曰翰音"。盖祭宗庙所用，故云"《礼》荐牲，鸡称翰音也"。

案：体巽为鸡，鸡鸣必振其羽，故有乾音之象。夫豚鱼知风，鹤知夜半，鸡知旦，皆物之有信者，故《周礼》鸡人亦取孚义。然鸡能鸣不能上飞，叫旦虽不失时，欲使羽翰之音，登闻于天，岂能久乎，《孟子》所谓"声闻过情"者也。三阴为不义之应，上宜与三易位，正乎凶，卦辞"利涉大川"是也。

小过卦第六十二 ䷽

【原典】

艮下震上　小过①，亨，利贞。可小事，不可大事。飞鸟遗之音，不宜上，宜下，大吉。②

初六　飞鸟以凶。③

六二　过其祖，遇其妣，不及其君，遇其臣，无咎。④

九三　弗过防之，从或戕之，凶。⑤

九四　无咎，弗过遇之，往厉，必戒，勿用，永贞。⑥

六五　密云不雨，自我西郊，公弋取彼在穴。⑦

上六　弗遇过之，飞鸟离之，凶，是谓灾眚。⑧

【导读】

此卦讲若逾小矩越造成小过，还算亨通。如果去征伐和进行祭祀等国家大事则绝不可以。一旦冒进，则宜当退守，不然必酿成大错。不应放纵冒进，步调保持要一致，以免造成过失。批评或表扬应注意分寸，不可太过或不及，要掌握好事物的度。

【精注】

①小过卦：艮下震上，象征略有过，小过失、小错。②飞

鸟遗之音：飞鸟飞过后，其音不绝。③以：与，带来。凶：凶兆。④过：越过。祖：祖父。妣：祖母。⑤从或戕之：放纵自己会遭到杀身之祸。从，即纵；戕，害。⑥过遇：过分而强求。⑦公弋取彼在穴：射鸟，鸟栖于穴中。弋，带丝绳的箭。⑧离：网罗，捕捉。

【今译】

小过卦：象征小有过失、交错。小过卦的卦象是下单卦为艮，为山，为止；上单卦为震，为雷。山上之雷，可谓过雷，雷声大雨点小。此卦为小事利之卦象，可谓"雁过留声，其音不绝。"但大雁不宜高飞，只应向低飞，向下飞，如此才有利。

初六：飞鸟掠过头顶凶，不是飞鸟凶，而是遇之凶也，并大有妻子挟制丈夫、臣子挟制君王、蛮夷挟制中原之势。

六二：与祖父失之交臂，却和祖母相遇，高攀不到君王，只得与臣下交往，达不到原来的期望值，但并无灾眚。

九三：坦荡君子遭小人算计，审慎戒之，可免于危；委曲求全则有被加害的危险。大凶。

九四：刚而兼柔，守正而不争，即不逞强，便没有危险。但如果过于仗义执言，秉持公道便会引火烧身，会遇杀身之祸。

六五：浓云密布不见雨，云气却从城邑的西部冉冉升起，这是阴阳不和之状。这时君王位居尊位，就不能亲自去寻找辅佐自己的人，正如亲自执箭将钻入穴中的鸟猎捕来。

上六：势盛极必过，骄亢极必有失，正如飞鸟飞得太高，目标太露，会有被射杀的危险。这是天之降灾，不可避。凶。

【集解】

小过。亨，利贞。

虞翻曰：晋上之三。当从四阴二阳临、观之例，临阳未至三，而观四已消也。又有飞鸟之象，故知从晋来。杵臼之利，盖取诸此。柔得中而应乾刚，故亨。五失正，故利贞。"过以利贞，与时行也"。

疏 晋上之三成小过。从四阴二阳之例，自临、观来。但二阳在中，临阳未至三，而观四已消。不能两爻并动以成之卦，与讼四之初成中孚同例也。晋体离为飞鸟。从晋来者，晋，乾宫游魂卦也。临、否、泰具乾坤义，晋三象曰"上行也"，虞彼注云"此则成小过，故有飞鸟之象焉。杵臼之利，见硕鼠出入坎穴，盖取诸此也"。柔得中，谓五也。乾刚，谓五伏阳也。体震与巽同声相应，故"柔得中而应乾刚"。过恭、过哀、过俭、过乎柔者也。然柔得中而应乾刚，得乎礼之本意。"嘉会足以合礼"，故亨也。五阴失正，利变之贞，故《象》曰"过以利贞，与时行也"。

可小事。

虞翻曰："小"谓五，晋坤为"事"，柔得中，故"可小事"也。

疏　五阴为小，故"小谓五"也。晋坤发于事业为事。五得中，故"可小事"也。

不可大事。

虞翻曰："大"谓四，刚失位而不中，故"不可大事"也。

疏　大事谓四，四刚失位而不得中，故"不可大事"也。

飞鸟遗之音，不宜上宜下，大吉。

虞翻曰：离为"飞鸟"，震为"音"，艮为止。晋上之三，离去震在，鸟飞而音止，故"飞鸟遗之音"。上阴乘阳，故"不宜上"。下阴顺阳，故"宜下大吉"。俗说或以卦象二阳在内，四阴在外，有似飞鸟之象，妄矣。

疏　晋离为难，故"为飞鸟"。小过震善鸣为"音"，艮止为止。晋上之三，离象毁，震艮象成，是"鸟飞去而音止"也，故曰"飞鸟遗之音"。遗，存也。上阴乘四阳谓五，故"不宜上"。谓五当变。下阴顺三阳谓二，故"宜下大吉"。谓二"遇其臣"。俗说，宋衷说也。《易》无此象，故曰"妄矣"。

初六。飞鸟以凶。

虞翻曰：应四离为"飞鸟"，上之三，则四折入大过死，故"飞鸟以凶"。

疏 初应晋四，离为"飞鸟"。晋上之三，成艮互兑，兑为毁折，故"四折入大过死"。谓二至五体大过死象也，故"飞鸟以凶"。初失正，利四来易位，四死大过，故以初凶也。按：初在艮下当止，失位故不止而飞。宜下不宜上，故凶也。

六二。过其祖，遇其妣。

虞翻曰："祖"谓祖母，初也。母死称"妣"，谓三。坤为丧为母，折入大过死，故称"祖妣"也。二过初，故"过其祖"。五变，三体姤遇，故"遇妣"也。

疏 对妣言，故知"谓祖母"。二过初，故"祖母谓初也"。《说文》："妣，殁母。"《曲礼》："生曰父母，死曰考妣。"故"母死称妣"。二遇三，故"妣谓三也"。晋坤为丧为母，故二称"王母"。今上折入大过，故"称祖妣也"。二在巽三为长女，三本晋坤，故三为二母，死大过，故"称妣也"。初，坤体之始，故为祖母也。二在初上为过初，故"过其祖"。五失位当变，二至五体姤，"姤，遇也"。三在二上，故"遇妣"也。

不及其君，遇其臣，无咎。

虞翻曰：五动为"君"，晋坤为"臣"。二之五隔三，艮为止，故"不及其君"。止如承三，得正体姤遇象，故"遇其臣，无咎"也。

疏 二应五，五不正，五动阳出，互乾为"君"。晋内坤为"臣"。二往应五隔三，互艮为止，故"不及其君"。"如"与"而"通。近比艮止，止而承三，阴阳得正，体姤称遇，故"遇其臣"。小过之时顺阳，故"无咎"也。

九三。弗过防之，从或戕之，凶。

虞翻曰：防，防四也。失位，从或而欲折之初。戕，杀也。离为戈兵。三从离上入坤，折四死大过中，故"从或戕之，凶"也。

疏 寻虞义，当作"弗过"句，"防之"句，"从或"句，"戕之凶"句。"防，防四"者，谓三弗过四，应上而防四也。

四失位应初，故"从或而欲折之初"，或即初也。《公羊传·宣公十八年》"戕鄫子于鄫者何？残贼而杀之也"，故云"戕，杀也"。晋离为戈兵，故为"戕"。三从离上入坤成小过，折四至二象死大过中，故"从或戕之，凶"也。"凶"谓四也，四之凶，不当见于中，谓三不防四，四折之初，则体飞鸟而成明夷，三离灾眚，故致凶耳。

九四。无咎，弗过遇之。

《九家易》曰：以阳居阴，"行过乎恭"。今虽失位，进则遇五，故无咎也。四体震动，位既不正，当动上居五，不复过五，故曰"弗过遇之"矣。

疏 以九居四为阳居阴，"行过乎恭"。失位有咎，今进而遇五得正，故无咎。四体震初为动，位既不正，当动而上居于五，不复过五而遇五，故曰"弗过遇之矣"。

愚案：失位，咎也。下正应初，故"无咎"。然亦不义之应也，故四弗过三之初，而待五阳反正，体姤为遇，故曰"弗过遇之"。

往厉必戒，勿用永贞。

荀爽曰：四往危五，戒备于三，故曰"往厉必戒"也。勿长居四，当动上五，故曰"勿用永贞"。

疏 四阳不正，往必危五。"戒备于三"者，谓三当防四，故曰"往厉必戒也"。然长居于四，失位非宜，故勿长居于四，当动而上五，故曰"勿用永贞"。

愚案：四有正应，五阳当自出，得正应二。四往五失应则危，故必戒也。待五正，然后初四易位，成既济定。四之初，则"潜龙勿用"之爻也。既济定，则永得其正，故曰"勿用永贞"。

六五。密云不雨，自我西郊。

虞翻曰：密，小也。晋坎在天为"云"，坠地成"雨"，上来之三，折坎入兑小为"密"，坤为"自我"，兑为"西"，五动乾为"郊"，故"密云不雨，自我西郊"也。

疏 小畜、小过皆称"密云"，故云"密，小也"。互兑少女，故称"小也"。晋互坎水，在天为"云"，如需"云上于天"是也。坠地成"雨"，如解"雷雨作"是也。晋上之三，变坎成兑，兑小，故"为密"。坤形为"自"为"我"，故为"自我"。兑，方伯正西卦，故"为西"。五动互乾，乾，西北，野外称"郊"。故"密云不雨，自我西郊"。"不雨"者，体互巽艮，艮止而风散之也。

公弋取彼在穴。

虞翻曰："公"谓三也。弋，矰缴射也。坎为弓弹，离为鸟矢。弋，无矢也。巽绳连鸟，弋人鸟之象。艮为手，二为"穴"，手入穴中，故"公弋取彼在穴"也。

疏 爻例三为公位，故"公谓三也"。《夏官·司弓矢》："矰矢茀矢，用诸弋射。"郑注"结缴于矢谓之矰矢"，故云"弋，矰缴射也"。晋坎为弓轮，故为弓弹。离为飞鸟，又为弋兵，故为鸟矢。谓三弋取初，而正四成既济，亦体具坎离也。"无"当作"弓"。言弋者，用弓矢也。又互巽绳，连系于鸟，是弋人取鸟之象也。"人"下当脱"取"字。三艮为手。二互巽伏艮山下，阴爻两画为"穴"。初在穴中，艮手入穴中，故"公弋取彼在穴"也。

愚案：五在晋为互坎，上坎为云，故曰"密云"。晋上之三，下坎为雨，坎象毁，故"不雨"。五不正，四亦不正，四互兑为西，阴过而上，由四过五，故"自我西郊"。寻小过象取飞鸟，初凶失正，在穴之鸟也。五变正，三为公位，上承五志，取初易四，则六爻皆正。五阴小过，故"密云不雨"，利变得正，故使三取初易四，"密云不雨"即"不宜上"，"弋彼在穴"即"宜下大吉"也。盖小过取象在五，故爻辞与卦辞同义。

上六。弗遇过之，飞鸟离之，凶。是谓灾眚。

虞翻曰：谓四已变之坤，上得之三，故"弗遇过之"。离为"飞鸟"，公弋得之，鸟下入艮手而死，故"飞鸟离之，凶"。晋坎为"灾眚"，故"是谓灾眚"矣。

疏 四失正，已变之坤，故"上得之三"。谓上弗待五正，遇三而过五应三，"弗遇过之"。上在晋，体离为"飞鸟"。之三为公位，故"公弋得之"。上为飞鸟，下居于三，入坤死而成艮手，是"鸟下人艮手而死"也，故"飞鸟离之，凶"矣。"离"如"鸿则离之"之"离"也。三在晋，互坎为"灾眚"，今居于上，故"是谓灾眚"。

案：二五居中，三上已过，故皆凶。

既济卦第六十三 ䷾

【原典】

离下坎上　既济①，亨，小利贞。初吉，终乱。

初九　曳其轮，濡其尾，无咎。②

六二　妇丧其髴，勿逐，七日得。③

九三　高宗伐鬼方，三年克之，小人勿用。④

六四　繻有衣袽，终日戒。⑤

九五　东邻杀牛，不如西邻之禴祭，实受其福。

上六　濡其首，厉。

【导读】

既济卦讲的是获得成功以后应持守。爻辞用"妇丧其髴，勿逐，七日得"与"高宗伐鬼方，三年克之，小人勿用"来说明在"既济"阶段，只要善于用人，等待时机，所有的事都能顺利通达。

在大功告成以后，主政者一定要居安思危，防患于未然。六四爻以"繻有衣袽，终日戒"来告诫执政者要日日思患，并早做准备；九五爻以"东邻杀牛，不如西邻之禴祭，实受其福"来劝导统治者如想持守现有的福祉，就必须像祭祀那样，竭尽诚敬之心，对待所有的事情一丝不苟，而不要只追求表面的铺张。否则就会"福兮祸所伏"，在顺境中懈怠放松，骄奢淫逸，自己种下动乱的祸根，以致在上六爻中出现"濡其首"的危象。这时"初吉终乱"的预言就会应验，"既济"走向了自己的反面——"未济"，从而又展开了新一轮的矛盾发展过程。

【精注】

①既济卦：离下坎上，既即迹也，济，成，象征事物的完成。济，渡河，引申为成功。②曳：拖住。尾：车尾。③髯：车上的帘子，车慢。④鬼方：是商代西北方一个小国，经常骚扰中原。殷高宗去征伐。⑤繻有衣袽：华服将变成破旧的衣服。繻：华服；袽：败衣，棉絮。

【今译】

既济卦：象征事业有成。即济卦的卦象是下单卦为离，离为火，上单卦为坎，坎为水，为艰。这卦象不是利卦。亨通，但只利于小事。因缺乏变通，终至僵化、离乱，后危乱。

初九：拖住车轮，车便不能前行，这也无所谓。因为刚阳总能镇住邪阴，正如狡猾的狐狸以狐媚乱人，终会让人抓住尾巴。

六二：妇人遗失了首饰，不要急于寻找，一巡之后第七日自会失而复得。

九三：殷高宗兴兵讨伐鬼方，经历三年苦战才打败了鬼方，但息劳而骄的小人，只可犒赏，不可委以重任。

六四："繻"指华丽的衣服，"袽"则为破絮。就算是最华丽的衣服，也有破旧的时候，凡事总要防微杜渐才好。

九五：东邻杀牛举行盛大祭奠，倒不如西邻只简单地举行一个祭祀却实享天福。

上六：水漫过头顶，灾难将会降临。

【集解】

既济。亨小，利贞。

虞翻曰：泰五之二，"小"谓二也。柔得中，故"亨小"。六爻得位，"各正性命，保合太和"，故"利贞"矣。

疏 三阳三阴之卦自泰来，故"泰五之二"。阳大阴小，二阴，故"小谓二也"。于例，当二之五，而五之二者，泰坤女主，下交于二，故卦主"柔得中"而"亨小"也。六爻阴阳各正，故云"得位"，六爻正，则阴阳和矣。"各正性命，保合太和"，《乾·象传》文，贞者，正也，利，和也，各正故贞，太和故"利贞"，即《乾·象传》所谓"乃利贞"也。

初吉。

虞翻曰：初，始也，谓泰乾，"乾知大始"，故称"初"。坤五之乾二，得正处中，故"初吉，柔得中也"。

疏 "初，始也"，《说文》文。初始于乾，故"初谓泰乾"。"乾知大始"，《系辞上》文。《九家易》彼注云"始谓乾禀元气，万物资始"，故"称初"也。坤五下之乾二，得正处中，始无不吉，故"初吉"，《象传》曰"柔得中"是也。

终乱。

虞翻曰：泰坤称"乱"，二上之五，终止于泰，则反成否。子弑其父，臣弑其君，天下无邦，终穷成坤，故乱，其道穷。

疏 坤代终称"终"，上终于坤，故"泰坤称乱"，坤阴消故"乱"。既济者，已济也。其济在泰，至既济而尽。尽则二复于五，终止于泰而反成否。遯艮子弑父，否坤臣弑君。《否·象》曰"天下无邦"，是终穷于上，变坤成乱，故《象》曰"其道穷"也。

初九。曳其轮，濡其尾，无咎。

宋衷曰：离者，两阳一阴，阴方阳圆，舆轮之象也。其一在坎中，以火入水必败，故曰"曳其轮"也。初在后称"尾"。尾濡轮曳，咎也。得正有应，于义可以危而无咎矣。

疏 内体离，离两阳一阴之卦也。《考工记》："轮崇舆广。"郑注云"载物为舆，行地为轮。舆方象阴，轮圆象阳"，故云"舆轮之象也"。二互三四又为坎，三在坎中，以火入水，必败之象，故曰"曳其轮"也。爻例上为首，初在下为尾。尾濡轮曳似咎。初得正，四有应，虽危无咎矣。

案：《说卦》曰"坎为轮为曳"，宋彼注云"水摩地而行曰曳"，故曰"曳其轮"。泰初在否为四，否四体艮为狐、为尾，未济之"小狐濡尾"是也。初应在四，之历坎水，坎水为濡，故"曳其轮，濡其尾"。濡、曳，咎也。得正故无咎。既济六爻各正，不取相应，虽二五亦然，故二主承三也。

六二。妇丧其茀，勿逐，七日得。

虞翻曰：离为"妇"，泰坤为"丧"，茀发谓茀发也，一名妇人之首饰，坎为玄云，故称"茀"，《诗》曰"茀发如云"。乾为"首"，坎为"美"，五取乾二之坤为坎，坎为盗，故"妇丧其茀"。泰震为七，故"勿逐七日得"，与暌"丧马勿逐"同义。"茀"或作"茀"，俗说以"茀"为妇人蔽膝之"茀"，非也。

疏 离中女，故为"妇"。泰坤丧于乙为"丧其茀"，从《子夏传》也。"茀发谓茀发"，言茀黑发也。"一名妇人之首饰"者，所谓被后夫人之燕服也。上坎为云，又坎水北方色黑，故云"玄云"。"称茀"者，如《诗·鄘风》曰"茀发如云"是也。泰乾为首，既济坎美脊为美，五取乾二之坤成坎，《说卦》："坎为盗。"故"妇丧其茀"。泰震谓三也。《系辞上》曰"天七"，谓庚也。震纳庚，故"震为七"。震足为逐，离成震毁，故"勿逐"。离为日，震变为离，二又互坎，故"七日得"。得其茀者，言当顺三也。暌初丧坎马，得震马，故与"丧马勿逐"同义也。"茀"，诸本皆作"茀"，或作"佛"、作"弗"、作"髢"，荀作"绂"。又云"以茀为妇人蔽膝"，卦无膝象，故知非也。

九三。高宗伐鬼方，三年克之，小人勿用。

虞翻曰：高宗，殷王武丁。鬼方，国名。乾为高宗，坤为鬼方，乾二之坤五，故"高宗伐鬼方"。坤为"年"，位在三，故"三年"。坤为"小人"，二上克五，故"三年克之，小人勿用"，《象》曰"惫也"。

干宝曰：高宗，殷中兴之君。鬼方，北方国也。高宗尝伐鬼方，三年而后克之。离为戈兵，故称"伐"。坎当北方，故称"鬼"。在既济之家而述先代之功，以明周因于殷，有所弗革也。

疏 虞注：《丧服四制》："武丁者，殷之贤王也，继世即位而慈良于丧。当此之时，殷衰而复兴，礼废而复起，故善之。善之，故载之书中而高之，故谓之高宗。"故云"高宗，殷王武丁"也。《乾凿度》曰："九月之时，阳失正位，盛德既衰，而九三得正，下阴能终其道，济成万物。犹殷道中衰，王道陵迟，至于高宗，内理其国，以得民心，扶救衰微，伐征远方，三年而恶消灭，成王道，殷人高而宗之。文王挺以挍《易》，劝德也。"泰乾为君，三在震帝，君配天，故称高宗。《后汉书·西羌传》："殷室中衰，诸侯皆畔，至高宗征西戎鬼方，三年乃克。"或曰鬼方，南方之国，《国语》："九黎乱德，民神杂糅。"又曰"三苗复九黎之德"，是以三苗为鬼方也。干氏又以为北方国。《诗·大雅》："覃及鬼方。"毛传"鬼方，远方也"。《汉书·匡衡传》："成汤化夷俗而怀鬼方。"应劭云"鬼方，远方也"。于西、于南、于北，皆无所指。坤死为鬼，至静德方为方，故为鬼方。乾二上之坤五，故"高宗伐鬼方"。三为高宗者，既济，泰乾之坤，以乾为君，乾三得位，使二上五征坤，故三为高宗。《象》曰"君子思患而豫防之"，谓三也。日周为岁，阳也。月十二会为年，阴也，故"坤为年"。爻位在三，故曰"三年"。坤阴为"小人"，谓上也。二上克五，二至五亦三爻，故"三年克之"。坤小人，又为用，坤象不见，故"小人勿用"。坎为劳卦，故《象》曰"惫也"。

干注：殷衰而复兴，故云"高宗，殷中兴之君"。坎在北，故云"鬼方，北方国也"。内体离为戈兵，故"称伐"。外体坎位北方阴象，故"称鬼"。乾为先，既济三在乾，故云"述先代之功"。《后汉书》又曰"季历遂伐西落鬼戎"，故云"以明周因于殷，有所弗革也"。

六四。繻有衣袽，终日戒。

虞翻曰：乾为衣，故称"繻"。袽，败衣也。乾二之五，衣象裂坏，故"繻有衣袽"。离为日，坎为盗，在两坎间，故"终日戒"。谓伐鬼方，三年乃克，旅人勤劳，衣服皆败，鬼方之民，犹或寇窃，故"终日戒"也。

疏 "乾为衣"，《九家说卦》文。"繻"，《子夏传》作"襦"，故"称繻"也。袽，败衣，《玉篇》"袾袽敝衣"是也。乾二之五，乾象不见，故衣象裂坏，而曰"繻有衣袽"。内离为日，外坎为盗，互离在两坎之间，故"终日戒"也。言远征勤劳，衣服已败，犹有鬼方寇盗之虞，故"终日戒"也。

案：《说文》："采缯为繻，敝衣为袽。"引《易辞》"繻有衣袽"为证。夫"繻有衣袽"者，谓采缯而继以败衣，已盛将衰，既济过中之象也。可不"终日戒"乎。泰乾衣互兑，兑为毁折，又离成乾毁，故有衣袽之象。离为日，四出离外，有终日之象。盖三定既济之难，四则既济不可恃，故"终日戒"也。

九五。东邻杀牛，不如西邻之禴祭，实受其福。

虞翻曰：泰震为"东"，兑为"西"，坤为"牛"，震动五杀坤，故"东邻杀牛"。在坎多眚，为阴所乘，故"不如西邻之禴祭"。禴，夏祭也。离为夏。兑动，二体离明，得正承五顺三，故"实受其福，吉大来也"。

疏 泰互震为"东"，互兑为"西"，东西称"邻"。震动至五成阳，互兑金为杀坤，故曰"东邻杀牛"。既济五在坎为多眚，为上阴所乘，故"不如西邻之禴祭"。五在震为"东邻"，二在兑为"西邻"。泰成既济，四时象正。《左传》："国之大事，在祀与戎。"故三言"伐鬼方"，五言祭祀也。"禴"同"礿"，《尔雅》"夏祭曰礿。"《春官·宗伯》："以禴夏享先王。"故曰"禴，夏祭也"。离南方之卦，于时为夏。泰二互兑，二动体离为明。二阴得正，上承五阳，近顺三阳，阳实阴虚，又乾阳为福，故"实受其福"。盖五当既济之盛而陷乎险，不如二当始济之时丽乎文明，为"实受其福"，故《象》曰"吉大来也"。

上六。濡其首，厉。

虞翻曰：乾为首，五从二上在坎中，故"濡其首，厉"。位极乘阳，故"何可久"。

疏 五自乾来，故"乾为首"。五从二上，成坎为水，故"濡其首"。济极终乱，故"厉"也。位极乘阳，象上濡五，济不可久，泰所以终否也。

未济卦第六十四

【原典】

坎下离上　未济，^①亨，小狐汔济，濡其尾，无攸利。^②

初六　濡其尾，吝。

九二　曳其轮，贞吉。

六三　未济，征凶。利涉大川。

九四　贞吉，悔亡。震用伐鬼方，三年有赏于大邦。^③

六五　贞吉，无悔。君子之光，有孚，吉。

上九　有孚，于饮酒，无咎。濡其首，有孚，失是。^④

【导读】

未济卦讲的是事物的变化发展是不会终结的这一深刻的辩证法则。事物的发展，是曲折的艰难过程，需要不断努力。只有真诚努力，辛勤工作，积极促进事物向前发展，才能善始善终，由未济转化为既济，获得良好结果。

从卦序来看，作《易》者将未济卦安排在六十四卦的最后一卦，包含有揭示《易》道真谛的深意。正如《周易集解》引崔憬语所指出的："夫《易》之为道，穷则变，变则通，而以'未济'终者，亦物不可穷也。""未济"即未穷也，未穷则有"生生之义"。这样，《周易》虽只有六十四卦，但最后一卦的"生生之义"使它不仅没有在终点停下来，反而以终点为起点又展开新一轮的矛盾运动过程。

【精注】

①未济卦：坎下离上，象征尚未成功。②汔：极浅的河流。③震用：动用，指兴兵征战。震，强有力。大国，指殷商，又称大邦，大殷。④孚：诚信。这里指举杯同庆。

【今译】

未济卦：象征事物仍在运作，尚未成。未济卦的卦象下单卦为坎，为水；上单卦为离，为火。火在水之上，形成水火未济的卦象。小狐狸渡浅河快要到岸的时候，打湿了尾巴，所有的努力化为泡影。

初六：小狐狸过河，都快到了，尾巴却湿了，结果无利而终。

九二：用力将车轮往后拉，让车慢慢往前走，这是因为他有自知之明，深知凡事不可贸然而进。故吉。

六三：还没有过河，也有风险，贸然前进，会有灾害。凡事总要找到出路，克服千辛万苦，故可以干大事，宜于涉越大江，大河。

九四：持正固本，吉卦。雷霆之师讨伐鬼方，三年征战，大胜而归。按功行赏封侯、封地，但战事未息，还需要继续努力，不可掉以轻心。

六五：有君子之德，故没有悔恨。君子的荣光不仅表现在持正固本上，而且表现在能与普通百姓共渡难关。故其光辉可鉴。

上九　举酒庆贺，没有灾祸。但酗酒或贪于酒色，就与正道发生了偏离。

【集解】

未济。亨。

虞翻曰：否二之五也。柔得中，天地交，故"亨"。济，成也。六爻皆错，故称未济也。

疏　三阴三阳之卦自否来，故"否二之五也"。柔在五为"得中"，二五易位是"天地交"。交故通，通故亨。《书·君陈》："必有忍，其乃有济。"孔传"必有所含忍，其乃有所成"，故云"济，成也"。六爻阴阳失位，故云"皆错"。错，故"称未济也"。

小狐汔济。

虞翻曰：否艮为小狐。汔，几也。济，济渡。狐济几渡而"濡其尾"，"未出中也"。

疏　《说卦》"艮为小石"，《九家说卦》"艮为狐"，故云"否艮为小狐"。谓四也。《诗·民劳》曰"汔可小康"，郑笺"汔，几也"。扬子《方言》"过渡谓之涉济"，故云"济，济渡"也。艮为狐，二上之五，五未成坎水，坎心为疑，狐性疑，几渡而坎水濡二，故曰"濡其尾"。《象》曰"未出中"者，未出下中也。濡尾，故未济。古谚云"狐欲渡河，无奈尾何"，即汔济濡尾之义也。

濡其尾，无攸利。

虞翻曰：艮为"尾"，狐，兽之长尾者也。"尾"谓二，在坎水中，故"濡其尾"。失位，故"无攸利，不续终也"。

干宝曰：坎为狐。《说文》曰"汔，涸也"。案刚柔失正，故未济也。五居中应刚，故亨也。小狐力弱，汔乃可济，水既未涸而乃济之，故尾濡而无所利也。

疏 虞注：黔喙之属多长尾，故艮为尾，而狐尾尤长。否二至四互艮为狐，故"尾谓二"。二在坎水中，故曰"濡其尾"。初阴失位，故"无攸利"。未济非可终之道，故《象》曰"不续终也"。

干注："坎为狐"，《九家说卦》文。《说文》："汔，小涸也。"六爻刚柔失正，故曰未济。五柔居中，下应二刚，故"亨"。小狐力弱，涸而后济，水未涸而济之，故"濡其尾而无所利也"。

初六。濡其尾，吝。

虞翻曰：应在四，故"濡其尾"。失位，故"吝"。

疏 初应在四，四在否艮，故为"尾"。四居互坎之中，坎为水，故"濡其尾"。初阴居阳失位，故"吝"。

九二。曳其轮，贞吉。

姚信曰：坎为曳为轮，两阴夹阳，轮之象也。二应于五而隔于四，止而据初，故"曳其轮"。处中而行，故曰"贞吉"。

干宝曰：坎为"轮"，离为"牛"，牛曳轮，上以承五命，犹东蕃之诸侯，共攻三监，以康周道，故曰"贞吉"也。

疏 姚注："坎为曳为轮"，《说卦》文。坎两阴在外，一阴在中，轮之象也。二应于五，而中隔于四，且未济之家，不正相应，故皆不取应爻。止而据初，故"曳其轮"也。虽不得位，处中而行，亦"贞吉"也。

干注：内坎为"轮"，外离牝牛为牛。离牛曳坎轮，二上应五，故云"上承五命"。《史记·殷世家》："武王封纣子武庚禄父，乃令其弟管叔、蔡叔傅相武庚。武王既崩，管叔、蔡叔疑周公，乃与武庚作乱。周公以成王命，兴师伐殷，杀武庚、管叔，放蔡叔，以武庚殷余民，封康叔为卫君"，此"东蕃诸侯，其攻三监，以康周道"之事也，故曰"贞吉"。

六三。未济征凶，利涉大川。

荀爽曰："未济"者，未成也。女在外，男在内，婚姻未成，征上从四则凶。利下从坎，故"利涉大川"矣。

疏 济者，成也，"未济"者，言阴阳不当，婚姻未成也。离中女在外，坎中男在内，阴阳易位，是婚姻未成之象也。男女不正，《杂卦》："未济，男之穷也。"故三往从四则凶。利下从坎，坎为大川，故"利涉大川矣"。

案：三在两坎之中，故独象未济。陆行为征，水行为涉，三既失位，初二又不变正，震足大涂不见，故征凶。内坎接外坎，故"利涉大川"。

九四。贞吉，悔亡。

虞翻曰：动正得位，故吉而悔亡矣。

疏 四失正，变而之正为得位，故"吉而悔亡"。

震用伐鬼方，三年有赏于大邦。

虞翻曰：变之震体师，坤为鬼方，故"震用伐鬼方"。坤为"年"，为"大邦"，阳称"赏"。四在坤中，体既济离三，故"三年有赏于大邦"。

疏 四变，互二三为震，故云"变之震"。自初至五体师象，坤为鬼方，释见既济，故曰"震用伐鬼方"。坤为"年"，亦见既济。坤众，故"为大邦"。《司勋》掌于《夏官》，管子曰"夏赏五德"，故"阳称赏"。四于变坤中，在既济离三，故"三年有赏于大邦"。

愚案：既济称"高宗伐鬼方"，此不言高宗，高宗，殷主也，又何大邦有赏焉。考《后汉书·西羌传》曰"高宗征西戎鬼方，三年乃克"，此即既济"高宗伐鬼方"是也。又曰"武乙暴虐，犬戎寇边，周古公逾梁山而避于岐下，及子季历，遂伐西落鬼戎"。章怀引《竹书》注之曰"武乙三十五年，周王季历伐西落鬼戎，俘二十翟王"，据此则"震用伐鬼方"，当指季历无疑。盖四变互震为侯，故曰"震用"。又《纪年》称"周公季历来朝，王赐地三十里，玉十毂，马十匹"，故曰"三年有赏于大邦"。即干氏既济注亦云"周因于殷，有所弗革"，意谓此也。

六五。贞吉，无悔。

虞翻曰：之正则吉，故"贞吉，无悔"。

疏 五失位，互坎心为"悔"，变正则吉，故"贞吉，无悔"。

君子之光，有孚吉。

虞翻曰：动之乾，离为光，故"君子之光"也。"孚"谓二，二变应，己得有之，故"有孚吉"，坎称"孚"也。

干宝曰：以六居五，周公摄政之象也，故曰"贞吉，无悔"。制礼作乐，复子明辟，天下乃明其道，乃信其诚，故"君子之光，有孚吉"矣。

疏 虞注：三四已正，故云"动之乾"。变正成离为光，故云"君子之光也"。五与二应，故"孚谓二"。二亦变正应五，己得有之，故曰"有孚吉"。三四已正，二亦在坎，故"坎称孚也"。

干注：以阴居阳，是以臣代君，为周公摄政之象，故"贞吉，无悔"也。《明堂位》："昔者周公朝诸侯于明堂之位，天子负扆南乡而立"，又曰"六年，朝诸侯于明堂，制礼作乐"，《书·洛诰》曰"朕复子明辟"，故天下明其摄政之道，信其复辟之诚。此"君子之光"，所以"有孚吉"也。

上九。有孚于饮酒，无咎。濡其首，有孚失是。

虞翻曰：坎为"孚"，谓四也。上之三介四，故"有孚"。坎酒流颐中，故"有孚于饮酒"。终变之正，故"无咎"。乾为"首"，五动，首在酒中，失位，故"濡其首"矣。孚，信，是，正也。六位失正，故"有孚失是"。谓若殷纣沉湎于酒，以失天下也。

疏　四互坎为孚，故"孚谓四也"。三与上应，上之三介四坎串，故"有孚"。坎水为酒，二至上有颐象，四坎在中，是"坎酒流于颐中"，故"有孚于饮酒"。失正，咎也，上终变正，故"无咎"。否乾为"首"，爻例上亦为"首"。坤二之五是"五动"，为"首在酒中"。动而失位，故"濡其首"矣。"孚，信"，《说文》文。又《说文》曰"是从日从正"，故曰"是，正也"。六位阴阳皆失其正，故"有孚失是"也。《书·泰誓》称"商王受沉湎冒色"，故云"若殷纣沉湎于酒，以失天下也"。

《易传》『十翼』凡七种十篇

第二篇

中華藏書

周易全书·最新整理珍藏版

　　《易传》，实际上是阐释《易经》经文的专著，包括《象传》上下篇、《象传》上下篇、《文言》、《系辞传》上下篇、《说卦传》、《序卦传》、《杂卦传》凡七种十篇。因其阐发经文大义，如本经之羽翼，故汉人又称《易传》为《易经》之"十翼"，后世则统称《易传》。

第一章　彖传①

《彖传》随上下经分为上下篇，共六十四节，分释六十四卦卦名、卦辞及卦大旨。

彖传上篇

乾　卦

【原典】

大哉乾元，万物资始，乃统天。云行雨施，品物流形②，大明③终始，六位时成，时乘六龙④以御天。乾道变化，各正性命，保合太和⑤，乃利贞。首出庶物⑥，万国咸宁⑦。

【精注】

①《彖传》，易传之一。它随上经下经分为上下两篇，共六十四节，即六十四卦每卦一节，分别解释各卦卦名和卦辞含义，揭示一卦要旨。②品物流形：品物，即各类事物；流形，指流布成形。③大明：即太阳。④六龙：即喻《乾》卦六爻。⑤保：保全。合：阴阳会合。太和元气。⑥首出庶物：此句说明阳气的变化寻常往返，犹如冬尽春来，新的阳气又开始萌生万物。⑦万国咸宁：万国，即天下万方之意。咸宁，犹言尽皆安宁顺畅地发展。

【今译】

《乾》卦"元始创造"的品德是多么伟大啊！宇宙自然的万物都依靠它而开始生成，所以它统领着天，时刻执行着天的意志。云朵飘行，霖雨降落，各类的生物流布成形，显示着丰富多彩的生命形态。光辉灿烂的太阳四季照耀着，《乾》卦的六个阳爻按照不同的时位组成，就像阳气乘着六条巨龙按季节

中華藏書

第一部　周易原典

中国书店

的变换驾驭着天的运行。大自然运行变化的规律，使宇宙自然中的万物形成其独特的品德属性，又保全了阴阳会合冲和的元气，以有利于守持正固。阳气从萌芽状态开始而生成万物，又运行得生生不息，天下万方都因此而和美安宁。

【集解】

《彖》曰：大哉乾元。

《九家易》曰：阳称大，六爻纯阳故曰"大"。乾者纯阳，众卦所生，天之象也。观乾之始，以知天德。惟天为大，惟乾则之，故曰"大哉"。元者，气之始也。

疏 泰、否二卦，皆言"大小往来"，"大"谓阳，"小"谓阴，故知"阳称大"。六爻纯阳，所以称"大"。乾为纯阳之卦，而元又阳卦之始，《乾凿度》曰"易始于一"。盖乾始一画，六十四卦、三百八十四爻，皆受始于乾之一阳，故云"众卦所生"。"在天成象"，故云"天之象也"。乾之始，即天之始，故"观乾之始，以知天德"。乾之大，即天之大，故"惟天为大，惟乾则之"。于文一大为天，一即乾元，故赞以"大哉"也。《乾凿度》曰"大初者，气之始也"，"大初"即乾元也，故云"元者，气之始也"。何休《公羊注》云"元者，气也，天地之始"，故《传》曰"大哉乾元，万物资始"，是其义也。

万物资始。

荀爽曰：谓分为六十四卦，万一千五百二十册，皆受始于乾也。册取始于乾，犹万物之生本于天。

疏 郑注云"资，取也"。《系辞上》曰"乾之册二百一十有六，坤之册百四十有四。二篇之册万有一千五百二十，当万物之数"，而皆受始于乾之一阳，故云"册取始于乾，犹万物之生本于天"。《说文》曰"惟初大始，道立于一，造分天地，化成万物"，《吕览·论人》曰"凡彼万形，得一后成"，董子曰"元为万物之本"，何休《公羊注》曰"元者，天地之始"，皆此义也。

乃统天。

《九家易》曰：乾之为德，乃统继天道，与天合化也。

疏 《系辞上》曰"继之者善也"，虞彼注云"继，统也"，《孟子》曰"君子创业垂统，为可继也"，是"统"有"继"义。故言"乾德统继天道，与天合化"。即《九家》注所云"惟天为大，惟乾则之"是也。郑氏训"统"为"本"。谓乾能继天则可，谓乾为天本则非也。

云行雨施，品物流形。

虞翻曰：已成既济，上坎为"云"，下坎为"雨"，故"云行雨施"。乾以云雨流坤之形，万物化成，故曰"品物流形"也。

疏 二四六皆失正，之坤成两坎，为既济。上成坎为"云"，如需之坎，在上则象云。下互坎为"雨"，如解之坎，在下则象雨是也。凡物禀气于天，受形于地。"云行雨施"，则坤受乾气而成形。坤形下为"形"。《系辞上》曰"坤化成物"，故云"万物化成"。《说文》："品，众庶也。"《说卦》："坤为众。""品物"即众物，故曰"品物流形"也。

大明终始。

荀爽曰：乾起坎而终于离，坤起于离而终于坎。离、坎者，乾、坤之家而阴阳之府，故曰"大明终始"也。

疏 坤二五之乾成离，乾二五之坤成坎。坎、离为天地之交，而得乾、坤之中者也。坎本乾之气，故乾起于坎之一阳，而终于离之二阳。离本坤之气，故坤起于离之一阴，而终于坎之二阴。乾寓坎中，坤寓离中，故坎、离为"乾、坤之家而阴阳之府"也。且坎也者，坤受乾体而为月。离也者，乾含坤象而为日。日月合而为"明"，故曰"大明终始"也。《乾凿度》曰"离为日，坎为月。日月之道，阴阳之经，所以终始万物"，即此义也。

六位时成。

荀爽曰：六爻随时而成乾。

疏 六位，六爻也。以十二月消息言之。乾始于十一月之一阳，而成于四月之六阳。坤始于五月之一阴，而成于十月之六阴。故云"六爻随时而成乾"也。以十二月爻辰言之。乾始于子而成于戌，坤始于未而成于巳，亦"六爻随时而成乾"也。言"成乾"，而六爻随时成坤，在其中矣。

时乘六龙以御天。

侯果曰：大明，日也。六位，天地四时也。六爻效彼而作也。大明以昼夜为"终始"，六位以相揭为"时成"。言乾乘六气而陶冶变化，运四时而统御天地，故曰"时乘六龙以御天"也。故《乾凿度》曰"日月终始万物"，是其义也。

疏 《礼·礼器》"大明生于东"，郑注"大明，日也"。故以"大明"为"日"。不言月，举日以该月也。《系辞下》曰"周流六虚"，虞彼注云"六虚，即六位也"。以"六位"为"天地四时"者，上天下地，四时运行其中。而六爻之卦，即效彼六位而作，所谓"周流六虚"是也。大明流行而不已，故曰"以昼夜为终始"。六位对待而成功，故云"以相揭为时成"。揭，举也，举对待而言也。《说卦》曰"乾以君之"，又曰"乾为君"。人君乘六爻之阳气，以陶冶变化，运行四时，统御天地，故曰"时乘六龙以御天"也。终引《乾凿度》"日月终始万物"，以明其义，故知举日以该月也。

愚案：乾始统天，言其体也。乘龙御天，言其用也。体始于一画，故曰"乾元"。用周于六爻，故曰"六龙"。不举其体，无以见乾之大。不言其用，无以见乾之时。

乾道变化，各正性命。保合大和，乃利贞。

疏 乾元为道，故曰"乾道"。《上系》始以"阴阳之谓道"，终以"阴阳不测之谓神"，韩康伯彼注云"神者，变化之极"，故曰

"乾道变化"。《系》又曰"知变化之道者，其知神之所为乎"，虞彼注云"在阳称'变'，乾二之坤。在阴称'化'，坤五之乾"。盖以乾统坤，乾主变、坤主化也。《中庸》曰"天命之谓性"，"乾为天"，是"性"谓乾也。坤伏乾初为巽。

《巽·象》曰"君子以申命行事"，是"命"谓巽也。以乾变坤，以坤化乾，成既济定。六爻皆正，刚柔位当，故曰"各正性命"。六爻皆合，阴阳合德，故曰"保合大和"。"和"即利也。乾不言利，故称"大和"。皆释和贞之义，故曰"乃利贞"也。

首出庶物，万国咸宁。

刘瓛曰：阳气为万物之所始，故曰"首出庶物"。立君而天下皆宁，故曰"万国咸宁"也。

疏　《说卦》曰"乾为首"，故曰"首"。乾初息震，《说卦》曰"帝出乎震"，故曰"出"。《系辞下》曰"乾，阳物也。坤，阴物也"，是"物"为阴阳之总名。虞注《比·象》云"坤为万国"。坤为地，地有九州，故曰"万国"。坤"安贞"，故曰"宁"。阳出震而阴静，故曰"首出庶物，万国咸宁"也。

坤　卦

【原典】

《彖》曰：至哉坤元，万物滋生，乃顺承天。坤厚载物①，德合无疆。含弘光大，品物咸亨，牝马地类②，行地无疆，柔顺利贞。君子攸行③，先迷失道，后顺得常。西南得朋，乃与类行；东北丧朋，乃终有庆④。安贞之吉，应地无疆⑤。

【精注】

①生：指生命形成；乃，只是、仅是，指地使生命成形只是顺从天意。②德，地德，即坤阴的品德；合，应合、合拍；无疆，指天给万物以生命，功德无边；含弘，指地包含万物；光大，广大，用来加重"弘"的意义分量。③行地无疆：实际是说随从种马才能奔驰不息；贞：指坚守顺从种马的本性。④失道，背离了阴从阳的正道；得常：恢复了臣从君的常规。有庆，专心从阳、值得庆贺。⑤应：符合、对应；地无疆，地德

中華藏書

周易全书·最新整理珍藏版

中国书店

所以无边，原因就在于从天。

【今译】

配合得天衣无缝，生命成形起点的坤阴元气！万物因你得到了形体，你顺从和承接了天的功能。大地厚实，承载万物，品德与天合拍。无限广大包含养育一切，各类事物都在地的怀抱中顺利成长。牝马属于阴类，它能驰骋不息，在于性情柔顺，坚守了正道，一切都顺利进行。君子所作所为，卦辞中说的"先迷"，含义是指领先是违反了正道，卦辞中说的"后顺"，含义是随后顺从符合常规。往西南方交朋友，这是与同类在一起；在东北方失去朋友，结果是件好事。人们安心坚守正道的吉祥，正与大地的美德相辅相成，所以能够功德无疆。

【集解】

《彖》曰：至哉坤元。

《九家易》曰：谓乾气至坤，万物资受而以生也。坤者纯阴，配乾生物，亦善之始，地之象也，故又叹言至美。

疏　《说文》曰："元气初分，浊阴为地，万物所陈列也。"《白虎通》曰："地者，元气所生，万物之祖。"是地生于元气，即坤所禀以为元而生物者也。《系辞下》曰："天地之大德曰生。"《六书精蕴》曰："元，天地之所以生生者也。"《谷梁传》曰："独阳不生，独天不生。"故必乾气至坤，然后万物资受以生也。又曰"独阴不生"，故坤必以纯阴配乎乾之纯阳，然后能化生万物。所以亦为善之始，而象乎地也。盖坤之生资乎乾之生，故乾之元即为坤之元。叹言至美，所以赞之也。《说文》曰："至，从高下至地。从一，一犹地也。"故赞坤元曰"大哉"。又曰"天，至高无上。从一大"也，故赞乾元曰"大哉"。

万物资生。

荀爽曰：谓万一千五百二十册，皆受始于乾，由坤而生也。册生于坤，由万物成形，出乎地也。

疏 《系》上曰"二篇之册，万有一千五百二十，当万物之数也"。《乾凿度》曰"乾、坤相并俱生，故合于一元"，《三统历》曰"阴阳合德，气钟于子，化生万物"。盖子贞震初，震以一阳息坤，生由是始。故云"万有一千五百二十册，皆受始于乾，由坤而生也"。《系》又曰"大衍之数五十，其用四十有九"，干彼注云"衍，合也"，崔注云"舍一不用者，以象太极"。当合而为一，册犹未兆。及分而为二，而阴阳之册由是生，故云"册生于坤"。册不分则不生，犹万物资始于天，不得地气则形不成也。《老子·德经》曰"一生二，二生三，三生万物"，高诱《淮南注》云"一谓道也。三者，和气也。或说一者，元气也。生二者，乾坤也。二生三，三生万物，天地设位，阴阳流通，万物乃生"，故曰"至哉坤元，万物资生"。

乃顺承天。

刘瓛曰：万物资生于地，故地承天而生也。

疏 《说卦》："坤，顺也。"《说文》："承，奉也。"盖万物资生于地者也，然"独阴不生"，故地唯以柔顺上承乎天，而后万物生，明坤凝乾元也。

坤厚载物。

蜀才曰：坤以广厚之德，载含万物，无有穷竟也。

疏 《说卦》"坤为大举"，取能载物之义。《中庸》曰"博厚所以载物也"，故云"坤以广厚之德，载含万物"。下云"无疆"，故云"无有穷竟也"。

德合无疆。

蜀才曰：天有无疆之德，而坤合之，故云"德合无疆"也。

疏 《说文》"疆"本作"畺"，"界也"。"无疆"者，地以形言也。《中庸》曰"悠久无疆"，则合天地言之矣。盖地无疆者形，天之无疆者气，而皆德为之。天德无疆而坤能合之，故曰"德合无疆"，即《中庸》"悠久无疆"之义也。

含弘光大。

荀爽曰：乾二居五为"含"，坤五居乾二为"弘"。坤初居乾四为"光"，乾四居坤初为"大"也。

疏 乾二之坤五成坎，坎中实二阴包一阳，故为"含"。坤五居乾二成离，离中虚，二阳包一阴，故为"弘"。坤初居乾四体观，观曰"观国之光"，故曰"光"。乾四居坤初为震，《说卦》曰"震为大涂"，故曰"大"。或曰"其静也翕"，故曰"含弘"。"其动也关"，故曰"光大"。

品物咸亨。

荀爽曰：天地交，万物生，故"咸亨"。

崔憬曰：含育万物为"弘"，光华万物为大，动植各遂其性，故言"品物咸亨"也。

疏 荀注：天地交为泰。《泰·象传》曰"天地交而万物通也"，何氏彼注云"泰之为道，本以通生万物"。泰，通也，通即"亨"也。是以"天地交，万物生而咸亨"，明坤受乾亨也。

崔注："含育万物为弘"者，即《君陈》曰"有容，德乃大"是也。"光华万物为大"者，即《尧典》曰"光被四表，格于上下"是也。《地官·大司徒》："以土会之灋，辨五地之物生，一曰山林，其动物宜毛物，其植物宜皂物。二曰川泽，其动物宜鳞物，其植物宜膏物。三曰丘陵，其动物宜羽物，其植物宜核物。四曰坟衍，其动物宜介物，其植物宜荚物。五曰原隰，其动物宜裸物，其植物宜丛物。"动植各遂其生，故曰"品物咸亨"。

牝马地类，行地无疆。

侯果曰：地之所以含弘物者，以其顺而承天也。马之所以行地远者，以其柔而伏人也。而又牝马，顺之至也。诚臣子当至顺，故作《易》者取象焉。

疏 言地所以生物者，以其顺而承天。马所以行远者，以其柔而伏人。马而牝马，顺之又顺矣。柔顺之道，于臣子宜。

作《易》者欲臣子以柔顺事其君父，故特取象于是焉。

案：《九家易》"坤为牝"，是"牝马"为"地类"矣。《汉书·食货志》："地用莫如马。"故王氏注云"坤以马行地"。坤初动为震，震于马为异足，为作足，故为"行"。又为大途，故为"行地"。马禀乾气，牝为坤类，是健而且顺矣。德顺而健，故曰"行地无疆"。

柔顺利贞，君子攸行。

《九家易》曰：谓坤爻本在柔顺阴位，则利贞之乾，则阳爻来据之，故曰"君子攸行"。

疏 虞《系辞下》注云："乾六爻，二四上非正。坤六爻，初三五非正。"言坤爻当在柔顺阴位，其不得位者，当变居乾之二四上则正矣，故云"利贞之乾"。坤之乾，则乾来居坤之初、三、五而六爻皆正矣。"君子"谓阳，乾来据坤，初动震为"行"，故曰"君子攸行"。

先迷失道，后顺得常。

何妥曰：阴道恶先，故先致迷失。后顺于主，则保其常庆也。

疏虞注"道义之门"，云"乾为道门"。阳先阴后，故阴恶先，先剧以迷而失乎乾之道。《九家·说卦》曰"坤为裳"，《说文》"裳"作"常"。后之而得所主，则以顺而得乎坤之常。"保其常庆"者，即"乃终有庆"也。

西南得朋，乃与类行。

虞翻曰：谓阳得其类，月朔至望，从震至乾，与时偕行，故"乃与类行"。

疏 此以纳甲言也。乾纳甲壬，坤纳乙癸，即"天地定位"也。震纳庚，巽纳辛，即"雷风相薄"也。艮纳丙，兑纳丁，即"山泽通气"也。坎纳戊，离纳己，即"水火不相射"也。坎、离为日月本体。《系辞上》曰"县象著明，莫大乎日月"，虞彼注云"日月县天，成八卦象。三日莫，震象出庚。八日，兑象见丁。十五日，乾象盈甲。十六日旦，巽象退辛。

二十三日，艮象消丙。三十日，坤象灭乙。晦夕朔旦，坎象流戊。日中则离，离象就己"。此云"谓阳得其类"者，谓一阳出震为生明，二阳见兑为上弦，三阳盈乾为望也。自朔至望，皆"与时偕行"。且三阳由渐而息，为"得朋"。又始出震，震为"行"，故曰"乃与类行"。

东北丧朋，乃终有庆。

虞翻曰：阳丧灭坤，坤终复生，谓月三日，震象出庚，故"乃终有庆"。此指说易道阴阳消息之大要也。谓阳月三日，变而成震，出庚，至月八日，成兑见丁，庚西丁南，故"西南得朋"。谓二阳为"朋"，故"兑君子以朋友讲习"。《文言》云"敬义立而德不孤"，《象》曰"乃与类行"。二十九日，消乙入坤，灭藏于癸，乙东癸北，故"东北丧朋"。谓之以坤灭乾，坤为丧故也。马君云："孟秋之月，阴气始著，而坤之位，同类相得，故'西南得朋'。孟春之月，阳气始著，阴始从阳，失其党类，故'东北丧朋'。"失之甚矣。而荀君以为"阴起于午，至申三阴，得坤一体，故曰'西南得朋'。阳起于子，至寅三阳，丧坤一体，故'东北丧朋'"。就如荀说，从午至申，经当言南西得朋，子至寅，当言北东丧朋。以乾变坤而言"丧朋"，经以乾卦为丧邪？此何异于马也！

疏 "阳丧灭坤"者，即十六日一阴生，退巽至坤而尽灭也。"坤终复生"者，阴尽阳生，"终则有始"也。灭于坤，三日复出于震，故曰"乃终有庆"，即"余庆"也。此指说易道阴阳消息之大要也者，盖孟喜、焦、京以十二月辟卦明一岁阴阳消长之要，此则以六纯卦言一月阴阳消长之要也。消息不言坎、离者，坎、离为天地之合也。纳甲不言坎、离者，坎、离为日月之本也。《系》曰："县象著明，莫大乎日月。"月受日光，阴阳消息之最著者，故以此为候焉。"庖牺观象而放八卦"，谓此也。《文言》曰"敬义立而德不孤"，虞彼注云"阳见兑丁，西南得朋，乃与类行"，本《象辞》以释"不孤"之义，故复援彼以证此也。《系传注》言"三十日"，此言"二十九日"，为是月至二十九日，消乙方而入坤，灭藏于癸方，晦朔乃天地之合也。乙，东方；癸，北方。由东而北，故曰"东北丧朋"。乾甲三阳，渐消于坤，故云"以坤灭乾"。月丧于坤，故"坤为丧"也。马君谓融。马以申为西南，寅为东北，又春夏为阳，秋冬为阴。坤，阴也，故七月阴始著于秋，为"西南得朋"。正月阳始著于春，为"东北丧朋"。然申贞于否，不可谓"得"，寅贞于泰不可谓"丧"，故不取。荀君谓爽。荀以阴起于午月姤历遯至否而成三阴，皆得坤一体，故曰"得朋"。阳起于子月复，历临至泰而成三阳，皆丧坤一体，故曰"丧朋"。虞意谓从午至申，不可逆言"西南"，从子至寅，不可逆言"东北"。且以乾息消坤，谓为"丧朋"，尤不合经旨，故两说皆不取也。

安贞之吉。

虞翻曰：坤道至静，故"安"，复初得正，故"贞吉"。

疏 《文言》曰"至静而德方"，惟静故"安"。初动为复，复阳得正，故"贞吉"。

应地无疆。

虞翻曰：震为"应"。阳正于初，以承坤阴，地道应，故"应地无疆"。

疏 震与巽"同声相应"。故为"应"。震阳正于复初，上承坤阴，是阳爻初交于地而地道应之，故曰"应地无疆"。丧朋犹吉，以有应故也。

屯 卦

【原典】

屯，刚柔始交而难生[1]，动乎险中[2]，大亨贞[3]。雷雨之动满形[4]，天造草昧[5]，宜建侯而不宁。

【精注】

[1]刚柔：震雷是刚，坎水是柔。始交：开始接触。[2]险：坎是水，又是险。[3]大亨贞：元亨、利贞的解释和省略。[4]雷雨：震是雷，坎是水，又是雨。[5]造：创造。草昧：草莱和蒙

昧，指世界正在形成，新世界降临于世。

【今译】

屯卦是表明震雷和坎水开始接触，就会有困难来临。震雷在坎险之中运动将大为顺利，并凭着以退为进和以后取先的正确策略得到好处。震雷和坎雨的动荡充满宇宙，是天在创造新世界，应该乘这个千载难逢的机会先建立一个侯国，而不苟且偷安。

【集解】

《彖》曰：**屯，刚柔始交而难生。**

虞翻曰："乾刚坤柔"，坎二交初，故"始交"。确乎难拔，故"难生"也。

崔憬曰：十二月，阳始浸长而交于阴，故曰"刚柔始交"。万物萌芽，生于地中，有寒冰之难，故言"难生"。于人事，则是运季业初之际也。

疏 虞注："乾刚坤柔"，《杂卦传》文。卦自坎来，坎二始交于初，故曰"始交"，所谓"元"也。屯之初刚，与乾之初刚同义，故云"确乎难拔"。《说文》："屯，难也。象草木之初生，屯然而难。从屮贯一，一，地也，尾曲。"故曰"难生"也。

崔注：此以消息言也。四阴二阳之卦自临来，屯，临二上之五也。《易纬稽览图》临、屯皆十二月卦。阳生于复初，临二浸长而交于坤阴，故曰"刚柔始交"也。"万物萌芽，生于地中"者，互震为初生，坤在外，故云"地中"也。《月令》："季冬之月出土，牛以逆寒气"，又曰"冰方盛，水泽腹坚"，故"有寒冰之难"。屯正值小寒，寒故"难生"也。十二月天数几终，岁月更始，是天时之屯也，故屯在丑。国家当元二之际，如干氏下注云"水运将终，木德将始"，新旧乘除，是"运季业初"，人事之屯也，故屯为难。引人事，所以明天时也。

动乎险中，大亨贞。

荀爽曰：物难在始生，此本坎卦也。

案：初六升二，九二降初，是刚柔始交也。交则成震，震为动也，上有坎，是动乎险中也。动由物通而得正，故曰"动乎险中，大亨贞"也。

疏 苟注："说卦"曰"万物出乎震"，故震为"始生"。外遇坎以陷之，又曰"劳乎坎"，崔氏彼注云"阳气伏于子，潜藏地中，未能浸长，劳局众阴之中"，故云"物虽在始生"。屯自坎来，故云"此本坎卦也"。

案：初升二降，刚柔交而成震。震为动也，本《说卦》。《坎·象传》曰："习坎，重险也。"坎险在上，震动在下，是"动乎险中"也。

愚案：初阳为"大"，动则通为"亨"，得乎正为"贞"，故曰"大亨贞"。

雷雨之动满形。

苟爽曰：雷震雨润，则万物满形而生也。

虞翻曰：震雷坎雨，坤为"形"也。谓三已反正，成既济；坎水流坤，故"满形"。谓雷动雨施，品物流形也。

疏 苟注：《说文》："雷雨，生物者也。"故雷以震之，则伏者起；雨以润之，则勾者达。万物所以满形而生也。

虞注：《说卦》："震为雷"，又"雨以润之"，谓坎也，故云"震雷坎雨"。《系·上》曰"在地成形"，故"坤为形"。六爻惟三失位，动而成阳，六爻皆正，成既济定。坎一阳入坤，为"坎水流坤"。"满形"者，谓满坤形也。盖屯与乾同义，乾、坤交，成既济，故"云行雨施，晶物流形"，屯三动，成既济，故"雷动雨施，品物流形"。

天造草昧。

苟爽曰：谓阳动在下，造生万物于冥昧之中也。

疏 "阳动在下"，谓震动于初，在互坤之下。坤夜属阴，故云"冥昧"。王冰《玄珠密语》曰"阳为造生，阴为化源"，故云"造物于冥昧之中"。且"屯"象屮出一上，故曰"草昧"也。

宜建侯而不宁。

荀爽曰：天地初开，世尚屯难，震位承乾，故"宜建侯"。动而遇险，故"不宁"也。

虞翻曰：造，造生也，草，草创物也。坤冥为昧，故"天造草昧"。成既济定，故曰"不宁"，言宁也。

干宝曰：水运将终，木德将始，殷周际也。百姓盈盈，匪君子不宁。天下既遭屯险之难，后王宜荡之以雷雨之政，故封诸侯以宁之也。

疏 荀注："天地初开，世尚屯难"者，谓乾、坤之后，继之以屯也。屯初震为长子，上承乾父，故曰"宜建侯"。内震动而外遇坎险，坎为劳卦，故"不宁"。《左传》曰"外宁必有内忧"，惟"不宁"故宁也。

虞注：阳为造生，故云"造，造生也"。屯象屮出地，屮，古草字。凡物之初创者，谓之"草创"，《论语》："裨谌草创之"，义与此同，故云"草，草创物也"。下体互坤。"坤冥为昧"者，《系辞上》曰"刚柔者，昼夜之象也"，荀彼注云"坤为夜"，《说文》曰"冥，幽也。从日六，冖声。冖亦夜也"，《书·尧典》："宅西曰昧谷。"《传》云"昧，冥也。日入于谷而天下冥，故曰昧谷"，是坤夜为"冥"，冥即为"昧"也。震一阳自乾来，乾为天，天生物于坤中，故曰"天造草昧"也。三正成既济，六爻既定，"万国咸宁"。言"不宁"者，犹《诗》以"不显"为显也。

干注：《家语》："殷人以水德王，周人以木德王。"屯，坎宫二世卦也，坎水变之震木，故以"水运将终，木德将始"，象"殷周之际"也。"百姓盈盈"，屯者，盈也。"匪君子不宁"，匪六三伏阳之君子，不宁也。"天下既遭屯险之难"，是殷运将季。"后王宜荡之以雷雨之政"，是周业方初。故必建侯以扶屯难，始足以宁之也，如周公吊二叔之不咸，建亲戚以藩屏周是也。

蒙　卦

【原典】

蒙，山下有险，险而止，蒙。蒙，亨，以亨行时中也①。"匪我求童蒙，童蒙求我②，"志应也。"初筮告"，以刚中也。"再三渎，渎则不告"，渎，蒙也。蒙以养正③，圣功也。

【精注】

①以亨行时中：犹言在蒙茫之中，以通达的态度处置进止，既得时宜，又中事机。②童蒙：愚昧无知的人。③蒙以养正：犹言将蒙昧之人培养成具有贞正品质的人。

【今译】

《蒙卦》的卦象，好比山下有险阻，道路不能畅通，因而处于蒙昧状态，故称为《蒙卦》。蒙昧不明，可是却能亨通，表面看上很难理解，它指的是虽然处于蒙昧状态，一无所知，但若遇到适当时机，收效有可能会更大。"不是我有求于愚昧无知的人，而是愚昧无知的人有求于我"，是说明占筮者与求筮者的关系是相互对应的。"第一次占筮，神灵有问必答"，教育者应必须拥有正确态度；"而一而再、再而三地没有礼貌的占筮，则不予回答"，没有礼貌是愚昧无知的表现。通过启蒙教育，可以把愚昧无知的人锻造成品质纯正的人，这就是圣人的功业。

【集解】

《彖》曰：蒙，山下有险。险而止，蒙。

侯果曰：艮为山，坎为险，是"山下有险"。险被山止，止则未通，蒙昧之象也。

疏　"艮为山"，《说卦》文。《坎·象传》曰"习坎，重险也"，故"为险"。山上险下，故曰"山下有险"。坎险在前而艮以止之，故云"险被山止"。止则穷而未通，故为"蒙昧之象"。王氏云"退则困险，进则阂山，不知所适，蒙之义也"。

中華藏書

周易全书·最新整理珍藏版

中国书店

三八八

愚案："山下有险"，先言"山"后言"险"，卦象自上而下也。"险而止"，先言"险"后言"止"，易气皆自下生也。余卦仿此。

蒙亨，以亨行时中也。

荀爽曰：此本艮卦也。

案：二进居三，三降居二。刚柔得中，故能通发蒙时，令得时中矣，故曰"蒙亨，以亨行时中也"。

疏 荀注：蒙自艮来，故云"此本艮卦也"。

案：艮二阴爻，进居三阳位，三阳爻，降居二阴位，以爻济位而二又得中，故云"刚柔得中"也。得中则能通发六五之蒙昧，使得时中之道，故曰"蒙亨，以亨行时中也"。艮三"时行则行"，二由艮三下，故"以亨行时中也"。

匪我求童蒙。

陆绩曰：六五阴爻，在蒙暗。蒙又体艮少男，故曰"童蒙"。

疏 六五阴爻，在蒙昧之中，上体艮，《说卦》曰"艮三索而得男，谓之少男"，故曰"童蒙"。

童蒙求我，志应也。

荀爽曰：二与五志相应也。

疏 二与五应，坎心为"志"，志相通，故"应"也。

初筮告，以刚中也。

崔憬曰：以二"刚中"，能发于蒙也。

疏 二以刚居中，刚则诲人不倦，中则立教不偏，故能告以启蒙也。

再三渎，渎则不告，渎蒙也。

荀爽曰："再三"谓三与四也。皆乘阳不敬，故曰"渎"。渎不能尊阳，蒙气不除，故曰"渎蒙也"。

疏 三与四比，下乘二阳，承阳则敬，乘阴则不敬，三四皆不敬二，故曰"再三渎"。二与三四无应，故"渎则不告"。黩嫚则不尊阳，《中庸》曰"敬大臣则不眩"，不敬则蒙气不除，故曰"渎蒙也"。

蒙以养正，圣功也。

虞翻曰：体颐，故"养"。"五多功"，"圣"谓二，二志应五，变得正而亡其蒙，故"圣功也"。

干宝曰：武王之崩，年九十三矣，而成王八岁。言天后成王之年，将以养公正之道，而成三圣之功。

疏　虞注：二至上体颐象，《序卦》曰"颐者，养也"，《颐·象》曰"养正则吉也"。"五多功"，《系辞下》文。"圣谓二"者，二坎心为思，《洪范》曰"思曰睿，睿作圣"，故"圣谓二"。二刚中，养蒙者也，二与五应，以二养五，五变得正，是"养正"也。养正则蒙亡矣，故为"圣功"。《洪范》又曰"休征曰圣，时风若。咎征曰蒙，恒风若"，是"蒙"与"圣"反，反"蒙"则为"圣"矣，故曰"蒙以养正，圣功也"。

干注：《礼记·文王世子》："武王九十三而崩。"《家语》："武王崩，成王年十有三而嗣。"此云"八年"，又郑康成以为十年，皆不审所出。言"天所以后成王之年"者，将以养天下公正之道，而成周家三圣之功也。"三圣"谓文王武王周公也。

需　卦

【原典】

需，须①也。险在前也②，刚健而不陷③，其义不困穷也，"需，有孚，光亨，贞吉"，位乎天位④，以正中也⑤。"利涉大川"，往有功也。

【精注】

①须：等待。②险在前也：需卦上卦为坎，坎为险，所以说"险在前也"。③陷：陷于危险之中。④位乎天位：指本卦九五爻的位置在卦中的天位。⑤以正中也：指九五爻位正且处于上卦的中位。

【今译】

需，是等待的意思。危险在前，刚健而不陷于危险之中，这是需卦的性质，它拥有无穷的意义。"需，有孚，光亨，贞吉"，是因为九五居于至尊的天位，位正而居中。"利涉大川"，是说有所往就必定会有所收获。

【集解】

《彖》曰：需，须也，险在前也。

何妥曰：此明得名由于坎也坎为险也。有险在前，不可忘涉，故须待时，然后动也。

疏 卦名为需，由坎得名也。《释诂》："需，待也。"需之为言待也，故曰"需，须也"。《杂卦》曰"需，不进也"，虞彼注云"险在前也，故不进"，即须义也。习坎重险，故"坎为险也"。卦以外为前，故曰"险在前也"。有险在前，故"不可妄涉"。需者，须也，故须待时而动。又京房《易传》曰"需，云上于天，凝于阴而待于阳，故曰需者待也"。三阳务上而隔于六四，陆彼注云"外卦坎水为险，亦阴称血也"，义亦可从。

刚健而不陷，其义不困穷矣。

侯果曰：乾体刚健，遇险能通，险不能险，义不穷也。

疏 《乾·文言》曰"大哉乾乎，刚健中正"，故云"乾体刚健"也。《说卦》曰："坎，陷也。"《系辞下》曰："乾，天下之至健也，德行恒易以和险。"需时而升，所以"遇险能通"。险不能陷，其义自不困穷也。"不能险"之"险"，当作"陷"。

需。有孚，光亨，贞吉。位乎天位，以正中

蜀才曰：此本"大壮"卦也。案六五降四，"有孚，光亨，贞吉"。九四升五，"位乎天位，以正中也。"

疏 需自大壮来，故云"此本大壮卦也"。大壮六五降四，体坎"有孚"，互离为"光"，所以"有孚，光亨，贞吉"。九四升五，五为"天位"。"位乎天位"，既正且中宜其"光亨，贞吉"

利涉大川，往有功也。

虞翻曰：谓二失位，变而涉坎，坎为"大川"。得位应五，故"利涉大川"。"五多功"，故"往有功也"。

疏 二以阳居阴为"失位"，变而之正，互坎应坎为"涉""五多功"，下《系》文，之外称"往"，二往应五，故曰"往有功也"。

讼 卦

【原典】

讼，上刚下险，险而健，讼①。讼，"有孚窒惕中吉"，刚来而得中也②。"终凶"，讼不可成也③。"利见大人"，尚中正也④。"不利涉大川"，入于渊也⑤。

【精注】

①上刚下险，险而健：讼卦下坎上乾，刚、健，指上卦乾，乾德刚健；险，指下卦坎，坎为险。②刚来而得中：九二爻阳刚而居中位。③讼不可成：指上九爻"争讼"穷极，难成其事。④尚中正也：指九五爻中正决讼而被崇尚。⑤入于渊：指上下卦乾刚乘坎险，将有陷入深渊之危。

【今译】

讼卦象征争讼，阳刚居上，险陷居下，虽然面临危险而仍然健行不息，因而诉讼纷起。"心怀诚信，追悔警惧，持守中和之道而不偏不倚可获吉祥"，说明九二爻阳刚前来处险而保持适中。"始终强争不息则有凶险"，说明争讼穷极难成其事。"有利于大德大才之人出世"，是因为九五爻中正决讼而被崇尚。"不利于涉越大川巨流"，是因为乾刚乘坎陷将有陷入深渊万劫不复之危。

【集解】

《象》曰：讼，上刚下险。险而健，讼。

虞氏曰："险而健"者，恒好争讼也。

疏 "上刚"，乾也，"下险"，坎也。内险而外健，好讼之象也。

讼，有孚。窒惕，中吉。刚来而得中也。

蜀才曰：此本遯卦也。

案：二进居三，三降居二，是"刚来而得中也"。

疏 卦自遯三之二。在内曰"来"，二位得中，故曰"刚来而得中也"。

终凶，讼不可成也。

王肃曰：以讼成功者，终必凶也。

王弼曰：凡不和而讼，无施而可，涉难特甚焉。唯有信而见塞惧者，乃可以得吉也。犹复不可以终，中乃吉也。不闭其源，使讼不至，虽每不枉，而讼至终竟，此亦凶矣。故虽复有信而见塞惧，犹不可以为终，故曰"讼，有孚。窒惕，中吉。终凶"也。无善听者，虽有其实，何由得明。而令有信塞惧者，乃得其中吉，必有善听之主焉，其在二乎？以刚而来，正夫群小，断不失中，应其任矣。

案：夫为讼善听之主者，在其五焉。何以明之？案爻辞九五"讼元吉"，王氏注云"处得尊位，为讼之主，用其中正，以断枉直"，即《象》云"利见大人，尚中正"，是其义也。九二《象》曰："不克讼，归逋窜也。自下讼上，患至掇也。"九二居讼之时，自救不暇，讼既不克，怀惧逃归，仅得免其终凶祸，岂能为善听之主哉？年代绵流，师资道丧，恐传写字误，以"五"为"二"，后贤当审详之也。

疏 王注：爻终于上，上九曰"或锡之鞶带"，即"以讼成功"也。"终朝三拕之"，即"终必凶也"。

愚案：失位不变，故讼成也。卦唯九五得正，余爻皆不正。初变正则"不永所事"，二变正则"无眚"，三变正则"食旧德"，四变正则"安贞吉"。以四承五，"三与五同功"。二应五，初应四以承五，五为听讼之主。讼不可成，故皆利变之正。上九乘阳，亢而不变，不变则讼成矣，受服终拕，故"终凶"也。

王注：孔疏"无施而可"者，言若性好不和，又与人斗讼，即无处设施而可，言所往之处，皆不可也。"涉难特甚焉"者，言好讼之人，习常施为，已且不可，若更以讼涉难，其不可特甚焉，故云"涉难特甚焉"。"中乃吉"者，谓此讼事，以中途而止，乃得吉也。"不闭其源，使讼不至"者，若能谦虚退让，与物不竞，即此是闭塞讼之根源，使讼不至也。今不能如此，是不闭塞讼源，使讼得至也。"虽每不枉，而讼至终竟"者，谓虽每诉讼，陈其道理，不有枉曲，而讼至终竟，此亦凶矣。

愚案："无善听者"以下，孔不释者，以善听之主非二，故不释也。善听当主九五，故李氏详辩之。

案：五得中得正，刚而能断，故为"善听之主"。二虽得中，而不得正，仅能"无眚"而已，未足为听讼之主也。且以王注九五"讼元吉"证之，"二"为"五"之误无疑。盖余爻皆失位不亲，故争而成讼。唯五刚而得中，故云"以刚而来，正夫群小。断不失中，应其任矣。"

利见大人，尚中正也。

荀爽曰：二与四讼，利见于五。五以中正之道，解其讼也。

疏 "二与四同功"，不正故讼。体离，故"利见大人"。五中且正，善听之主，比四应二，故能解二四之讼也。

不利涉大川，入于渊也。

荀爽曰：阳来居二，坎在下，为"渊"。

疏 遯三阳来居于二成坎，坎水在下为"渊"，互巽为"入"，故曰"入于渊也"。

师　卦

【原典】

师，众也。贞，正也。能以众正，可以王矣①。刚中而应，行险而顺，以此毒天下，而民从之，"吉"又何"咎"矣②。

【精注】

①能以众正：能使众多部属持守正道。可以王矣：可以成就王业，成就一番霸业。②刚中而应：刚中，指九二爻阳刚居中；应，指九二爻上应六五爻，而六五爻为君王。行险而顺：师卦下坎上坤，险，指下卦坎；顺，指上卦坤。毒：造成灾害。

【今译】

师卦象征军队，师就是部属众多的意思。贞，是持守正固的意思。部属众多而能使之持守正道，就可以成就一番霸业了。刚健居中处下又上应尊者，象征君王将兵权完全托付给统帅，统帅做难险之事而顺合正理，凭仗这些条件驰骋沙场，尽管会给天下造成灾害，但是民众却心甘情愿，这样便会十分吉祥，哪里还会有什么灾祸呢？

【集解】

《彖》曰：师，众也。贞，正也。能以众正，可以王矣。

虞翻曰：坤为众。谓二失位，变之五，为"比"，故"能以众正"，乃"可以王矣"。

荀爽曰：谓二有中和之德而据群阴，上居五位，可以王也。

疏 虞注："坤为众"，《说卦》文。卦辞曰"贞丈人"，二中而不正为"失位"，变之五则体比，得中得正。《孟子》曰"征之为言正也"，以师正天下，故曰"能以众正，可以王矣。"

荀注：二阴位居中，故"有中和之德"也。故"群阴"者，谓上下五阴也。阳主升，阴主降，二上居五，则中而且正，故曰"可以王矣"。

刚中而应，行险而顺。

蜀才曰：此本剥卦也。案：上九降二，六二升上，是"刚中而应，行险而顺"也

疏 一阳之卦自剥来，故云"此本剥卦也"。剥上九降二，六二升上为师。为居二为"刚中"，上与五为"正应"，故曰

"刚中而应"。坎为"险"，震为"行"，坤为"顺"，故曰
"行险而顺"也。

以此毒天下而民从之。

干宝曰：坎为"险"，坤为"顺"。兵革刑狱，所以险民
也。毒民于险中，而得顺道者，圣王之所难也。毒，荼苦也。
五刑之用，斩刺肌体，六军之锋，残破城邑，皆所荼毒奸凶之
人，使服王法者也，故曰"以此毒天下而民从之"。毒以治民，
明不获已而用之，故于《彖》、《象》、六爻，皆著戒惧之
辞也。

疏 内坎为"险"，外坤为"顺"。大而兵革，小而刑狱，
皆险民之具。毒民于坎险之中，而得坤顺之道，圣王犹难之，
况其下焉者乎。《诗·邶风》："谁谓荼苦。"传云"荼，苦菜
也"，《大雅》："民之贪乱，宁为荼毒。"注云"苦也"，故云
"毒，荼苦也"。《秋官·司刑》"掌五刑之灋，以丽万民之罪：
墨罪五百，劓罪五百，宫罪五百，刖罪五百，杀罪五百"，此
皆肉刑，故云"五刑之用，斩刺肌体"。《诗·大雅》："周王
于迈，六师及之。"传云"天子六军"，疏云"春秋之时，虽
累万之众皆称师"，《诗》之"六师"，谓六军之师，《夏官·
大司马》："九伐之法，放弑其君则残之。"《释名》："残，践
也，践使残坏也。"故云"六军之锋，残破城邑"。《周语》曰
"大刑用甲兵，其次用斧钺，中刑用刀锯，其次用钻笮"，故云
"皆所以荼毒奸凶之人，使服王法者也"。马氏云"毒，治
也"，故云"毒以治民"。《老子·道经》曰"兵者，不祥之
器，非君子之器，不得已而用之"，故云"明不获已而用之"
也。"故于《彖》、《象》、六爻，皆著戒惧之辞也"者，所以
示止戈为武，弗戢自焚之意也。

愚案：《天官·医师》："聚毒药以供医事。"郑彼注云
"毒，五毒也。药，五药也"，《疾医》："以五味五谷五药养其
病。"《疡医》："以五毒攻之。"圣人之治天下，不外礼乐兵
刑，世治则以礼乐养之，世乱则以兵刑攻之。是礼乐即五味五
谷之属，兵刑即五毒之属，皆所以治世者也。马君训"毒"为

"治"，义实基此。盖除暴所以安良，故曰"以此毒天下而民从之"。《吕氏春秋·论兵》曰"若用药，得良药则活人，得恶药则杀人。义兵之为天下良药也，亦大矣"，即此义也。

吉又何咎矣。

崔憬曰："刚"能进义，"中"能正众，既"顺"且"应"，"行险"戡暴。亭毒天下，人皆归往而以为王，"吉又何咎矣"。

疏 二阳爻，故云"刚能进义"。得位，故云"中能正义"。上应坤五，故云"既顺且应"。内坎，故云"行险戡暴"。外坤，故云"亭毒天下"。老子《道德经》："亭之毒之。"注"亭以品其形，毒以成其质"。毒，徒笃反，今作"育"。亭毒者，化育之意也。盖以坤有"万物至养"之义，故以"亭毒"言之。《谷梁传·庄公三年》曰"其曰王者，民之所归往也"，故云"人皆归往而为王，吉又何咎矣"。

比 卦

【原典】

比，"吉"也；比，辅也，下顺从也①。"原筮，元永贞，无咎"，以刚中也②。"不宁方来"，上下应也③。"后夫凶"，其道穷也④。

【精注】

①辅：相互辅助。下顺从也：比卦下坤上坎，下顺从，指在下群阴顺从于九五爻。这是解释卦名。②以刚中也：指九五爻刚健居中。③不宁方来：不安宁的事也会并行而至。宁：安宁的事。上下应也：上，指九五爻；下，指初、二、三、四诸爻。应，应合，感应。④其道穷也：指上六处于卦终而"亲比"之道穷尽，说明为什么"后夫凶"。穷：穷尽。

【今译】

比卦象征亲近，亲则吉祥；所谓"比"，就是亲近即相亲相爱，相互扶持、辅助的意思，有如属下都能顺从尊上。"古人当年筮遇此卦，大吉大利，利于占问长久之事，灾祸可免"，是因为圣明的君王刚健而居中。"不安宁的事也会并行而至"，是由于上下五个阴爻都争着与惟一的阳爻九五相应合。"缓缓来迟者必有凶险"，是由于亲近之道至此已经穷尽，无路可走了。

【集解】

《象》曰：比，吉也。比，辅也，下顺从也。

崔觐曰：下比于上，是下顺也。

疏 "比，吉也"，人相亲比则吉也。《释诂》："比，仆备也。"郭注"备犹辅"，《左传·僖公五年》"辅车相依"，故曰"比，辅也"。坤为"顺"，坤在下而比于上，是下顺从于上也。《诗·大雅》"王此大邦，克顺克比"，是其义也。

原筮，元永贞，无咎，以刚中也。

蜀才曰：此本师卦也。案六五降二，九二升五，刚往得中，为比之主，故能原究筮道，以求长正而无咎矣。

疏 比五自师来，故云"此本师卦也"。师五降二，二升居五，是刚往于上，而得中且得正，为比之主，所以原筮元永贞而无咎也。"原"作"原究"，又一义也。

不宁方来，上下应也。

虞翻曰：水性流动，故"不宁"，坤阴为方，上下应之，故"方来"也。

疏 坎为水，劳卦也，故"水性流动"。"不宁"者，阴初从阳，当惕厉以待其定也。"坤阴为方"者，《九家·说卦》"坤为方"是也。"上下应之"者，师二升五时，三四在上，初在下，四阴皆应，故"上下应也"。"故方来"者，四方来同是也。

后夫凶。

虞翻曰："后"谓上，"夫"谓五也。坎为"后"，艮为背，上位在背后，无应乘阳，故"后夫凶"也。

疏 上居终，故"后谓上"。五体阳，故"夫谓五也"。

《曲礼》:"前朱雀而后玄武。"玄武者,北方七宿,即《浑天赋》所谓"北宫则灵龟潜匿"是也。坎位正北,故"为后"。五互艮,故"为背"。上居艮背之后,内无正应,下乘五阳,近不相比,故"后夫凶"也。

其道穷也。

荀爽曰:"后夫"谓上六。逆礼乘阳,不比圣王,其义当诛,故其道穷凶也。

疏 "后夫谓上六"者,谓六在五后也。"逆礼乘阳"者,在上逆乘五刚也。"不比圣王"者,不与下四阴顺从于五也。"其义当诛"者,《鲁语》:"仲尼曰'昔禹致群神于会稽之山,防风氏后至,禹杀而戮之。'"《夏官·大司马》"建太常比军众,诛后至者"是也。"故其道穷凶也"者,三为"匪人",无正应也。

小畜卦

【原典】

小畜,柔得位而上下应之①,曰小畜②。健而巽,刚中而志行③,乃亨。"密云不雨",尚往也④。"自我西郊",施未行也⑤。

【精注】

①柔,阴柔,指六四;得位,地位和德才相称,指六四是阴爻居阴位,而且地位仅低于君王;上下,指本卦上下卦中的全体阳爻。本句是说六四以一阴而扶助五阳,力不从心,只能解决些小问题。②小畜:小有蓄积。③健,下卦乾的属性;巽,上卦巽的属性;刚中,指九五阳刚中正;志行,实现抱负。④尚:语气词,表示勉励。⑤施,育养活动;未行,显示不出效果。

【今译】

"小畜",阴柔得其位而上下的阳刚与之相应,因此称为小有畜积。下乾强健而上巽逊顺,九二九五都刚健居中而能实现抱负，因此获得亨通。"聚积着浓密的云层而不降雨"，说明正在进行之中；"云气自我方西郊升起"，是指抱负刚刚开始实施效果未能尽显。

【集解】

《彖》曰：小畜，柔得位而上下应之，曰小畜。

王弼曰：谓六四也。成卦之义，在此一爻者也。体无二阴，以分其应。既得其位，而上下应之，三不能陵，小畜之义。

疏　四为畜主，故"谓六四也"。以一阴畜五阳，故云"成卦之义在此爻也"。大畜体有二阴，以分其应，故不言"上下应之"。小畜体无二阴，则其应专，故云"上下应之"也。阴既得位，而上下皆应，四虽乘刚，而刚亦得位，三自不至陵四，所以能畜也。

健而巽，刚中而志行乃亨。

虞翻曰：需上变为巽，与豫旁通。豫四之坤初为复，复小阳潜，所畜者少，故曰"小畜"。二失位，五刚中正，二变应之，故"志行乃亨"也。

疏　虞注：无一阳一阴自剥、复、夬、姤之例，故谓"需上变为巽"而成小畜也。与豫旁通而息来仍在复，盖豫初变体复，至二成临，至三成泰，至五成需，由需上变成小畜而伏豫，故小畜取需。豫四阳之坤初，其体为复，"复小而辩于物"，一阳于潜藏于下，所畜者少，故曰"小畜"。二阳居阴为"失位"，五刚居阳为"中正"。二变之正，上应于五，故"志行乃亨也"。九五刚中，四与合志畜乾，至上九而畜道成，故陆绩谓"外巽积阴，能固阳道，成在上九"。《传》曰"刚中而志行乃亨"，谓柔道亨也。

案："健而巽"者，乾健而阴巽也，言乾健在内而巽畜于外也。"刚中而志行乃亨"者，五为"刚中"。豫坎为"志"，谓四也。又互震为"行"，上与五孚，故为"志行"。乃者，难辞也。言非刚中而志行，则不能亨也。

密云不雨，尚往也。

虞翻曰：密，小也，兑为密。需，坎升天为"云"，坠地称"雨"。上变为阳，坎象半见，故"密云不雨，尚往也"。

疏 小畜、小过皆称"密云"，故"密"称"小"也。虞义艮为慎，兑为密，盖山泽通气，艮阳小称慎，故兑阴小称密也。需变小畜，需上为坎。上坎为云，故"升天为云"。下坎为雨，故"坠地称雨"也。今上变巽为阳，是"坎象半见"，故"密云不雨"。"尚"与"上"通。需上往而变坎雨为巽风，风以散之，且不果，故曰"密云不雨，上往也"。京房《易传》曰："小畜之义，在于六四，阴不能固，三连同进。《传》曰：'密云不雨，尚往也'。"陆绩彼注谓："一阴劣，不能固阳，是以往也。"

自我西郊，施未行也。

虞翻曰：豫坤为"自我"，兑为"西"，乾为"郊"。雨生于西，故"自我西郊"。九二未变，故"施未行"矣。

荀爽曰：体兑位秋，故曰"西郊"也。时当收敛，臣不专赏，故"施未行"，喻文王也。

疏 虞注：伏豫有坤，坤腹为身，故"为自我"。互兑为"西"，内乾为"郊"。二失正变，坎为雨，故雨生于郊。五阳主施，二变应之，则施行，未变则阳不得应，故"施未行也"。

荀注：互体兑，位正秋，故曰"西郊"。《乡饮酒义》："西方者，秋，秋之为言愁也。"郑注"愁读为擎，剑也"，故云"时当收敛"。《左传》曰"赏以春夏"，秋非赏时，故"不赏"。且五君四臣，臣不僭君，故"不专赏"。文王化洽西岐，而施未行于天下，故以是喻之。

履　卦

【原典】

履，柔履刚也。说而应乎乾，是以履虎尾，不咥人，亨[①]。刚中正，履帝位而不疚，光明也[②]。

【精注】

①履：行走在。柔，指六三爻；刚，指上乾为刚；说，即悦，指下兑为说。咥（dié）：咬。②自"刚中正"至"光明也"，此卦九五阳刚中正之象，谓其尊居"君位"，行为无所疾病，以赞"履"德之光明。疾：愧疾。

【今译】

谨慎行事，犹如阴柔者小心地行走在阳刚者之后，以和悦应合健强，这就像小心行走在虎尾之后，虎不咬人，亨通。又像阳刚者居中守正，登上天子之位，也自然不会感觉愧疾，因为他已经具备了光明的德行。

【集解】

《象》曰：履，柔履刚也。

虞翻曰：坤柔乾刚，谦坤籍乾，故"柔履刚"。

荀爽曰：谓三履二也。二五元应故无元，以乾履兑故有通。六三履二非和正，故云"利贞"也。

疏 虞注："坤柔"谓旁通谦也，"乾刚"谓本卦履也。籍，蹈也。以坤之柔，蹈乾之刚，故曰"柔履刚也"。

荀注：三柔二刚，《兑·象传》曰"刚中而柔外"，故"谓三履二也"。二刚与五非正应，故不言"元"。以乾履兑，兑说而应，故特言"通"。三柔二刚皆不得正，不正则不和，故云"利贞"也。

说而应乎乾。

虞翻曰：说，兑也。明兑不履乾，故言"应"也。

《九家易》曰：动来为兑而应上，故曰"说而应于乾"也。以喻一国之君，应天子命以临下。承上以巽，据下以说，其正应天，故虎为之"不咥人"也。

疏 虞注：《说卦》曰"说言乎兑"，故云"兑，说也"。"明兑不履乾，故言应也"者，若兑履乾，乾为虎，兑不应虎也。若乾履兑，兑口承乾，正为咥也。明由坤为虎，故兑应乾为"不咥人"也。

《九家》注：此据兑三言也。乾体三爻，动来为兑，而应乎上九，兑为说，故曰"说而应乎乾"也。三为三公，又居下卦之上，故"以喻一国之君"。五为天子，互巽为"命"，故"应天子命以临下"。互上为巽，故"承上以巽"。在下为兑，故"据下以说"。三与上为正应，故"其正应天"。体说而得正应，故"虎为之不咥人也。"

是以履虎尾，不咥人，亨。

《九家易》曰："虎尾"谓三也。三以说道履五之应，上顺于天，故"不咥人亨"也。能巽说之道，顺应于五，故虽践虎，不见咥噬也。太平之代，虎不食人。"亨"谓于五也。

疏 三在兑终，故"虎尾谓三也"。"三以兑和说之道，下履二刚。二，五之应"，故云"履五之应"。三下履二，二上顺五，五为天位，顺天，故"不咥人亨"也。互巽为顺，体兑为说，能以巽说之道，顺应于五，以柔克刚，故"虽践虎而不见咥噬也"。《后汉书·法雄传》："雄为南郡太守，多虎狼。雄移书属县曰'古者至化之代，猛兽不扰，皆由仁及飞走。'"故云"太平之代，虎不食人"。三乘二应五，上不咥人，故"亨谓于五也"。

刚中正，履帝位而不疚，光明也。

虞翻曰："刚中正"谓五。谦震为"帝"。五，"帝位"，坎为疾病，乾为大明。五履帝位，坎象不见，故"履帝位而不疚，光明也"。

疏 二刚中而非正，故知"刚中正谓五"也。"谦震为帝"者，帝出乎震也。"五，帝位"者，五为天子，故为"帝位"也。《说卦》曰"坎为心病"，故"坎为疾病"。《乾·象》曰"大明终始"，故"乾为大明"。震行之五为"履帝位"。坎象不见，故"不疚"。体乾，故"光明也"。

案：以阳居五，刚中且正，故为"履帝位"。四体坎，坎为心病，《诗·小雅》："忧心孔疚。"故言"疚"。三体离，离为日，故言"光明"。坎毁故"不疚"，离成故"光明也"。

泰 卦

【原典】

泰，小往大来，吉，亨。则是天地交而万物通也，上下交而其志同也①。内阳而外阴，内健而外顺，内君子而外小人；君子道长，小人道消也②。

【精注】

①自"泰"至"上下交而其志同也"，以天地自然及人类社会的阴阳相交而"通泰"之理，释泰卦的卦名及卦辞。志同：志同道合，齐心协力。②自"内阳而外阴"至"小人道消也"，以泰卦内乾外坤之象，揭示"通泰"之时"君子"昌盛、小人衰亡的道理，以明泰卦之大旨。长：增长。消：消之。

【今译】

通泰，柔小者往外，刚大者来内，吉祥，亨通。这是天地阴阳交合而万物生养之道畅通，君臣思想意识交合而上下同心，齐心协力。此时阳者居内、阴者在外，刚健者居内、柔弱者在外，君子居内、小人在外，于是君子之道增长，小人之道消亡。

【集解】

《彖》曰：泰。小往大来。吉，亨。

蜀才曰：此本坤卦。"小"谓阴也，"大"谓阳也。天气下，地气上，阴阳交，万物通，故"吉、亨"。

疏 泰息自坤，故云"此本坤卦"。阴诎故称"小"，阳信故称"大"。泰于消息为天子，正月值日卦，《月令》曰"是月也，天气下降，地气上胜"，故云"天气下，地气上"。"天气下"，即"大来"也，"地气上"，即"小往"也。又曰"天地和同，草木萌动"，故云"阴阳交，万物通"。惟交故通，通故吉且亨也。

则是天地交而万物通也。

何妥曰：此明天道泰也。夫泰之为道，本以通生万物，若"天气上胜，地气下降"，各自闭塞，不能相交，则万物无由得生，明万物生由天地交也。

疏 白天地言之，则以通生万物为泰，如蜀才注是已，否则如《月令》所云"孟冬之月，天气上胜，地气下降，天地不通，闭塞而成冬"，万物奚由而生，故云"明万物生由天地交也"。

案：乾下坤上，乾天坤地，乾二之坤五，坤五降乾二，成坎离，天地以坎离交阴阳，故曰"天地交"。乾升曰"云行"，坤降曰"雨施"。云雨泽物，品汇咸亨，又"乾，阳物。坤，阴物"，坎为通，故曰"万物通"，谓已成既济定时也。

上下交而其志同也。

何妥曰：此明人事泰也。上之与下，犹君之与臣相，君臣相交感，乃可以济养民也。天地以气通，君臣以志同也。

疏 以人事之泰言之，则君上臣下，交相感应，乃可济养万民。阴阳有气，故天地之通以气言；上下有志，故君臣之同以"志"言。

愚案：二升五，五降二，二五相应为"上下交"。已交成既济，坎为"志"，两坎为上下志，又互震伏巽，同声相应，故曰"上下交而其志同也"。

内阳而外阴，内健而外顺。

何妥曰；此明天道也。阴阳之名，就爻为语，健顺之称，指卦为言，顺而阴居外，故曰"小往"，健而阳在内，故曰"大来"。

疏 此又以天道言也。《稽览图》："六十四卦策术曰'阳爻九，阴爻六'，轨术'阳爻九七，阴爻八六'。"故云"阴阳之名，就爻为语"。《系辞下》曰"乾，天下之至健。坤，天下之至顺"也，故云"健顺之称，指卦为言"。坤顺而阴讪居外，故曰"小往"；乾健而阳信在内，故曰"人来"。内外当位，天道所以常泰也。

内君子而外小人。

崔憬曰：此明人事也。阳为君子，在内，健于行事，阴为小人，在外顺以听命。

疏 此又以人事言也。君子之性刚强，故"阳为君子"。信在内，则"健于行事"。小人之性柔弱，故"阴为小人"。诎在外，则"顺以听命"。内外得所，人事所以常泰也。

君子道长，小人道消也。

《九家易》曰：谓阳息而升，阴消而降也。阳称息者，长也，起复成巽，万物盛长也。阴言"消"者，起姤终乾。万物成熟。成熟则给用，给用则分散，故阴用特言"消"也。

疏 阳主息，息故升，阴主消，消故降。《月令》郑注"阳生为息"，故息即长也。起于复，终成巽，巽居东南，万物盛长之时也。阴主消，阴之消阳起于姤，终反成乾，乾居西北，万物已成熟之后也。物已成熟，则给用于人，给用于人，则分散矣。阴消自有而无，故"阴用特言消也"。君子，阳也，内之阳日息，故曰"君子道长"。小人，阴也，外之阴日消，故曰"小人道消也"。《杂卦传》曰"夬，决也，刚决柔也。君子道长，小人道消"，义并同也。

否　卦

【原典】

否之匪人，不利君子贞，大往小来。则是天地不交而万物不通也，上下不交而天下无邦也[1]。内阴而外阳，内柔而外刚，内小人而外君子。小人道长，君子道消也[2]。

【精注】

[1]自"否之匪人"至"天下无邦也"，以天地自然及人类社会的阴阳不相交而"否塞"之理，释卦辞"否之匪人，不利，君子贞，大往小来"之义。贞：贞洁，守持正固。无邦：不成邦国。[2]自"内阴而外阳"至"君子道消也"，以外乾内

坤之象，揭示"否塞"之时"小人"昌盛、"君子"衰亡的道理，以明否卦之大旨。

【今译】

否塞之世人道不通，不利君子守持正固，此时刚大者往外、柔小者来内，表明天地阴阳不交而万物生养之道不得畅通，君臣思想意识不能交合而天下离异不成邦国。阴者居内、阳者居外，柔弱者居内、刚健者居外，小人居内、君子居外；于是小人之道增长，君子之道消亡。

【集解】

《象》曰：否之匪人，不利君子贞。

崔觐曰：否，不通也。于不通之时，"小人道长"，故云"匪人"。"君子道消"，故"不利君子贞"也。

疏　泰，通也。否与泰反，故云"不通"。于否之时，阴道日长，故称"匪人"。阳道日消，故"不利君子贞"。

大往小来。

蜀才曰：此本乾卦。"大往"，阳往而消。"小来"，阴来而息也。

疏　乾阳消而成否，故云"此本乾卦"。阳称"大"，阳往而消，是"大往"也。阴称"小"，阴来而息，是"小来"也。

则是天地不交而万物不通也。

何妥曰：此明天道否也。

疏　此以天道言也。乾不降，坤不升，故"天地不交"。不成既济，故"万物不通"。《乾凿度》曰"天地不变，不能通气"，郑彼注云"否卦是也"。

上下不交而天下无邦也。

何妥曰：此明人事否也。泰中言"志同"，否中云"无邦"者，言人志不同，必致离散而乱邦国。

崔憬曰：君臣乖阻，取乱之道，故言"无邦"。

疏　何注：此以人事言也。志为气帅，民为邦本。泰交故民志同，而邦本以固。否则上下不交而人志不同，必致民心离散而邦国扰乱，故曰"无邦"。

崔注："乾为君"在上，坤为臣在下。"上下不交"，则"君臣乖阻"。贤人在下，无辅于上，故为"取乱之道"。乾为人，坤为"邦"。不交则坤虚无人，故曰"无邦"。

内阴而外阳，内柔而外刚。

崔憬曰："阴柔"谓坤，"阳刚"谓乾也。

疏 阴柔谓坤在内，阳刚谓乾在外。《说卦》曰"立地之道曰柔与刚"，《泰·象传》曰"内健而外顺"。顺者，顺乎乾。今坤消乾，坤成则乾毁。柔刚属坤，故变健顺言柔刚矣。

内小人而外君子。小人道长，君子道消也。

崔憬曰："君子在野，小人在位"之义也。

疏 "君子在野，小人在位"，《书·大禹谟》文。"小人"谓三，"君子"谓五。阴消至三，故"小人道长"。至五成剥，故"君子道消也"。

同人卦

【原典】

同人，柔得位得中而应乎乾，曰同人①。同人，曰同人于野，亨，利涉大川，乾行也②。文明以健，中正而应，君子正也③。唯君子为能通天下之志④。

【精注】

①自"同人"至"曰同人"：卦中六二爻柔顺得位于中，与九五阴阳相应之象，释卦名"同人"之义。柔得位：柔顺者处得正位。②自"同人"至"乾行也"，以上卦乾健能施行"同人"之道，释卦辞"同人于野，亨，利涉大川"之义。③自"文明以建"至"君子正也"，以下卦离为文明、上卦乾为健，六二与九五中正互应诸象，释卦辞"利君子贞"之义。文明以健：禀性文明而又刚健。应：应和。④"唯君子为能通天下之志"，总结只有"君子"能以正道和同天下人心，阐明

卦辞"利君子贞"的含义。志，意志。

【今译】

和同于人，如柔顺者处得正位，守持中道又能应和刚健者，叫和同于人。和同于人强调：和同于人处在同一的原野，可获亨通，利于涉越大河巨流，表明刚健者的同心志在施行。禀性文明而又刚健，行为中正而又互相应和，这正是君子的美德所在。只有君子才能会通统一天下民众的意志。

【集解】

《象》曰：同人。

《九家易》曰：谓乾舍于离，同而为日。天日同明，以照于下。君子则之，上下同心，故曰"同人"。

疏 坤二之乾为离，是离舍于乾矣。今乾居离上为同人，是乾舍于离矣。乾虚其中，则同而为日。乾大明，离向明，皆万物所瞻仰也，故云"天日同明以照于下"。君子则其同明之象而上下同心，故曰"同人"。

柔得位得中而应乎乾，曰同人。

蜀才曰：此本夬卦。九二升上，上六降二，则"柔得位得中而应乎乾"。下奉上之象，义同于人，故曰"同人"。

疏 以五阳一阴之例论其升降，故云"此本夬卦。九二升上，亡六降二"。二为成卦之主，以六居二，上应九五，故曰"柔得位得中而应乎乾"。《中庸》曰"行同伦，车同轨，书同文"，是以下奉上之义，同于人之象，故曰"同人"也。

同人曰，同人于野，亨。利涉大川。乾行也。

虞翻曰：旁通师卦。巽为"同"，乾为"野"，师震为人。二得中应乾，故曰"同人于野，亨"。此孔子所以明嫌表微。师震为夫，巽为妇，所谓"二人同心"。故不称君臣、父子、兄弟、明友，而故言"人"耳。乾四上失位，变而体坎，故曰"利涉大川，乾行也"。

侯果曰：九二升上，上为郊野，是"同人于野"。而得通者，由乾爻上行耳，故特曰"乾行也"。

疏 虞注：虞无一阴五阳之例。盖消息师二降初为复，息成同人，故云"旁通师卦"。师互震，同人互巽，震巽"同声相应"，故"巽为同"。乾居戌亥之郊，故"为野"。师震乾元，人秉以生，故"为人"。二得中位，震巽同心，上应乾五，故曰"同人于野，亨"。师震长男为夫，同人巽长女为妇，震巽交乾坤于二，夫妇同心之象。《序卦》曰："有天地，然后有万物。有万物，然后有男女。有男女，然后有夫妇。"君臣父子，特由此而错之耳，故以"二人同心"为夫妇，不称君臣父子兄弟朋友而言"人"也。乾四上失位，变成既济定，体坎为水，故曰"利涉大川"。坎从乾来，故曰"乾行也"。其曰"明嫌表微"者，名卦止取六二一爻，卦辞乃取"于野"、"涉川"，非夫妇相同之义。然同人者，夫妇也。其本义也。至"于野""涉川"，则取乾通天下之志，体坎而行而推广之。

侯注：卦自夬来，九二升上为同人。上在外卦之外，故为郊野。言"同人于野"所以得亨者，由九二乾爻上升耳，故曰"乾行也"。文明以健，中正而应，君子正也。

何妥曰：离为"文明"，乾为"刚健"。健非尚武，乃以文明。应不以邪，乃以中正，故曰"利君子贞"也。

疏 "坤为文"，离为"明"。离之中画自坤来，故"离为文明"。《乾·文言》曰"刚健中正"，故"乾为刚健"。"健非尚武，乃以文明"者，柔以济刚也。"应不以邪，乃以中正"者，二五得中得正也。五阳得位为"君子"，下有正应，故曰"利君子贞也"。

唯君子为能通天下之志。

虞翻曰：唯，独也。四变成坎，"坎为通"，为"志"，故"能通天下之志"。谓五"以类族辩物"，"圣人作而万物睹"。

崔憬曰："君子"谓九五。能舍己同人，以"通天下之志"。若九三九四，以其人臣，则不当矣。故爻辞不言"同人"也。

疏 虞注："唯"训"独"者，专辞也。上四皆不得正，变则成坎。"坎为通",《说卦》文。坎心为"志"。故曰"能通天下之志"。《象》言"类族辩物",谓五即乾九五"圣人作而万物睹"之义也。盖通志取乎坎,而"能通天下之志",则在五也。

崔注:五本乾阳,又为卦主,故"君子谓五"。五"能舍己同人",故"通天下之志"。三为三公,四为诸侯,皆人臣之位,不足当同人之任,故爻辞皆不言"同人"也。

愚案:明则私不能淆,健则欲不能屈,中正则足以有敬,应则天下皆通。《论语》曰"一日克己复礼,天下归仁焉",是其义也。

大有卦

【原典】

大有,柔得尊位大中而上下应之[①],曰大有。其德刚健而文明,应乎天而时行[②],是以元亨。

【精注】

①大有:盛大富有。柔,指六五;大中,指君王的品德和行为准则不偏不倚,即把握宏观平衡;上下,指全部阳爻。②刚健,指下卦乾的属性;文明,指上卦离的属性;天,天道,客观规律;时行,做事因时制宜,即从实际出发。

【今译】

盛大富有,阴柔得君位,注意宏观平衡,万众归心,上下呼应,这就叫盛大富有。品德刚健而又文明,适应天道而又从实际出发,所以大为亨通。

【集解】

《彖》曰:大有,柔得尊位大中而上下应之,曰大有。

王弼曰:处尊以柔,居中以大。体无二阴,以分其应。上下应之,靡所不纳,大有之义也。

疏 "处尊以柔,居中以大",谓六五也。五止一阴而众阳皆应，故云"无二阴以分其应"。五正应二，上承上，下乘四，三与五同功，唯初在应外，亦比二以应五，故云"上下应之，靡所不纳"。上应则天道助信，下应则人道助顺，故曰大有。

其德刚健而文明，应乎天而时行，是以元亨。

虞翻曰：谓五以日应乾而行于天也。时，谓四时也。大有亨比，初动成震为春，至二兑为秋，至三离为夏，坎为冬，故曰"时行"。以乾亨坤，是以"元亨"。

疏 乾德"刚健"，离德"文明"。五本乾阳天位，动而成离为日，故云"五以日应乾而行于天也。"应天而四时常行者唯日，故"时谓四时也"。"大有亨比"者，"亨"当作通，言旁通于比也。下"亨坤"亦然。别本重"比"字者是也。言大有旁通于比。比初动成震。震，东方卦为春。息至二成兑。"兑，正秋也"。至三互离，南方之卦为夏。体坎，北方之卦为冬，故曰"时行"。乾为"元"，"亨"为通，故云"以乾通坤，是以元亨"。

谦 卦

【原典】

谦，亨。天道下济而光明[1]，地道卑而上行。天道亏盈而益谦，地道变盈而流谦[2]，鬼神害盈而福谦，人道恶盈而好谦。谦尊而光，卑而不可逾，君子之终也[3]。

【精注】

[1]谦：谦虚退让。下济：向下帮助万物成长。济：帮助。[2]亏盈：使满盈受到亏损。益谦：使谦退得到好处。流谦：使谦退流传。[3]尊而光：尊显光劳。终：归宿。

【今译】

谦退能够获益而驱弊。属于天的规律是向下使万物成长，大地一片光明，属于地的规律是虽然卑下却向上发展，去补天的规律的不足。天的规律是使满盈受到亏损，使谦退得到好处，地的规律是改变满盈现状，使谦退流传，鬼神是损害满盈而降福谦退的，人们是厌恶满盈而爱好谦退的。谦退是尊显光荣的，要说卑下却是难以超越的，是君子的归宿。

【集解】

《彖》曰：谦，亨。

《九家易》曰：艮山坤地。山至高，地至卑。以至高下至卑，故曰谦也。谦者，兑世。艮与兑合，故亨。

疏 山高地卑，以高居卑，其象为谦，即郑义也。谦者，兑宫五世卦也。艮为山，兑为泽，艮与兑合，是"山泽通气"也。惟通故亨。

天道下济而光明。

荀爽曰：乾来之坤，故"下济"。阴去为离，阳来成坎。日月之象，故"光明"也。

疏 "天道"谓乾。乾上来之坤三，故为"下济"。阴去阳中为离，阳来阴中成坎。本体坎，亦伏离。离日坎月，故象"光明"也。

地道卑而上行。

侯果曰：此本剥卦。乾之上九来居坤三，是"天道下济而光明"也。坤之六三上升乾位，是"地道卑而上行"者也。

疏 "此本剥卦"者，一阳五阴之例也。乾上来居坤三，以乾照坤，"是天道下济而光明也"。坤三升居乾上，"天尊地卑"，五震为"行"，"是地道卑而上行也"。

天道亏盈而益谦。

虞翻曰：谓乾盈履上，亏之坤三，故"亏盈"。贵处贱位，故"益谦"。

崔憬曰：若"日中则昃，月满则亏"。损有余以补不足，天之道也。

疏 虞注：谦与履旁通，谦息履，非履变谦。此自"亢龙"、"盈不可久"，亏之坤三。云"盈履上"者，不可云盈乾上，又不可云盈剥上。因通履，遂假"履上"见义，而云"乾盈履上"也。盈则必亏，亏而下之坤三，故曰"亏盈"。上贵三贱，以贵处贱，故曰"益谦"。

崔注："日中则昃，月满则亏"，本《丰·象传》文。天道损有余，故"亏盈"。补不足，故"益谦"。与"日中则昃，月满则亏"，同一消息盈虚之理也。

地道变盈而流谦。

虞翻曰：谦二以坤变乾盈，坎动而润下，"水流湿"，故"流谦"也。

崔憬曰："高岸为谷，深谷为陵"，是为"变盈而流谦"，地之道也。

疏 虞注："二"当作"三"。坤三变乾而乾自上来，故云"以坤变乾盈"。变互坎水，又互震动。《洪范》曰"水曰润下"，故云"坎动而润下"。"水流湿"，《乾·文言》文。润下，故"流"。流湿就下，故"流谦"也。

崔注："高岸为谷，深谷为陵"，《诗·十月之交》文。岸以高为盈，谷以深为盈。高岸崩陷而为谷，深谷填塞而为陵。此即"变盈而流谦，地之道也"。

鬼神害盈而福谦。

虞翻曰："鬼"谓四，"神"谓三。坤为鬼害，乾为神福。故"鬼神害盈而福谦"也。

崔憬曰："朱门之家，鬼阚其室"，"黍稷非馨，明德惟馨"，是其义也。

疏 虞注：谦，兑宫五世卦也。游魂在四，归魂在三。四诎三信，故"鬼谓四"，"神谓三"，皆乾精也。"坤为鬼害，乾为神福"者，盈则诎坤而为鬼，谦则信乾而为神，故"鬼神害盈而福谦也"。

崔注："朱门之家，鬼阚其室"，本《扬子》，是"鬼害盈"也。"黍稷非馨，明德惟馨"，《书·君陈》文，是"神福谦"也。故曰"是其义也"。

人道恶盈而好谦。

虞翻曰：乾为好，为人。坤为"恶"也，故"人道恶盈"。从上之三，故"好谦"矣。

崔憬曰："满招损，谦受益"，人之道也。

疏 虞注：贾逵云"好生于阳"，故"乾为好"。人得阳以生，故"为人"。又云"恶生于阴"，故"坤为恶也"。乾盈则就坤，故"人恶盈"。"从上之三"，是乾来而成谦，故曰"好谦"。

崔注："满招损，谦受益"，《书·大禹谟》文。满则溢，溢则损，故"人道恶盈"。谦则虚，虚则益，故"人道好谦"。

谦尊而光，卑而不可踰。

虞翻曰："天道远"，故"尊光"。三位贱，故"卑"。坎水就下，险弱难胜，故"不可逾"。

疏 "天道远"，《左传·昭公十八年》文。三自上来，故"尊"。息履离，故"光"。三对上则位贱，故"卑"。"坎为水"，水就下。坎为"险"，尸子曰"夫水弱而难胜"，故云"险弱难胜"。难胜，故"不可逾"。

君子之终也。

孔颖达曰：尊者有谦而更光明盛大，卑者有谦而不逾越，是君子之终也。言君子能终其谦之善，而又获谦之福，故曰"君子有终也"。

疏 尊者能谦，则人仰光明。卑者能谦，则物难逾越。艮始终万物，艮三君子，始终不易，故曰"君子之终也"。使始能谦而终不能谦，不可谓之有终。今能终其谦之善，又获谦之福，故曰"君子有终"。

豫　卦

【原典】

豫，刚应而志行[①]，顺以动，豫。豫，顺以动。故天地如之[②]。而况"建侯行师"乎[③]？天地以顺动，故日月不过，而四时不忒[④]。圣人以顺动，则刑罚清而民服。豫之时[⑤]义大矣哉。

【精注】

①刚应而志行：比喻君主能统领众人，贯彻自己的意志。行：实行。②如：《说文》："如，随从也。"也是如此。③建侯行师：建国封侯，出兵打仗。④忒：《释文》引郑注云："忒，差也。"即差错。⑤豫之时：指豫卦所蕴含的顺时而动的哲理。民服：民众服从。

【今译】

豫卦，为一阳爻对应五阴爻，刚得柔相应，且君之意志得以实行。顺着自然而动是豫卦。豫卦顺着自动而动，因此天地的运行也是如此，建国封侯，出兵打仗就更不能例外了，天地有其自身的运行规律。所以太阳和月亮的运行从来就没有出现过失误，而四季交替循环也是一如既往，从来没有出现过差错。圣人能够顺时而动，他能做到刑罚清明，广大的百姓就服从他，豫卦所蕴含的顺时而动的意义大得很啊！

【集解】

《彖》曰：豫，刚应而志行。

侯果曰：四为卦主，五阴应之，刚志大行，故曰"刚应而志行"。

疏　卦唯一阳为刚，故知"四为卦主"。上下皆乐，故云"五阴应之"。阳为"刚"、为"大"，坎为"志"，震为"行"，故云"刚志大行"。九四《象传》曰"由豫，大有得，志大行也"，故曰"刚应而志行"。

顺以动，豫。

崔憬曰：坤下震上，顺以动也。

疏　坤顺，震动。四本复初，动乎顺而成豫，故曰"顺以动，豫"。

豫顺以动，故天地如之。

虞翻曰：小畜"乾为天"，"坤为地"。"如之"者，谓天地亦动以成四时。"而况建侯行师"，言其皆应而豫也。

疏　旁通小畜。"乾为天"。豫"坤为地"。《说文》曰：

"如，随从也。""如之者，谓天地亦动以成四时"，如下文所云是也。"建侯行师"，群阴皆应而说乐，故云"皆应而豫也"。

而况建侯行师乎？

《九家易》曰：震为"建侯"，坤为"行师"。建侯所以兴利，行师所以除害。利兴害除，民所豫乐也。天地有生杀，万物有始终。王者盛衰，亦有迭更，犹武王承乱而应天地，"建侯行师"，奉辞除害。民得豫说，君得安乐也。

疏　象震以"建侯"，作君作师，所以兴民利也。象坤以"行师"，锄奸诛暴，所以除民害也。利兴害除，民所由豫乐者也。震东方为生，伏兑西方为死，故"天地有生杀"。艮"终万物，始万物"，故"万物有始终"。体艮伏兑，艮兑为损。体震伏巽，震巽为益。"损益盛衰之始"，故"王者盛衰，变有更迭"。武王承殷纣之乱，顺应天地。法震建侯，法坤行师。奉天之辞，以除民害，所以"民得豫说，君得安乐"。《大武》之乐所由作也。《乐记》之称《大武》曰"周道四达，礼乐交通，则夫武之迟久，不亦宜乎"。迟之又久，即"豫顺以动"也。《武成》曰"告于皇天后土"，即"天地如之"也。豫，乐也，而名以《大武》，"建侯行师"之意，寓其中矣。

天地以顺动。

虞翻曰：豫变通小畜。"坤为地"，动初至三成乾，故"天地以顺动"也。

疏　豫与小畜旁通。小畜体巽，豫体震，"震巽特变"，故豫变成小畜也。"坤为地"，谓豫坤也。变从初始，初息至三，下体成乾，"乾为天"，故"天地顺动"也。

故日月不过而四时不忒。

虞翻曰："过"谓失度。忒，差迭也。谓变初至需，离为"日"，坎为"月"，皆得其正，故"日月不过"。动初时，震为春，至四兑为秋，至五坎为冬，离为夏，四时位正，故"四时不忒"。"通变之谓事"，盖此之类。

疏 《续汉书·律历志》曰"两仪既定，日月始离，初行生分，积分成度"，又曰"察日月俱发度端，日行十九周，月行二百五十四周，复会于端，无失度之事"，故"过谓失度"。《月令》："孟春，宿离不贷。"郑注云"离读如俪偶之俪，宿俪谓相与宿偶。当审候伺不得过差"，故云"忒，差迭也"。变初至五成需，离为"日"，豫坎为"月"，四爻皆正，是日月皆得其正，故"日月不过"也。初动体震，震为春。至二即兑，云"至四兑为秋"者，二不正，四兑位定，对下"刑罚清"而言也。至五体坎，坎为冬，离为夏。体分四时，爻皆得正，故"四时不忒"也。"通变之谓事"，《系辞上》文。虞彼注云"事谓变通趋时以尽利，天下之民谓之事业也"。不过不忒，皆以时言，故云"盖此之类"。

圣人以顺动，则刑罚清而民服。

虞翻曰："清"犹明也。动初至四，兑为"刑"。至坎为"罚"。坎兑体正，故"刑罚清"。坤为"民"，乾为"清"。以乾乘坤，故"民服"。

案："帝出震"，圣人也。坎为法律，刑罚也。坤为众顺而民服也。

疏 虞注：《说文》："清，朗也。"《释言》："明，朗也。"清明同训，故云"清犹明也"。"兑正秋"，秋杀于右，故"为刑"。《晋语》："以蓐收为天之刑人。"亦此义也。坎水平为法，罚者，施法之罪名，故"为罚"。初动至四，体兑为刑。至五，体坎为罚。坎兑刚柔得正，故"刑罚清"。《楚语》曰"命火正黎司地以属民"，故"坤为民"。《乾凿度》："轻清者上为天。"故"乾为清"。豫下体坤，初息至三成乾，是"以乾乘坤"。坤为民，故"民服"也。

案："帝出震"，本《说卦》文。《乾凿度》："孔子曰：'坤变初六曰复，正阳在下为圣人。'"复初，震也。故云"帝出震，圣人也"。乾动复初，故曰"圣人以顺动"。体坎为法律，故为刑罚。"坤为众"，《说卦》文。又曰"坤，顺也"，故"坤为众顺而民服也"。

豫之时义大矣哉!

虞翻曰:顺动天地,使日月四时,皆不过差,"刑罚清而民服",故"义大"也。

疏 "法象莫大乎天地",今"天地顺动"矣。"县象著明莫大乎日月",今"日月不过"矣。"变通莫大乎四时",今"四时不忒"矣。"备物致用莫大乎圣人",今"圣人以顺动,刑罚清而民服"矣。事之大者,皆备于豫之时,故曰"义大"也。

随 卦

【原典】

随,刚来而下柔,动而说,随。① 大亨,贞,无咎,而天下随时。② 随时之义大矣哉。

【精注】

①刚来而下柔:阳刚谦居于阴柔之下。刚来而居于柔下,象征君王能礼下臣民,拥有这样的品德道行,臣民必然追随君王。②天下随时:天下万物适时追随。随时:适时追随。

【今译】

随卦象征追随,在卦中表现为阳刚谦居于阴柔之下,如果朝着这个方向发展,万物必然欣然而从,所以称为"追随"。大为"亨通","利于占问,灾祸可免",于是天下万物都适时而追随之。追随必然适时,因为时机的价值实在是不可估量啊!

【集解】

《彖》曰:随,刚来而下柔。动而说,随。

虞翻曰:否乾上来之坤初,故"刚来而下柔"。动,震;说,兑也。

疏 《杂卦》曰"乾刚坤柔"。随自否来,乾上来之坤初,是"刚来而下柔"。阴之随阳,由刚下之,夫妇之义也。

动之以震，说之以兑，故名"随"也。

大亨。贞无咎。

荀爽曰：随者，震之归魂。震归从巽，故大通。动爻得正，故"利贞"。阳降阴升，嫌于有咎。动而得正，故"无咎"。

疏 随，震宫归魂卦也。震自三变恒，四变升，五变井，四不变大过为游魂，内卦皆巽。至随归魂始复震，故云"震归从巽"。震巽旁通，故云"大通"。初上二爻，动皆得正，故曰"利贞"。阳主升，阴主降。今阳降阴升，宜有咎矣。初上易位，各得阴阳之正，故"无咎"也。

而天下随时。

虞翻曰：乾为"天"，坤为"下"。震春兑秋。三四之正，坎冬离夏。四时位正，时行则行，故"天下随时"矣。

疏 否"乾为天"，坤为"下"，故曰"天下"。随震左为春，兑右为秋。三四变之正，成既济定，则坎北为冬，离南为夏。四时各正，时行则行，故曰"天下随时"。

愚案：王肃本"时"作"之"。古文"时"作"旹"，"之"作"坐"，当脱"日"，误作"之"也。以《象辞》"向晦入宴息"证之，则"随时"之义为长。

随时之义大矣哉。

蜀才曰：此本否卦。刚自上来居初，柔自初而升上。则内动而外说，是"动而说，随"也。相随而大亨无咎，得于时也。得时则天下随之矣，故曰"随时之义大矣哉"。

疏 卦自否来。乾刚来居于初，坤柔往居于上。内成震而动，外成兑而说，故云"动而说，随"也。以乾通坤成随，故相随而亨。得时，故无咎也。《中庸》曰"君子而时中"，时中之义本大。事事得时，则天下皆随，故曰"随时之义大矣哉"。

蛊 卦

【原典】

蛊，刚上而柔下，巽而止，蛊。①蛊"元亨"，而天下治也。"利涉大川"，往有事也。"先甲三日，后甲三日"，终则有始，天行也。②

【精注】

①刚上而柔下：阳刚居上而阴柔处下。②终则有始：终了之后又会重新开始，周而复始。有，又。天行：宇宙的运行规律。天，大自然，自然规律。

【今译】

蛊卦象征拯弊治乱，在卦象上表现为阳刚居上而阴柔处下，万物顺从，弊乱都能得以妥善处理，所以称"拯弊治乱"。拯弊治乱，"大为亨通"，于是天下就乱而复治。"利于涉越大川巨流"，是说天下混乱，正是社会进步、大有作为的时机。"经过七日的观察思考，就会知道应该怎么去做"，是说混乱终结的时候就会天下太平，这是宇宙运行的规律，不法自然。

【集解】

《彖》曰：蛊，刚上而柔下。巽而止，蛊。

虞翻曰：泰初之上，故"刚上"，坤之初故"柔下"。上艮下巽，故"巽而止，蛊"也。

疏 泰乾初之上为"刚上"，坤上之初为"柔下"。"巽为风"，为"入"，艮为"止"。下体巽风入，而上体艮止不动，蛊所由生也，故云"巽而止，蛊也"。

蛊元亨，而天下治也。

荀爽曰：蛊者，巽也。巽归合震，故"元亨"也。蛊者，事也。备物致用，故"天下治也"。

疏 蛊，巽宫归魂卦也。故云"蛊者，巽也"。巽宫三变益，四变无妄，五变噬嗑，四不变颐为游魂，内卦皆震。至蛊归魂，震变为巽，故云"巽归合震"也。震之初阳为"元"，乾始通坤为"亨"，故曰"元亨也"。物坏而后有事，故云"蛊者，事也"。虞《系》注云"取乾之坤谓之备物，以坤之乾谓之致用"。"立成器以为天下利"，故曰"天下治也"。"乾为天"，坤为"下"。阳升阴降，以乾通坤，是"天下治也"。

利涉大川，往有事也。

《九家易》曰：阳往据阴，阴来承阳，故"有事"也。此卦泰，乾天有河，坤地有水。二爻升降，出爻乾坤，"利涉大川"也。阳往求五，阴来求二，未得正位，戎事不息，故"有事"。

疏 初阳往据五阴，上阴来承二阳，阴阳往来，故"有事"也。卦自泰来，有乾有坤。《诗·云汉》郑笺"天河，水气也，精光转运于天"，《埤雅》："水象在天为汉。"故云"乾天有河"。《孟子》曰"水由地中行"，故云"坤地有水"。初上二爻，一升一降，出入乾坤之间，故曰"利涉大川也"。"阳往据阴"，是"求五"也。"阴来承阳"，是"求二"也。初上皆不得刚柔正位，三至上体离为甲胄戈兵，故为"戎事"。互震动，故"不息"。世乱当治，故"有事也"。

愚案： 二五失位，二动往五互坎，坎为大川，故"利涉大川"。蛊者，事也。二往居五，得中得正，"干蛊用誉"，故"往有事也"。

先甲三日，后甲三日，终则有始，天行也。

虞翻曰：谓初变成乾，乾为"甲"。至二成离，"离为日"。谓乾三爻在前，故"先甲三日"，贲时也。变三至四体离，至五成乾。乾三爻在后，故"后甲三日"，无妄时也。易出震消息，历乾、坤象，乾为"始"，坤为"终"，故"终则有始"。乾为"天"，震为"行"，故"天行也"。

疏 消息之卦，与随旁通，故谓"初变成乾"。乾纳甲，故"为甲"。变至二成离。"离为日"，《说卦》文。山火成贲。内卦为"先"。乾三爻在前，故云"先甲三日，贲时也"。变至四则体离，变至五则成乾，天雷成无妄，外卦为"后"，乾三爻在后，故云"后甲三日，无妄时也"。饬事之道，尽饰而无妄，此因通随见义也。阳初动为复，故云"易出震"。息至乾，入巽为姤，消至坤，故云"消息历乾、坤"。始于乾之一阳，又乾"知始"，故"为始"。终于坤之上阴，又坤"代终"，故"为终"。坤终则乾又始而为复也，故曰"终则有始"。以纳甲言之。乾纳甲，始于震之初阳，是"先甲"而为乾"始"也。"先甲三日"者，震兑乾为三日也。终于坤，之上阴，是"后甲"而为"终"也。"后甲三日"者，巽艮坤为三日也。亦坤终则震生，纳甲与消息，其义一也。泰"乾为天"，互震为"行"，故曰"天行"。明出震为饬蛊之道也。

中華藏書

周易全书·

最新整理珍藏版

中国书店

四二二

临 卦

【原典】

临，刚浸而长，说而顺，刚中而应①。大"亨"以正，天之道也②。"至于八月有凶"，消不久也③。

【精注】

①刚，指初九爻和九二爻两爻；浸，渐。说而顺：临卦下兑上坤，说即悦，指下卦兑，兑为悦；顺，指上卦坤，坤为顺。刚中而应：刚中，指九二爻，此爻阳刚居下卦之中位。应，指九二爻上应六五爻。②天之道：自然规律。③消不久：好景不长。

【今译】

临卦象征临察，在卦象上表现为阳刚之气正日渐增长，阴气逐渐衰弱，下临万物和悦而温顺，刚健居中且与尊上相互应和。最为"亨通"而且行为正当，是因为这正符合自然规律。而"到了八月将有凶险"，则是由于阳气不会一直处于优势，此时已经走向末路，预示好景不长了。

【集解】

《象》曰：临，刚浸而长。

虞翻曰："刚"谓二也。兑为水泽。自下浸上，故"浸而长"也。

疏 阳息至二，故"刚谓二"。"兑为泽"，坎水半见，故为"水泽"。泽有"浸"象，刚自下而上，故曰"浸而长也"。

说而顺，刚中而应。大亨以正，天之道也。

虞翻曰：说，兑也。顺，坤。"刚中"谓二也。四阴皆应之，故曰"而应"。"大亨以正"，谓三动成乾天，得正为泰，天地交通，故"亨以正，天之道也"。

疏 《说卦》曰"坤，顺也"，"兑，说也"，故云兑说坤顺。二以刚居中，故"刚中谓二"。二承四阴，五应则同类皆应，故曰"而应"。三动则成乾天，阳得正位，其体为泰，"天地交而万物通"。通故"亨"，得位故"正"，皆变乾成天为之也，故曰"大亨以正，天之道也"。

至于八月有凶，消不久也。

蜀才曰：此本坤卦。刚长而柔消，故大亨利正也。

案：临，十二月卦也。自建丑之月，至建申之月，凡在八月则成否也。否则"天地不交，万物不通"，是"至于八月有凶"，斯之谓也。

疏 阳息坤初，至二成临，故云"此本坤卦"。乾阳长而坤阴消，进则成泰，终则成乾，故"大亨利正也"。临，丑月卦也。否，申月卦也。自十二月至七月，凡八阅月则成否也。"天地不交，万物不通"，《否·象传》文。否塞之时，"君子以俭德避难"，故以"至于八月有凶"当之也。

愚案：至于八月遯时，阳刚渐消，其凶甚矣。然"天地盈虚，与时消息"，则消亦不久，遯渐成临，故临言"凶"，遯言"亨"也，

观　卦

【原典】

大观在上，顺而巽，中正以观天下①。观盥不荐，有孚颙若，下观而化也②。观天之神道，而四时不忒③；圣人以神道

设教，而天下服矣④。

【精注】

①大观：宏大庄严的气象。大观、中正：指九五阳刚居中得正。以观天下：让天下人观仰。②下观而化：此句释卦辞"观，盥而不荐，有孚颙若"，说明"观仰"的目的是为了使天下顺从美好的教化。③忒：差错。④神道：大自然的运行规律。

【今译】

宏大庄严的气象总是呈现在上方崇高之处，譬如具有温顺和巽的美德，又体现出中和正直的品质，就足以让天下人观仰。卦辞说"当你观仰了祭祀礼仪中刚开始时倾酒灌地的降神仪式，就可以对随后的众多献飨礼的细节心领神会，因为此时心中已经充满了诚敬肃穆的情感"，是说居处下位者通过观仰崇高伟大的气象能够被感化。观仰大自然运行的规律，领略其中的奥妙，就能领会四季交相更替而毫无差错；圣人效法大自然运行的神妙规律而教育万民，天下万民便纷纷信从顺服。

【集解】

《彖》曰：大观在上。

蜀才曰：此本乾卦。

案：柔小浸长，刚大在上，其德可观，故曰"大观在上"也。

疏　乾消成观，故云"此本乾卦"。阴柔为"小"，浸长至四，阳刚为"大"，尊而在上。乾为"德"，故称"德"。有德则可观，故曰"大观在上也"。

顺而巽，中正以观天下。

虞翻曰：谓阳息临二，"直方大"，"临者，大也"，在观上，故称"大观"。顺，坤也。"中正"谓五。五以天神道观示天下，咸服其化，宾于王庭。

疏　由临息泰，反否退观，故谓"息临二"。"直方大"，坤二爻辞。观二，即坤二也。"临者，大也"，《序卦》文。二阳在下为临，今"在观上，故称大观"。《说卦》："坤，顺也。"故知"顺"为"坤"。五为"中"，九为"正"，故知"中正称五"。五乾为天，阳为"神"，故云"以天神道观示天下"。《中庸》曰"不赏而民劝，不怒而民威于铁钺"，是天下"咸服其化"。六四"宾王"，是"宾于王庭"也。

观，盥而不荐，有孚颙若，下观而化也。

虞翻曰：观反临也。以五阳观示坤民，故称"观"。盥，沃盥。荐，羞牲也。孚信谓五。颙颙，君德有威容貌。若，顺也。坎为水，坤为器，艮手临坤，坎水沃之，"盥"之象也，故"观，盥而不荐"。孔子曰"禘自既灌，吾不欲观之矣"。"巽为进退"。容止可观，进退可度，则下观其德而顺其化。上之三，五在坎中，故"有孚颙若，下观而化"。《诗》曰"颙颙卬卬，如珪如璋"，君德之义也。

疏 否、泰反类为反，即旁通也。此云"观反临"，自下反上，又一义也。五阳为君，下坤为民。"以五阳观示坤民，故称观"。《郁人》："掌裸事，凡裸事沃盥。"故云"盥，沃盥"。《郊特牲》："既灌然后迎牲。"迎而后献荐，是荐在灌后，故云"荐，羞牲也"。阳实为"孚"，故孚训信而谓五也。《释训》"颙颙卬卬，君之德也。"故云"君德有威容貌"。"若，顺也"，《释诂》文。观内坤道五正位，上之三成坎"为水"。坤"形而下"故"为器"。以艮手临坤器，又有坎水沃之，故为"盥"之象也。坤牛为牲，上之三坤象不见，故曰"观，盥而不荐"。引《论语》文者，以明灌礼盛，荐礼简，观盥而不观荐之意也。"巽为进退"，《说卦》文。"容止可观，进退可度"，《孝经》文。《说文》引《易》曰"地可观者莫可观于木"。《汉书·五行志》曰："说曰'木，东也。于《易》地上之木为观。其于王事，威仪容貌，亦可观者也'"。九五有人君之德，实貌相应。其下畏而爱之，则而象之，故"下观其德而顺其化"也。上之三则五在坎中，坎为"孚"，故"有孚颙若，下观而化也"。"颙颙卬卬，如珪如璋"，《诗·卷阿》文。璋，君裸玉。君裸以圭瓒，亚裸

中華藏書 第一部 周易原典

以璋瓒。颙颙，湿貌。卬卬，盛貌。祼之仪也。郁人诏之，故引之以明君德之义。

观天之神道，而四时不忒。

虞翻曰：忒，差也。"神道"谓五。临震兑为春秋。三上易位，坎冬离夏。日月象正，故"四时不忒"。

疏　"忒，差也"，释见《豫·象传》。乾为"道"，阳之信者为"神"，故"神道谓五"。春秋，阴阳之著。故临震春兑秋见于先。冬夏者，阴阳之微。观五得正，三上易位，坎冬离夏见于后。三之上坎月离日，爻皆得正，故"日月象正"。日月正则四时成，故曰"四时不忒"。

圣人神道设教，而天下服矣。

虞翻曰："圣人"谓乾。"退藏于密"，而"齐于巽"，以神明其德教，故圣人设教，坤民顺从罗"而天下服矣"。

疏　《乾凿度》曰"乾九五为圣人"，故"圣人谓乾"。"退藏于密"，《系辞上》文。齐于巽，本《说卦》文。内卦坤，坤为"阖户"。又互艮"为山"，《释山》曰"山如堂者密"。内坤户而互艮山，又"坤以藏之"，故云"退藏于密"。巽为"絜齐"。齐者，齐戒之义。圣人以齐戒，以神明其德，故云"齐于巽"。临"教思无穷"，反观"神道"，故云"神明其德教"。坤为民、为顺，故"圣人设教，则坤。民顺从"。五乾"为天"，坤为"下"，故"天下服矣"。

案："神道设教"承"盥""荐"言之，谓祭祀也。《地官·大司徒》："以祀礼教敬则民不苟"是也。《祭义》曰"气也者，神之盛也。魄也者，鬼之盛也。合鬼与神，教之至也。因物之精，制为之极。明命鬼神，以为黔首则百众以畏，万民以服"，郑注云"合鬼神而祭之，圣人之教致之"，是其义也。

噬嗑卦

【原典】

颐[1]中有物曰噬嗑。噬嗑而亨，刚柔分[2]。动而明[3]。雷电合而章④，柔得中⑤而上行，虽不当位⑥，"利用狱"⑦也。

【精注】

①颐：腮、下颌。②刚柔分：是指卦中阳爻和阴爻分开了。③动而明：指本卦下卦为震为动，上卦为离为火为明。④雷电合而章：雷，震为雷。电，指卦中的下卦离。章，同彰，彰显，彰明。⑤柔得中：指六二阴爻居于下卦的中位。⑥当位：正当之位。⑦利用狱：本卦的阴爻都被夹在阳爻之间，有被幽闭之象，所以说"利用狱"。

【今译】

腮中有物称为噬嗑。噬嗑而亨通，是因为阴柔与阳刚分开了，君子与小人区分开来。噬嗑卦的性质是动而明。雷电交合而彰明，柔阴处于下卦的中位而向上运行，虽然六五没有居于正当之位，但仍然"利用狱"。

【集解】

《彖》曰：颐中有物曰噬嗑。

虞翻曰："物"谓四，则所噬干脯也。颐中无物，则口不噬，故先举"颐中有物曰噬嗑"也。

疏 九四不正，间于颐中，故"物谓四"。"所噬干脯"者，取九四爻辞也。颐中无物则口无所噬，故先举"颐中有物"，啮而合之，以明噬嗑。《彖辞》未有以卦象者，故特释其义也。

噬嗑而亨。

崔憬曰：物在颐中，隔其上下，因啮而合，乃得其"亨"焉。以喻人于上下之间，有乱群者，当用刑去之，故言"利用狱"。

疏 四在颐中，隔其上下，不通之象也。啮而合之，乃得其通，故"亨"也。人于上下之间，有不正而乱群者，则当用刑以去之。去之则"亨"，故"利用狱"也。

刚柔分，动而明，雷电合而章。

卢氏曰：此本否卦。干之九五，分降坤初，坤之初六分升乾五，是"刚柔分"也。分则雷动于下，电照于上，合成天

中华藏书 第一部 周易原典 中国书店

威，故曰雷电合而成章也。

疏 卦自否来。否乾刚坤柔。九五下降，是分乾之刚以降坤初。初六上升，是分坤之柔以升乾五。故曰"刚柔分也"。分则下震为"雷"为"动"，上离为"电"为"明"，雷动电照，合成天威，且"嗑者，合也"，故曰"雷电合而章"也。

柔得中而上行。虽不当位，利用狱也。

侯果曰：坤之初六，上升乾五，是"柔得中而上行"。虽则失位，文明以中，断制枉直，不失情理，故"利用狱"。

疏 初六柔也，上升于五为"中"，是"柔得中而上行"也。六虽失位，然在坤为文，之离为明，居五得中，以此断制枉直，自不失情理之正，又有上之三以成丰"折狱"，故"利用狱也"。

贲　卦

【原典】

贲，亨。柔来而文刚，故亨[1]。分刚上而文柔，故小利有攸往[2]。天文也[3]。文明以止，人文也。观乎天文，以察时变；观乎人文，以化成天下[4]。

【精注】

[1]自"贲"至"故亨，六二柔爻居下卦之中以文饰九三刚爻之象，谓阴阳交贲故获亨通"，以释卦辞"贲，亨"之义。柔来而文刚：阴柔前来文饰阳刚。文：文饰。[2]"分刚上而文柔，故小利有攸往"，上九爻阳刚高居卦终而文饰六五爻柔之象，谓六五爻文饰而有利，以释卦辞"小利有攸往"之义。[3]天文：天的文采。[4]化成天下：教化促成天下昌明。

【今译】

文饰，亨通，阴柔前来文饰阳刚，阴阳可以相互文饰于是亨通。又分出阳刚居上文饰阴柔，所以柔者利于有所前往。阳刚美与阴柔美完美结合，这是天的文采（天文）；文章明理而止于礼仪，形成人类的文采（人文）；仰观天的文采，可通晓四时变化规律；观察人类的文采，可推行教化促成天下的昌明。

【集解】

《彖》曰：贲亨，柔来而文刚，故亨。分刚上而文柔，故小利有攸往。

荀爽曰：此本泰卦。谓阴从上来，居乾之中，文饰刚道，交于中和，故"亨"也。分乾之二，居坤之上。上饰柔道，兼据二阴，故"小利有攸往"矣。

疏 卦自泰来，故云"此本泰卦"。"阴从上来，居乾之中"，是以上六之柔，来文九二之刚。文虽柔而质刚，又得中得正，"交于中和，故亨也"。"分乾之二，居坤之上"，是以九二之刚，上文上六之柔。文虽刚而质柔，又非中正，宜无利。然兼据五四二阴，阴为"小"，故"小利有攸往矣"。

天文也。

虞翻曰：谓五利变之正，成巽体离，艮为星，离日坎月，巽为高，五天位，离为"文明"，日月星辰高丽于上，故称天之文也。

疏 五失位，故"利变之正"。兼有巽离，故"成巽体离"。艮成终始，主四时。斗建四时，故艮主斗。斗，星也，故"艮为星"。又《左传·僖公十六年》："陨石于宋五，陨星也。"艮为石，故"为星"。互离坎，故"离日坎月"。"巽为高"，《说卦》文。五位天德，故为"天位"。下经云"文明以止"，故"离为文明"。《中庸》曰"日月星辰系焉"，故云"日月星辰高丽于天"。"在天成象"，故称"天之文也"。

文明以止，人文也。

虞翻曰："人"谓三，乾为"人"。文明，离。止，艮也。震动离明。五变据四，二五分则止文三。故以三为"人文也"。

疏 三于三才为人道，为人位，故"人谓三"。泰有乾人，得阳以生，故"乾为人"。"坤为文"，离日为"明"。离之中爻，坤二也。故"文明"谓"离"也。"艮，止也"，故"止"

谓"艮"也。互体震为"动"，故"震动离明"。五既变阳，据四成离。上下两离，交集于三。三应上艮止，二五分三之文，则皆止于三，故"以三为人文也"。

愚案：《尧典》："钦明文思安安。"即"文明以止"之义也。观乎于天文，以察时变。

虞翻曰：日月星辰为"天文"也。泰震春兑秋，贲坎冬离夏。巽为进退，日月星辰进退盈缩，谓朓侧朏也。历象在天成变，故"以察时变"矣。

疏 离为目，故为"观"。"日月星辰为天文"，释已见前。时，四时也。泰互震兑，震左为春，兑右为秋。贲离互坎，坎北为冬，离南为夏。五变巽，故"为进退。""日月星辰进退盈缩"者，《汉书·天文志》："阳用事则进，阴用事则退，蚤出为盈，晚出为缩也"。"谓朓侧朏也"者，《说文》曰"晦而月见西方谓之朓，朔而月见东方谓之缩朏"，《尚书大传》："谓之侧匿。""侧"即"朏"也。朏，《召诰传》："月三日明生之名也。"日月星辰有迟有疾，所谓"时变"也。历，数也。象，法也。《考工记》曰"天时变"，故"历象在天成变"，所以"察时变"也。

观乎人文，以化成天下。

虞翻曰：泰乾为"人"。五上动体既济。贲离象"重明丽正"，故"以化成天下"也。

干宝曰：四时之变，县乎日月。圣人之化，成乎文章。观日月而要其会通，观文明而化成天下。

疏 虞注：泰内乾，故"泰乾为人"。五上皆不正，动则成既济。贲三有两离象。《离·象传》曰"重明以丽乎正，乃化成天下"。三互两离为"重明"，体既济为"丽正"。坤上来化乾二，"坤化成物"。"乾为天"，坤为"下"，故"观乎人文，以化成天下"。

干注：《系辞下》曰"日月相推则明生，寒暑相推则岁成"，故云"四时之变，县乎日月"。《论语》曰"巍巍乎其有成功也，焕乎其有文章"，故云"圣人之化，成乎文章"。"观日月而要其会通"，即《尧典》所谓："期三百有六旬有六日，以闰月定四时成岁"是也。"观人文而化成天下"，即《尧典》所谓"钦明文思，光被四表，格于上下"是也。

剥 卦

【原典】

剥，剥也，柔变刚也①。不利有攸往，小人长也②。顺而止之，观象也；君子尚消息盈虚，天行也③。

【精注】

①"剥，剥也，柔变刚也"，五阴爻来剥蚀并改变阳刚孤释卦名。剥：剥落。②"不利有攸往，小人长也"，五阴众多而有小人盛长之象，释卦辞"不利有攸往"之义。小人长也：小人正得势。③自"顺而止之"至"天行也"，下坤为顺，上艮为止之象及天道盛衰规律，说阴剥阳之势不长久，君子可顺势止剥之道。天行：自然规律。

【今译】

剥，意为剥落，譬如阴柔者侵蚀阳刚的本体使其有转向阴柔的趋势，不利于有所前往，说明小人目前正在得势。此时应当顺势而对小人的行动加以劝阻和制止，这从卦象中可以观知，君子崇尚生死存亡，盈盛亏虚的转化哲理，这是大自然运行的规律啊！

【集解】

《彖》曰：剥，剥也。

卢氏曰：此本乾卦。群阴剥阳，故名为"剥"也。

疏 此本乾，消卦也。群阴剥阳，自初至五，阴盛至极，一阳将尽，故名为"剥"。

柔变刚也。

荀爽曰：谓阴外变五。五者至尊，为阴所变，故曰

"剥"也。

疏阴消外卦，变五"为剥"，故云"阴外变五"。五为天子，故为"至尊"。《丧服传》曰"君至尊"是也。五为阴所变。《乾凿度》曰"剥之六五，言盛杀。万物皆剥，堕落"，故云"剥也"。《杂卦传》曰"剥，烂也"，虞彼注云"阳得阴孰，故烂"，即"柔变刚"之义也。

不利有攸往，小人长也。

郑玄曰：阴气侵阳，上至于五，万物零落，故谓之剥也。五阴一阳，小人极盛，君子不可有所之，故"不利有攸往"也。

疏 阴气消阳，至五成剥。九月之时。"万物零落，故谓之剥"。五阴一阳，是阴气极盛之时。君子不可有所之，故"不利有攸往"。所以然者，以"小人长也"。阴消成剥，由否而极，故与否同辞。彼因君子，故类言"道"。此止小人，故仅言"长"也。

顺而止之，观象也。

虞翻曰：坤顺艮止。谓五消观成剥，故"观象也"。

疏 坤，顺也，艮，止也，故曰"顺而止之"。阴消观五成剥，剥虽消五，上阳犹存，犹有观示群阴之象，故曰"观象也"。

君子尚消息盈虚，天行也。

虞翻曰：乾为"君子"，乾息为"盈"，坤消为"虚"，故"君子尚消息盈虚，天行也"。则"出入无疾，反复其道"。《易》亏巽消艮，出震息兑，盈乾虚坤，故于是见之耳。

疏 "乾为君子"者，谓乾阳也。阳息阴消，消息者，乾坤也。先儒据《易》曰"伏羲作十言之教，曰乾坤震巽坎离艮兑消息"。《易纬》曰"圣人因消息起阴阳，立乾坤以统天地"。是消息与八卦并兴。《史记·历书》谓"皇帝起消息"，义或然也。消息十二卦，成于乾、坤十二画，复、临、泰、大壮、夬、乾，皆自乾息而成也，故云"乾息为盈"，姤、遯、

中华藏书

周易全书·最新整理珍藏版

中国书房

四三二

否、观、剥、坤，皆自坤消而成也，故云"坤消为虚"。阴生于阳，消息皆乾道而实始于震。乾为天，震为"行"，故曰"君子尚消息盈虚，天行也"。震初体复，出入乾坤而十二卦以成，故引《复·彖传》"出入无疾，反复其道"以明之。义详虞氏彼注。"《易》亏巽"者，姤也。"消艮"者，剥也。"出震"者，复也。"息兑"者，夬也。乾盈于甲，故称"乾盈"。阳实阴虚，故称"坤虚"。"日月为易"。剥、复，《易》之大关，故于是言之耳。

复　卦

【原典】

复，亨，刚反[①]。动而以顺行，是以出入无疾，朋来无咎[②]。反复其道，七日来复，天行也[③]。利有攸往，刚长也[④]。复其见天地之心乎[⑤]。

【精注】

①"复，亨，刚反。"卦下一阳回复上升之象，谓阳刚返回上复心可亨通，以释卦名及卦辞"复，亨"之义。复：回复。②自"动而以顺行"至"朋来无咎"，下卦震为动、上坤为顺之象，说明阳动而顺利无阻，群阴必喜而引阳为朋，以释卦辞"出入无疾，朋来无咎"之义。咎：祸患。③自"反复其道"至"天行也"，举大自然运行剥尽复来为说，以释卦辞"反复其道，七天来复"之义。反复其道：返转回复着一定的规律。④"利有攸往，刚长也"，卦中阳刚之势日益盛长之象，释卦辞"利有攸往"之义。⑤"复其见天地之心乎。"谓"复阳"为天地"生物"之心，叹美此卦大义。见：通现，体现。

【今译】

回复，亨通，说明阳刚更苏返回，阳动上复而能畅通，阳气内生外长而疾患不生，刚健友朋前来祸患不至。返转回复沿着一定的规律，七天一个轮回，这是大自然的自然运行法则。

此时利于有所前往，说阳刚顺畅上长。复回的规律，大概体现着天地生育万物的用心吧？

【集解】

《彖》曰：复，亨。

虞翻曰：阳息坤，与姤旁通。刚反交初，故亨。

疏 复自坤来，坤牝阳，故云"阳息坤"。巽伏震下，故"与姤旁通"。剥上之刚，反交于坤初，乾坤气通，故亨。

刚反动而以顺行。

虞翻曰：刚从艮入坤，从反震，故曰"反动"也。坤顺震行，故"而以顺行"。阳不从上来反初，故不言刚自外来。是以明"不远之复"，入坤出震义也。

疏 "刚"谓剥上九也。上九体艮，消艮入坤灭，出复震，故"从反震"。艮，震之反也。震，动也，"故曰反动"。坤为"顺"，震为"行"，故曰"而以顺行"。《彖传》多言适变，如否、泰往来，都在本卦，故言"来往"。此卦阳从剥来，出入纯坤，然后成复。故云"阳不从上来反初，故不言刚自外来"。从外来，艮在上爻则远。从坤出，震在初爻则不远。故云"明不远之复，入坤出震之义也"。此不从适变例，而以消息言也。

是以出入无疾，朋来无咎。

侯果曰：阳，上出，君子道长也。阴下入，小人道消也。动而以行，故"出入无疾，朋来无咎"矣。

疏 阳在初，有上出之势，故"君子道长也"。阳上出则阴下入，故"小人道消也"。震动而以顺行，故"出入无疾，朋来无咎矣"。

愚案：此解未应经义。出入谓入坤出震也，非阳出阴入之谓。

反复其道，七日来复，天行也。

虞翻曰：谓乾成坤，反出于震而来复，阳为"道"，故"复其道"。刚为昼日，消乾六爻为六日。刚采反初，故"七日采复，天行也"。

侯果曰：五月天行至午，阳复而阴升也。十一月天行至子，阴复而阳升也。天地运往，阴阳升复，凡历七月，故曰"七日来复"，此天之运行也。《豳·诗》曰"一之日觱发，二之日栗烈"。"一之日"，周之正月也，"二之日"，周之二月也，则古人呼月为日，明矣。

疏 虞注：剥消乾成坤，故"谓乾成坤"。灭藏于坤，从下反出，体震成复，故云"反出于震而来复"。乾元为道，故"阳为道"。阳初出复，故"复其道"。《系辞上》曰"刚柔者，昼夜之道也"，故"刚为昼"。虞君《易》例，日数并以爻数解之。剥消乾成坤，故云"消乾六爻为六日"。刚从剥来反于坤初，故云"刚来反初"。以乾六爻至复初凡七爻，故曰"七日来复"。入坤出震，皆乾之一阳，乾为"天"，震为"行"，故曰"天行也"。

侯注："五月天行至午"为姤，姤五阳而一阴，故云"阳复而阴升也"。"十一月天行至子"为复，复五阴而一阳，故云"阴复而阳升也"。天地运往，阴阳升复，循环不已，阳生于子消于午，天之大数也，故"凡历七月"。月亦称日，故曰"七日来复"。消息十一卦皆有阳爻，坤无阳而乾伏其下，故云"此天之运行也"。阴称月，阳称日。《诗·豳风·七月》曰"一之日觱发，二之日栗烈"，又曰"三之日于耜，四之日举趾"，毛传云"一之日，周正月也。二之日，殷正月也。三之日，夏正月也。四之日，周四月也"。此皆阳息之月，故谓之"日"，此古人呼月为日之义也。

利有攸往，刚长也。

荀爽曰：利往居五，刚道浸长也。

疏 "利往居五"，谓阳息至五。得位得中，君子道长，故云"刚道浸长也"。

复其见天地之心乎。

虞翻曰：坤为"复"。谓三复位时，离为"见"，坎为"心"。阳息临成泰，乾天坤地，故"见天地之心"也。

苟爽曰：复者，冬至之卦，阳起初九，为"天地心"，万物所始，吉凶之先，故曰"见天地之心"矣。

疏 虞注：乾、坤易为否、泰，交为坎、离，成两既、未济，而实自剥、复始，故二卦实乾坤之枢纽也。乾交坤始，复阳位为复，故云"坤为复"。将成既济，则三复阳位，体离互坎。"相见乎离"，故"离为见"。"坎为亟心"，故"为心"。阳息临二，至三体泰，"乾为天"，"坤为地"，合以离见坎心，故"见天地之心"也。

苟注：复于消息，在十一月子。《稽览图》："冬至日在坎。"坎为"心"。《乾·象传》曰"大哉乾元"，"至哉乾元"，"乾元"即"坤元"，"天心"即"地心"也。冬至之时，阴气已极，一阳复生，天心动于地中，故云"阳起初九，为天地心"。"天地之心"即天地之元，"万物资始"于乾元，故云"万物所始"。震为"动"，"几者动之微，吉之先见者也"，故云"吉凶之先"。盖在乾、坤则为元，在天地则为心。而其端倪，实于复之初阳见之，故曰"见天地之心"。

无妄卦

【原典】

无妄，刚自外来而为主于内，动而健，刚中而应[①]。大亨以正，天之命也[②]。其匪正有眚，不利有攸往，无妄之往何之矣？天命不右，行矣哉[③]。

【精注】

[①]自"无妄"至"刚中而应"，说明阳刚自外来内为主，内外二体既能震动又秉刚健，刚中居尊位更应和下者，故物皆不敢妄为，以释卦名。[②]"大亨以正，天之命也"，谓"无妄"之时可致亨通，必须守正，是自然规律，不可违背。以释卦辞"元亨利贞"之义。[③]自"其匪正有眚"至"行矣哉"，谓"无妄"之时，背离正道必有祸患，故不得妄行，以释卦辞"其匪正有攸往"之义。眚：灾难，疾苦。

【今译】

不妄为，阳刚者从外而内成为主宰，震动而刚强，刚正居中而又应合于下。如此大为亨通而万物守持正固，这都是自然规律的产物。背离正道者必有祸患，不利有所前往，说明在万物无妄为时候背道而行，哪里有路可走呢？天命不可违，切勿妄行啊！

【集解】

《象》曰：无妄，刚自外来而为主于内。

蜀才曰：此本遯卦。

案：刚自上降，为主于初，故"动而健，刚中而应"也。于是乎邪妄之道消，大通以正矣，无妄大亨，乃天道恒命也。

疏 卦自遯来，遯上之初，故云"刚上自降"。震为"长子主器"，故云"为主于初"。"震，动也"，"乾，健也"，故"动而健"。五为刚中，二为正应，故"刚中而应也"。刚中则邪妄自消，得应则大通以正。"乾为天"，互巽为"命"。天命谓性，至诚无妄，故云"无妄大亨，乃天道恒命也"。

动而健，刚中而应。大亨以正，天之命也。其匪正有眚，不利有攸往。

虞翻曰：动，震也。"健"、"大亨"谓乾。"刚中"谓五，而应二。"大亨以正"，变四承五；乾为天，巽为"命"，故曰"大亨以正，天之命也"。

疏 "动"谓震，"健"谓乾。大亨，初也，初体乾，故"谓乾"。以阳居中，故"刚中谓五"。得位得中，而应之者，二也，故"而应二"。大亨，初乾也。使四变正，上承乎五，以之者，乾也，故曰"大亨以正，变四承乾"。"乾为天"，《说卦》文。巽"申命""为命"。《乾·彖》曰"乾道变化，各正性命"。乾天在初，动于一阳，初动四应，变正为巽命，故曰"大亨以正，无之命也"。《诗》曰"维天之命，于穆不已"，《中庸》曰"天命之谓性"，皆此"大亨以正"者为之也。

中華藏書

周易全书·最新整理珍藏版

无妄之往，何之矣。

虞翻曰：谓四已变，上动体屯坎，为"泣血涟如"，故"何之矣"。

疏 四已变正，上动体屯。屯上爻辞曰"泣血涟如"，坎为血卦，故有是象。且《屯》卦辞曰"勿用有攸往"，故无所之也。

天命不右，行矣哉。

虞翻曰：天，五也。巽为"命"。右，助也。四已变成坤，天道助顺。上动逆乘巽命，故"天命不右"。"行矣哉"，言不可行也。马君云"天命不右行"，非矣。

疏 五为天位，故云"天，五也"。互巽"为命"。"右，助也"，本《系辞上》文。四已变正互坤，"坤，顺也"，故云"天道助顺"，即《系传》说此爻"天之所助者顺"是也。上动成坎，逆乘巽命，上变巽毁，故"天命不右"。应震为"行"。"行矣哉"，犹《论语》"虽州里行乎哉"之意，言不可行也。马君谓融。彼意谓天左旋，故"天命不右行"。虞以不应经义，故驳之。

大畜卦

【原典】

大畜，刚健笃实辉光，日新①。其德刚上而尚贤，能健止，大正也②。不家食吉，养贤③也。利涉大川，应乎天也④。

【精注】

①刚健，下体乾卦的性质、特点是公正无私、自强不息；笃实，上体艮卦的性质，特点是稳重、坚定、求实。这些是表示积蓄的道德光辉伟大。辉光：交相辉映。②刚上，指上九阳爻位于君位之上；尚贤，指君王尊重以上九为代表的贤才；止健，上卦艮为止，下卦乾为健。大正，指尚贤是用人的最大正道，止健是行为的最大正道。这些表示畜养方面的伟大。③家食：吃闲饭。养贤：养育人才，包括用贤在内。④应乎天也：

符合天道。

【今译】

大畜卦象征所畜对象的特点是大。道德是刚健、笃实，两者交相辉映，德行每日有所进步。阳刚在上，尊重贤才，自强不息而不妄行，该停止时就停止。这些都是最大的正道。所谓不在家中吃闲饭才是吉祥，意指国家应该养育人才，培育圣贤。所谓利于渡过大江大河，是说养贤符合天道。

【集解】

《彖》曰：大畜。刚健笃实，辉光日新。

虞翻曰："刚健"谓乾，"笃实"谓艮。二已之五，"利涉大川"。互体离坎，离为日，故"辉光日新"也。

疏 乾刚而健，故"刚健谓乾"。艮成终始，故"笃实谓艮"。二五易位，互坎，故"利涉大川"。体离为日，管辂曰"朝日为辉，日中为光"，故曰"辉光日新"。郑、虞皆以"日新"断句。俗读属下，失之。

其德刚上而尚贤。

蜀才曰：此本大壮卦。

案：刚自初升，为主于外。刚阳居上，尊尚贤也。

疏 卦自大壮来。阳刚自初升居于上，艮反震，震为主，故"为主于外"。艮为贤人而在上，是尊尚贤人之意也。

能健止，大正也。

虞翻曰：健，乾。止，艮也。二五易位，故"大正"。旧读言能止健，误也。

疏 乾在内为"健"，艮在外为"止"。二五失正，易则得位，故曰"大正"。易气从下生，《象传》之例，先下后上，故曰"能健止"。旧读言能止健，不合《象》例，且畜阳非止乾，故云"误也"。

不家食吉，养贤也。

虞翻曰：二五易位成家人。今体颐养象，故"不家食吉，养贤也"。

案：乾为贤人，艮为宫阙也。令贤人居于阙下，"不家食"之象。

疏 虞注：二五易位；体成家人。大畜三至上体颐，颐者，养也。二为"家"，二之五是"不家食"。得正，故"吉"也。得正为"贤"，体颐为"养"，故"养贤也"。

案：《乾·文言》曰"贤人在下位"，故"乾为贤人"。艮为门阙，故"为宫阙"。乾居艮下，是"贤人居阙下，不家食之象"也。

利涉大川，应乎天也。

京房曰：谓二变五体坎，故"利涉大川"。五天位，故曰"应乎天"。

疏 二五变正，五体乘坎，故"利涉大川"。五于三才为天位，五动二应，互震伏巽为应，故曰"应乎天地"。

颐 卦

【原典】

颐，"贞吉"，养正则吉也①。"观颐"，观其所养也②；"自求口实"，观其自养也③。天地养万物，圣人养贤以及万民④，颐之时大矣哉⑤。

【精注】

①养正：养而正，即颐养而遵循正道。②观其所养：指观察颐养的客观条件。③观其自养：指观察颐养的主观条件。实，食，食物。④以及万民：以之及于万民。之，代"养贤"。⑤时：适时。这里的"时"就是上文说的颐养的正道。

【今译】

颐卦象征颐养，"占问会获吉祥"，是说遵循正道而颐养是获得吉祥的唯一途径。"观察事物的颐养现象"是观察获得养育的客观条件，"自谋口中食物"是观察养生之道的主观条件。天地养育万物，圣人养育贤才并以此遍及于万民，可见，适时颐养，这道理真弘大呀！

【集解】

《象》曰：颐贞吉，养正则吉也。

姚信曰：以阳养阴，动于下，止于上，各得其正，则吉也。

宋衷曰：颐者，所由饮食，自养也。君子"割不正不食"，况非其食乎？是故"所养"必得贤明，"自求口实"必得体宜，是谓"养正"也。

疏 姚注：二阳在外，四阴在内，故云"以阳养阴"。震动于下，艮止于上，上下"各得其正，则吉也"。

宋注：颐动则食，故云"所由饮食以自养也"。"割不正不食"，《论语》文。不正且不食，况非其所当食者乎。《系·上》曰"可久则贤人之德"。《乐记》曰"述者之谓明"，疏云"明者，辨别是非"。，是"贤"为有德，"明"为有才也。故"所养必得贤明"，则养人得其正。《礼器》："礼时为大，顺次之，体次之，宜次之。""口实必得体宜"，则自养得其正。故"养正则吉也"。

案：爻不正则养之以正。《杂卦》曰"颐，养正也"，虞彼注云"谓养三五。五之正为功，三出坎为圣。与'蒙以养正，圣功也'同义"。故"养正则吉也"。

观颐，观其所养也。

侯果曰：王者所养，养贤则吉也。

疏 王者所养，以养贤则吉。又艮为贤人，坤为致养，以坤养艮为养贤。

自求口实，观其自养也。

侯果曰此本观卦，初六升五，九五降初，则成颐也。是"自求口实，观其自养"。

案："口实"，谓颐口中也。实事可言，震声也。实物可食，艮其成也。

疏 侯注：此本观卦，从四阴二阳之例也。初五易位则成颐。《杂卦》曰"临观之义，或与或求"。"求"谓观也。故曰

"自求口实"。"自求"者,"自养也"。

案:"口实",谓实于颐口中也。"实事可言"则言之,以震雷声为无妄也。"实物可食"则食之,以艮"成终""为果蓏"也。《象》曰"慎言语,节饮食",即此义也。又三五正则坤实,故"自求口实,观其自养也"。

天地养万物。

翟玄曰:天,上,地,初也。万物,众阴也。天地以元气养万物,圣人以正道养贤及万民,此其圣也。

疏 三才之道,上为天位,初为地位。万物则四爻众阴也。天地以元气颐养万物,圣人法天地,以正道养贤及方民,圣人与天地同体也。

愚案:颐互坤为地,通大过乾为天,震出万物,坤皆致养,故曰"天地养万物"。

圣人养贤以及万民。

虞翻曰:乾为"圣人",艮为"贤人"。颐下养上,故"圣人养贤"。坤阴为"民",皆在震上,"以贵下贱大得民",故"以及万民"。

疏 乾阳为圣人在初。艮三即乾三,故"艮为贤人"。初阳在下,艮阳在上,以下养上,故曰"圣人养贤"。坤阴"为众","为民。""皆在震上",谓震初也,"以贵下贱大得民",屯初《象传》文。晋四降初为"下贱",故"大得民"。《朋礼·乡大夫》:"使民兴贤,出使长之。使民兴能,入使治之。"是养成贤能,使治万民,故"以及万民"。又乾五为"圣人",侯氏谓"观五降初"是也。

颐之时大矣哉。

天地养物,圣人养贤以及万民,人非颐不生,故大矣。

疏 承上文天地圣人,养物养贤,以明人非颐不生,故其"时大"也。

愚案:帝出乎震,终乎艮,四时皆备。又艮"动静不失其时",故曰"颐之时大矣哉"。

大过卦

【原典】

大过，大者过也①。栋桡，本末弱也②。刚过而中③，巽而说④，行，利有攸往，乃亨⑤。大过之时大矣哉！

【精注】

①大者过：大指卦中的阳爻，由于是四个，所以说"过"。②本末弱：本指初爻，末指上爻，弱指阴爻，由于阴爻居于初和上，所以说"本末弱"。③刚过而中：阳爻有四个，是"刚过"。"中"指九二和九五都以阳爻居中，是得中说。④巽而说：逊顺而快乐。逊顺是下巽的性质，悦（说）乐是上兑的性质。⑤行：行动。

【今译】

"大过"，是号称为"大"的阳爻多了。"栋桡"，是号称为"弱"的阴爻一居于本，一居于末。阳爻太多而得中，下巽逊顺而上兑快乐，即刻行动，对形势的发展是有利的，事业会顺利，"大过"的意义非常深远。

【集解】

《彖》曰：大过，大者过也。

虞翻曰：阳称"大"，谓二也。二失位，故"大者过也"。

疏　阳大阴小，故"阳称大"。大过体坎，二为主，故"谓二也"。二阳失位，是阳过也，故曰"大者过也"。

栋桡，本末弱也。

向秀曰：栋桡则屋坏，主弱则国荒。所以桡，由于初上两阴爻也。初为善始，末是令终。始终皆弱，所以"栋桡"。

王弼曰：初为"本"而上为"末"也。

侯果曰：本，君也。末，臣也。君臣俱弱，"栋桡"者也。

疏　向注：栋为屋主，栋桡则屋坏。犹主为国栋，主弱则国荒。其所以桡者，由初上两爻皆阴。阴柔，故弱也。初贵善始，末贵令终。初阴失正，始固不善。上阴得位，终非不令。然始弱而终亦弱，是以弱济弱，所以"栋桡"也。

王注：《系辞下》曰"其初难知，其上易知，本末也"，故"初为本，而上为末也"。《说文》曰"木下曰本，从木，一在其下。木上曰末，从木，一在其上"，是其义也。

侯注：初非君位，不可言"君"。上非臣位，不可言"臣"。此释非也。

刚过而中，巽而说行。利有攸往，乃亨。

虞翻曰："刚过而中"谓二。说，兑也，故"利有攸往"。大壮震，五之初，故"亨"。与遯二同义。

疏 二刚失位，为过在下中，故知"刚过而中谓二"也。兑为说，故云"说，兑也"。以其得中，又巽而说行，利于变正应五，故"利有攸往"也。"说行"者，大壮震为"行"也。大壮四失位，为二阴所伤。五之初阳得位，阴不能伤。二变应之，"故亨也"。遯二消阳，子弑其父。三来之二成讼，弑逆不行。失位"终凶"，复变应五，故"同义"也。

大过之时大矣哉。

虞翻曰："国之大事，在祀与戎"。"藉用白茅"，"女妻"有子，继世承祀，故"大矣哉"。

疏 "国之大事，在祀与戎"，《左传·成公十三年》文。白茅缩酒，所以承祭也。"女妻有子"，所以承先也。引初二爻辞所以明"继世承祀"为国大事之义。伏震为春，体兑为秋，伏颐体离为夏，大过体坎为冬。禴祠烝尝，四时体备，故"大过之时大矣哉"。

坎 卦

【原典】

习坎，重险也，水流而不盈[①]。行险而不失其信[②]，维心亨，乃以刚中也；行有尚，往有功也[③]。天险不可升也，地险山川丘陵也，王公设险以守其国。险之时用大矣哉[④]！

【精注】

①重险也，水流而不盈：此谓上下坎两"险"相重，若水流陷穴，不能盈满，以释卦名"习坎"之意。重险：重重险陷。②行险而不失其信：指二、五阳刚居中，为行险不失信之象。③行有尚：向前发展必被崇尚。行：向前发展。尚：崇尚。④险之时义大矣哉：此句总结前三句所举"天险"、"地险"、"王公设险"之例，从"用险"的角度叹美"坎险"之时的弘大功用。

【今译】

两个坎卦相重，意思是重重险陷，若水流陷穴，不能盈满。身处险陷的境地而诚信不失，就能使内心亨通无碍，这是由于阳刚居中行为不偏；"努力向前发展必被崇尚"，说明往前进取会有所收获，能够建立功业。天险是人们所无法升越的，地险体现于高山大河丘陵之境，国王公侯往往为自己的国境设置险关："险陷"之时的功用实在是太重要了！

【集解】

《彖》曰：习坎，重险也。

虞翻曰：两象也。天险，地险，故曰"重险也"。

疏 两象，上下两象也。五，天位，坎在上为"天险"。二，地位，坎在下为"地险"。故曰"重险也"。

水流而不盈。

荀爽曰：阳动险中，故"流"。阳陷阴中，故"不盈"也。

陆绩曰：水性趋下，不盈溢崖岸也。月者，水精。月在天，满则亏，不盈溢之义也。

疏 荀注：二震为勤，阳动阴中，故曰"流"。盈，溢也。五艮为止，是阳陷阴中，故不盈溢也。九五曰"坎不盈"，不盈，谓五艮也。

陆注：水性趋下，流而不息，故"不盈溢崖岸"。《淮南子》曰"水气之精者为月"，故云"月者，水精"。《丰·彖传》曰"月盈则食",故云"月在天,满则亏",即水"不盈溢之义也"。

行险而不失其信。

苟爽曰:谓阳来为险,而不失中,中称"信"也。

虞翻曰:信,谓二也。震为"行"。水性有常,消息与月相应,故"不失其信"矣。

疏 苟注:谓乾二五之坤也。阳来陷于阴中为"险"。居二五,故"不失中"也。在中,故"称信也"。

虞注:二中实,故"信谓二也"。互震为"行"。故曰"行险"。水之潮汐,本有常性,消长与月相应,故曰"不失其信"。

维心亨,乃以刚中也。

侯果曰:二五刚而居中,则"心亨"也。

疏 二五居中象"心"。刚自乾来,以阳通阴,故"心亨"也。

行有尚,往有功也。

虞翻曰:"功"谓五。二动应五,故"往有功也"。

疏 《系辞下》曰"五多功",故"功谓五"。二变正应五,故"往有功也"。

天险不可升也。

虞翻曰:谓五在天位,五从乾来,体屯难,故"天险不可升也"。

疏 乾五位乎天德,故"五为天位"。乾五之坤,故"五从乾来"。二至上体屯,《序卦》曰"屯者,难也"。故"体屯难"为"天险"。震为足,艮为止,震足动而艮止之,故"不可升也"。

地险,山川丘陵也。

虞翻曰:坤为地,乾二之坤,故曰"地险"。艮为山,坎为"川",半山称"丘",丘下称"陵",故曰"地险,山川丘陵也"。

疏 二于三才为地位，又坤为地，乾二之坤，坎险以成，故曰"地险"。互"艮为山"，体坎水为"川"。丘高半于山，故"山半称丘"。《尔雅》："大阜曰陵。"又"漠梁河墳，备八陵之数"，知陵下于丘，故"丘下称陵"。皆地之险，故曰"地险山川丘陵也"。

愚案：《释地》："大阜曰陵。"《博雅》："小陵曰丘。"是陵高而丘卑也。虞谓"山半称丘，丘下称陵"，恐不然也。

王公设险，以守其邦。

虞翻曰：王公，大人，谓乾五。坤为"邦"，乾之二坤成坎险。震为"守"。有屯难象，故"王公设险，以守其邦"。离言"王用出征以正邦"是也。

案：九五，王也。六三，三公也。艮为山城，坎为水池，"王公设险"之象也。

疏 虞注：王公者，大人之称，乾九五"利见大人"，故"谓乾五"也。坤众为"邦"。乾二之坤成坎为"险"。震长子继世为世守，故"为守"。二至上有屯难之象，故设险隘以守其邦。交通离，《离·上九·象传》曰"王用出征，以正邦也"，即"设险守邦"之义也。

愚案：经文"邦"字，诸本皆作"国"，李从虞注作"邦"，观注引离象"正邦"为证，知虞所见本，实作"邦"也。

案：爻例五为天子，三为三公，故云"九五，王也。六三，三公也"。艮为山，城象也。坎为水，池象也。设城池以守邦，"王公设险之象也"。

险之时用大矣哉。

王肃曰：守险以德，据险以时，成功大矣。

疏 吴起曰"在德不在险"，故云"守险以德"。《孟子》曰"天时不如地利"，故云"据险以时"。以德以时，故"成功大矣"。

案：体坎伏离，兑秋震春，坎冬离夏，随时设险，坤为用，故曰"时用"。

离　卦

【原典】

离，丽①也。日月丽乎天，百谷草木丽乎地，重明以丽乎正，乃化成天下②。柔丽乎中正，故"亨"，是以"畜牝牛，吉"也。

【精注】

①丽：附丽，附着。②土：土地。正：正固。化成天下：教化促成天下昌明。

【今译】

离，是附丽的意思。日月依附于天而运行，百谷草木依附于地而生存，光明而又光明依附于正固，就会教化促成天下昌明。柔顺依附于中正，所以说亨通，所以说"畜牝牛，吉"。

【集解】

《彖》曰：离，丽也。

荀爽曰：阴丽于阳，相附丽也。亦为别离，以阴隔阳也。离者，火也。托于木，是其附丽也。烟焰飞升，炭灰降滞，是其别离也。

疏　丽，附丽也。阴必丽乎阳也。坤二五之乾，是阴入于阳，相附丽也。又有别离之义者，以一阴别两阳也。《说卦》曰"离为火"，故云"离者，火也"。木生火，故"托于木"。以火附木，是相附丽也。"烟焰飞升"，阳升而上也。"炭灰降滞"，阴降而下也。是别离之象也。

日月丽乎天。

虞翻曰：乾五之坤，成"坎为月"，"离为日"，"日月丽天"也。

疏　"坎为月"，"离为日"，《说卦》文。乾五伏阳，上出于坤，先成坎月，下仍本离为日，乾为天，故"日月丽天也"。

百谷草木丽乎地。

虞翻曰：震为"百谷"，巽为"草木"，坤为"地"。乾二五之坤，成坎震体屯。"屯者，盈也。盈天地之间者，唯万物"。"万物出震"，故"百谷草木丽乎地"。

疏 伏坎互震，震惊百里，故为"百"，又于稼为反生，故为"百谷"。离互巽，刚爻为"木"，柔爻为"草"，故为"草木"。卦自坤来，故"坤为地"。与坎旁通，乾二五之坤，成坎互震则体屯。"屯者，盈也。盈天地之间者，唯万物"，《序卦》文。"万物出震"，《说卦》文。"雷雨之动满形"，则在地者皆生，故"百谷草木丽乎地"。

重明以丽乎正，乃化成天下。

虞翻曰：两象，故"重明"。"正"谓五阳。阳变之坤来化乾，以成万物，谓离日"化成天下"也。

疏 "两象"者，上下两象也。体离伏坎，离日坎月，故曰"重明"。"正"谓乾五阳也。"阳变之坤"，谓坤二五之乾，以丽乾五。《系辞上》曰"坤化成物"，故云"化乾"。坤化乾故"以成万物"。化坎由离，故"谓离日化成天下也"。

柔丽乎中正，故亨。

虞翻曰："柔"谓五阴，"中正"谓五伏阳。出在坤中，畜牝牛，故中正而亨也。

疏 六五阴不正，故"柔谓五阴"。坎伏离下，故"中正谓五伏阳"。六五出坤中，出离为坎，故"出在坤中"。乾坤交，又得中正，故"亨"。"畜牝牛"，疑是衍文。

是以畜牝牛吉也。

荀爽曰：牛者，土也。生土于火。离者阴卦，牝者阴性，故曰"畜牝牛吉"矣。

疏 管子曰"凡听宫声，如牛鸣窌中"。《史记·乐书》曰"宫土音，牛舍宫声"，故云"牛者，土也"。坤寓离中，故云"生土于火"。离"中女"，故为"阴卦"。牝母畜，故为"阴性"，以阴养阴，故"畜牝牛吉矣"。

中華藏書

第一部 周易原典

中国书店